白求恩

ZHIYUAN

志愿

ZHIYUAN BAIQIU'EN

主编

屈英和

白〉求〉恩〉精〉神〉研〉究〉丛〉书

丛书主编　杨振斌　张希

吉林大学出版社（长春）

图书在版编目（CIP）数据

志愿白求恩 / 屈英和主编.—长春：吉林大学出
版社，2019.9
（白求恩精神研究丛书 / 杨振斌，张希总主编）
ISBN 978-7-5692-5576-8

Ⅰ.①志… Ⅱ.①屈… Ⅲ.①白求恩(Bethune,
Norman 1890-1939)—人物研究 Ⅳ.①K837.116.2

中国版本图书馆CIP数据核字(2019)第196036号

书　　名：白求恩精神研究丛书：志愿白求恩
BAIQIU'EN JINGSHEN YANJIU CONGSHU: ZHIYUAN BAIQIU'EN

作　　者：屈英和　主编
策划编辑：陶　冉
责任编辑：代景丽
责任校对：代红梅
装帧设计：刘　瑜
出版发行：吉林大学出版社
社　　址：长春市人民大街4059号
邮政编码：130021
发行电话：0431-89580028/29/21
网　　址：http://www.jlup.com.cn
电子邮箱：jdcbs@jlu.edu.cn
印　　刷：吉广控股有限公司
开　　本：787mm×1092mm　　1/16
印　　张：18.25
字　　数：350千字
版　　次：2019年9月　第1版
印　　次：2019年9月　第1次
书　　号：ISBN 978-7-5692-5576-8
定　　价：219.00元

《白求恩精神研究丛书》编委会

主 编
杨振斌　张　希

副主编
李　凡

编　委
（姓氏笔画为序）

于双成　王　飞　石　瑛　刘信君　华树成
佟成涛　张学文　陈　立　屈英和　赵　伟
赵国庆　席海涛　高继成

《志愿白求恩》编委会

顾 问
于双成 芦 恒

主 编
屈英和

副主编
吴剑锋 苑 锐 王晓荣 刘 丽 夏立峰 葛宗梅 武百春

编 委
姜 威 高成伟 丰裴培 李东洋 魏宇航 刘晓贺 秦 雪
王 彬 杨 晨 田茫茫 霍 睿 李 岩 宋原蕾 李雅琴
常方圆 马可心 伊 凡 马雅琪 宁 静 马 阔 李晓霞

总序1

今年是伟大的国际共产主义战士亨利·诺尔曼·白求恩逝世80周年，也是毛泽东主席发表《纪念白求恩》80周年，同时是白求恩卫生学校（现在的吉林大学白求恩医学部、中国人民解放军陆军军医大学白求恩医务士官学校、中国人民解放军白求恩国际和平医院）成立80周年。值此三个重要80周年纪念日即将来临之际，吉林大学白求恩精神研究中心成立以来的首批科研成果——"白求恩精神研究丛书"即将出版。

80年前，毛泽东主席指出，白求恩精神就是国际主义精神、共产主义精神，他的毫不利己、专门利人的精神，具体表现为对工作的极端负责、对同志对人民的极端热忱、对技术的精益求精。它虽然诞生于救死扶伤的烽火前线，但时至今日它仍是中国乃至全世界卫生工作者的宝贵精神财富，是我们一代又一代的医务工作者应该努力学习和践行的优秀品质。特别是中国特色社会主义进入了新时代，如何学习、传承、弘扬无私利人的白求恩精神，使它在新时代医疗卫生教育战线乃至全国各行各业发挥不可替代的作用，更好地推动社会主义核心价值观的发展，推动人类命运共同体的建设，是一个重大的课题。

2016—2018年暑期，中国白求恩精神研究会参加了吉林大学师生"重走白求恩路"的活动，很受感动，倍受鼓舞。以杨振斌书记为首的吉林大学非常重视挖掘白求恩精神这一宝贵资源，积极传承和弘扬白求恩精神，把白求恩精神嵌入到校园文化中，成为吉大文化的重要组成部分，这对于新时代医学人才培养有着重要意义。我们也欣喜地看到了白求恩精神在吉林大学的青年学子中生根发芽，并结出了累累硕果，白求恩志愿者被评为全国最美志愿者，更是被李克强总理誉为"世界因为你们而精彩"。

2017年，吉林大学依托丰富的学科优势和雄厚的学术力量在全国高校率先成立了"吉林大学白求恩精神研究中心"，"中心"的成立既填补了我国高校在这一领域研究的空白，也是对高等医学教育事业和高校思想政治工作进行的有益探索和积极实践，具有很强的政治性与针对性。我们携手并肩大力推进"白求恩精神"研究的理论创新和实践创新，开创"白求恩精神"研究新局面。"中心"的首批研究成

果——《寻根白求恩》《践行白求恩》《志愿白求恩》《文化白求恩》《育人白求恩》《凝练白求恩》系列丛书的出版，必将从不同维度、多个角度诠释一个可信、可敬、可学的不曾远去的国际主义英雄战士以及展示老白校的传人们传承、践行、弘扬白求恩精神的优秀事迹，从而让注入新时代内涵的白求恩精神成为实现健康中国建设的重要力量，成为中华民族伟大复兴的中国梦的重要组成部分。

袁永林

中国白求恩精神研究会会长

2019年6月

总序2

诺尔曼·白求恩是伟大的国际主义战士，中国人民永远的朋友。在那片烽火硝烟的战场上，他留下了一个个感人的故事，那段英雄逝去的记忆里，他的精神不灭、永留人间。1939年12月21日，毛泽东同志在延安杨家岭的窑洞里撰写了《纪念白求恩》一文，高度赞扬了白求恩的国际主义精神、共产主义精神、革命的人道主义精神、毫不利己专门利人的精神和对伤员满腔热情对工作精益求精的精神，从而让中国人民铭记住了这位加拿大人的名字，更继承了这份宝贵的精神财富。八十年过去了，白求恩精神跨越时代、历久弥新，依然深深镌刻在中国人民的记忆中。

白求恩，一个外国人，却在中国现代史、中国革命史中产生了深远的影响，我们今人每一次向历史的回眸，都是一次思想的启迪、精神的洗礼。人们追忆白求恩，展现在眼前的总是一个忙碌的医生形象。为了纪念这位伟大的医者，中国人民用他的名字命名了他亲自参与创建和从事教学工作的学校，这就是于1939年在河北省唐县牛眼沟村成立的晋察冀军区卫生学校（白求恩医科大学前身）。这所创建于抗日烽火中的学校，几经迁址，数度更名，不变的是白求恩精神的传承，为国家培养了大批医学人才，造就了许多著名的医学专家，取得了丰硕的科研成果。2000年，白求恩医科大学与原吉林大学、吉林工业大学、长春地质学院、长春邮电学院合并组建成新吉林大学，2004年中国人民解放军军需大学并入吉林大学。原吉林大学前身，是抗日战争胜利后，为培养建立巩固的东北革命根据地和迎接新中国诞生所需的革命干部和专业人才而组建的东北行政学院；吉林工业大学前身，是为适应东北工业发展和长春第一汽车制造厂兴建对专门人才的需要而组建的长春汽车拖拉机学院；长春地质学院前身，是中华人民共和国成立之初，为适应国家大规模经济建设需要，培养地质技术干部而建立。长春邮电学院前身，是为支援解放战争，加速恢复与建设东北解放区邮电通信而组建的东北邮电学校。中国人民解放军军需大学是由中国人民解放军兽医大学几经改建而来，其办学历史可追溯到清朝末期开办的北洋马医学堂。至此，六所具有光荣历史的高等学府，文脉相融增色，合并共建生辉。

新吉林大学在老六校光荣的历史积淀和丰富的文化底蕴中，传承了深厚的人文内涵，涵养了独特的精神品质，白求恩精神在这里升华出了新的时代意义，当代白求恩精神熠熠生辉，继续闪烁着真理的光芒。七十多年的办学历史，学校根植于东北沃土，传承赓续了"'红白黄'三源色精神"的血脉。红，是不忘初心、牢记使命的红色革命精神；白，是毛泽东同志概括总结的白求恩精神；黄，是习近平总书记对黄大年同志先进事迹重要指示强调的"心有大我、至诚报国"的黄大年精神。这三种颜色所代表的是吉大精神的源泉和动力，它们凝结着两代领导人的殷切期望，汇聚交融，一脉相承。教育部部长陈宝生在视察吉林大学时强调："学习黄大年同志先进事迹、学习习近平总书记重要指示要和学习白求恩精神结合起来。这两大典型、两面旗帜构成了吉林大学的精神支柱和办学灵魂，也是吉林大学的宝贵财富。"这份财富属于吉林大学，也属于整个中华民族，既体现了吉大师生为天地立心、为生民立命、为往圣继绝学、为万世开太平的精神坐标，也承载了吉林大学立德树人、培养德智体美劳全面发展的社会主义建设者和接班人的使命担当。

战火硝烟中挺立不屈的灵魂，是树立信仰、信念、信心最好的精神食粮。2017年学校成立了吉林大学白求恩精神研究中心，着手创作白求恩精神研究系列丛书六部，分别是《寻根白求恩》《践行白求恩》《志愿白求恩》《文化白求恩》《育人白求恩》和《凝练白求恩》。两年多的时间里，丛书的编者们通过文献研究、人物访谈、实地采风等多种形式，对白求恩同志的事迹和白求恩精神做了系统的整理、研究和编撰。河北太行山、山西五台山、陕西延安、湖北武汉、加拿大的格雷文赫斯特市，丛书的编者们沿着白求恩生活、工作、战斗走过的足迹，收集白求恩的故事、感受其精神的伟大。相信这套丛书的出版，能还原一位真实可信的白求恩，凝练一位真诚高尚的白求恩，为新时代的医学学子、医疗卫生工作者乃至全国各行各业的劳动者树立一个可爱、可信、可学、能学的精神榜样和灯塔。

"一个人的能力有大小，但只要有这点精神，就是一个高尚的人，一个纯粹的人，一个有道德的人，一个脱离了低级趣味的人，一个有益于人民的人。"白求恩是这样的人，黄大年是这样的人，实现中华民族伟大复兴的中国梦需要千千万万这样的人。每一代人有每一代人的长征路，每一代人都要走好自己的长征路。不同的年代，同样的激情，作为当代中国人，我们是幸运的，我们有机会在新时代的历史方位中大展宏图、实现梦想，这是历史赋予我们的神圣使命，更是时代交予我们的责任担当。或许我们手中没有白求恩的手术刀，也没有黄大年的地质锤，但我们的心中同样涌动着奋斗的热血，这热血铸就了中华民族的魂，扎实了中华民族的根，这热血将在一代代中华儿女的血管中奔流不息，汇聚磅礴之力、创造美好未来！

杨振斌

吉林大学党委书记

2019年2月

序

"历史和现实都告诉我们，青年一代有理想、有担当，国家就有前途，民族就有希望，实现中华民族伟大复兴就有源源不断的强大力量。希望你们弘扬奉献、友爱、互助、进步的志愿精神，坚持与祖国同行、为人民奉献，以青春梦想、用实际行动为实现中国梦做出新的更大贡献。"这是习近平总书记在中国青年志愿者行动实施20周年之际给"本禹志愿服务队"的回信，肯定志愿者在服务他人、奉献社会中取得的成绩和进步，勉励他们弘扬志愿精神，为实现中华民族伟大复兴的中国梦做出新的更大贡献。

我国青年志愿者行动自1993年12月实施以来，为完善社会公共服务，改善社会风气，促进社会和谐进步起到了积极的作用。在政治、经济、文化等诸多领域产生了较大影响。大学生是我国青年志愿服务的主要力量，他们利用业余时间，结合自身知识、技能和资源为他人、社区、社会提供志愿服务。大学生志愿者以其扎实而广泛的社会服务，赢得了广泛的社会认同，树立了良好的社会形象，与此同时，志愿服务活动培养了当代大学生社会责任感和公民意识，锤炼了大学生个人交际和学以致用的能力，传承了扶贫济困、助人为乐的传统美德。青年志愿服务活动是组织和动员大学生参与社会主义精神文明建设、完善高校思想政治教育和素质教育、提高自身综合素质的有效途径。

具备医学专业知识和技能的医学院校大学生，是承担治病救人使命的医务工作者的后备力量，是高校大学生志愿者群体中较为特殊的群体。因其医学专业优势，除了参加一般的志愿服务之外，还凭借自身的医学知识和技能专长，开展义诊、医疗技能培训、医疗健康知识宣传等专业性较强的志愿服务活动。与社会其他类型的志愿服务相比，医学院校大学生开展的志愿服务有着更强的精神内涵和载体，比如：白求恩精神、南丁格尔精神、柯棣华精神，他们既是医学院校大学生职业道德的楷模，也是广大医学院校大学生志愿者学习的榜样。正因如此，志愿服务活动对医学生的育人功能也就更加彰显。志愿服务活动有助于医学生职业道德的养成、有助于医学生职业精神的形成、有助于医学生专业素质的提升。

国际志愿服务的历史已近百年，它起源于最初的战争救护、重建家园、安置孤儿等与战争相关的救助活动。第二次世界大战期间，众多的志愿者活跃在反法西斯战场，加拿大胸外科医生诺尔曼·白求恩就是其中的杰出代表。1938年，白求恩放弃丰厚的酬劳、舒适的生活和安定的环境，自愿来到中国，来到抗日战争最前线，来帮助抗战中的中国军民。白求恩不计报酬、不求名利、不要特权，把中国人民的解放事业当作自己的事业，推动了人类发展，促进了社会进步，体现志愿服务的精髓，可以说白求恩是20世纪最伟大的志愿者之一。白求恩精神的精髓就是"毫不利己，专门利人"的奉献精神。他在生命的最后时刻，写信给聂荣臻说："请转告加拿大美国共产党，我在这里非常愉快，我唯一的希望是能多有贡献！"这种无私利人的奉献精神也正是志愿服务的本质，正是奉献他人、服务社会的志愿者精神的集中体现。

白求恩在晋察冀边区工作时，向司令员聂荣臻建议："我们一个外国医疗队对中国人民的帮助，最主要的是培养人才，即使我们走了，也要给你们留下一支永远不走的医疗队。"此后，他积极投身晋察冀军区卫生学校的创建，亲自编写教材、亲自上课，并将自己心爱的X光机、显微镜、手术器械等无偿捐赠给学校。白求恩逝世后，晋察冀军区卫生学校更名为白求恩学校，这就是吉林大学白求恩医学部（原白求恩医科大学）的源头，是吉大医学的根。80年来，学校以继承和弘扬白求恩精神为己任，坚持以白求恩精神建校育人，坚持用白求恩精神培养白求恩式的医学人才；80年来，学校始终将白求恩精神教育与医学职业精神教育相融合，近年来，更是将这种血脉相传的白求恩精神与医学生的志愿服务活动相结合，彰显社会主义核心价值观，弘扬中华民族传统美德，有效促进了医学生公共责任感和职业精神的培养；80年来，白求恩留下的"永远不走的医疗队"逐渐生根发芽，茁壮成长，结出了累累的硕果，在祖国每一个需要医务人员的地方，都有这支"医疗队"辛勤工作的身影，都能看到白求恩精神的传承。白求恩的弟子们还继承了他无私奉献的志愿服务精神。

早在1994年，原白求恩医科大学就在全国高校率先成立了白求恩志愿者协会，组织志愿者走向基层，服务社会。白求恩志愿者协会以传承弘扬白求恩精神为指导思想，以服务社会、实践育人为宗旨。20多年来，白求恩志愿者守望相助、崇德向善，始终把白求恩当作榜样，把"白求恩精神"当作引路标，在奉献中锻炼能力、树立信仰、砥砺品行；20多年来，白求恩志愿者们始终坚持用热情活力和医学专长践行白求恩精神，在灾情、疫情等急难关头挺身面对，在支医、支农、支教活动中排忧解难，在临床医疗中创新服务方式，生动诠释着"奉献、友爱、互助、进步"的志愿者精神，向社会传递道德的力量，奠定了良好的校园文化氛围；20多年来，白求恩志愿者的志愿服务活动始终延续着迅猛发展的态势，各类白求恩志愿者组织如雨后春笋般兴起，服务领域不断拓展，服务平台不断健全。无论是从医多年的医护人员，还是正在就读的本科生、研究生，一代又一代白求恩志愿者相继投身于社

会各类志愿服务活动中，通过义诊服务、疾病救助、健康宣传、赠送药品等途径向社会输送着正能量，用微笑和行动默默诠释着志愿服务的真谛，用知识与爱心默默关怀着那些需要帮助的人。在这些白求恩志愿者的无私奉献中，"白求恩精神"得以广泛传播。

1994年7月，白求恩志愿者到长春市双阳县（现为双阳区）齐家乡开展送医送药等志愿服务活动。时任团中央第一书记李克强同志到齐家乡视察时为志愿者题词："社会需要志愿行动，市场经济需要志愿服务，愿同学们将志愿服务的社会新风吹向农村山乡，村村户户。"他还勉励志愿者们要做"白求恩式的志愿者"。时隔二十载，2014年9月，国务院总理李克强又回信白求恩志愿者："信念引领脚步，希望大家以爱心和知识帮助需要帮助的人，与千千万万志愿者一起传播守望相助的正能量，在全社会形成崇德向善的好风尚。"2015年4月，李克强总理到吉林大学视察时又专门接见了白求恩志愿者的代表，签字留念并寄予了新的期望和嘱托。

目前，吉林大学白求恩志愿者已经成为一张响亮的名片。吉林大学白求恩志愿者协会拥有志愿者5000余人，志愿服务基地500余处，累计志愿服务时长40万小时。协会被中宣部、中央文明办、中国志愿服务联合会评为"最美志愿者"，被团中央、中国青年志愿者协会评为"第十届中国青年志愿者优秀组织奖"。在中央宣传部、中央文明办等部门联合开展的2018年学雷锋志愿服务"四个100"先进典型评选活动中，吉林大学白求恩志愿者协会获"最佳志愿服务组织"奖。

白求恩精神是吉林大学的精神遗产，随着岁月的发酵，愈来愈浓，愈来愈纯。白求恩精神是每一名白医学子心中的渴望，让他们孜孜以求，奋斗终生。白求恩精神更是无数白求恩志愿者行动中的猎猎战旗，指引着方向，凝聚着力量。多年来，吉林大学始终用这种血脉相传的白求恩精神来引领大学生的志愿服务活动，立足于以志愿服务培养医学生公共精神和公共责任感、以志愿服务培养医学生职业素养和职业道德、以志愿服务培养医学生合作意识和团队精神，有效地将白求恩精神内化于大学生的志愿服务活动中，有效地提升了学生综合素质，收到了良好的教育效果和社会效益。可以说，没有一种精神比白求恩精神更能契合志愿服务精神。以白求恩精神引领志愿服务活动，能引起志愿者们的共鸣，可以使志愿者们在白求恩精神的感召下，充分理解"奉献、友爱、互助、进步"的志愿服务精神，积极践行社会主义核心价值观，坚定理想和信念，培养高尚品格。

在志愿服务活动中以白求恩精神作为核心理念，既是对志愿精神的践行，也是对志愿精神的凝聚，在白求恩精神的引领下，志愿服务活动将以更强的向心力和高质量的团队协作性成为新时期社会公共性建设的风向标，白求恩志愿者将在时代发展中逐渐成为志愿服务的新型主力军。以白求恩精神引领志愿服务活动，就是要以"毫不利己，专门利人"的奉献精神为志愿服务的核心价值理念；以"服务社会、关爱他人"的友爱精神为志愿服务的根本宗旨；以"互相帮助、助人自助"的互助精神为志愿服务的主要形式；以"发展进步，合作共赢"为志愿服务的最终目标。

正像李克强总理给白求恩志愿者回信所讲："涓涓细流汇成江河，志愿者服务已经成为社会进步的重要力量。"白求恩志愿者们将在白求恩精神的引领下，继续以爱心和知识帮助需要帮助的人，与千千万万志愿者一起传播守望相助的正能量，在全社会形成崇德向善的好风尚；继续以巨大的热情、无限的爱心、积极的行动、永远的坚持，弘扬志愿精神，为实现中华民族伟大复兴的中国梦做出新的更大贡献。

屈英和

2019年1月

目 录
CONTENTS

第一章　我国青年志愿服务活动

第一节　志愿服务的内涵与意义

一、志愿服务的概念与特征

志愿服务，从字面意思上来看，由"志愿"和"服务"两个词构成。"志愿"一词是从西方英文"Volunteer service"翻译而来。《辞海》中对"志愿"一词的解释主要包含以下两层意思：第一是志向和意愿，第二是出自自愿。"志愿"是指有明确的志气、愿望、追求、理想，是自觉、自愿、主动的行为，并非为外界力量强制要求。"服务"指为他人做事，并使他人从中受益的一种无偿的活动，不以实物形式而以提供活劳动的形式满足他人某种特殊需要。由此可知志愿服务是一种自愿的、无偿的利他行为，是基于共同的社会公益责任自愿贡献个人时间、技能、精力而服务于社会的群体行为或个人行为。

志愿服务是为他人、团体、机构、某个项目或者整个社会提供帮助而不求物质回报的一种利他行为，具有公共利益性、志愿性、非分配性等特点。它最初是由宗教慈善事业发展而来。联合国将志愿者定义为"不以利益、金钱、扬名为目的，而是为了近邻乃至世界进行贡献的活动者"。志愿者是指自愿贡献个人时间和精力，为他人无偿提供所需的帮助，以点点滴滴的爱心奉献促进社会的和谐安定，推进人类进步发展的一类人。志愿精神是志愿服务的内在精神动力，它包含作为精髓的奉献精神、作为原动力的自愿以及作为支撑的坚定信念这三个要点。大学生志愿服务是指大学生在一定的组织领导下，以志愿服务精神为支撑，不以营利为目的，秉承以自己的知识、技能、劳力、时间等贡献服务社会。大学生志愿者践行着"奉献""友爱""互助""进步"这些体现现代社会文明的精神。

志愿服务具有自愿性、无偿性、公益性、组织性四个特征。

1.自愿性

自愿性是与强迫性联系在一起的概念，是指根据自己的自由意志，自愿服务于他人和社会，不屈从于任何强制性力量。出于个人义务、工作责任、法律责任从事的行

为不属于志愿服务。任何组织和个人不得强行指派志愿者、志愿服务组织提供服务。

2.无偿性

志愿服务作为与政府和市场相区别的第三种关爱弱势群体和社会服务的力量，无偿性是其重要特征，是其与市场和政府本质区别。等价交换规定了市场服务的有偿性，政府服务也是以税收为基础的。志愿服务是一种无偿服务，规定了提供志愿服务的组织或个人不能接受报酬和不以获利为目的。

3.公益性

公益性是指志愿服务必须指向公共利益，是志愿服务的目的性要素。首先，营利行为不属于志愿服务，偶发的帮助行为、基于家庭或友谊的帮助行为、仅仅针对特定个人的帮助行为或互益互助的行为均不属于志愿服务。

4.组织性

由于现代志愿服务是在一定专业化的组织和指导下形成的，不论这种组织是否有正式的建制，但它们都有某种结构，运作也有一定规律。在志愿服务受到广泛重视的今天，尤其是在志愿服务发展较早的西方国家，志愿服务行为确实越来越体现出组织性这一重要特征，同时也正是他们专业的组织和指导，进一步促进了志愿服务事业的发展。

二、志愿服务的特点与精神特质

志愿服务具有参与广泛、服务专业和政府大力支持等特点。

1.参与广泛

一是参与的主体普遍，从事志愿服务的公民占总人口的比例在逐年增大；二是参与的范围广泛，志愿者的服务内容主要集中在教育、医疗卫生、救灾援助、生活保障和环境保护等，涉及社会的各个方面。

2.服务专业

一是活动内容专业。随着社会的不断发展，志愿服务的内容逐渐具有选择性，项目集中于专业性较强的特定活动；二是志愿人员和项目的组织化。一方面从事志愿活动的公民会加入某个志愿组织成为固定会员，另一方面政府机构中都有某个部门负责志愿事务管理，协调各个方面的关系。

3.政府支持

政府的支持和推动是志愿服务得以开展的强力保障。从国家层面，政府对志愿服务持赞成和鼓励态度，并出台了相关政策法规，不断保障志愿服务活动的有效、科学、可持续发展。

志愿服务的精神特质主要包括以下几点：

1.高尚的道德性

马克思说过："一个种的全部特性、种的类特性就在于生命活动的性质，而人的类特性恰恰就是自由的自觉的活动。"志愿服务活动具备生命实践的性质，是社会中的自由自觉的实践。志愿者在参与志愿服务活动中只有拥有崇高的道德境界、自觉的社会使命感和强烈的无私奉献精神，才能真正达到志愿服务的本质要求。

2.永恒的价值性

志愿服务精神是一种无私奉献、互助友爱、共同进步的价值观，是个体本着通过帮助他人来促进社会更好发展的使命感，采用直接服务或间接服务等方式来无私服务社会，促使个人和社会向着更好的发展方向迈进，从而实现个人和社会自由、全面的发展这一志愿行动的理想目标。志愿服务精神意在让人意识到活着的价值，而不是活着的原因。活着的价值是一个德性的选择，活着的原因则是一个论证性的命题。因此，价值性形成了志愿服务精神的内在品性，是志愿服务精神能够长久发展的依据。

3.持续的发展性

社会物质决定社会意识，基于不同的社会条件和历史阶段，作为社会意识的志愿精神也相应地拥有其独特的发展过程。但每一阶段过去的历史都为当下奠定基础，当下的现实又为不远的未来指导方向。志愿服务精神的发展也遵循着历史的发展规律，前一阶段的沉淀，为后一阶段的发展提供了历史性前提，始终呈现出动态的发展性。志愿服务精神持续的发展性，是出于生命个体希望自身、他人和社会都发展得更好的渴望。

三、志愿服务的现实意义与发展趋势

志愿服务的现实意义主要体现在以下两个方面：

首先，对志愿者个人而言，志愿活动具有以下积极意义：一是奉献社会，实现自我价值。志愿者通过参与志愿工作，有机会为社会出力，尽一份公民责任和义务，为实现其社会价值提供了重要途径。志愿服务也为志愿者提供了实现个人社会价值的机会和平台，志愿者能够在志愿服务中培养个人良好的协调沟通能力，学习新领域的知识和技能，丰富个人生活阅历，同时在帮助他人、奉献社会中得到认可和赞许，使志愿者更好地认识和实现自己对社会的价值；二是愉悦身心健康。志愿者作为志愿服务活动的具体执行者，他们在活动中能够获得身心的健康发展。志愿服务是基于个人自愿展开的，在自己喜欢的事业中往往能获得身心的愉悦，志愿者在这种良性的互动中，还能体验"赠人玫瑰，手有余香"的快乐；三是丰富生活体验。志愿者在为他人、社会提供帮助的活动中可以接触到不同的人、经历不同的事，打破原有的熟人圈子，融入更大的社会团体中去，这对志愿者自身的成长和提高是十分有益的；四是提升道德品质。实践是认识发展的动力和源泉，志愿服务作为一种道德实践活动，能够有效促进人们思想道德水平的提升。志愿活动的目的不是简单机械地完成活动任务，它注重服务的效果和质量，也注重志愿者在活动过程

中的内在提升，希望志愿者能够获得心灵的洗礼和思想道德的升华，将友爱、奉献的价值观念内化为自身的道德修养，并外化为实际的道德行为。

其次，从社会的角度来看，志愿服务主要具有以下意义：一是形成良好的精神文化氛围。志愿服务是一种面向全社会的行为，当志愿服务在社会中得到有效的传播和发展时，其内含的精神文化价值也必然对社会产生影响。志愿服务体现的主动和利他精神是一种积极的生活态度和自我发展的超越。当志愿服务的精神成为人们行为活动所共同遵守的准则，即会形成一种志愿服务文化，这种文化体现了社会主义先进文化的前进方向，是有利于个人、家庭、国家以至于全人类的和谐与全面协调可持续发展的文化；二是推动社会和谐发展及社会进步的标准。我国志愿服务虽然还未形成完整、成熟的体系，但它已在解决实际问题中体现出巨大的社会价值。志愿服务的主体和客体都是人，志愿服务为需要的人提供服务，让服务对象感受到社会的关爱，拉近人与人之间的距离，同时也为志愿者提供了获得社会认可、体验助人为乐的平台，提升了人们的幸福感和社会责任感；志愿服务将众多有责任感的陌生的人联系在一起，增强了促进社会进步的力量，并通过志愿精神的鼓舞增强了社会的凝聚力；扶贫济弱、法律援助、社区服务等方面的志愿服务则有助于维护社会的安定有序，促进社会的公平正义，推动社会的和谐发展；三是创造经济价值。志愿服务活动自身具有成本低、回报率高的特点，可从制度、政策着手降低志愿服务的社会成本和投资效果，使之能够间接地创造经济价值。

中国现代意义上志愿服务的发展历史相对较短，但经过几十年的探索，发展迅猛，成就卓著，在社会发展中证明了自身存在的意义和价值，也让政府各部门、机构开始通过积极发展志愿服务来应对和解决一些社会实际问题。

随着中国志愿服务事业的多元发展，中国志愿事业不断发展壮大。志愿意识深入人心，志愿服务也在重大社会事件中发挥了重要作用。2008年，突如其来的"5·12"四川汶川地震发生后，中国成千上万的志愿者第一时间踊跃奔赴抗震救灾第一线，他们或由志愿组织派出，或是自发前往，服务于应急救援、物资供求、心理援助、灾后重建等多个领域。他们来自全国各地、各行各业，跨越了年龄、职业、社会阶层，不顾个人安危，将国人的道德品质和志愿精神彰显极致。这些普通民众身上所体现出来的爱心、奉献与服务精神，是志愿服务事业长久发展的最坚固的基石。可以说，在这样的灾难面前，全社会第一次感受到了志愿服务事业的巨大能量，每个人的心灵都受到了深深的震撼。

2008年被认为是中国的"志愿者元年"。汶川大地震因为志愿者的参与保证了救灾工作的顺利进行，"国难兴邦"在众多民众的志愿行为中得到体现，蕴含在志愿服务中的巨大社会影响力受到了社会各界的广泛重视。北京奥运会期间志愿者的优秀表现，使海内外人士重新了解和认识了中国的志愿服务，我国志愿服务的发展也开始向着更系统、更具规划性的方向稳步前进。此后，无论是在大规模的抢险救

灾、赛事活动中，还是在各种小型宣传纪念活动中，都能够看到志愿者积极活跃的身影。在2010年的上海世博会中，共有8万园区志愿者、13万城市志愿服务站点志愿者、197万城市文明志愿者参与了世博志愿服务，刷新了北京奥运会170万志愿者的记录，新一代志愿者再次大放异彩。上海世博会也成功地探索出超长服务周期、超大服务人群的大项目志愿工作模式。自此，我国志愿服务事业进入稳定发展和全民参与阶段，民众对志愿服务的认可度和支持度有了明显提高，志愿者注册管理、培训评价、权益保障等机制也在不断完善中，志愿服务的组织机构建设和制度建设也都取得了重要进展且逐渐向专业化转型，并涌现出一批志愿服务品牌，"白求恩志愿者"即是其中之一。中央文明办于2008年与民政部、全国总工会、共青团中央、全国妇联、中国科协、中国残联、中国红十字总会和全国老龄办共同组建了全国志愿服务活动协调小组，为规划和指导全国志愿者队伍建设提供了协调工作机制。

第二节 我国青年志愿服务活动

一、我国青年志愿服务活动的初步形成

中华人民共和国成立以后，我国的社会主义精神文明建设跃上了新的台阶。20世纪60年代，以雷锋为代表的英雄模范人物和全国范围内的"学雷锋"活动拉开了全民团结互助、尊老爱幼、乐于奉献、学做好人好事的历史序幕，这是我国历史上最集中、规模最大的带有志愿服务色彩的活动，为今天的志愿事业奠定了良好的社会基础。1963年3月5日，《人民日报》发表了毛泽东"向雷锋同志学习"的题词，学雷锋活动在全国轰轰烈烈地开展起来，在全国人民特别是在青少年中产生了深远影响。成千上万的"红领巾""学雷锋小组"走上街头清扫街道，深入到养老院，给老人们送粮、送煤、送药，竭尽全力为需要得到帮助的群体提供生活之所需。以"学雷锋"活动为代表的全国道德模范学习活动对我国社会主义道德文化建设具有里程碑式的意义，其产生的深刻影响永远印刻在国人道德层面深刻的记忆中。邓小平多次指出："建国以后相当一段时间，整个社会风气、秩序和纪律是好的。学生自觉地遵守纪律，可以看到红领巾拿着喇叭维持交通秩序。"这是对那段时期广大青少年精神文明状态和服务社会精神的一种肯定。

学习雷锋精神和志愿服务精神相比较，具有相似的内容，都强调服务社会、服务大众、服务他人，并通过一个个"雷锋小分队"组织开展各种类型的义务活动。学雷锋活动和志愿服务活动是人们在不同历史背景和社会条件下对社会、对群众、对他人的服务表现形式。"奉献、友爱、互助、进步"的志愿者精神和雷锋精神一脉相承，都具有加强社会主义精神文明建设、推进青少年成长发展的作用。学雷锋

活动是计划经济时代中国青年志愿服务活动最具时代特点的一种方式，其政治意义大于志愿服务活动本身。学雷锋活动中真正能体现志愿服务精神的部分其实是代表青年志愿服务的"红领巾小分队""综合包户服务"等形式。1983年3月，北京市原宣武区大栅栏街道团委发起学雷锋"综合包户"志愿服务活动，也是现代意义上中国志愿服务的开端。"综合包户"就是党团组织发挥所在行业优势，结对帮扶社会弱势群体和特殊群体，通过签订协议书的形式，将扶助时间、内容、责任等明确和固化下来的志愿服务长效机制。正是这些带有义务、公益性质的服务活动才赋予了学雷锋活动真正的灵魂，进而演变成当代的志愿服务事业，从这个意义上看，才能说我国志愿服务事业是在学雷锋活动的基础上发展起来的。才能够准确地理解李克强同志在《在建设社会主义市场经济体制进程中我国青年工作战略发展规划》里提到的："志愿者活动是社会主义市场经济条件下学雷锋活动的丰富和发展，是学雷锋活动经常化的一种有效形式。"

20世纪90年代之前，青年志愿服务活动在学习雷锋精神的背景下得到初步缓慢的发展。"雷锋精神"是一种爱国主义精神，是全心全意为人民服务，热爱党和国家，热爱社会主义，艰苦奋斗，大公无私的精神。这里面所能体现的志愿服务精神没有以一种独立的精神形态存在，也没有得到人们的关注。因此，这一时期的学雷锋活动还不能等同于当代的志愿服务活动。但其所产生的影响力和辐射力为当代志愿服务事业发展留下了永不磨灭的精神烙印。

二、我国青年志愿服务活动的蓬勃发展

1993年底，团中央决定实施中国青年志愿者行动，提出用建设中国特色社会主义的理论教育青年，帮助青年树立正确的理想、信念、人生观和价值观，突出爱国主义、集体主义和社会主义教育，弘扬适应社会主义市场经济发展要求的社会公德、职业道德、艰苦创业精神，倡导健康、文明、科学的生活方式，把蕴藏在青年中的精神力量不断转化为促进改革和建设的巨大物质力量。12月19日，团中央、铁道部组织的我国第一批志愿者来到被誉为我国"铁路大动脉"的京广铁路，在铁路沿线为旅客开展送温暖志愿服务，我国志愿服务以此次活动为标志正式启动，这是团中央推进的跨世纪青年文明工程的开端，同时也是中国青年志愿服务活动迈出第一步的标志性事件。

为进一步推动我国青年志愿服务事业的发展，加快健全我国志愿服务体系构建，吸纳更多青少年参与到社会志愿服务中。1994年12月，团中央决定成立中国青年志愿者协会。这期间依托分布在全国省、市、县等各级共青团组织，建立了四级青年志愿者协会，部分地区延伸到社区、农村，建立镇（街）青年志愿服务中心和社区（农村）青年志愿服务站。与此同时，在民政系统和中国红十字会的推动下，社区志愿服务和医疗专业志愿服务也得到了很好的发展。这些志愿服务活动为推动

我国志愿服务事业发展和推广打下了坚实的基础。

中国青年志愿者协会在继承了国际志愿服务精神的基础上，根据我国志愿服务工作实际，结合国家领导人的重要指示，把"奉献、友爱、互助、进步"作为我国志愿者精神，是当前中国志愿服务活动的核心价值体现，我国所有的志愿服务活动无不彰显"奉献、友爱、互助、进步"的志愿服务精神。

1993年团中央、铁道部共同组织的我国第一批青年志愿服务被誉为"千里大动脉"的京广铁路，标志着广大志愿服务青年首次以"志愿者"的身份参与志愿服务活动之中。1994年12月我国志愿者协会正式成立，标志着青年志愿服务组织的正式成立。2000年提出的"奉献、友爱、互助、进步"的服务理念标志着我国志愿服务获得了精神层面的升华，成为指导全国志愿服务活动的核心思想。至此，中国青年志愿服务的内容、组织、核心均得到了确立和完善，成为我国社会主义精神文明建设、构建和谐社会的一支不可或缺的力量。

随着2008年北京奥运会的盛大举办，北京奥运会志愿者项目的正式启动，标志着我国志愿者服务活动达到了一个前所未有的新高度。北京奥运会志愿者项目以高度开放的姿态，首次提出城市志愿者和社会志愿者项目以及"微笑北京"主题活动，为每一个想为奥运会做贡献的人搭建了志愿服务平台。青年志愿服务开始和其他各类志愿服务协作、融合，在服务中展现伟大的志愿精神。时任联合国秘书长潘基文曾专门致信表达对北京奥运会志愿服务工作的肯定，联合国授予了北京志愿者协会"联合国卓越志愿服务组织奖"。奥运志愿服务行动大大普及了人们对志愿服务的认识，使全社会意识到志愿服务的作用、意义和巨大魅力。

三、我国青年志愿服务活动的发展现状

1.我国青年志愿服务活动的主要形式

（1）慈善服务形式

这类志愿服务活动带有明显的人文关怀，涉及抗震救灾、紧急救援、扶助孤寡、扶贫资助等方面，并根据中国国情和地域发展特点，结合实际，因地制宜地开展以技能服务为主要手段的志愿服务活动，比如支教、义诊、支农、支边等，这些都是对社会公共福利事业的有益补充，是带有慈善特点的志愿服务形式。

（2）宣传倡导形式

通过志愿服务活动过程中面向社会的宣传和号召，彰显社会文明风尚，让那些涉及社会进步、精神文明建设、环境保护与可持续发展的各类公益事业得到充分的推广。如青年志愿者绿色行动计划、扶贫开发计划等，这类宣传倡导形式的志愿服务活动在提供志愿服务的同时，有效地引起了人们对各类社会问题的广泛关注，从而带动更多人投身志愿服务事业中。

（3）社会参与形式

青年志愿者从事志愿服务的过程就是个体实现社会化的过程，志愿服务的最终方式也是青年的社会参与。通过参与志愿服务活动，广大青年获得了更多接触、了解社会的机会，不断开拓视野，丰富社会经验和生活阅历。目前，中国青年志愿服务活动正在逐步成为我国青年参与国家政治、经济和社会发展的重要途径，社会参与正成为青年志愿服务活动的重要形式。

（4）互帮互助形式

社区中的志愿服务主要以互帮互助的形式为社区人民提供基本的社会福利补充。比如，组织开展以改善社区环境、政策宣讲、知识普及为主题的志愿服务活动。通过社区内邻里之间互帮互助的服务方式不断增强社区凝聚力，提升社区道德文化风尚，提高人们自主管理社区事务的能力，促进社会和谐进步。

2.我国青年志愿服务活动的运行机制

（1）管理机制

现代的志愿服务活动项目由于志愿者来源的广泛性、复杂性、开放性、社会性，在志愿者活动的管理上要求更加全面，已经超出原来任务指向的范畴。这些管理涉及志愿者的各项保障措施，管理方式也产生了很大变化，过去只有基于志愿者本人同意下的指令式管理，如今随着志愿者强烈的人格要求，更多时候需要通过志愿服务管理者和志愿者沟通、协商的方式来进行。从而形成一系列志愿服务活动管理机制。

（2）动员机制

目前的志愿服务活动改变了过去由团组织或民政部门组织动员，发动青年学生参与的方式，志愿服务活动的动员形式逐步体现出社会化的趋势。青年志愿服务活动在动员机制上从原来的政府指导、驱动和鼓励转变为通过志愿服务活动的发展吸引更多青年人主动自愿参与的方式。

（3）培训机制

过去单一针对任务要求进行的培训正在呈现出多元化的趋势。首先是内容多元化，志愿服务内容更加细化，规模和复杂程度越来越高，一次志愿服务通常会涉及很多个具体任务，需要志愿者们事先进行周密全面的准备。其次是培训方式多元化，在除了"课堂式""报告式"的培训之外，通过岗前实训、网络培训、针对指导等方式满足了志愿者上岗前的各种任职要求，实现了志愿者社会技能的提高。

（4）评价机制

目前，我国志愿服务活动的评价模式从最初的奖励机制迈向激励机制，从以物质和名利奖励形式转变为更加注重对个人社会价值的激励。2010年上海世博会期间，"志愿者激励徽章"系统和"资深志愿者"的升级机制，达到了较好的激励效果，得到绝大多数志愿者的认同。志愿者评价机制的转变也表现出我国志愿服务事

业发展越发成熟。

3.我国青年志愿服务活动的基本特点

（1）服务主体的全民化与自主化

伴随着志愿服务活动范围不断扩大，其宣传倡导的核心价值理念正逐步获得全社会成员的广泛认可，已不再仅仅局限于青年人群体。这也使得志愿服务活动正在从青年群体走向所有社会成员，并逐渐使整个社会都融入志愿服务行列。另外，人们在选择参加志愿服务的时候更加看重个人意愿，打破了过去以具体某一部门为单位、政治动员性质的志愿服务活动的传统，而是通过社会流动、职业角色、个人喜好自主自愿选择参与志愿服务活动，从"指令式"被动地参与转变为"自愿式"主动地参与。

（2）服务过程的常态化和专业化

越来越全民化的志愿服务活动日益呈现出常态化的发展趋势。青年志愿服务活动逐渐成为社会生活中制度化的、固定的、经常性的组成部分，人们参与志愿服务活动的时间和投入都能得到保证。另外，随着志愿服务事业的发展，越来越多的领域面向志愿服务开放，通常这些领域都具有很强的专业性，比如教育、医疗、安全等。应对来自社会服务领域的需求时，十分有必要在一些专业领域制定相应的准入标准。甚至有专业组织机构对志愿者进行统一培训，这实际上就是青年志愿服务专业化的过程。

（3）服务形式个性化和多样化

我国青年志愿服务活动越来越重视志愿者个人意愿和发展需求，除了传统的下乡义诊、支边支教、慰问孤寡老人等志愿服务形式，通过志愿服务形式的创新，努力推进志愿服务个性化、多样化发展，提高志愿服务的社会效益。

（4）服务领域全面化和国际化

随着改革开放的不断深入，我国全面推进社会主义市场经济建设，社会各个领域发生了翻天覆地的变化，同时伴随着一些新的社会问题。这为我国志愿服务事业的发展带来了机遇，经过20余年的持续发展，目前我国青年志愿服务活动正呈现出全面化的发展趋势。志愿服务的外延逐渐扩大，涉及公益劳动、抢险救灾、美化环境、植树造林、文体活动、心理咨询、社会服务、社会治安、移风易俗、扫盲治愚、扶助孤寡等诸多方面。

在中国对外开放的程度日益加深的今天，中国志愿服务领域已不再局限于国内，而是迈出国门，面向海外。通过国际组织志愿者行动，我国志愿者积极参与到国际援助、跨国服务等事务中。

第三节　我国大学生志愿服务活动

一、我国大学生志愿服务活动状况

大学生是我国青年志愿服务的主要力量，他们利用业余时间，结合自身知识、技能和资源为他人、社区、社会提供非营利性和非职业性的志愿服务。在尊重个人意愿的基础上，参与社会或学校志愿服务团体组织开展的各项活动，培养了当代大学生社会责任感和公民意识，锤炼了大学生个人交际和学以致用的能力，传承了扶贫济困、助人为乐的传统美德。青年志愿服务活动是组织和动员大学生参与社会主义精神文明建设、完善高校思想政治教育和素质教育、提高自身综合素质的有效途径。

1.我国大学生志愿服务活动的主要形式

20世纪90年代，中国志愿者协会正式成立，作为国内最大的志愿者组织机构，标志着志愿服务发展进入了蓬勃发展的新阶段，大学生志愿服务活动也逐渐兴起，成为青年志愿者队伍里最具活力的一个群体。国内各大高校基本都以社团、协会为平台建立大学生志愿服务团队，伴随着一系列志愿服务活动的开展，吸引了大量学生参与志愿服务活动。目前，我国大学生志愿服务主要包括社区服务、支教义诊、大型活动服务、公益宣传等多种形式。

城市社区作为青年志愿服务工作重点领域，同时也是大学生志愿服务工作重点之一。志愿者们深入社区敬老院、疗养院、幼儿园等，为孤寡老人、学龄前儿童及残疾人士提供必要的生活帮助；为社区人群提供基本的社会公共福利，改善社区环境，如捡拾垃圾、清理"小广告"、植树绿化美化等。

支教义诊也是大学生志愿服务的重要形式，由于大学生志愿者本身文化素质较高，一些医学院校大学生更是具备了相对专业的医疗知识和技能，这就为他们深入贫困地区开展支教义诊活动打下了良好的业务基础。

大型活动服务也是大学生志愿者经常参与，且成绩突出的志愿服务领域，无论是以北京奥运会、广州亚运会为代表的大型体育盛会，还是以上海世博会、东盟博览会为代表的大型展会，这些规模宏大的活动都为大学生志愿者发挥专长、自我锤炼提供了平台和机遇。

公益宣传是一种最常见的大学生志愿服务形式，校园内和社会中随处可见这类志愿服务活动，比如校史馆、博物馆内的志愿讲解员、走上街头的艾滋病预防宣传员等。

2.我国大学生志愿服务活动的运行机制

科学的志愿服务管理机制、完善的志愿服务激励机制和健全的志愿服务保障机

制是大学生志愿服务体系建设的重要基础。

（1）大学生志愿服务管理机制

我国大学生采取自愿形式参与志愿服务活动，这其中志愿服务管理机制发挥着重要的作用，做好志愿者招募、培训和管理工作是提高大学生志愿者综合素质和服务水平的重要途径。大学通过建立志愿服务信息平台、交流平台根据志愿服务内容有针对性地招募大学生志愿者，做到广泛宣传、合理使用，提高了大学生参与志愿服务的积极性。通过建立志愿者登记制度进行规范化管理，依托志愿服务对象建立志愿者培训体系，对大学生志愿精神、服务项目、岗位职责、技能技巧进行专业培训，强化志愿者责任意识，使其认识到自身社会责任和价值。

（2）大学生志愿服务激励机制

大学建立完善的志愿服务激励机制有助于大学生在参与志愿服务过程中得到满足，有效保护了志愿者的积极性。通过建立评优表彰机制，设立高校大学生志愿服务专门奖项，给予大学生志愿者精神和物质奖励，对先进事迹进行宣传报道，引导大学生志愿者参与社会公益事业，激发当代青年大学生参与志愿服务热情。通过建立健全志愿服务评价体系，将大学生志愿服务纳入学分计划和学生综合素质测评体系，重点考核大学生志愿服务时间、服务质量、团队合作等。引导志愿服务规范化发展。

（3）大学生志愿服务保障机制

拥有健全的志愿服务保障机制是大学生志愿服务可持续发展的前提，大学生志愿服务保障机制包括政策保障、经费保障和权益保障等。政策保障是学校把志愿服务纳入学校发展规划中，为大学生志愿服务发展提供有力的理论及政策支持。经费保障是大学生志愿服务活动顺利开展的先决条件，主要通过争取政府资金支持，与企业对接对志愿服务项目进行资助，社会募捐资金，高校设立志愿服务基金等形式，为志愿服务提供装备设施，为志愿者食宿和交通等基本支出提供保障。权益保障是指大学制订较为完善的志愿者安全管理制度，明确大学生志愿者、服务单位和高校三方权利义务关系和纠纷解决机制，有效保护志愿者个人安全和参与志愿服务的主动性，推进大学生志愿服务工作可持续发展。

3.我国大学生志愿服务活动的基本特点

大学生作为我国青年志愿服务的中坚力量，各高校的大学生志愿者正加速蓬勃发展，形式多样的志愿服务活动在各地如火如荼地开展。这些活动在培养大学生创造能力、动手能力，提升大学生人文素养，推进校园文化繁荣发展方面发挥着重要作用。我国大学生志愿服务活动的基本特点主要涵盖以下几个方面：

（1）参与度高，影响范围广

大学生志愿者作为高校青年志愿者的主体，具有广泛的群众基础和较大的社会影响力，其所开展的志愿服务活动涉及社会方方面面。各高校团组织结合本学校

实际情况组织开展志愿服务活动，吸引了大批学生参与其中，他们整体素质较高，具有强烈的责任心、使命感和荣誉感，具备较强的服务社会、体现自身价值，弘扬"奉献、友爱、互助、进步"的志愿者精神的意愿，具有强大的社会感染力和号召力，因此往往有大学生参与的志愿服务活动都具有较大的社会影响力，也有益于良好社会风气的形成。

（2）与社会资源联系密切

我国青年志愿服务事业是在党和政府亲切关怀下逐步发展起来的，高校青年志愿服务活动离不开各级政府、团组织和社会的支持，各高校与各地方行政机构和各类社会团体保持密切联系，各地方政府举办的大型体育赛事、博览会、文化节等活动为各高校开展志愿服务提供了服务平台，高校大学生志愿者为其提供接待翻译、园区引导、新闻采访等类型的志愿服务。此外，高校与地方政府也建立了志愿服务长效机制，在地方行政机关开展的一些常规工作，如医疗卫生服务、社区助残服务、交通协管等领域都能见到大学生志愿者的身影。同时依托政府行政机构信息优势，通过互联网、新闻报刊等各类媒体对志愿服务工作进行宣传报道，扩大了各高校的社会影响力。

（3）与社会文化结合紧密

党的十九大报告中提出："我国社会主要矛盾已转变为人民日益增长的美好生活需求和不平衡不充分的发展之间的矛盾。"人民生活水平显著改善，对美好生活的向往更加强烈，不仅是物质生活的繁荣，更对文化生活提出了更高的要求。志愿服务活动离不开社会文化需求，文化志愿服务是大学生志愿服务一种变现形式，是大学生志愿者回馈社会、服务社会的一种高尚的行为，大学生志愿者在开展志愿服务活动时通常将当地的社会文化特征与志愿服务活动紧密结合，有针对性地开展志愿服务活动，很容易得到当地人民的欢迎，宣传和传承社会传统文化的同时，也为我国社会主义精神文明建设做出贡献。

二、我国医学院校大学生志愿服务活动状况

医学院校的青年大学生是高校大学生志愿者群体中较为特殊的群体，具备医学（临床、公卫、口腔、护理、药学等）专业知识和技能的医学院校大学生是医务工作者的后备力量，因其医学专业优势，除了参加一般的志愿服务之外，还凭借自身的医学知识和技能专长，开展专业性较强的志愿服务活动。

1.我国医学院校大学生志愿服务的主要形式

（1）普通志愿服务

普通志愿服务主要指非专业性的志愿服务活动，比如大型赛事和会议的接待、翻译、导助工作，社区敬老院、疗养院、幼儿园的义工活动等。对医学院校大学生专业性要求不高，在校大学生均可以参与的志愿服务活动。

（2）义诊服务活动

医学院校大学生通常利用寒暑假时间走进乡村、社区、中小学，利用医学专业知识，开展身高、体重、视力的常规检测、血压及血糖测量、中医问诊、针灸拔罐、赠送药品等志愿服务活动。开展义诊志愿服务活动，为人们提供了初级医疗服务，提高了人们的健康意识、防病意识和基础医疗知识。

（3）医疗技能培训

参加这类志愿服务活动的大学生较多为高年级，掌握一定的专业医疗知识的大学生志愿者。主要负责在志愿服务活动中教授心肺复苏、止血包扎、火灾地震救援等救护知识。这类医疗技能培训不仅是针对被服务对象，由于志愿服务活动往往要深入灾区、偏远山区，医学院校大学生在志愿服务团队中也经常扮演"医务保障人员"的角色，提供基本的医务保障工作，同时还对志愿服务团队其他人员进行必要的救护知识培训。

（4）医疗健康知识宣传

此类志愿服务活动旨在通过生理健康、常见病的诊断、传染疾病的预防等相关知识的讲座和咨询，大力宣传医疗卫生科普知识，倡导健康、文明、进步的生活方式，增加人们对疾病的了解和认识，引导人们树立正确健康观念、培养健康的生活习惯。

2.我国医学院校大学生志愿服务的运行机制

（1）志愿者招募与培训机制

通过医学院校校内宣传，形成"以志愿服务为荣"的良好的志愿服务氛围，调动医学生参与志愿服务的积极性，吸引更多人报名参加志愿服务活动，通过构建多层次、多形式的志愿服务培训体系，除了常规的岗前培训之外，根据不同的志愿服务活动项目需求，开展有针对性的教育与培训，通过培训具备专业能力的志愿者，使其可以参与高层次的志愿服务活动。同时，通过创新培训形式，如志愿者沙龙、志愿服务辩论等，提升了医学生的学习兴趣以及对志愿服务活动的热情，从被动参与志愿服务向主动承担志愿服务方向转变，从而提高了志愿服务成效。

（2）志愿者管理与考核机制

在医学院校志愿者招募与培训体系指导下，通过充分了解各个专业和年级的医学生成长发展需求，制订分层次、多样性的志愿服务项目，为医学生提供多类别、多选择的志愿服务机会。在具体管理中坚持以学生为本的原则，发挥青年学生在志愿服务中的主体作用，完善医学院校志愿者管理制度。依托信息化的管理平台，严格志愿服务考核机制，对志愿者注册登记、服务时间、服务质量进行考核与评价，用科学的方法进行评估。

（3）志愿服务保障与激励机制

为保障志愿服务长久发展，志愿者队伍不断壮大，医学院校建立志愿服务保障和激励机制，既为志愿者提供了基本保障，同时保持了志愿服务活动在青年群体中持久的活力。学校和志愿服务对象如医院、社区等建立专门的志愿服务保障机构，由具有专业背景和相应管理经验的工作人员负责统筹，保障医学生志愿服务更加专业化、规范化。从学生参与志愿服务动机出发，了解学生心理期望和想法，为学生提供全方位、针对性的志愿服务机会。激励学生的服务热情，对于考核优秀的志愿者给予一定的荣誉和物质奖励，提高医学生长期参与志愿服务的积极性。

3.我国医学院校大学生志愿服务的基本特点

（1）志愿服务专业性强

专业性强是医学院校大学生开展志愿服务活动最突出的特点。医学是一门专业性极强的实践学科，在校大学生经过专业学习和实际操作训练，掌握了一定的医学专业知识，运用其医学专业知识和技能开展志愿服务，是其得天独厚的优势，也是与其他院校大学生志愿服务最大的区别。

（2）与德育教育结合紧密

"奉献、友爱、互助、进步"是志愿服务精神的核心，是人道主义精神的集中体现，强调对他人的尊重和对社会的奉献。强调志愿服务精神与医学生职业道德培养有着共同的定位和方向，医生这个职业所需要具备的专业精神也是人道主义精神的重要体现，甚至在与医学相关的志愿服务活动中，对于医学生提出了更加崇高的要求，那就是尊重、敬畏生命。

（3）精神内涵更为丰富

与社会其他类型的志愿服务相比，医学院校大学生开展的志愿服务有着更强的精神内涵和载体，比如：白求恩精神、南丁格尔精神、柯棣华精神，他们既是医学院校大学生职业道德的楷模，也是广大医学院校大学生志愿者学习的榜样。

三、吉林大学学生志愿服务活动概况

吉林大学作为全国重点综合性大学，一直很重视志愿服务工作，吉林大学校团委在学校党委的关怀下，以全校志愿者不断进取之力取得了显著成绩。过去几年校团委扶持了一批学生社团，为志愿服务深入开展创造了条件。以白求恩志愿者协会、阳光志愿者协会、环保志愿者协会等为代表的四十多个志愿服务类社团为依托，开展了大量的、深入的、广泛的志愿服务活动。同时，学校还搭建了一批项目平台，为志愿服务活动提供机会。学校出台了一批重要的支持性政策。以2010年12月出台的《吉林大学深入开展志愿服务方案》为代表的一批支持性政策保证了志愿服务的全员参与，方案要求《形势与政策》课程60%学分由课堂修学，其余40%学分必须经过志愿服务活动获得，作为必修课在全校推广普及，保证吉林大学成为一个全员参与志愿服务工作的高校。此外，还推动了26000余名学生注册成为中国青年志愿者，完成注册申报工作。2016年，吉林大学结合学校具体情况，在全校组织开展寒、暑假社会实践等"我为校庆献礼"返乡宣传学校招生、"精准扶贫"两项专项实践活动，围绕理论普及宣讲、国情社情观察、科技兴农、教育关爱、文化艺术、爱心医疗、美丽中国等7个方面，组织全校39个学院、3个医院、298支团队，共计12700余名师生奔赴祖国各地，开展丰富多彩的实践服务活动。学校团委组织各实践团队充分利用新闻媒体、微信、微博等平台实时发送活动情况，校内外宣传累计达百余次。

吉林大学长期将志愿服务工作作为培育和践行社会主义核心价值观的重要载体，在校园文化建设进程中发挥着重大作用。吉林大学白求恩志愿者协会自1993年成立至今已20余载。多年来，白求恩志愿者们始终坚持用热情活力和医学专长践行白求恩精神，在制度保障、项目创新、社会协同、典型教育、品牌建设等方面不断探索与实践，在灾情、疫情等急难关头挺身面对，在支医、支农、支教活动中排忧解难，在临床医疗中创新服务方式，生动诠释着"奉献、友爱、互助、进步"的志愿者精神，向社会传递道德的力量，奠定了良好的校园文化氛围。目前，吉林大学白求恩志愿者已经成为学校一张响亮的名片。协会拥有志愿者5000余人，志愿服务基地500余处，累计志愿服务时长40万小时。协会荣获中宣部、中央文明办、中国志愿服务联合会评选的"最美志愿者"称号和团中央、中国青年志愿者协会评选的"第十届中国青年志愿者优秀组织奖"两项国家级荣誉。在中央宣传部、中央文明办等部门联合开展的2018年学雷锋志愿服务"四个100"先进典型评选活动中，吉林大学白求恩志愿者协会获"最佳志愿服务组织"奖。

2014年9月，国务院总理李克强给吉林大学白求恩志愿者回信，全文如下：

白求恩志愿者协会的师生们：

读了你们的来信，看了志愿服务图册，非常高兴，这使我又想起当年和志愿者在一起的场景。

20年来，白求恩志愿者们用热情活力和医学专长身体力行白求恩精神，在非典疫情、抗震救灾等急难关头挺身面对，在支医、支农、支教活动中排忧济难，在临床医疗中创新方式服务患者，生动诠释着"奉献、友爱、互助、进步"的志愿者精神，向社会传递了道德的力量。

涓涓细流汇成江河，志愿者服务已经成为社会进步的重要力量。信念引领脚步，希望大家继续以爱心和知识帮助需要帮助的人，与千千万万志愿者一起传播守望相助的正能量，在全社会形成崇德向善的好风尚。也希望大家在这一过程中潜心研学、砥砺品行，在为国家发展、人民福祉奉献中成长进步。志愿者是一张响亮的名片，世界因为你们而精彩。祝大家拥有同样精彩的人生！

李克强

2014年9月23日

第二章　志愿服务育人

第一节　我国高校志愿服务育人的实践

一、我国高校志愿服务育人的实践成效

我国大学生志愿服务活动从 1993 年开始在高校兴起，经过 20 多年的发展，志愿服务体系由自发性的散在方式，到系统性的整体构建，由内容与形式的单一化到丰富多彩的多元，由最初的开展活动到建立相应的机制，已经形成了全方位、多角度的良性有机互动体系。近年来，北京奥运会、上海世博会等大型赛会的成功举办更是掀起了以青年大学生为代表的全社会志愿服务热潮。青年大学生成为志愿服务的中坚力量。志愿服务成为社会主义精神文明建设和公民社会建设的重要内容，而志愿服务对于服务主体大学生的育人功能日益凸显。首先，志愿服务对大学生确立正确的世界观、人生观、价值观具有非常积极的作用。"奉献、友爱、互助、进步"的青年志愿者精神对大学生的三观有潜移默化的影响，对培育和践行社会主义核心价值观，发挥了很好的育人作用。其次，志愿服务是"第二课堂"丰富和延伸"第一课堂"的集中体现。志愿服务为促进学生走向社会、融入社会、服务社会提供了有益的实践平台，大学生从关注志愿工作延伸到承担社会责任，从参与公益活动拓展到专业知识和实践能力提升。第三，志愿服务有助于综合素质的提高。志愿服务的培训以及服务过程中的实践教育，促使学生的团队意识、责任意识、实践能力、组织能力、统筹和协调能力以及解决问题能力等各方面素质都得到了长足的提升。

高校以青年志愿者为抓手，通过开展各种志愿服务活动，不断提高大学生的综合素质，不断创新大学生思想政治教育手段和方法，强化实践育人的良好成效。从伦理的视角来看，志愿精神在培育个体的道德理想、提升道德境界、养成优良道德品质、营造崇善行善的道德氛围、倡导积极有为的道德修养等方面具有一般教育价值；从大学生主体角度来看，志愿精神表达了大学生自主的公共服务意识，体现了大学生对价值合理性的追求，促进大学生成为社会主义"四有"新人[①]；从大学

---

① 黄小露. 论大学生志愿精神与校园慈善文化的培养[J]. 经济与社会发展，2009（11）.

校园文化建设的角度来看，以志愿精神为主题的校园慈善文化是对大学生进行道德教育的理想途径，通过积极参与志愿服务等公益活动，可以促进大学生综合素质的全面发展，在校园中倡导并营造"以人为本，助人为乐"的大学人文慈善环境；从公民、社会与国家的角度来看，志愿精神对于政府治理理念的转变、社会组织的发展、公民意识的培养、人际间的信任与合作建立等都有重要作用。

二、我国高校志愿服务育人的发展方向

随着社会的发展，志愿服务活动辐射面不断扩大，学生投身志愿者行列的热情日益高涨，大学生志愿者在社会上有了一定的影响力。但与此同时，高校志愿服务活动也存在着一些亟待改进的问题，志愿服务育人的效果还需要进一步加强。一是缺少规范、专业、系统的志愿服务教育和培训。据了解，超过六成的在校大学生零星接触过正规的志愿服务教育。而不少学生根本没有接受过正规的志愿服务教育、培训；二是缺乏健全的评价和激励机制。有的高校在评选优秀大学生时没有将志愿服务行为纳入评选标准的内容。在精神、物质上都没有激励的情况下，大学生志愿者们牺牲课余时间，身体力行投入到无偿的志愿服务中，激情必然会受挫；三是高校志愿服务缺乏多元化。不少高校在发起志愿者活动时，服务内容缺乏多元化和丰富化，服务范围过窄，服务对象有限，造成大学生对于参加志愿活动的兴致不高，甚至存在迫于外界压力而参加志愿服务活动，并非自觉行为。

与此同时，有的学校在开展志愿服务活动时，带有浓厚的行政色彩，校方以行政方式下发开展社会实践活动的通知。当然，这些活动并非没有一点益处，但这些带有行政色彩的活动缺乏持续性，除了在特定时间段效果明显，到后面往往变成不了了之。流于形式的实践活动难以让大学生真正领会到志愿服务的精髓，也很难得到广大学子的认同。在志愿服务的过程中，大学生志愿者主观能动性较差，服务效果不明显。大多数志愿活动所提供的服务是清洁社区、改善社区卫生环境，或者是对孤儿院、养老院进行慰问表演，或者是给贫困山区送温暖等活动。志愿服务内容单一，范围窄，惠及面较小，也没有广泛参与的渠道，难以吸引大学生热心投身志愿服务活动。

志愿服务是践行社会主义核心价值观、弘扬传统文化的重要载体，在服务社会、帮助他人的同时，充分发挥志愿服务活动提升思想意识、身心素质等方面的效能，努力形成志愿服务育人的良好文化氛围。以文化育人，文化的本质属性就是非强制性的影响力，要在校园营造浓厚的志愿文化氛围，通过志愿文化这种非强制性的影响力，引导广大学生参加到志愿者的队伍中来。建立志愿文化阵地，广泛开展志愿服务的宣传工作，大力宣传志愿者的先进典型，强化典型引领和志愿服务活动的教育示范性。发挥全媒体矩阵优势，努力推动传播方式的多样化、传播层次的多元化、传播周期的有效化、传播内涵的专业化、传播内容的品质化。让更多的人了

解、参与、热爱志愿，从而实现"人人爱志愿、时时做公益、处处献爱心"，"随时、随地、随手做公益"的常态化愿景。[①]

三、我国高校志愿服务育人的理论创新

青年志愿服务在发挥奉献爱心、助人为乐的精神，实现关爱和帮助社会人群功能的同时，还体现了"自主服务、自主体验、自主学习、自主提升"的服务育人功能。很多青少年通过参与志愿服务，获得思想成长、道德发展、感情成熟和能力提升，成为优秀的人才。党的十九大报告提出，青年要坚定理想信念，志存高远，脚踏实地，勇做时代的弄潮儿，在实现中国梦的生动实践中放飞青春梦想，在为人民利益的不懈奋斗中书写人生华章。志愿服务就是培养青年、成就青年的有效途径。中国青年志愿服务发展20多年来，许多青少年在服务中获得体验、获得教育、获得成长，对人民群众的感情逐渐培养起来，对党和国家的感情逐渐培养起来，成为社会主义事业的合格接班人。一方面，青年志愿者在服务过程中提高思想认识，培养道德情感，锻炼素质能力，成为具有创造力的人才；另一方面青年志愿者在服务交往中获得关心，获得激励，敢于锻炼，敢于展示，培养面向社会大胆创新的人才。青年志愿服务组织的特殊性，在于参与服务的青少年正处于成长、成熟的年龄阶段，他们通过参与志愿服务，获得思想成长和人格成熟，从而实现了服务育人的良好效果。

理论的源泉是人类丰富的社会实践活动，理论的意义在于能够指导和推动实践的发展创新。党的十九大报告提出，中国特色社会主义理论体系是指导党和人民实现中华民族伟大复兴的正确理论。同样，青年志愿服务的发展，也迫切需要具有中国特色社会主义理论的指导和推动，把中国志愿服务活动纳入中国的主流文化和意识形态上来，而不是把它们隔绝开来。这样，我们的志愿服务活动，才有进一步发展的源头，才有进一步发展的势头，才能够得到全社会的认同。

2014年，中国青年志愿者协会成立了理论研究工作委员会，汇聚一大批专家学者，在深入基层调查研究和参与志愿组织服务活动的过程中，提炼出许多富有创新的理论观点，丰富了青年志愿服务的思想宝库。中国志愿服务联合会建立专家库的时候，大多数成员也是从青年志愿服务研究委员会中挑选的。因此，这些青年志愿服务的研究专家，也为中国特色志愿服务理论的形成做出积极的贡献。成立于2009年的北京志愿服务发展研究会，率先探索，取得可喜的成绩。不仅吸引北京地区的大批专家学者参与，而且邀请全国各地的专家学者合作，形成具有数百人的研究力量，围绕中国特色志愿服务力量、中国大学生志愿服务发展机制、中国青年志愿服务育人功能等进行深入的研究，取得丰硕的成果。成立于2012年的广东省社工与志愿者合作促进会，汇聚专家学者、专业社工、志愿者骨干，围绕推进志愿服务

---

① 高山.以社会主义核心价值观引领大学生志愿服务工作[J].国家教育行政学院学报，2014（12）.

的专业化，提升志愿者的能力素质等开展研究和传播工作，先后推动出版《志愿服务：理念与行动》《中国农村志愿服务发展报告》《广州亚运会志愿服务丛书》等书籍，为各市县及基层志愿服务组织提供理论指导。近年来，社工与志愿者合作促进会不断探索，按照社工与志愿者自由参加、自由发挥的方式，具体开展"社志论坛""社志沙龙""社志行动""社志飞信""社志网络"的系统建设，发挥积极的作用。中国青年志愿者协会还在杭州建立"青年志愿者大型赛会培训基地"，在全国各地建立"中国注册志愿者培训基地"，以不同的形式汇聚专家学者，为青年志愿服务的创新发展贡献智慧。这样，青年志愿服务的理论创新也为中国特色社会主义理论创新做出贡献，成为新时代理论宝库的组成部分。①

第二节　志愿服务对医学生的育人功能

一、有助于医学生职业道德的养成

1.有助于养成精勤业务的专业素养

志愿服务是医学生职业道德养成的有效载体，引导和鼓励医学生积极参与志愿服务活动是培养医学生职业道德的重要途径。对于医学生来说，志愿服务不仅能丰富自身的社会实践精神，积累社会实践经验，而且能掌握一定的知识技能，提高道德评价。医学生作为特殊的青年群体，总体素质较高，有很强的责任心和使命感。志愿服务倡导的"奉献、有爱、互助、进步"的精神符合广大医学生的特点，在医学生中盛行。而且随着志愿者行动的不断深化，志愿服务活动项目的专业化、知识化特点愈发明显。医学生在志愿服务活动过程中，能够充分利用并巩固所学专业知识，提高分析和解决问题的能力。在医学院校开展志愿服务活动，不仅能为医学生提供实践锻炼的平台，增强医学生的实践经验，还能提升医学生的综合能力，培养医学生的职业素养。同时，与专业有关的志愿活动能够使医学生提前接触并很好地适应自己未来的职业，有助于医学生养成精勤业务的专业素养，为将来成为好医生打下扎实的基础。

2.有助于养成平等待人的服务意识

医学生应以"大医精诚"为目标，若要成长为优秀的医生不仅要掌握精湛的医术，更要培养高尚的医德医风。志愿服务一方面教会学生们更多的医学技术、技能；另一方面还教会了学生们更多的服务理念。志愿服务能够有效提高医学生的医德理念，促进医学生树立正确的人生观、世界观和价值观，使他们能够为社会提供更多的优质服务，最终实现学生们医学技术、服务理念的全面提高，进而处理好医

---

① 谭建光.中国新时代青年志愿服务的发展分析[J].青年学报，2018（01）.

患关系。作为一名医学生，不仅要医术好，治愈病人的疾病，而且要照顾周到，让病人感到温暖、贴心。一个微笑，犹如一缕清风，就能拂去患者心中的忧郁和不安；一句问候，犹如冬日暖阳，就能消除病人的恐惧和陌生。志愿服务有助于培养医学生以患者为中心的意识，从而使医学生们用更积极主动的服务意识为病人做好服务；用更严谨细致的工作态度为出诊医生做好服务；用平等、善良、真诚的心去对待每一位患者。

3.有助于养成忠于职守的敬业精神

养成忠于职守的敬业精神是医学生成长的必经环节。医生的天职是除人类之病痛，助健康之完美。但是无论医学技术如何飞速发展，新问题也在呈指数地增加，而且相当一部分疾病难以被常规的检查和治疗解决，还有一些疾病并非需要药物治疗而自愈。医学生应当养成良好的习惯，更要培养一定程度的忠于职守的精神，不要被现有技术不足和不良诱惑所影响，失去了治病救人的初心。医学生不怕麻烦、不怕吃苦，忠于职守，才有可能成长为出色的医生。

二、有助于医学生职业精神的形成

医学职业精神是指从医者表现在医学行为中的精彩的主观世界，是其在医学实践中创立和发展并为整个医学界乃至全社会、全人类所肯定和倡导的基本从业理念、价值取向、职业人格及其职业准则、职业风尚的总和。志愿活动作为医学生的一门必修课，其理论加上实践具有教育和服务两大功能。对于医学生而言，其服务功能体现了志愿服务在人文关怀传递过程中的医学生渴望为社会、为医院、为患者多做奉献的强烈意愿，促使他们自觉地将自己的价值取向定位在服从社会需要、强化自我约束，主动为社会多做奉献、树立正确的职业精神上来。

进入21世纪，几乎所有的医学院校都在医学专业教育改革的同时，致力于探索医学生医学人文精神的培养路径与方式。不同于医学专业知识的课堂教学，医学人文精神的涵养更多地有赖于第二课堂；不同于医学技能训练所强调的规范与统一，医学人文精神的熏陶恰恰体现了不同院校的个性化风格。

每一名投身志愿服务的医学生走出校园，走进社区、走进农村、走进贫困山区，通过自己的切身实践去看、去问、去了解乡情、民情、社情和国情，去送医送药，去思考体验、感悟、体察和理解党的路线、方针、政策，加深对医学知识的理解和体会，开拓医学生认识当下医疗环境的不同视角。通过多样的志愿服务活动，医学生了解了社会，感受到了社会大众对关心与友爱的期待，尤其是许多弱势群体对社会帮助的渴望，由此而意识到当代大学生所承担的一分社会责任，尤其是一名医学生肩负的使命。引导和强化医学生树立志愿服务理念，让志愿服务深刻地影响每一名医学生，在学校乃至社会形成广泛认同的志愿服务文化，将极大地促进医学生养成良好的职业素养与职业道德，增强医学生的社会责任感以及使命意识，培养医学生的合作意识以及团队精神并最终形成健全的职业精神。

三、有助于医学生专业素质的提升

专业素质(professional qualities)是指从事专业者对所从事专业的专业思想的牢固性以及对专业的热爱性。对于医学生而言，它直接关系到学生的学习态度和学习成绩。医学生首先是要在课堂上掌握足够的理论知识以及在思考与解决问题中养成解决问题的思维，之后若想成为一名职业医生，则要养成作为医生的职业思维与职业技能，这便是一名医学生的专业素质。而这种专业素质，在参与志愿服务的过程中将会得到很大的提升。

医学专业与其他专业不同，其具有极强的专业针对性和实践性，所以要想锻炼医学生的专业技能，仅靠一般的锻炼是很难有成效的。志愿服务主要的服务对象偏向于基层，也正是如此，志愿服务的对象大多数为健康人，例如社区服务过程中，志愿者会用到在学校里基本不会使用的血压计。大多数医学生志愿者都知道高血压或者低血压会引发什么病症和如何使用药物或者如何手术正确治疗此病，但是在现实生活中血压计是最基础也是最普遍测量血压的仪器，如果只知道血压异常的处理方法而无法正确检测到血压的异常现象，那么所学习的知识将无法发挥用处。此外，很多医学生会选择在医院中进行志愿活动，包括导诊、协助体检、自助挂号等，他们做的工作是他们在学校学习时很少接触到的，医院里志愿者可以学习到医生们经过长期治疗病患得到的经验与技巧，接触到高端的医学仪器设备，熟练掌握医院的运营模式，对志愿者未来在医学事业的发展有很大帮助。医学事业的服务对象是人的身体与生命，而志愿服务能显著增强医学志愿者的基础技能，因此对于医学生而言，进行志愿活动是十分有必要的。

第三节　吉林大学以志愿服务培养医学生职业精神

吉林大学白求恩医学部的前身是创建于1939年9月的晋察冀军区卫生学校，伟大的国际主义战士、加拿大胸外科医生诺尔曼·白求恩曾亲自参加了学校的创建和教学工作。白求恩去世后，学校改名为白求恩学校。之后，学校几经搬迁几次易名，但白求恩精神一直作为学校的传家法宝被薪火相传。学校以继承和弘扬白求恩精神为己任，坚持以白求恩精神建校育人，坚持用白求恩精神培养白求恩式的医学人才。学校始终将白求恩精神教育与医学职业精神教育相融合，近年来，更是将这种血脉相传的白求恩精神与医学生的志愿服务活动相结合，彰显社会主义核心价值观，弘扬中华民族传统美德，有效地促进了医学生公共责任感和职业精神的培养。

一、培养医学生公共精神和公共责任感

大学生的年龄一般都在二十岁左右，精力充沛，是社会中最活跃的一个群体，对外界充满了热情与活力，承载着社会发展的希望。如何在新时代背景下不断为社会输送合格的医学人才，是社会赋予医学教育的历史使命。医学的魂魄，在于其浓郁的人文精神。医学人践行使命的动力源泉，在于其拥有的崇高的人文情怀。医学的科学精神和医学的人文情怀，是医学有别于任何学科专业的特质之所在。因此，进入21世纪，几乎所有医学院校都在医学专业教育改革的同时，致力于探索医学生医学人文精神的培养路径与方式。不同于医学专业知识的课堂教学，医学人文精神的涵养更多地有赖于第二课堂。

2009年，吉林大学与长春市普阳街道签订了《大学生社会实践基地共建协议》，开始组织医学生进入社区进行志愿服务。十年来，社区志愿服务不断扩大活动范围，平均每年新增社区9个，在活动内容上则涵盖了卫生援助、预防调查、医疗义诊、义务咨询、扶残助残、健康宣讲、社区劳动、环境保护、基层医疗卫生状况调研等多个方面。目前，吉林大学与长春市内的30多个社区签署了共建协议，并通过党（团）支部与社区"一对一"对接的形式，逐步建立长效的志愿服务关系，形成密集的社区服务网络，构建完整的社区服务体系，让每一名参与活动的大学生志愿者都能在其中找到自己可以奉献的项目。每逢节假日，医学生就会进入社区进行志愿服务。在长春市建工社区有一个贫困家庭，家中有一名患先天性心脏病的孩子，志愿者为其提供志愿服务，给孩子辅导功课，和她一起唱儿歌，讲故事，让她与其他孩子一样快乐健康地成长。

吉林大学还与长春市农民工子弟小学、吉林省孤儿学校、长春市卓雅脑瘫儿童康复站等多家单位建立了志愿合作关系，定期派志愿者作为校外辅导员为孩子们传授知识、普及健康安全卫生知识。星光特殊儿童训练养护中心是吉林省内第一家孤独儿童康复机构，医学生志愿者利用假期来到星光学校帮助孩子们做康复训练，为孩子们进行心理护理和疏导，教孩子们学唱儿歌，同孩子们玩游戏，为孩子们进行心理护理和疏导，大学生们始终秉承"不排斥、不歧视、不放弃"的原则，为孤独症儿童的心墙打开一扇通往外面世界的窗。吉林省春光康复医院是吉林省唯一一家以骨伤康复、神经康复、脑瘫、孤独症、智力落后患儿康复治疗及假肢矫形器适配业务为一体的康复专科医院。医学生志愿者们在医院协助医务人员进行导诊、晨检、康复训练以及协助医院工作人员建立信息化档案和书写病例，志愿者们针对各种特殊群体开展爱心帮扶活动，并邀请心理学专家设计方案，通过心灵触动，让"友爱"的阳光照亮每个人的心灵。

每年暑期学校都会组织医学志愿者参加"三下乡"志愿服务。从长春周边的乐山镇、合心镇到东丰县杨木林镇、白山市大栗子镇、松原市大洼镇，医学志愿者们

通过义诊赠药、基层调研、医院见习、健康宣讲、文艺演出等方式进入社会、了解社会。这其中的典范即是河北唐县牛眼沟村的"筑梦白医·寻根之旅"志愿服务。河北唐县牛眼沟村是吉林大学医学的发源地，唐县至今还是国家级贫困县。早在1990年，原白求恩医科大学就组成"寻白求恩足迹"医疗小分队来到唐县开展"三下乡"志愿服务。2009年，白求恩逝世70周年之际，吉林大学"三下乡"志愿服务小分队再次来到唐县祭拜白求恩墓，并同时决定，在这里设立长期的社会实践基地。十年来，他们克服困难，为牛眼沟村带来了第一台电脑、打印机，建立了计算机教室。十年来，通过丰富多彩的教学内容，志愿者给这里的孩子们带来了五彩斑斓的梦想，并通过"一对一"助学活动——一个团支部对应一名小学生——帮助孩子们解决学习生活的困难。十年来，"筑梦白医·寻根之旅"志愿服务小分队的足迹遍布牛眼沟村的每一个角落，走进了每一户村民家里。一位参加"筑梦白医·寻根之旅"志愿服务的学生在日记里写道："谁说大山里不能有梦想，谁说大山的孩子不能展望未来，这些活泼可爱的孩子用行动告诉我们，只要把握每一个学习的机会，珍惜每一节课的45分钟，尽可能地了解外面的世界，他们也可以畅想未来，假以时日，也可以走出大山实现自己的理想，做一个有用的人。短短八天的志愿服务，能带给孩子们的真的是太少了，但愿能给他们留下些许启迪，为他们的前进之路点燃理想明灯，而我们是不是也该有所感触呢？即使贫困，也保持着对生活的乐观，即使艰苦，也充满着对知识的渴求，或许这就是孩子们教给我们的白求恩精神。"可见这种潜移默化的白求恩精神的洗礼，革命传统的教育，有效地帮助医学生树立了正确的世界观、人生观、价值观，增强了社会责任感与使命意识。

2015年暑期，吉林大学党委书记杨振斌在亲自来到牛眼沟村看望"三下乡"志愿服务医学生时指出："学校要尽最大的努力，对唐县牛眼沟村、葛公村等这些印记过我们母校名字的地方提供援助，让那些见证过学校成长历史的遗迹永世长存。让唐县这块英雄的土地，白求恩精神的摇篮，成为医务工作者和吉大学子的朝圣之地。"2016年7月，吉林大学党委书记杨振斌率队，组织了"重走白求恩路"主题活动，由临床医学院、公共卫生学院、护理学院、药学院和口腔医学院80余名学生组成的五支志愿服务队，由白求恩第一、第二、第三医院多学科专家组成的三支医疗队，先后奔赴白求恩工作过的、吉林大学白求恩医学部的诞生地——河北省唐县、顺平县等地开展支医、支教志愿活动。

每一名在唐县接受白求恩精神洗礼的医学生都能够通过自己的切身实践，去看、去问、去知晓乡情、民情、社情和国情，去思考、去体验、去感悟，去体察和理解党的路线、方针、政策，加深对书本知识理解和体会，并能够在日后的学习工作中，自觉传承白求恩精神，弘扬白求恩精神，把成为政治坚定、技术优良的白求恩式的医务工作者作为共同的职业追求。通过这些多样性的志愿活动，使医学生了解了社会，感受到了社会大众对关心与友爱的期待，尤其是许多弱势群体、贫困地区，对社会帮助的渴望，由此而意识到当代大学生所承担的一分社会责任，尤其是一名医学生的使命意识。

二、培养医学生职业素养和职业道德

吉林大学医学生志愿者，每年都会参加无偿献血并到血站进行志愿服务。接受血站工作人员的专业培训后，志愿者们按照要求上岗工作，指导献血者填写《无偿献血登记表》，提醒献血者献血后的注意事项，为献血者递上热水和食物以便献血者得到充分的休息尽快恢复身体。从2011年起，学校又为医学生志愿者搭建了参加"宁养院"志愿服务的平台。经过专业培训后，志愿者为长春市及周边 100 公里范围内的贫困癌症晚期患者提供止痛、心理舒缓等服务。在宁养院志愿服务活动中，大学生志愿者为每一位接受义工服务的患者建立《服务对象情况追踪记录》，每次服务后由当次志愿者及时记录。以此保证为患者及家属提供服务的连贯性和一致性，提高义工服务效率与成效。同时，志愿者也为每一位患者记下属于他们自己的《生命旅行笔记》，患者通过回顾人生、与亲友间更好沟通及表达情感，探索人生意义，达到"去者善终、留者善别"的最终目的。宁养院志愿者需要用耐心、恒心、诚心去与服务对象沟通，打动服务对象的心灵，医学生正是通过自己执着与坚持，让一个个服务对象对自己敞开心扉。一位参加宁养院志愿服务的同学曾表达过，每当自己感到不被服务对象理解，精神倦怠时，就会想起"白求恩大夫曾率医疗队在四个月里，总行程750公里，实施手术 300余次，建立手术室和包扎所13处。他曾连续工作69小时，为115名伤员动手术的故事"。白求恩在残酷的战争中，丝毫不顾个人的安危，哪里最艰苦，哪里最需要他，他就到哪里去。作为21世纪的医学生没有不为患者服务，不为社会服务的理由。可以说通过志愿服务可以使医学生了解、熟悉未来的职业环境和职业特点，从而在对自己未来工作认可的基础上形成热爱自己的职业，愿意孜孜不倦从事自己职业的正能量精神状态。在志愿服务过程中通过优秀的医务工作者的引导与熏陶，学习他们身上不辞辛劳，兢兢业业，全身心投入自己工作中的职业精神。

医学是一门实践性很强的学科，需要为医学生提供多元的实习机会。在现实工作中对医院没有一点了解的医学生进入实习后会表现出一定的不适应。因此这就要求在对医学生的培养过程中要从志愿服务下手，用志愿服务来帮助学生提前熟悉医院的环境，培养职业兴趣，最终提升职业素养与职业道德。2010年学校组织开展的医院门诊志愿服务，包括导诊、分诊、陪检、康复看护、肿瘤中心调查员、ICU病房监护等方面内容。医学生志愿者以第三方的身份与患者体验充分融合，了解、感受患者的困难，同时医学生利用专业优势为患者做更临床化、更具体化的服务，为患者顺利就诊提供帮助。在导诊过程中，志愿者们根据培训内容向就诊患者一一作答。对于焦虑急躁的患者他们也会耐心解答，并安抚患者的情绪。患者们的感谢是

对志愿者最大的肯定，医护人员的悉心教导也让他们获益匪浅。每次活动结束后，志愿者们分组进行总结，分享服务心得和经验教训，讲述志愿服务中一个个真实感人的小故事，分享活动中的喜悦与收获。多年来医院志愿服务活动受到了社会各界的广泛关注，被称为"医患关系润滑剂"。

2012年4月7日，中央电视台新闻联播以《医院里的蓝马甲》报道了志愿者的事迹。"蓝马甲"是吉林大学第一医院开展门诊志愿服务时的统一着装，逐渐演变成了志愿服务的标志。除了吉林大学第一医院的"蓝马甲"，还有吉林大学第二医院的"红马甲"，吉林大学中日联谊医院的"白马甲"。这些穿着各色马甲的志愿者们在帮助患者顺利就诊的同时，获得将专业知识技能运用于实践的成就感和满足感，提升了自身的学习积极性，使其在专业学习上变被动为主动，真正做到"助人与自助"相结合。一个参加过吉林大学第二医院ICU病房服务的志愿者讲述了这样一个故事，"在一次病房监护服务中，我遇到了一位呼吸衰竭的患者，虽然他有较清晰的意识，但已经无法清楚地用语言进行交流，只能发出简单的"哼哼"声来表达自己的需要。在刚开始的时间里，患者的无力挣扎与无助的眼泪让我感到无比心酸。于是，我们几位志愿者一直陪伴着这位患者，让患者学会用简单手势进行交流，帮助他挠痒、翻身、换药，和患者'聊天'帮助他解闷，紧握他的手给他鼓励。在这个过程中，患者逐渐安静下来。清醒时。他对我们的细心照顾有了积极的回应，这让我们感到十分欣慰。这样的经历让我们深切感受到了患者的痛苦与对温暖的渴望，当身处困境之中，一小片温暖之光便可照亮一大片的黑暗"。《长春日报》曾报道过这样一个事例：一名吉大医学专业的大二学生，被志愿者称为"活地图"。他已经是第二次参加蓝马甲志愿者活动了。家人对他到医院做志愿者很不理解，一致反对他提前回长春去医院做志愿者。但他依然坐上了回长春的火车，一场暴雨使沈大铁路中断，他在车上待了13个小时后又返回大连。但他记挂着志愿者活动，通车后第一时间他又赶回长春。当记者问他在做志愿者活动时有什么收获，对未来的求职有什么帮助时，他说："我体会到了医生的辛苦和患者的焦急，如果能够换位思考，大家就能相互理解。"有过这样经历的医学生志愿者，加深了对生命以及对疾病的理解，更加深刻地感受到作为一名医务工作者应有的责任。这些体验不但提升了其努力学习专业知识的决心，也为其培养高尚的医德医风奠定了基础。

三、培养医学生合作意识和团队精神

现代医学，尤其是临床医疗工作，已经呈现出越来越突出的多学科协作的团队模式。一名优秀的医生要具备多方面的能力，其中合作意识和团队精神是至关重要的。从医学生入学开始，就需要培养他们的合作意识。志愿服务工作的特点决定了每位参与其中的志愿者不仅要有奉献精神，而且要有合作意识和团队精神，从组织、策划到参与、实施，志愿服务活动的每一个环节都要求志愿者的个人利益要服

从团队利益，顾全大局，所以说通过志愿服务来培养医学生合作意识与团队精神是非常有效的方法。

多年来，吉林大学始终把白求恩精神融入教育的全过程，经常邀请海内外知名校友、专家和学者，针对当前医疗环境中的热点问题作专题讲座并进行白求恩精神的教育。学校的白求恩医学纪念馆是吉林大学重要的白求恩精神教育基地之一，于2009年重建时，即有医学生志愿者参与了资料收集以及展馆设计工作，纪念馆讲解员全部由医学生志愿者担任。纪念馆里布置了白求恩生平展示和学校的医学发展史，有历史久远的医药箱、陈旧的教具、教学笔记实物、工作老照片以及今天取得的丰硕成果，一代又一代白求恩的传人从这里直观地了解了白求恩无私奉献的一生和学校医学发展的历史。多年来，纪念馆先后接待了在校学生、来访校友、国际友人、社会大众7000余人的参观，"白求恩精神宣讲员"换了一批又一批，但他们宣传白求恩精神的觉悟始终没有改变。2015年8月31日至9月3日，中央电视台《朝闻天下》栏目以"人民不会忘记 吉林：让白求恩精神薪火相传"为标题，连续四天报道了吉林大学医学生志愿者进行"白求恩精神宣讲"活动。

吉林大学医学生志愿者通过各种形式宣传白求恩事迹，弘扬白求恩精神。其中，编演的话剧《离开白求恩的日子》《白求恩》在校内进行多次展演。从演员的选角、培训到剧本的撰写排演，所有的演职人员都精诚合作，怀着对白求恩的崇敬之心，完整生动地展现白求恩伟大的奉献精神和崇高的国际共产主义精神。注入新元素的话剧《离开白求恩的日子》受到了社会的广泛关注与好评。在暑期志愿服务过程中分别在石家庄的白求恩军医士官学校和牛眼沟村义演了两场。话剧结尾处，全体观众与演员都会一起宣誓："自觉弘扬白求恩精神，努力钻研医学知识，做一个优秀的白求恩的弟子"。在以上这些志愿服务团队中，每个成员都能认清团队目标，服从于志愿服务团队的管理，又能保持个性、激发潜能；既提高了志愿者团队有效运转，又培养了医学生的合作意识和团队精神。

第三章　吉林大学白求恩志愿服务活动

第一节　吉林大学白求恩志愿服务组织

一、白求恩志愿服务组织概况

1994年，原白求恩医科大学（现吉林大学白求恩医学部）积极响应团中央号召，在全国高校率先成立了青年志愿者组织，并以"白求恩志愿者协会"命名，陆续开展丰富多彩的志愿服务活动。

随着时代的发展和社会的需求，白求恩志愿者的队伍不断发展壮大，白求恩志愿者的脚步遍及市内外、省内外乃至走出国门。在长期志愿服务的过程中，志愿者们将救死扶伤的使命与服务社会的理想相结合，生动诠释了"奉献，友爱，互助，进步"的志愿者精神，赋予了"白求恩精神"崭新的时代内涵，开启了吉林大学白求恩志愿者志愿服务的新征程，将"白求恩精神"的熠熠光辉洒向了每一个需要温暖的角落……

2000年，原吉林大学、白求恩医科大学、吉林工业大学、长春科技大学、长春邮电学院合并组建新吉林大学。2004年，原中国人民解放军军需大学转隶并入。六校合并之后的新吉林大学，整合了多个自发组建的白求恩志愿服务组织，继续开展以"吉林大学白求恩志愿者"为名的志愿服务活动，传承和发扬几代白求恩志愿者"救死扶伤，服务社会"的青春理想，不断创新和弘扬白求恩志愿者"无私奉献，舍己为人"的价值追求，为白求恩志愿者的志愿服务活动营造了氛围、搭建了平台、提供了保障。

2003年，吉林大学白求恩医学部正式成立。随着不断的发展和变革，如今的吉林大学白求恩医学部拥有5个学院（即基础医学院、公共卫生学院、药学院、护理学院、临床医学院）和4所附属医院(白求恩第一医院、白求恩第二医院、白求恩第三医院、白求恩口腔医院）。随着白求恩志愿者队伍的不断壮大，各学院纷纷成立白求恩志愿者组织，如临床医学院成立的白求恩青年志愿者协会、护理学院成立的天使志愿者协会、公共卫生学院成立的卫爱志愿者协会等，这些协会、社团灵活、机动地开展着各项白求恩志愿服务活动，将"白求恩精神"的种子播撒在祖国各地。

2010年，吉林大学审议通过了《吉林大学深入开展志愿服务工作实施办法》，将志愿服务纳入本科生《形势与政策》课程的学分体系，建立起由校、院、志愿服务队伍三级组织构建的吉林大学志愿服务体系，旨在充分发挥志愿服务的育人功能，让志愿服务成为每一名吉大人的生活方式。白求恩志愿者们借此契机扩大志愿服务范围，使每一名医学生都能在实践中真正践行传承和发扬"白求恩精神"的责任和使命。

20多年来，吉林大学白求恩志愿者的志愿服务活动始终延续着迅猛发展的态势，各类白求恩志愿者组织如雨后春笋般兴起，服务领域不断拓展，服务平台不断健全。无论是从医多年的医护人员，还是正在就读的本科生、研究生，一代又一代白求恩志愿者相继投身社会各类志愿服务活动中，通过义诊服务、疾病救助、健康宣传、赠送药品等途径向社会输送着正能量，用微笑和行动默默诠释着志愿服务的真谛，用知识与爱心默默关怀着那些需要帮助的人。在这些白求恩志愿者的无私奉献中，"白求恩精神"得以广泛传播，白求恩志愿服务也逐渐成为吉大青年最响亮的一张名片。

"白求恩精神是现代人的宝贵精神财富。"正如中国白求恩精神研究会常务副会长戴旭光所说："白求恩精神不仅是吉林大学的精神遗产，更应成为全国医学学子心中的渴望。随着越来越多的'白求恩'不断涌现，全社会崇德向善的好风尚正在形成！"

二、突显医学特征的省市级白求恩志愿服务组织

1.吉林省生命关怀协会

吉林省生命关怀协会成立于2010年，是在吉林省社会组织管理局注册成立的全省性生命关怀行业组织，由吉林大学第一医院联合医疗界知名专家、社科界人士、科技工作者和新闻媒体人共同发起成立。协会致力于开展临终关怀服务、老年医学研究、老年医疗护理及保健；医务社会工作与志愿服务；行业政策研究，行业规范制定；生命健康理念普及，生命关怀文化传播；生命关怀事业的创立和发展等活动。协会下设肿瘤舒缓治疗、肿瘤心理治疗、医务社工与志愿服务等4个专业委员会。

协会先后开展了肿瘤患者舒缓治疗相关培训、养老服务、临终关怀服务等形式多样、内容丰富的生命关怀教育及公益活动；并于2016年申请获批了中央财政支持的"医路同行"空巢老人医务社会工作服务项目，收获了良好的社会反响。协会积极推进全民健康促进工程，将医疗机构与社区卫生服务相联结，满足了广大人民群众日益增长的健康服务需求，将健康理念融入公共卫生服务之中，促进了社会文明进步；基于"蓝马甲"等志愿服务品牌，营造了"人人参与志愿服务、人人享有志愿服务"的良好社会氛围。协会以"传播生命关怀文化、普及生命健康理念"为出发点，未来将深入推进"医养结合"，促进养老服务及临终关怀事业发展，为吉林

省的生命关怀志愿服务贡献自己的力量。

2.仁心志愿服务联盟

2013年5月，在吉林大学中日联谊医院（白求恩第三医院）党委的指导下，该院团委与吉林大学、长春大学等6所在长春的高校联合组建了"仁心志愿服务联盟"，使医院成为长春市志愿服务群体中一所比较具有号召力的志愿服务基地。高校组织、负责志愿者的招募和管理，保证了志愿者的来源和整体素质；医院组织相关临床业务科室负责对志愿者进行培训，逐步提高志愿者的服务水平。自"仁心志愿服务联盟"成立以来，白求恩志愿者们参与导医、导诊逾2600人次，志愿服务时长超10000小时。在志愿服务的过程中，广大师生切实受到了教育、增长了才干、增强了社会责任感，为社会做出了贡献，促进了社会风气改善。

三、极富社会影响的校级白求恩志愿服务组织

1.吉林大学白求恩志愿者协会

吉林大学白求恩志愿者协会（原名白求恩医科大学白求恩志愿者协会）初建于1994年，是全国高校中最先成立的青年志愿者组织之一。协会以传承白求恩精神为指导思想，以各级医疗卫生机构为主要阵地，以"服务社会，实践育人"为核心工作任务，以医疗咨询与服务、健康知识宣传、义诊赠药服务等活动为志愿服务的主要内容，持之以恒地传承和发扬"白求恩精神"，倾尽志愿者的全部心力去做力所能及的服务。志愿服务活动中，志愿者们以白求恩医生为榜样，践行着"毫不利己、专门利人"的白求恩精神真谛。

1994年7月，"白求恩青年志愿者协会"到长春市双阳县（现为双阳区）齐家乡开展医疗服务、送医送药等志愿服务活动。时任团中央第一书记李克强同志来到齐家乡视察了这次志愿服务活动，并为志愿者题词："社会需要志愿行动，市场经济需要志愿服务，愿同学们将志愿服务的社会新风吹向农村山乡，村村户户"。他还勉励志愿者们要做"白求恩式的志愿者"。

2014年，吉林大学白求恩志愿者协会成立满二十周年。7月，吉林大学全体白求恩志愿者以书信的形式向国务院总理李克强汇报了吉林大学白求恩志愿者20年来志愿服务活动的开展情况，字里行间情真意切，抒发和表达了白求恩志愿者们的爱与力量。

2014年10月6日，吉林省委副书记竺延风专程来到吉林大学，将李克强总理致吉林大学白求恩志愿者协会的回信送到了志愿者们的手中，顿时，这一激动人心的消息迅速传播开来，引起了强烈的社会反响。

国务院总理李克强在回复吉林大学白求恩志愿者协会的信件中写道："信念引领脚步，希望大家以爱心和知识帮助需要帮助的人，与千千万万志愿者一起传播守望相助的正能量，在全社会形成崇德向善的好风尚。也希望大家在这一过程中潜心

研学、砥砺品行，在为国家发展、人民福祉奉献中成长进步。"

和蔼可亲的口吻、耐人寻味的话语，这封回信的字里行间饱含李克强总理对白求恩志愿者们的谆谆教诲和浓浓深情，进一步鼓舞了白求恩志愿者们的士气。吉大师生也纷纷转载、评论着总理的回信，表达着心中的喜悦，赞颂着志愿者精神，在全校范围内掀起了"让志愿服务成为每个吉大人的生活方式"的潮流，使志愿服务真正成为吉大青年一张响当当的名片。

20余年来，在长期的发展进步和创新探索中，白求恩志愿者协会已经摸索出了一条适合自身发展的志愿服务路径、形成了较为成型的工作机制，具体如下：

一是开展多种形式医疗志愿活动，全面推进白求恩精神传承工作。吉林大学白求恩志愿者协会以"救死扶伤、服务社会"为己任，在非典疫情、汶川地震、玉树地震、雅安地震、2010年吉林省特大洪水及吉林省内交通安全事故等应急事件中，第一时间派出白求恩志愿服务医疗队。志愿者们面对灾难挺身而出，与灾区同胞一同面对、共渡难关。白求恩志愿者协会青年讲师团由上千名青年医生组成，常年由专业教师带队，到城市社区和医疗水平落后的乡村开展医疗专业知识社会调查、重大疫情防治、慢性病预防知识普及、医疗药品资助等活动。同时结合专业特点，以"国际护士节宣誓""白求恩逝世纪念日主题活动""医德医风知识教育大赛"等活动为载体，不断强化培养医学生的白求恩志愿精神。

二是完善教育、医疗志愿服务制度，发挥白求恩志愿精神在思想引领中的育人功效。自2010年开始，吉林大学团委每年定期依据《吉林大学志愿服务手册》中《吉林大学深入开展志愿服务工作实施办法》《吉林大学志愿服务纳入本科课程体系》的相关要求，号召各基层团委对本科学生的志愿服务实践进行考核，并以志愿服务时长等考评细则核算出《形势与政策Ⅰ》《形势与政策Ⅱ》两门必修课程的课程实践教学部分成绩。吉林大学白求恩医学部也将在职人员参与工作日之外的志愿服务工作时数和效果作为业绩考核的重要部分。这些制度的推行，形成了人人参与志愿服务活动的良好氛围，从制度上保证了志愿服务活动与白求恩志愿者的紧密结合。协会抓住暑期社会实践活动为医学生提供的专业实习机遇，将白求恩精神体系育人工作制度化、经常化。在我国革命老区，省内外地震、洪灾的重灾区、白求恩同志曾经奋斗和生活的地方建立社会实践基地200余处，派出志愿者3000余人次，开展支医、支农、支教系列帮扶活动，形成了多个弘扬白求恩精神、践行社会主义核心价值观的辐射源。

三是创新医疗志愿服务形式，突出服务社会的针对性。在做好传统医疗志愿服务的同时，根据时代发展、社会需求拓展志愿服务活动。协会志愿者还坚持利用新媒体进行医疗帮扶，利用网络平台针对医疗水平落后的地区开展"乡村医疗救护指导""网络会诊""电视医疗常识讲座"等活动，借助现代传播手段将白求恩专业医疗带到更多需要的地方。

2. "蓝红白马甲" 志愿服务队

2010年10月，为提升医学生的专业素质与道德修养，增强他们的责任心与使命感，培养他们志愿服务、关爱他人的意识，在志愿服务中弘扬白求恩精神，吉林大学白求恩医学院（现为临床医学院）组织首批25名临床医学专业的志愿者走进吉林大学第一医院，开展集导诊、分诊、陪检、康复看护于一体的志愿服务活动。随着活动的深入开展，越来越多的医务工作者和患者们开始了解、熟悉、信任这些从佩戴有志愿者标识绶带的大学生到穿着统一服装的"蓝马甲"志愿者。8年中，志愿者们全身心投入、无私奉献，用自己的努力和爱心温暖着需要帮助的患者和家属。在医护人员的悉心教导下，他们的志愿服务工作从最初的分诊、导诊逐渐丰富到陪检、档案整理、宁养院义工、肿瘤中心调查员、ICU病房监护等工作。服务过程中，志愿者们将所学知识运用于临床服务，真正做到了学有所用、学以致用，为减轻医护人员负担、减少医患矛盾提供了帮助。

在此基础上，白求恩医学院还组织临床医学专业的志愿者又先后于2012年10月、2013年8月开展吉林大学第二医院"红马甲"志愿服务活动和吉林大学第三医院（中日联谊医院）"白马甲"志愿服务活动。

"红马甲"志愿者于2012年10月开始在吉林大学第二医院开展陪检、临终关怀、清理医疗器械等志愿服务活动。志愿者们协助医生为病人摇床、喂饭、翻身、换药，尽心尽力地帮助每一位患者。ICU志愿服务还带给白求恩志愿者们更多的对生命的思考和珍爱，志愿者们能做的便是让重症患者在病床上感受到尽可能多的关怀和温暖。

吉林大学第三医院（中日联谊医院）在三所临床医院中地理位置相对最远，但从2013年8月开始，白求恩志愿者们每个星期开展的志愿服务活动却从不间断。从一楼大厅到三楼诊室，随处可见"白马甲"志愿者的身影。在急诊室、住院部，他们用一个个脚印、用一份份爱心，丈量着健康的距离，拉近了医患间的关系。导诊过程中，志愿者们根据培训内容向就诊患者进行一一解答。对于焦虑急躁的患者，志愿者们会耐心解答，并努力安抚患者的情绪。每次志愿服务活动结束后，志愿者们都会进行总结，交流服务心得和经验，讲述志愿服务过程中真实感人的小故事，互相分享活动中的喜悦与收获。

随着活动影响力的逐步扩大，白求恩志愿者的数量不断攀升，由于这些志愿者在志愿服务工作时身着蓝色、红色和白色马甲，因此这些白求恩志愿者们被称之为"蓝·红·白志愿者服务队"。这些志愿服务活动的开展给了白求恩志愿者们提早接触临床业务、尽快熟悉医院环境的机会，使志愿者们得以站在医患双方的角度思考和解决问题，从而坚定了一心向医的职业选择。书本教给他们专业知识，志愿服务教会他们关爱他人，而优秀的医务工作者教会他们如何成为一名"对技术精益求精，对同志极端热忱，对人民极端负责任"的"白求恩式"的优秀医务工作者。

3.吉林大学红十字会

吉林大学红十字会在吉林大学团委的领导下，积极支持吉林大学学生社团联合会工作，协助吉林大学校医院、吉林省红十字会、吉林大学第一医院等机构开展社会公益活动，旨在发扬人道主义精神，提高大学生公益热情与社会责任感，社团主要活动涉及预防艾滋病、关注自闭症与白血病儿童、协助学校体检和献血等方面。

4.吉林大学学生红十字会

2002年，吉林大学学生红十字会（原名吉林大学白求恩学生红十字会）正式创建，是挂靠在吉林大学公共卫生学院团委的校级学生白求恩志愿者组织。自创建以来，该社团连续多年被评为吉林大学"十佳标兵社团"，具有广泛的社会影响力和远大的发展前景。目前，吉林大学学生红十字会已经成长为吉林大学新民校区规模最大的学生社团之一，并于2018年被吉林大学团委、吉林大学学生社团联合会授予"五星社团"荣誉称号。

该社团始终本着"普及医学知识，关心人类健康，发展红十字事业，弘扬白求恩精神"的宗旨，积极开展涉及疾病预防、营养保健、临床护理等医学知识的志愿服务活动，努力做到广泛服务于吉大师生，深刻体现"博爱、人道、奉献"的红十字精神。

2017年12月1日是第30个"世界艾滋病日"，吉林大学学生红十字会的"防艾"宣传系列活动已经开展了6个年头。基于预防医学专业的学科优势，志愿者们长期以来与长春市疾病控制中心、吉林大学校医院等多家医疗机构达成合作意向，积极响应世界卫生组织的"防艾"主题号召，陆续开展艾滋病防治宣讲等精品活动。每年的12月1日"世界艾滋病日"这一天，志愿者们都会走出校园、走上街头，发放红丝带，宣传艾滋病预防知识，将"世界艾滋病日"的主题宣传给更多的人。志愿者们更在"预防艾滋病"主题绘画比赛、"防艾滋 零歧视"视频制作大赛、"向'零'艾滋迈进"主题演讲比赛等活动中坚定了抵抗和预防艾滋病的信念与决心，为进一步遏制艾滋病毒的传播贡献了青春力量。

2018年7月，协会申报的"禁毒防艾心手牵，健康中国志高远"社会实践团队还入围了2018年共青团中央"青少年禁毒防艾"暑期社会实践项目支持的100支团队之一，远赴河北省、内蒙古自治区等地开展"禁毒防艾"志愿服务活动。

5.吉林大学白求恩晚晴临终关怀志愿者协会

2003年，白求恩志愿者们偶然见到许多癌症晚期病人插着输液管无助地躺在床上，家人也无法总是陪伴左右，许多病人只能默默地望着窗外流泪。志愿者们回来便讨论，能做些什么让他们走得平静而有尊严。随后，吉林大学白求恩志愿者协会成立了临终关怀小组。

2008年，吉林大学第一医院宁养院成立，吉林大学白求恩志愿者协会临终关怀小组成了宁养院的第一批志愿者。2010年5月4日，脱胎于临终关怀小组的吉林大学

白求恩晚晴临终关怀志愿者协会正式成立，成员扩大到近70人。如今的吉林大学白求恩晚晴临终关怀志愿者协会现有注册大学生志愿者700余人、流动大学生志愿者340多人，600多位社会爱心人士先后加入晚晴志愿活动中，其中不乏受到过帮助的病人或家属。从最初临终关怀小组成立到志愿者协会发展的14年中，晚晴志愿者帮助过的病患中，2000余名癌症晚期患者已经平静离世。

6.吉林大学阳光青年志愿者协会

2004年8月19日，吉林大学阳光青年志愿者总会正式成立。2005年11月11日，原吉林大学阳光青年志愿者总会更名为"吉林大学阳光青年志愿者联合会"。2006年9月，吉林大学阳光青年志愿者联合会在加强旗下34家理事协会管理的同时，在吉林大学南岭、南湖、新民、朝阳校区同时建立分会，扩大了志愿服务群体的范围。2010年9月，组织正式更名为"吉林大学阳光志愿者协会"。在志愿服务旗帜的引领下，如今的吉林大学阳光志愿者协会已经成功吸纳5000余名吉大师生投入到了吉林大学的志愿服务工作中，将"立足校园，面向社会"的理念和"帮助他人，服务社会"的宗旨在公益活动中获得历练和升华。特别是吉林大学阳光青年志愿者协会新民分会这一分支，将各支白求恩志愿者队伍的力量拧成了一股绳，在传承"白求恩精神"的道路上万众一心、共同为"健康中国"助力。

7.吉林大学白血病爱心志愿者协会

吉林大学白血病爱心志愿者协会成立于2004年2月25日，是在吉林大学团委、学生工作部等部门的指导下，由吉林大学阳光青年志愿者联合会（现吉林大学阳光志愿者协会）直接领导的自发性大学生公益社团组织。协会以"拯救生命，重铸新生"为宗旨，呼唤大学生的社会责任感和社会良知，普及血液病相关知识，鼓励大学生投身公益事业，为大学生奉献爱心提供平台。志愿者们积极开展丰富多彩的志愿服务活动，努力践行"白求恩精神"，例如，在课余时间开展血液病等常见疑难病的专家讲座；组织形式多样的献爱心活动；协助吉林省红十字会组织我校志愿捐献造血干细胞的志愿者参加配型检测等。

四、各具专业特色的院级白求恩志愿服务组织

1.白求恩青年志愿者协会

白求恩青年志愿者协会成立于2009年3月，隶属于吉林大学临床医学院，目前志愿者已发展为5000余人。秉承着"奉献、友爱、互助、进步"的志愿者精神，白求恩青年志愿者协会积极组织临床医学院全体青年学生开展丰富多彩的志愿服务活动，传承和弘扬白求恩精神。协会每年会选派白求恩志愿者参加各类志愿服务活动平均500余人次，平均志愿服务时长16000小时，充分发挥了志愿者们的医学专业特色与优势。经过多年的发展，协会现已形成医院、"三下乡"、学校、社区四大模块的志愿服务活动体系，先后与20余家医疗卫生机构、30余个社区、10余所小学及

教育中心建立志愿服务合作关系，使"一对一"帮扶、义诊赠药、医疗咨询、临终关怀等志愿服务内容日渐完善和丰富。

2.学生志愿者服务团

学生志愿服务团隶属于吉林大学公共卫生学院，融合了吉林大学学生红十字会、吉林大学阳光志愿者协会等多家志愿服务组织，涵盖公共卫生学院全院1000余名白求恩志愿者，目前已经与长春市中心血站、吉林省疾病预防控制中心等多家医疗机构达成了长期合作意向，共建大学生社会实践基地。志愿者们陆续开展了艾滋病知识预防与宣传、"疾病预防与健康知识"进小学、"世界艾滋病日"红丝带发放、禁毒知识宣讲、青少年智力体质健康检测、"关爱白血病儿童"、校医院迎新志愿服务等各类形式多样的白求恩志愿服务活动，在热心公益的过程中践行"白求恩精神"，并将传承和发扬"白求恩精神"的火种播撒到社会各地，为社会贡献出志愿者们的青春力量。

无偿献血是将自身的血液奉献给社会公益事业的志愿行为，是终身的荣誉。当年在晋察冀抗战前线，诺尔曼·白求恩医生就多次为战士献血，对中国输血医学的发展产生了深远影响。他还率先在八路军野战医院引入献血机制，并向八路军医护人员讲述了采血操作、标准血型制作、血型鉴定、配血试验、储存、运输、血液保管等基本知识。白求恩以身作则、亲自示范，为晋察冀及其他革命根据地建立起许多挽救了成千上万伤员的献血队、输血站。秉承着诺尔曼·白求恩医生那种情浓于血的国际主义精神，公共卫生学院学生志愿者服务团自2011年开始，每年都会积极参与无偿献血及血站志愿服务工作，将"白求恩精神"代代传承。迄今为止，已经有1300余名志愿者在长春市中心血站工作人员的专业培训后，于每个周末积极参与到血站志愿服务工作中。不论寒暑，志愿者们都会准时到岗提供服务，指导献血者填写《无偿献血登记表》，为献血者宣传健康保健常识及献血注意事项，为献血者及时递上热水和食物，以便献血者尽快恢复体力。有时，献血屋外飘着鹅毛大雪，而献血屋内却一直温暖如春，志愿者们的贴心服务得到了社会各界的广泛好评，为长春这座"最有人情味的城市"增添了一抹亮丽的风景。2016年1月，公共卫生学院被长春市人民政府献血工作领导小组办公室授予"2015年度团体献血优秀志愿者组织奖"。2018年，公共卫生学院"学生志愿者服务团"被评为"吉林省优秀志愿服务组织"。

3.卫爱志愿者协会

在吉林大学公共卫生学院团委、学生工作办公室的指导下，在学院社团联合会的支持下，由2015级、2016级本科生共同发起的大学生公益社团——卫爱志愿者社团自2017年10月组建、于2018年5月16日正式成立。协会以"明德济世，厚仁怜爱"为指导思想，以"情暖心田，卫爱启航"为服务宗旨，以"关爱白血病患儿""身体健康指标检测""青少年智力体质健康检测"等医疗卫生服务项目为主要活动内

容，秉承"奉献、友爱、互助、进步"的志愿者精神和"毫不利己，专门利人"的白求恩精神，积极开展具有公共卫生特色的社会实践及志愿服务项目，普及医疗健康知识、宣传预防疾病常识，将专业学科优势投入服务社会的活动中，为大学生奉献爱心搭建平台，传播守望相助的正能量，努力为"健康中国"贡献公卫学子的青春力量。

4.天使志愿者协会

1996年，吉林大学护理学院就以"天使志愿者"为名，树起了志愿服务的大旗。社区、学校、福利院、儿童特教中心……志愿者们的足迹遍布各地，在社会各界引起了强烈反响。2010年1月1日，天使志愿者协会正式成立，是初具规模的白求恩志愿服务组织。

为了丰富同学们的大学生活、培养和提升同学们的奉献精神、为同学们提供志愿服务、奉献自我的机会，天使志愿者协会成立以来，融"慎独敦行，仁爱奉献"的南丁格尔精神于其中，始终不忘初心，积极围绕"志愿服务"和"爱心帮扶"两条主线开展活动，为特殊儿童、孤寡老人以及贫困中小学生等开展以"健康帮扶、健康教育"为主题的志愿服务活动。作为一个先进的志愿者社团，天使志愿者协会始终秉承着"天使心，心怀公益社团"的信念，书写了无数大爱无疆的篇章。

协会自创立至今，从无到有，从小到大，现已有成员797名，志愿者成员以吉林大学护理学院为主、其他学院为辅，其中包括吉林大学护理学院本科生约717人，其他学院包括仪电学院、建设工程学院、外国语学院及经济学院等80人。协会结构严谨，组织规范，设立秘书部、活动部、宣传部、外联部、培训部及艺术团六个部门，各部门职能明确、彼此联系，共同将天使志愿者协会打造成为一个集志愿、服务、教育为一体的"爱心护理天下"志愿者协会。

5.新民心语志愿者协会

新民心语志愿者协会成立于2000年，在长春市心语志愿者协会的指导下，由吉林大学护理学院牵头创建。志愿者团队建设以"大学生志愿者自主管理，心语总会给予适度指导"为原则，倡导志愿者在志愿服务中充分感受"拥有爱是幸福，给予爱是快乐"的志愿精神，与服务对象共同成长，一同进步。

6.向日葵志愿者协会新民分会

向日葵志愿者协会新民分会成立于2014年11月28日，是一个公益性志愿服务社团，隶属于吉林大学药学院。该白求恩志愿者组织以"播撒一粒爱心的种子"为口号，以"扶助弱势群体，弘扬中华美德"为社团精神，力求在不断发展中，成长为专业化、人文化的志愿服务组织。协会的精品活动大多针对儿童，主要坚持关爱聋哑儿童、特殊疾病儿童。

7.白求恩口腔青年志愿者协会

白求恩口腔青年志愿者协会成立于2008年，隶属于吉林大学口腔医学院，到目前为止开展了许多精品活动，如：2008年暑期"三下乡"社会实践活动，2010年"关爱牙齿，从娃娃抓起"暑期社会实践活动，2011年"健康口腔，成长同行"六一公益活动，9月20日爱牙日志愿服务活动，2012年"弘扬奉献精神，续写雷锋日记"主题志愿服务活动，2013年"感悟十八大，青春正能量"主题寒假社会实践活动，2014年"六一展笑容，共走成才路"爱心助学活动，2015年"关爱牙齿健康，为儿童义务涂氟"活动，2016年"衣分爱心，衣分温暖"捐衣活动，2017年"清明追思，铭记历史"活动等。

为了在群众中普及牙病防治知识，增强口腔健康观念和自我口腔保护意识、建立口腔保健行为，每年的9月20日被定为"全国爱牙日"。为迎接"全国爱牙日"的到来，白求恩口腔青年志愿者协会的志愿者们都会积极开展口腔健康保健宣传活动。志愿者们走上街头，分发宣传材料，用牙模向社区居民展示正确的刷牙方法，并向大家宣传青少年口腔保健常识；并跟随口腔医院志愿服务队赴各地开展口腔义诊活动，为有口腔问题的居民进行检查并提供相应的治疗意见。

8.吉林大学第一医院南丁格尔护理服务队

2017年5月12日，吉林大学第一医院南丁格尔护理服务队正式成立。这支志愿服务团队由第一医院一群富有爱心和奉献精神的医疗、护理人员组成，面向医院患者和社区人群提供专业化、系统化的帮助和服务。针对住院患者健康需求，志愿者在疾病宣传日开展义诊、肾友会、健康宣讲会等多种形式的志愿活动，为患者和家属提供更加细致、个性化的护理服务，提升患者就医感受，并通过家长课堂、上门随访以及媒体平台等多种途径开展多种形式的延伸服务。志愿者还深入社区街道、自闭症及孤儿学校、养老院等地开展志愿服务，就基本急救技能、基础卫生健康知识等内容进行科普培训百余场，受益万余人。志愿者充分发挥专业技术优势，奔赴图们市人民医院、牛景山卫生所等省内外各地，开展有针对性的护理专业技能帮扶活动，提高其专业能力，帮助返回社区及当地医院继续治疗的患者获得连续、有效的护理照顾，促进护理工作全面、均衡化发展。

9.吉林大学第一医院宁养志愿服务队

吉林大学第一医院宁养院是该院成立的第一个志愿服务机构，主要负责联系、协调、管理宁养义工，为长春市及周边100公里范围内的贫困癌症晚期患者提供免费的止痛药物、心理舒缓和良性照顾等志愿服务。宁养志愿服务队这支白求恩志愿者队伍，从2008年10月成立以来，规模逐步发展壮大，至今已有超过500名志愿者参与其中。随着宁养理念的广泛传播，志愿者由最初的一些具有专业学科背景的医学生扩散到整个吉林大学。在志愿服务工作中涌现出许多感人事例，"全国宁养义工标兵"李培轩坚持为贫困癌症晚期患者进行陪护和心理辅导，"吉林省志愿服务标

兵"张淑艳因为在成长的过程中得到过白求恩志愿者的帮助，立志要将爱传递给所有需要的人，倡议身边同学共同帮扶孤残儿童，并在听闻李培轩的事迹之后，主动联系加入这支团队，在李培轩毕业后带领着宁养义工团队一直帮扶癌症晚期患者。

每个周末，志愿者们都会来到各自联系的癌症患者家庭探访，与患者谈心，及时向患者亲属了解患者的近况，帮助患者及其家人了解医护相关知识，为贫困癌症患者的心中点亮一盏心灯，让他们的心灵泊于宁静。

宁养志愿者始终坚持"以宁养患者为中心"的服务理念，运用身、心、灵全人照顾的模式，通过家居服务、电话随访、门诊服务等方式为宁养患者提供镇痛治疗、心理辅导、家居护理、社会支持服务，陆续开展了"心&心"计划、"宁养理念进校园"计划、关怀丧亲儿童的"爱心救助站"计划等志愿服务活动。志愿者们为患者提供常见的症状处理和居家照顾护理技巧，为家庭照顾者介绍患者在病程发展过程中有关疾病的知识信息；通过互动的方式，让参与者知晓情绪的表达方式，学习如何正确处理自己与患者的情绪；介绍一些有实用性的方法，让家属能够比较轻松地与患者讨论其未完成的心愿并协助其完成，安排好身后事；帮助患者和照顾者表达对彼此的爱、感恩和歉疚等情感，减轻双方心中的压力，真正达到"生死两无憾"的目的。宁养义工利用自己的空闲时间定期到患者家探访，陪患者谈心聊天，舒缓患者及其家属的心理压力和心灵困扰，同时协助医生了解患者的身体变化和心理动态，并将情况及时反馈给宁养院，获得宁养患者的一致认可和好评。

10.中国南丁格尔志愿护理服务总队吉林大学白求恩第二医院分队

2017年11月3日，吉林省首批4支"南丁格尔志愿护理服务分队"（分别来自吉林大学白求恩第二医院、吉林大学护理学院、长春医学高等专业学校护理学院和吉林国文医院）成立，并正式加入中国南丁格尔志愿护理服务总队。中国南丁格尔志愿护理服务总队由中国红十字总会批准，于2007年成立，是全国第一个由护理专业人员组成的志愿者组织，已在全国23个省建立了232支分队，拥有20余万名志愿者。吉林省这4支分队分列总队第233至236分队。中国南丁格尔志愿护理服务总队吉林大学白求恩第二医院分队以"网格"的划分方式，分为4支小分队开展志愿服务活动。这支志愿服务队伍，目前共有570余名白求恩志愿者，其中年纪最大的志愿者张芃已经退休19年，又主动申请加入志愿者服务队，以自己的热情和护理知识感动和激励着每一名志愿者。

11.白求恩第三医院白求恩医疗志愿服务队

吉林大学白求恩第三医院（中日联谊医院）的白求恩志愿者们沿袭了吉林大学白求恩志愿者一直以来的志愿服务传统，于2014年起以"白求恩医疗志愿服务队"为组织名称陆续开展志愿服务活动。为了使医院各科室机动、灵活地开展志愿服务活动，"白求恩医疗志愿服务队"又依据实际情况分划成"新民院区白求恩青年志愿者服务队"等若干个分支，真正使白求恩志愿服务活动成为一种生活方式。

近年来，白求恩医疗志愿服务队的活动足迹遍布祖国各地，如吉林省榆树市闵家镇、吉林省榆树市恩育乡西关村和中兴村、吉林省通榆县边昭村、吉林省农安县万金塔乡、吉林省农安县开安镇、河北省唐县葛公村、内蒙古自治区兴安盟等100余个乡镇村落开展医疗咨询、健康义诊、药品捐赠、慰问孤、寡、伤、残家庭等志愿服务活动。

第二节　吉林大学白求恩志愿服务活动开展情况

一、"三下乡"志愿服务活动

1996年，中央宣传部、农业部（现改为农业农村部）、文化部（现改为文化旅游部）等十部委联合下发《关于开展文化科技卫生"三下乡"活动的通知》，活动主要由共青团中央发起，地方各级团组织积极响应，以大学生社团或组织为单位，围绕科技、文化、卫生"三下乡"开展社会实践活动。

早在1994年7月，首批白求恩志愿者在吉林省双阳县（今吉林省长春市双阳区）开展暑期社会实践活动时，就受到了时任团中央第一书记李克强的亲切接见。李克强还寄语当时的白求恩志愿者们："要积极弘扬白求恩精神，做白求恩式的志愿者"。自此，"服务社会，奉献青春"的不灭火种便深埋在了每一届吉林大学白求恩志愿者的心间，成为白求恩志愿者们将"三下乡"志愿服务足迹走遍全中国的精神动力。如今，10余万名白求恩志愿者的足迹已经途经200余个村庄，惠及数万名民众，赠送药品及医疗器械高达数千万元。

河北省

河北省是"白求恩精神"的"摇篮"，诺尔曼·白求恩医生曾经在这里为晋察冀军区的军民奉献出了自己的毕生力量。在这片土地上，有白求恩医生生活、工作过的地方，有白求恩学校的旧址，也有白求恩医生逝世的地方……许多感人至深的瞬间、许多的动人心弦的故事，在这里生根、发芽、孕育、结果，凝结成"白求恩精神"的真谛，薪火相传……

2009年以来，白求恩志愿者们连续多年在这片土地上开展"三下乡"社会实践活动，"重走白求恩路"，重温白求恩精神，将"救死扶伤，大爱无疆"的医者情怀投入到志愿服务的实践工作中，为社会贡献着自己的青春力量。吉林大学党委书记杨振斌连续三年亲赴河北省唐县关怀和慰问这些开展志愿服务活动的白求恩志愿者们，使志愿者们充满了服务的动力，增长了服务的热情。吉林大学白求恩医学部、吉林大学团委等多个部门大力支持活动的开展，为活动的后勤保障奠定了良好的基础。活动还得到河北省有关部门和当地村民们的大力支持和欢迎，白求恩医务士官学校也与吉林大学联合开展"弘扬白求恩"主题教育活动。活动之余，白求恩志愿者们还奔赴唐县晋察冀军区烈士陵园、白求恩柯棣华纪念馆、石家庄华北军区烈士陵园、西柏坡等10余个红色革命遗址参观、学习，感悟革命精神，体味革命情怀，从而更好地"为人民服务"。由吉林大学白求恩第一、第二、第三医院组成的"白求恩志愿者医疗队"也在活动中发挥了应有的作用，为村民送医送药、义诊服务，其中不乏国内知名的专家、教授，活动惠及3000余名当地村民，前来检查的老乡络绎不绝。

保定市唐县军城镇牛眼沟村（晋察冀军区卫生学校创建地）

2009年，是白求恩学校成立的第70个年头。吉林大学白求恩医学院（现吉林大学临床医学院）组织建立起河北唐县社会实践小分队，引领白求恩志愿者重走"白求恩之路"、致敬"白求恩精神"，开启了"筑梦白医·寻根之旅"志愿服务活动的新篇章。

2011年，吉林大学临床医学院"筑梦白医·寻根之旅"社会实践团队与河北唐县团委签订《大学生社会实践基地共建协议》，为"重走白求恩之路"暑期"三下乡"社会实践活动的常态化发展奠定了坚实的基础。参与活动的学子们纷纷表示，将用志愿服务砥砺青春，让"满腔热忱，精益求精"的白求恩精神薪火相传，作"健康中国"的有力支撑。

吉林大学临床医学院以志愿服务育人为理念，组织策划河北唐县"筑梦白医·寻根之旅"活动，2009年至今已开展十年，先后有160余名师生前往唐县朝圣，他们踏着先人的足迹，追思白求恩毫不利己专门利人的优秀事迹，感悟白求恩对工作的极端责任感、对人民极端热忱的精神，从而努力成为一名政治坚定、技术优良的好医生。他们以牛眼沟村白求恩希望小学为基地，开展支教、支医等社会实践活动，十年来，社会实践团队的足迹遍布牛眼沟村的每一个角落，累计授课410学时，累计义诊3500余人次，捐赠文化用品4万余元，捐赠药品8万余元，受到当地村民的欢迎和好评，引起了社会各界的广泛关注。

参与活动的所有学生均加入中国共产党，超过一百人次先后获得学校、学部、学院十佳大学生等荣誉。吉林大学临床医学院"筑梦白医·寻根之旅"社会实践团队获得由中共吉林省委宣传部、吉林省文明办、吉林省教育厅、共青团吉林省委、吉林省学生联合会共同颁发的2010年"吉林省大中专学生暑期'三下乡'社会实践活动校村服务计划优秀团队"称号，2015年，团队获中国青年网"镜头中的三下乡"好团队奖。2017年，团队申报了共青团中央学校部"知行天下"和立邦中国主办的"立邦'为爱上色'中国大学生农村支教项目"，并在师生的共同努力下荣获全国铜奖。实践活动不仅受到了活动当地的高度重视，更为志愿者提供了服务社会的平台，为其他各级白求恩志愿者组织的"三下乡"社会实践活动奠定了良好的基础。更重要的是，团队将关爱和温暖带到孩子们身边，拿起画笔使白求恩希望小学

外围墙面焕然一新，伸出双手让希望小学的孩子们露出了最烂漫纯真的笑脸。

保定市唐县军城镇和家庄村（晋察冀军区司令部所在地）

2016年起，吉林大学口腔医学院的白求恩志愿者走进河北省唐县军城镇和家庄村，开启了暑期"三下乡"志愿服务活动的序幕。志愿者们在和家庄小学开展支教活动，并协助吉林大学白求恩第三医院（中日联谊医院）、吉林大学口腔医院医疗队圆满完成了针对当地村民的健康义诊服务。在参观白求恩柯棣华纪念馆、华北烈士陵园等革命圣地之余，志愿者们积极开展"送医送药到农家"活动，为当地村民普及口腔健康知识，提供相应的口腔保健建议、健康指导和治疗方案，受到了当地村民的欢迎和好评。

保定市唐县齐家佐乡葛公村（白求恩学校所在地）

2016年起，吉林大学公共卫生学院的白求恩志愿者们积极响应吉林大学白求恩医学部号召，借暑期"三下乡"社会实践和"重走白求恩之路"的良好契机，赴河北省唐县齐家佐乡葛公村开展支教、义诊服务活动。活动开展至今，已有3位教师和30余名学子参与其中，志愿者们精心准备了20余门精品支教课程、免费为150余名葛公村希望小学同学进行了青少年智力体质健康监测，向当地村民发放了700余本《农村家庭健康知识手册》，并协助吉林大学第一医院、第三医院（中日联谊医院）医疗队为当地400余位村民进行了健康义诊检查及免费赠药服务。葛公村是白求恩学校的旧址所在地，白求恩志愿者们前往白求恩学校旧址参观，感受老白医学子的奉献意识和求学意志，从内心深处感受"白求恩精神"的内涵和力量。

保定市唐县黄石口乡黄石口村（诺尔曼·白求恩逝世地）

吉林大学药学院于2016年起开启了赴河北省黄石口乡黄石口村支教、义诊、赠药的志愿服务新征程。黄石口村是诺尔曼·白求恩医生的逝世地，白求恩志愿者们在这里深切悼念和缅怀这位伟大的国际主义战士，并更加深入地了解到诺尔曼·白求恩医生的生平事迹和为中国革命做出的巨大贡献。

保定市顺平县神南镇向明村（1941年10月白求恩学校学子反"扫荡"遇难地）

向明村是吉林大学护理学院开展"重走白求恩之路"活动的驻扎地，从2016年开始，护理学院的白求恩志愿者们陆续于此地开展支教、义诊志愿服务活动。这里的白银坨有白求恩学校学子的遇难遗址。1941年10月，150余名正值花季年龄的老白校学生和医护人员、伤病员在与包围上来的上千名日寇顽强搏斗后壮烈牺牲。白求恩志愿者们在老白校学子遇难遗址群雕前进行医学生誓言宣誓，并向遇难老白校学子鞠躬致敬。钦佩烈士们英勇表现的同时，志愿者们更加坚定了未来继承先烈遗志、完成他们未竟事业、传承和发扬白求恩精神的理想信念。

吉林省

辽源市东丰县杨木林镇

2012年、2013年，吉林大学临床医学专业志愿者联合台湾阳明大学的志愿者们，共赴东丰县杨木林镇开展志愿服务活动。实践过程中，志愿者们陆续开展村民走访、健康咨询、血压测量、主题调研、数据采集、基层实习等服务活动；向村民宣传"三高""二手烟防治"等医疗卫生知识；赴梨树村卫生所、孤山村卫生所参观学习，与当地医务工作人员和患者亲切交流；在太安村为村民进行医疗咨询服务，认真听取村民的提问，耐心为村民解答问题，并在义诊现场开展卫生教育活动，进行流行病学调查。

长春市农安县永安乡

2013年12月，白求恩口腔青年志愿者协会的志愿服务团队来到农安县永安乡开展"三下乡"社会实践活动。志愿者们深入村中每家每户，了解村民家庭基本情况和当地卫生环境，在当地完成了近70份有关口腔健康知识的问卷调查。学生志愿者们还同随队医生一起，为每一位村民进行口腔健康检查与义诊服务，并免费发放了一些常用药品。

长春市农安县哈拉海镇

2014年暑假，白求恩志愿者来到农安县哈拉海镇开展"中国重要心血管病患病率调查及关键技术的研究"项目调研活动。活动中，白求恩志愿者走访了柴岗村、二道沟村等4个村落，完成了1900余份社会调查。调研过程中，随队医生为村民们进行了健康体检，并根据体检报告，为每位村民给予了合理建议并发放了药品。

松原市宁江区大洼镇

2014年暑假，吉林大学临床医学院的白求恩志愿者们以"为祖国勤学修德，以实践明辨笃实"为口号，在松原市大洼镇开展志愿服务和社会实践活动。活动期间，白求恩志愿者们先后走访解放村、大洼村和由家村，陆续开展农村基层医疗走访调研、"三高"基本检查及调研、集市义诊赠药等活动，在朝阳村集市进行义诊；以大洼镇卫生院为参考，深入了解基层卫生状况；并与当地卫生部门签署了《大学生实践基地共建协议》。

松原市长岭县

2015年暑假，吉林大学临床医学院志愿者前往松原市长岭县开展志愿服务活动，并与当地建立"大学生社会实践基地"。依托当地一家民营医院，开展实习、调研活动，并挨家挨户走访村民，为村民测量血压、发送药品，记录下有特殊症状的情况及时反馈给带队医生。志愿者们还通过"e+医"会诊平台与学校附属医院的医生网络连线，进行视频会诊，结合患者的自述有针对性地提供专业、合理的就诊建议。

临江市大栗子镇

2014年，吉林大学临床医学院与临江市卫生局签订《大学生实践基地共建协议》，并组织白求恩志愿者在临江市社会福利服务中心、大栗子镇望江村、当石村卫生室开展医疗咨询、血压和血糖测量、药品赠送和基层医疗调研。志愿者们还前

往部队，为部队官兵进行了医疗咨询和慰问演出。

2015年，吉林大学临床医学院创新志愿服务和社会实践形式，采取"互联网+医疗志愿服务"的新模式，在大栗子镇葫芦套村开展电子问卷调研、义务医疗咨询、血压测量等活动，结合查体、听诊，在大栗子镇集市开展义诊服务，志愿者们耐心地了解了当地村民的健康状况，并为患者提供专业的医疗建议。白求恩志愿者们还结合"e+医"网络会诊，为前来就医的患者提供了通过网络与医生"面对面"交流的契机，很好地解决了他们的心理困扰。

白城市通榆县

2018年8月6日—10日，为了进一步响应国家"精准扶贫"号召，将"脱贫攻坚"工作与高校大学生暑期社会实践紧密结合，由吉林大学团委副书记聂逯松带队，来自公共卫生学院、临床医学院、护理学院、口腔医学院等学院的三十余名师生志愿者齐赴吉林省白城市通榆县，开展了为期5天的"健康扶贫"行动。

实践过程中，师生们先后走进通榆县乌兰花镇陆家新村、迷仁村，向海蒙古族乡回民村、龙井村，新华镇新丰村、大有村，结合专业所学，为村民进行身体健康指标实时检测、布鲁氏杆菌病采血筛查、布鲁氏杆菌病防护用品正确使用宣传、疾病预防知识宣传教育、口腔健康检查、慢性病健康咨询等服务。

活动中，公共卫生学院志愿者为村民们进行了身体健康指标检测，该检测可针对心血管、大脑、胃肠、肾脏等疾病多发脏器进行25项身体健康指标数据监测，受到了老乡们的热烈欢迎，前来检测的村民络绎不绝。志愿者们还针对通榆县的地方病——布鲁氏杆菌病开展专业筛查，以现场抽奖的形式调动老乡们的积极性，现场发放布病防护用品、宣传布病防护常识。

护理学院志愿者充分借助专业学科优势，为老乡采血、测量血压，在开展医疗卫生调研的同时，向村民普及健康护理常识和疾病预防知识。志愿者们贴心的服务和耐心的讲解得到了村民们的认可，取得了良好的社会反响。

临床医学院志愿者为老乡进行健康义诊咨询服务，针对高血压、高血脂、高血糖等慢性病和常见地方病提供专业健康指导和治疗建议，进一步提升了村民们的健康理念，适当解决了村民们"小病不治、大病难医"的疾病困惑，从一定程度上缓解了他们的心理压力。

口腔医学院志愿者现场开展了口腔健康调查，并向村民们发放了"爱牙手册"，指导村民们如何正确刷牙。口腔医院预防保健科医生高幸还带领志愿者们为老乡进行口腔健康检查，对口腔疾病提出进一步治疗建议，对口腔健康的标准进行了详细讲解。志愿者们还现场向村民们发放了牙膏、牙刷。

据初步统计，在3天的实践活动中，300余位村民现场参与到布病筛查、健康检测、义诊咨询、口腔检查等"健康扶贫"活动中，累计检测身体健康指标1600余项。实践团队围绕"布病筛查""禁毒防艾""饮食习惯"等内容开展8项相关健

康调查，共计发放调研问卷600余份，面对面访谈200余名村民，累计发放"膳食营养""农村家庭健康知识手册"等健康宣传手册500余本，发放84消毒液、防护目镜、防护手套等布鲁氏杆菌病防护用品百余件，将"健康生活""健康乡村"的理念普及给了村民。

二、社区、学校志愿服务活动

一直以来，"毫不利己，专门利人"的白求恩精神都是白求恩志愿者开展志愿服务活动的精神引领。扎根基层、进入社区、走进学校……基于若干个长期合作的社会实践基地，白求恩志愿者们以自己的专业知识和实践经验奉献他人，为社会输送着源源不断的爱心和守望相助的正能量。

1.走进社区：服务基层，温暖人心

在社区服务中，学校大力推进党、团支部与社区"一对一"志愿服务活动，让白求恩志愿者与社区中的残疾人和困难家庭"一对一"对接，逐步建立长效的志愿服务关系，构建完整的社区服务网络。活动内容涵盖医疗咨询、扶残助残、健康宣讲、社区劳动、环境保护等多个方面。每一名参与其中的白求恩志愿者都可以在其中凸显自我、奉献自我、升华自我，深入体会白求恩精神的内涵，充分发挥大学生个体的青春力量和社会价值。

吉林省长春市朝阳区

南湖街道

南湖街道辖区面积约10平方公里，现有人口6.4万人，下辖湖东社区、湖苑社区、二二八社区、湖滨社区、光机社区、长飞社区和卫星路社区共7个社区，拥有7个社区党委和42个基层党支部。

2011年起，吉林大学护理学院天使志愿者协会等白求恩志愿者开始走进南湖街道光机社区开展志愿服务活动，"H7N9""糖尿病""心绞痛"等流行病、常见慢性疾病健康知识宣传；走访、慰问社区里的"三无"老人；义务测量血压、血糖，解答居民健康疑问，提供相应建议；发放健康知识宣传单，进行健康教育和医疗指导；走进居民家中，根据居民的健康需求有针对性地开展健康宣讲活动，增强广大社区居民的健康保健意识……

桂林街道

桂林街道辖区面积为2.19平方千米，共有人口约7万人，地处长春市繁华商圈，下辖同光路东社区、同光路西社区、西康路东社区、西康路西社区、自由大路社区、科技花园社区和湖光社区7个社区。

2014年，吉林大学临床医学院在桂林街道建立起大学生社会实践基地，将志愿服务与社区帮扶相结合，积极开展团支部与社区"一对一"对接活动。白求恩志愿者在医疗义诊、扶残助残、健康宣讲、社区劳动、环境保护等多个方面开展丰富多彩的志愿服务活动，全方位地将志愿服务与社区需求相联系，充分发挥大学生的独特优势，使服务效果最大化。

湖西街道

湖西街道辖区总面积为3.64万平方千米，常住人口约12万人。

2011年起，吉林大学白求恩志愿者多次走进长春市湖西街道开展义诊赠药、健康讲座、疾病预防、保健操教学及文艺演出等志愿服务活动，并与湖西街道联合开展清明节祭扫烈士纪念碑等爱国教育系列活动，用先辈的优良传统和革命精神教育、引导学生，将白求恩精神教育与传统爱国主义教育有效结合。

红旗街道

红旗街道辖区面积3.62平方千米，现有人口10.2万人，涵盖9个社区：建工社区、开工社区、延安社区、同德社区、德昌社区、天宝社区、富锦社区、大兴社区和昌平社区。

2010年起，临床医学院陆续在红旗街富锦社区、建工社区开展医疗咨询、病患帮扶、预防知识宣讲等志愿服务活动，依托专业之所学，用知识和爱心关怀与帮助社区里的弱势群体，以白求恩精神服务社会、用人文情怀传递爱心，躬身实践，身体力行，以志愿服务的方式践行着"助健康之完美"的医学生誓言。

永昌街道

永昌街道辖区面积1.97平方千米，现有人口约6.5万人，涵盖惠民路南社区、惠民路北社区、义和路南社区和义和路北社区。

为把优质的健康服务送到更多老百姓的身边，把未病先防的健康教育知识和理念普及大众，以白求恩精神服务社会、用人文情怀传递爱心，由吉林大学第一医院、吉林省生命关怀协会联合开展的"走进社区，关爱健康"健康知识巡讲活动来到了长春市朝阳区惠民社区，第一医院内分泌科郭蔚莹教授为惠民社区的老年人进行了"骨质疏松防治"健康知识讲座，辖区70余名老年人参加了本次讲座。

吉林省长春市绿园区

春城街道（原普阳街道）

2009年6月，吉林大学白求恩医学院（现临床医学院）与普阳街道签订《大学生社会实践基地共建协议》，双方在党团建设、社区服务、社会实践等方面开展了长期合作。白求恩志愿者们利用课余时间，在普阳、蓝天等社区为社区居民进行医疗服务、咨询，并为居民发放医疗知识宣传手册、普及健康常识。

2011年9月，原春城街道与普阳街道合并，春城街道应运而生。如今的春城社区，下辖14个社区和1个村庄，辖区总面积6.98平方千米，现有人口约21.1万人。

2011年，建党90周年之际，吉林大学白求恩医学院（现临床医学院）、药学院与春城街道举行了"支部＋支部"共建暨承包责任田活动启动仪式。包括教职工、研究生、本科生在内的27个吉林大学党支部与春城街道的27个党、团支部实现了

"1+1"共建。双方的合作不仅为白求恩志愿者提供了社会实践的良好契机，更为白求恩精神的推广与发扬奠定了坚实基础。

青年街道

青年街道辖区面积2.22平方千米，下辖星驰社区、宇航社区、银融社区、教师社区、新竹社区、东方社区、杨蒲社区7个社区，现有人口4.9万人。

2013年开始，吉林大学白求恩志愿者陆续在这里开展志愿服务活动。2014年，吉林大学临床医学专业的各个团支部与社区开展"一对一"对接活动：在星驰社区，志愿者们为社区居民听诊、测量血压，引导居民关注身体健康；在新竹社区，志愿者们走进孤寡老人家中，帮助他们整理家务，与他们谈心交流；在宇航社区，白求恩志愿者们每年都组织义务扫雪、除草清洁活动，协助社区居民保持环境整洁，方便居民出行。

长春市二道区东盛街道

东盛街道辖区面积4.3平方千米，人口近8万人，辖公平社区、万通社区、鑫旺社区、双安社区、亚泰社区、光荣社区等社区。

2010年开始，临床医学院白求恩志愿者走进东盛街道的同心养老院，开启了东盛街道的志愿服务之路。2013年，白求恩志愿者与东盛街道开展进一步合作交流，亚泰社区、万通社区、双安社区、岭东路社区都留下了志愿者们热情服务、志愿奉献的足迹。2014年，吉林大学临床医学院各团支部与东盛街道下辖的各个社区开展了"一对一"对接活动，志愿者们躬身实践、身体力行，形成了常态化的志愿服务形式。志愿者们积极开展"关注寄生虫病，保持厨房健康"卫生常识宣讲；为社区居民测量血压，并将测量数据记录在册，定期分析社区居民的血压变化，对大家的饮食习惯提出专业建议；回答社区居民提出的健康问题，并为他们送去相应药品。志愿者们认真负责的态度、耐心细致的讲解，为社区居民留下了深刻的印象，受到了社会各界的一致好评。

2.走进学校：启迪智慧，传承精魂

吉林省孤儿学校

2012年，吉林省孤儿学校将校区迁至长春市，吉林大学白求恩医学院（现临床医学院）的志愿者们于校区落成典礼当天就开启了志愿服务的序幕。带着对孤儿的深切关怀和诚挚热爱，志愿者们带领孩子们在书海里尽情遨游、在操场上嬉笑奔跑，向他们诉说着有趣的经历，鼓励他们乐观面对生活，让孩子们感受到了来自社会的温暖。

长春市富锦小学

长春市富锦小学的前身是红旗小学，是一所有着五十年建校历史的学校，现有学生550余人。2012年，白求恩志愿者的脚步就走进了长春市富锦小学，健康常识普及、卫生知识讲堂、白求恩话剧展播、白求恩精神宣讲等志愿服务活动的开展，使

小学生们提高了健康意识，对白求恩医生的事迹有了进一步了解，让白求恩精神的火种在新生代的力量中传递下去。

长春市南岭小学

2012年4月，白求恩志愿者前往南岭小学开展室外宣传和室内宣教志愿服务活动。志愿者们利用课余时间向同学们普及口腔健康和龋齿预防常识、进行口腔保健知识宣讲，并深入教室，向每名小学生发放口腔保健知识宣传彩页。

长春市明德小学

2011年9月，临床医学院与明德小学签订《大学生社会实践基地共建协议》，白求恩志愿者多次来到小学开展丰富多彩的志愿服务活动，奉献爱心，助力成长。白求恩精神宣讲让同学们从小受到白求恩精神的感染，以诺尔曼·白求恩医生为榜样，学习他"毫不利己，专门利人"的无私奉献精神；预防知识宣传教育活动向小学生们介绍流行性感冒、红眼病、水痘等传染性疾病的症状、预防措施和简单的治疗方法，增强了同学们对传染病的防范意识，提高了大家的自我保护能力，引导他们快乐学习、健康成长；"课外辅导员"志愿服务活动中，白求恩志愿者们为小学生进行文化课、兴趣课的课外辅导，拓宽了他们的学习视野，丰富了他们的课余生活。

长春市乐山镇中心小学

2010年，临床医学院与长春市乐山镇共建大学生社会实践基地。白求恩志愿者们来到乐山镇中心小学开展志愿服务活动，受到小朋友们的热烈欢迎。白求恩精神宣讲队为小学生们进行了主题宣讲，使他们了解了诺尔曼·白求恩医生的光辉事迹，感受到了白求恩精神的力量。志愿者们通过游戏的形式，让小朋友们懂得了相互帮助的意义，增强了他们的团队意识和集体荣誉感，在他们心中埋下了乐于奉献、崇德向善的种子。

长春市乐山镇长兴小学

2012年7月，白求恩志愿者走进乐山镇长兴小学开展志愿服务活动，并向小学捐赠桌椅100余套、课外读物67种、工具书10套、农村科普读物130册，涵盖了生活百科、古典名著等各个领域。小学生们手中捧着沉甸甸的新书，脸上洋溢着灿烂的笑容。此后，白求恩志愿者们又多次走进长兴小学，围绕"学业辅导、亲情陪伴、感受城市、自护教育和爱心捐助"五项内容打造"七彩课程"品牌，使同学们快乐学习、健康成长。

长春市富锋镇中心小学

2016年12月，公共卫生学院的白求恩志愿者们来到长春市朝阳区富锋镇中心小学开展"疾病预防知识进小学"——预防流行性疾病宣传活动。白求恩志愿者们首先介绍了感冒、水痘和腮腺炎的预防知识，并讲解了生病之后的治疗措施。针对日常饮食等平时需要注意的问题，志愿者对同学们进行了现场提问。大家争相抢答，

现场热闹非凡。在与同学们进行了一番激烈的问答之后，志愿者组织同学们对这节课的收获进行了小组讨论，并以提问的方式检验了同学们在这堂课上的收获。活动不仅宣传了有关预防流行性疾病的知识，更让志愿者与富锋镇中心小学的同学们建立了深厚的友谊。既让同学们对疾病的预防、控制有了更加全面的认识，又提高了志愿者自身对流行性疾病的理解，充分体现出公共卫生学院白求恩志愿者们的爱心与责任心，进一步加强了白求恩志愿者们与社会生活的必然联系。

吉林省白山市白山小学附属幼儿园

2013年3月，临床医学院的白求恩志愿者们来到白山小学附属幼儿园，通过表演，生动、形象地向小朋友们介绍了龋齿的危害，并用通俗易懂的语言讲解了如何正确刷牙，说明了口腔预防保健的重要性，减轻了孩子们对口腔医生和口腔保健的恐惧心理。活动中，志愿者们细心讲解，小朋友们踊跃发言，双方积极互动，活动收到良好效果。活动的最后，在儿歌《刷牙歌》的伴奏下，志愿者们将"爱牙五部曲"宣传手册发放给小朋友，鼓励他们回家跟父母一起分享学习到的口腔卫生知识。

台湾台东县桃源小学

2013年暑假，白求恩志愿者们来到台东县延平乡桃源小学开展志愿服务活动。志愿者们被淳朴热情、天真活泼的小学生们围在中心，深切地感受到了同学们的热烈欢迎。多变的天气、艰苦的条件并没有减少白求恩志愿者们开展志愿服务活动的热情，大家通过医学知识小话剧、情景表演小课堂教授孩子们如何处理生活中遇到的突发疾病，并为同学们讲解绘图本，在寓教于乐的过程中帮助同学们消化和理解了复杂的医学常识。

三、医疗、卫生机构志愿服务活动

吉林大学第一医院

长期以来，以吉林大学第一医院为平台的志愿服务活动在全国范围内都具有一定的社会影响力，得到了社会各界的高度认可。"蓝马甲"志愿者、宁养义工、南丁格尔服务队、援藏医疗队等众多白求恩志愿者群体活跃在吉林大学第一医院，他们的爱心与奉献向这家三甲医院川流不息的人群注入了温情与感动。面对灾难，医院第一时间派出医疗队、救助队，白求恩志愿者们挺身而出，与灾区同胞共渡难关；面对病患，白求恩志愿者们倾尽全力、奉献真心，以温柔的口吻和可亲的语气帮助需要临终关怀的癌症晚期患者，用爱来温暖一颗颗绝望的心；萌芽于2010年10月的"蓝马甲"白求恩志愿者，在吉林大学第一医院的导诊、陪检等方面持续发挥重要作用，他们为患者的有序、稳定就医奠定了坚实的基础……在"大公益"思路的指导下，白求恩志愿者们以"弘扬爱心，回馈社会，服务群众，发展公益"为工作宗旨，组织了形式多样的义诊、助力家庭医生服务和"三下乡"活动，深入学校、机关、企业、街道、军休所等地，开展"走基层，送健康"系列健康宣教活动，将不同特点人群的健康教育工作细化，有针对性、系统性地将个性化的健康教育服务辐射到人群，累计开展活动一百余场，受益群众万余人。

吉林大学第一医院还积极承担社会责任，坚持"教育先行，预防为主"的工作方针，近六年来，开展健康宣教、义诊、培训和各类公益宣传活动400余场，辐射省内50个市县、10余家大型医院以及若干社区卫生服务中心，帮助个人和群体掌握卫生保健知识和技能，树立健康观念，联合一切有利于健康教育发展的社会力量，建立了多元化、立体化的健康教育志愿服务模式。除了学生志愿者以外，吉林大学第一医院的医护工作者们在临床、科研、教学工作十分繁忙的情况下，不计个人得失、不辞辛苦，积极踊跃地走进基层服务百姓，这不仅是"医+益"模式的体现，更是白求恩精神的感召。白求恩志愿服务的开展促进了集医疗、教学、科研、预防、保健、康复以及公益为一体的优质人文医院的构建，彰显了"大医精诚，尚美至善"的不朽院训精神。

吉林大学第二医院

2011年1月开始，吉林大学第二医院在全市范围内常年招募社会志愿者，积极开展"志愿服务在医院"活动，"凡年满18岁，身体健康，为人真诚，有一定沟通能力和团队协作精神，热心公益事业，愿意利用业余时间，不计报酬为社会做贡献者，不分民族、性别、职业、身份、信仰等各阶层爱心人士都可报名参加"。本着"爱心献社会，真心传真情，我奉献，我快乐"的口号，招募的志愿者们被分为非医学专业志愿者和医学专业志愿者，分别从事导医、分诊、陪护和问诊、陪检等志愿服务工作。

2012年10月，"红马甲"志愿者开始在吉林大学白求恩第二医院陆续开展导诊、陪护服务，使这批服务在医院、服务在病房、服务在医患之间的志愿者们有了统一的制服和响亮的名字。志愿者们在门诊楼协助护士进行分诊、导诊，帮助患者及家属进行各项检查；穿行于ICU病房，陪护那些与病魔做斗争的患者，为病患带去温暖和力量。志愿者们在导诊中体验医生繁忙的工作，感受患者的难处，用自己最大的努力帮助患者，做好医患关系的润滑剂。在ICU里，志愿者们不仅能学习到相关的陪护技术，更是对于生命有了更深的思考和理解，对于自己的职业有了更深的了解。通过志愿活动，培养了医学生的责任感，更加深入体会到志愿者精神和白求恩无私奉献的真正意义。在弘扬"白求恩精神"的过程中，吉林大学第二医院的白求恩志愿者们身体力行、躬身服务，用行动践行了爱的奉献，用真情释放了人间的温暖。

吉林大学中日联谊医院

吉林大学中日联谊医院志愿服务工作始于20世纪90年代，是国内较早开展志愿服务的单位组织，是白求恩医疗志愿服务的首倡者之一。在院党委的领导下，在上级工会、团委的指导下，医院志愿服务始终坚持弘扬以"白求恩精神"为核心、以

"仁心良术"为具体体现的大学附属医院文化，紧密围绕医院医疗、教学、科研、文化、管理等中心工作，践行做医者、师者、学者、使者的"四者"理念，形成了具有医院特色的志愿服务体系，受到了党和政府及社会各界的一致好评。

2013年8月至今，由临床医学院与中日联谊医院共同发起的"白马甲"志愿服务活动已陆续开展近6年，彰显了医院志愿服务的品牌形象。"白马甲"志愿者努力服务门急诊患者和住院患者，为门急诊患者提供包括导医、导诊、预约诊疗、排队、咨询、解释、护送、取药、陪同检查、取送检查检验报告单、费用查询、健康教育等服务；为住院患者提供一般生活护理、沟通交流、陪同检查、咨询、费用查询、健康教育、陪护、阅读报纸杂志、出院后回访及预约诊疗等服务。每次志愿服务活动结束后，志愿者们都会进行总结，交流服务心得和经验，讲述志愿服务过程中真实感人的小故事，互相分享活动中的喜悦与收获，共同体会无私奉献的白求恩精神和志愿者精神。

结合世界及中国特定医疗健康主题日，志愿者们开展医疗对口支援、扶贫、义诊、健康培训等活动200余场次，培训基层医务人员2000余人次，义诊患者万余人次；连续10年组织开展了"庆祝七·一大型义诊活动"，累计派出医务人员300余人次，在内蒙古扎鲁特旗、吉林省辽源市、通化市等地义诊患者3000余人次；自2008年起，连续8年参加"东亚名医汇"大型义诊活动，义诊患者2000余人次；甲状腺外科连续7年组织开展"国际甲状腺知识宣传周"免费义诊及健康咨询活动，接受患者咨询2000余人次；减重和代谢外科主任姜涛教授连续6年志愿服务4000多小时……

长春市社会福利院

长春市社会福利院始建于1949年8月，主要承担长春市城区内"三无"（无生活来源、无劳动能力、无法定赡养人）老人、残疾人的养护、医疗、康复等工作，入住人员可享受24小时医疗护理服务。近年来，白求恩志愿者们多次走进长春市社会福利院，根据自己的专业特长为老人们开展医疗保健服务，为行动不便的老人提供专业护理，并向福利院捐赠生活用品。志愿者们还为老人献上精心准备的文艺节目，并教授老人们练习手指操，深受老人们喜爱。在志愿服务的过程中，志愿者们传播着守望相助的正能量，为"健康中国"贡献自己的力量。

长春市中心血站（吉林省血液中心）

长春市中心血站又名吉林省血液中心，始建于1976年，现已发展为一所年采供血量15吨的现代化采供血机构。从2011年起，吉林大学公共卫生学院与长春市中心血站建立长期合作意向，确定长春市红旗街、人民大街、西安大路、中东、三马路等各大献血屋为学院白求恩志愿者们的志愿服务实践基地。不分寒暑、不论秋冬，每个双休日，公共卫生学院的白求恩志愿者们都会坚守在长春市各大献血屋，为前来献血的长春市民提供暖心接待服务。如今，已有1000余名白求恩志愿者参与其中，志愿者们的热情为前来献血的长春市民送去了温暖，减少了差错事故的发生，出色

地协助长春市中心血站完成了血液采集工作。

星光特殊儿童训练养护中心

2003年4月，星光特殊儿童训练养护中心正式创建，是吉林省内第一家孤独（自闭症）儿童康复中心。温暖孤独症儿童，为他们弱小的心墙打开一扇通往外界的窗。2014年9月22日，学校迁入新园区，拥有2400平方米的康复训练大楼和价值300多万元的康复训练器材。为了帮助这些特殊儿童，白求恩志愿者们始终秉承"不排斥、不歧视、不放弃"的原则，利用假期时间帮助孩子们做康复训练，教孩子们学唱儿歌、同孩子们做游戏，为孩子们进行心理护理和疏导，为家长们进行孤独症知识宣教。

吉林省春光康复医院

吉林省春光康复医院是吉林省内唯一一家以骨伤康复、神经康复、脑瘫、孤独症、智力落后患儿治疗及假肢矫形器适配业务为一体的康复专科医院。2014年暑假，公共卫生学院的白求恩志愿者们走进春光康复医院开展志愿服务活动，协助医务人员建立信息化档案、书写病例；进行导诊、晨检和患者的康复训练服务，为正在进行康复治疗的病患送去温暖。

长春市同心养老院

2010年，白求恩志愿者走进长春市二道区同心养老院开展志愿服务活动。志愿者们为老人义诊送药，陪他们聊天，表演节目；关心老人平时的生活条件、作息规律和身体状况；协助工作人员打扫卫生，为老人整理床单被褥，维持老人健康卫生的生活环境；让他们感受快乐、远离孤独，让老人们感受到被关心、被惦念的温暖。

吉林省第二荣复军人医院

吉林省第二荣复军人医院位于吉林省梨树县郭家店镇，是一所以退休老兵疗养为主的医院。在这里修养的都是参加过抗日战争、抗美援朝战争的战斗英雄，这里也成为了吉林大学职业道德教育基地。白求恩志愿者们前往这里慰问演出，走进病房与老兵们亲切交谈，并送去慰问品。通过与老兵交流白求恩精神，志愿者们更加坚定了心中的理想信念。

吉林省公安边防总队长春边防检查站

吉林省公安边防总队长春边防检查站长年担负着长春龙嘉国际机场出入境边防检查和安全防卫任务，被群众誉为"北国春城的和谐使者"。为了加强边防军官的身体素质、提升他们的精神面貌，吉林大学白求恩医学院（现吉林大学临床医学院）与吉林省公安边防总队长春边防检查站签订《大学生社会实践基地共建协议》。白求恩志愿者们既可以为边防战士提供义诊服务，又可以体验军营绿色生活，可谓是一举两得。

辽宁省大连市松山颐养院

从2015年8月开始，每年暑假，吉林大学护理学院"彩虹人生"社会实践团队赴松山颐养院开展敬老、助残志愿服务活动。每天清晨，志愿者们为老人倒上热水、打好饭；对于半自理的老人，志愿者们主动为他们喂饭；对于完全不能自理的老人，志愿者们用搅拌机将饭菜打成糊状再喂给他们。志愿者们还为老人们清理了房间，陪伴他们聊天、下棋，并为他们提供了健康咨询与服务，舒缓了老人们的情绪，缓解了老人们的孤独感。

第三节　吉林大学白求恩志愿服务组织获得的荣誉

一、国家级荣誉

8000多名志愿者，500多处志愿服务基地，累计志愿服务时长超过60万小时，这就是吉林大学白求恩志愿者们向全社会交出的答卷。1993年以来，在传承和发扬白求恩精神的过程中，志愿者们始终牢记"健康所系，性命相托"的医学生誓言、始终恪守"奉献、友爱、互助、进步"的志愿者精神，躬身力行，服务他人，用爱心和温暖书写了新时代的"白求恩"故事，用服务和奉献呈现了一位位典型的"白求恩"。

志愿服务的过程中，他们常怀善念、心系他人的思想品德，不计名利、不求回报的优秀品质，生动诠释了社会主义核心价值观的内涵，展现了当代青年的良好精神风貌。在长期的积累和磨砺中，白求恩志愿者们的实际行动和出色表现赢得了社会各界的广泛认可，为营造"我为人人，人人为我"的良好社会风尚做出了重要贡献。这些吉大学子们也因此收获了诸多荣誉，不断将"白求恩精神"的火种撒向人间。

2014年，是白求恩志愿者的丰收之年，社会各界的肯定和荣誉接踵而至。这一年，吉林大学白求恩志愿者协会成立满20年。9月，李克强总理回信吉林大学白求恩志愿者协会，对白求恩志愿者协会20年来的志愿服务工作给予了高度肯定。同年，白求恩志愿者协会还被授予第十届"中国青年志愿者优秀组织奖"。在第29个"国际志愿者日"这一天，吉林大学白求恩志愿者收获了前所未有的荣誉。由中共中央宣传部、中央文明办、中国志愿服务联合会评选表彰的中国"最美志愿者"称号，不仅肯定了全体白求恩志愿者20年风雨无阻的坚守奉献，更成为了吉林大学志愿服务工作未来发展的强大动力、坚定了吉林大学白求恩志愿者们矢志不渝地传承和发扬"白求恩精神"的初心和使命。2019年，在中央宣传部、中央文明办等部门联合开展的2018年学雷锋志愿服务"四个100"先进典型评选活动中，吉林大学白求恩志愿者协会获"最佳志愿服务组织"奖。2015年，吉林大学临床医学院社会实践团队获中国青年网"镜头中的三下乡"好团队奖。2017年，吉林大学临床医学院社会实践团队获得共青团中央学校部"知行天下"和立邦中国主办的"立邦'为爱上色'中国大学生农村支教项目"全国铜奖。

数以千计的白求恩志愿者中，不断涌现出许多"白求恩式"的典型人物，他们的无私奉献和倾心服务将爱心和真诚洒满了人间。这些优秀白求恩志愿者中的代表人物，如：吉林大学2009级本科生、吉林大学第一医院宁养义工李培轩，连续两年平均每周拿出5小时时间用于5组癌症晚期患者及家属的服务工作，荣获"2012年度全国优秀宁养义工"荣誉称号；2012级哲学社会学院研究生、现公共外交学院辅导员张淑艳，先后为30余位癌症晚期患者提供临终关怀服务，获得第三届"吉林省优秀志愿者标兵"荣誉；吉林大学第一医院社会工作部主任兼宁养院主任刘芳获"2016年度中国十大社工人物"称号，被誉为"医务社工与志愿服务融合的实干家"；2017年，吉林大学白求恩第二医院副院长兼护理部主任殷艳玲获得第46届南丁格尔奖章，这也是吉林大学第一位南丁格尔奖章获得者，来自全球22个国家的39名优秀护士获此殊荣，其中包括殷艳玲在内的6名中国护士，由中共中央政治局委员、国家副主席、中国红十字会名誉会长李源潮亲自颁发奖章；吉林大学护理学院辅导员常方圆，自2016年入职以来，先后带领志愿者组织开展志愿服务200余次，获得2018年全国大学生"健康扶贫青春行"暑期社会实践专项活动"优秀指导教师"称号……正是许许多多这样的白求恩志愿者，点亮了吉大师生传承和发扬"白求恩精神"的奉献之路，使薪火相传的"志愿者精神"在一代又一代吉大青年心中生根、发芽、结出丰硕的果实，为社会增添着源源不竭的正能量。

二、省市级荣誉

白求恩志愿者们的无私奉献和躬身力行得到了社会各界的广泛认可，吉林大学白求恩志愿者各级组织屡获殊荣。据粗略统计，志愿者们累计获得各类省（市）级志愿服务集体荣誉100余项，个人荣誉180余项。例如，2012年，吉林大学白求恩志愿者协会荣获吉林省文明办、吉林省志愿者协会联合授予的"吉林省优秀志愿服务组织"荣誉；2013年，吉林大学白求恩志愿者协会获得吉林省慈善总会的肯定，荣膺"吉林慈善奖：先进慈善志愿服务组织"，同年，吉林大学第一医院宁养院获"吉林慈善奖：优秀慈善志愿服务组织"荣誉；吉林大学学生红十字会自成立以来，连续多年获得吉林大学"十佳标兵社团"荣誉，并被吉林省红十字会授予2006—2007年度吉林省"优秀艾滋病宣传组织"，已然成为了白求恩志愿者的一张响亮名片，进一步证实了社会各界对吉林大学学生红十字会志愿者们的肯定；吉林大学第一医院宁养院2015—2017年连续3年获得由吉林省志愿服务联合会、吉林省志愿服务发展基金会联合授予的第四届、第五届、第六届"吉林省优秀志愿服务组织"称号；吉林大学临床医学院白求恩青年志愿者协会于2017年获得"吉林省生命关怀协会2016—2017年度优秀志愿服务组织"称号以及"长春市优秀志愿服务组织"称号。

在"三下乡"社会实践活动中，吉林大学临床医学院"筑梦白医·寻根之旅"

社会实践团队获得由中共吉林省委宣传部、吉林省文明办、吉林省教育厅、共青团吉林省委、吉林省学生联合会共同颁发的2010年"吉林省大中专学生暑期'三下乡'社会实践活动校村服务计划优秀团队"称号，实践活动不仅受到了活动当地的高度重视，更为志愿者提供了服务社会的平台，为其他各级白求恩志愿者组织的"三下乡"社会实践活动奠定了良好基础。

每年，吉林省生命关怀协会也会授予吉林大学白求恩志愿者们许多实质性的荣誉称号，以此激励志愿者们继续在志愿服务中贡献自己的光和热。例如，2017年12月，吉林大学第一医院南丁格尔护理服务队被吉林省生命关怀协会授予2016—2017年度"优秀志愿活动组织标兵"荣誉，吉林大学护理学院天使志愿者协会荣获2016—2017年度"优秀志愿服务组织"荣誉称号，多名优秀白求恩志愿者获得"优秀志愿者""优秀义务志愿者"荣誉……这些荣誉虽然代表不了什么，但足以证明白求恩志愿者们的付出和努力得到了社会的认可，也足以表明白求恩志愿者们在服务他人的过程中始终坚守本心、不忘初衷。

三、校级荣誉

近年来，在每年的吉林大学暑期"三下乡"社会实践活动中，都少不了白求恩志愿者的身影，他们活跃在吉林省、河北省、黑龙江省等地区，为村民们送医送药，为孩子们授课辅导，将爱心和善心带到村子里的每一个角落。鉴于这些白求恩志愿者的出色表现，学校、学部累计授予他们100余项志愿服务荣誉。例如，在2017年吉林大学"喜迎十九大，青春建新功"大学生志愿者暑期文化、科技、卫生"三下乡"社会实践活动各项评比中，吉林大学的白求恩志愿者们可谓是收获颇丰，一连获得了10余项荣誉。临床医学院河北唐县葛公村"筑梦白医·寻根之旅"河北唐县牛眼沟村社会实践团队和公共卫生学院河北唐县"重走白医路，共筑白医魂"教育关爱服务团均获得"优秀团队"一等奖，公共卫生学院—吉林省康复中心"关爱医务工作，助力康复医学"爱心医疗服务团和护理学院"重走白医路，传承白衣魂"志愿服务队获得"优秀团队"二等奖，护理学院天使志愿服务队获得"优秀团队"三等奖；临床医学院团委、公共卫生学院团委和护理学院团委获得"优秀组织单位"；公共卫生学院、护理学院、药学院、吉林大学白求恩第二医院4位教师获得"优秀指导教师"荣誉；公共卫生学院河北唐县葛公村"重走白医路，共筑白医魂"教育关爱服务团、公共卫生学院—吉林省康复中心"爱心医务工作，助力康复医学"爱心医疗服务团、公共卫生学院"情系红丝带，无艾更有爱"禁毒防艾宣讲团、护理学院"重走白医路，传承白衣魂"志愿服务队获得"优秀宣传报道"荣誉。参与"三下乡"志愿服务活动的白求恩志愿者们，有100余位先后获得校、部、院级十佳大学生、自强自立大学生等荣誉，将"满腔热忱，精益求精"的"白求恩精神"薪火相传。

学校每年还会陆续开展各类志愿服务项目的评比活动。例如，2013年至2015年，在吉林大学"弘扬雷锋精神——吉大志愿者在行动"志愿服务精品立项中，白求恩志愿者们踊跃参与、积极活动，在各项志愿服务实践的过程中凸显出了本专业的学科特色，将传承"白求恩精神"的使命和"奉献自我，服务他人"的初衷很好地结合在了一起，取得了各项突出的荣誉。例如，临床医学院吉林大学白求恩第一医院"蓝马甲"志愿服务行动、护理学院"聆听星语星愿，澎湃蓝色海洋"关爱特殊儿童系列活动、公共卫生学院"以医为桥，心手相牵"农民工子弟小学医学知识第二课堂活动、口腔医学院"口腔青年在行动"、药学院"同在一片蓝天下"等志愿服务项目，3年中，16个志愿服务项目分别获得1项特等奖、3项一等奖、5项二等奖和7项三等奖，为吉林大学白求恩医学部争得了突破性的志愿服务成绩。

在2016年吉林大学志愿服务荣誉各项评比中，涉及3个学院、5个社团、5个项目获得了9项荣誉：临床医学院白求恩青年志愿者协会、护理学院天使志愿者协会荣获"十佳志愿服务组织"称号；公共卫生学院志愿者服务团、吉林大学新民心语志愿者协会荣获"优秀志愿服务组织"称号；临床医学院"筑梦白医·寻根之旅"河北唐县牛眼沟村志愿服务活动获得"十佳志愿服务项目"称号；公共卫生学院"温情献血屋，血浓情更浓"血站志愿服务活动、护理学院"有你关爱，我不孤单"走进星光特殊儿童教育、新民心语志愿者协会青少部"班助一"活动和新民阳光志愿者协会"关爱星星的孩子"项目获得2016年度"吉林大学优秀志愿服务项目"荣誉，这些奖励激励着一代又一代白求恩志愿者，使他们在志愿服务中坚定信念、勇攀高峰。

药学院的向日葵志愿者协会新民分会获得了由吉林大学新民校区学生社团联合会授予的2017年"优秀社团"称号，更加激励着志愿者们在志愿服务的道路上不忘初心、砥砺前行，将爱心和奉献薪火相传。

四、获得荣誉汇总

国家级荣誉

·2013年12月，吉林大学第一医院宁养院"宁养理念入校园"获得2013年度全国优秀宁养义工服务项目"优秀创新奖"，"心&心计划"获得2013年度全国优秀宁养义工服务项目"鼓励奖"；

·2014年12月，吉林大学白求恩志愿者荣获由中共中央宣传部、中央文明办、中国志愿服务联合会评选表彰的中国"最美志愿者"称号，这是白求恩志愿者们迄今为止获得的最高荣誉；

·2014年12月，吉林大学白求恩志愿者协会荣获共青团中央、中国青年志愿者协会授予的"第十届中国青年志愿者优秀组织奖"；

·2015年，吉林大学《传播守望相助正能量 形成崇德向善好风尚——吉林大学白求恩志愿者行动廿一载活动纪实》获得全国大学生思想政治教育发展研究中心授

予的"第八届高校校园文化建设优秀成果特等奖"荣誉；

·2015年，吉林大学临床医学院白求恩青年志愿者协会获得中国青年网"镜头中的三下乡"好团队奖；

·2017年3月，吉林大学第一医院宁养院获得全国老龄工作委员会颁发的第二届"敬老文明号"荣誉称号；

·2017年11月，吉林大学临床医学院2017年唐县社会实践小分队荣获"2017年立邦'为爱上色'中国大学生农村支教奖"全国铜奖；

·2018年1月4日，国家卫生计生委（现为卫健委）医政医管局发布《国家卫生计生委办公厅关于通报表扬2015—2017年改善医疗服务先进典型的通知》，吉林大学白求恩第一医院宁养院获"加强人文关怀"示范科室荣誉，科室主任刘芳获"加强人文关怀"示范个人称号。

·2019年2月，在中央宣传部、中央文明办等部门联合开展的2018年学雷锋志愿服务"四个100"先进典型评选活动中，吉林大学白求恩志愿者协会获"最佳志愿服务组织"奖。

省市级荣誉

·2007年，吉林大学学生红十字会被吉林省红十字会授予"优秀艾滋病宣传组织"荣誉称号；

·2010年，中共吉林省委宣传部、吉林省文明办、吉林省教育厅、共青团吉林省委、吉林省学生联合会联合授予吉林大学临床医学院"筑梦白医·寻根之旅"社会实践团队"吉林省大中专学生暑期'三下乡'社会实践活动校村服务计划优秀团队"；

·2010年，吉林大学白求恩第一医院宁养院获得吉林省慈善总会授予的"2009感动吉林慈善奖集体奖"；

·2010年，吉林大学临床医学院白求恩青年志愿者协会获得吉林省暑期文化科技卫生"三下乡"社会实践评比社会实践优秀组织工作奖；

·2010年，吉林大学临床医学院白求恩青年志愿者协会获得吉林省暑期文化科技卫生"三下乡"社会实践评比社会实践优秀团队；

·2010年，吉林大学临床医学院白求恩青年志愿者协会获得吉林省大中专学生志愿者暑期"三下乡"社会实践活动校村服务计划优秀团队；

·2012年，吉林大学白求恩志愿者协会荣获吉林省文明办、吉林省志愿者协会联合授予的"吉林省优秀志愿服务组织"荣誉；

·2012年，吉林大学临床医学院白求恩青年志愿者协会获得吉林省生命关怀协会白求恩志愿者优秀组织奖；

·2012年，吉林大学临床医学院白求恩青年志愿者协会获得吉林省"三下乡"社会实践优秀团队；

·2012年，吉林大学临床医学院白求恩青年志愿者协会获得吉林省优秀志愿服务组织标兵；

·2013年，吉林大学白求恩志愿者协会荣获吉林省慈善总会授予的第四届"吉林慈善奖：先进慈善志愿服务组织"称号；

·2013年，吉林大学白求恩第一医院宁养院荣获吉林省慈善总会授予的第四届"吉林慈善奖：优秀慈善志愿服务组织"称号；

·2013年，吉林大学临床医学院白求恩青年志愿者协会获得全省高校校园文化建设优秀成果评选二等奖；

·2015年，共青团长春市委、长春市志愿者联合会授予吉林大学白求恩第一医院宁养院"长春'最美青年志愿者服务集体'"称号；

·2015年5月，吉林大学白求恩第一医院宁养院被吉林省志愿服务联合会、吉林省志愿服务发展基金会联合授予第四届"吉林省优秀志愿服务组织"称号；

·2015年5月，吉林大学天使志愿者协会在长春市朝阳区"暖于心·践于行"大型公益活动中，被长春市朝阳区红十字会、长春市朝阳区残疾人联合会授予"优秀公益社团"称号；

·2015年12月，吉林大学白求恩青年志愿者协会荣获吉林省"优秀志愿服务组织"荣誉称号；

·2016年1月，吉林大学公共卫生学院被长春市人民政府献血工作领导小组办公室授予"2015年度团体献血优秀志愿者组织奖"；

·2016年5月，吉林大学白求恩第一医院宁养院被吉林省志愿服务联合会、吉林省志愿服务发展基金会联合授予第五届"吉林省优秀志愿服务组织"称号；

·2016年12月，吉林大学护理学院天使志愿者协会荣获长春市妇女联合会授予的长春市"优秀巾帼志愿服务组织"荣誉称号；

·2017年3月，吉林大学第一医院宁养院获得全国老龄工作委员会颁发的第二届"敬老文明号"荣誉称号；

·2017年5月，吉林大学白求恩第一医院宁养院被吉林省志愿服务联合会、吉林省志愿服务发展基金会联合授予第六届"吉林省优秀志愿服务组织"称号；

·2017年，吉林大学白求恩第一医院"蓝马甲"志愿者服务队获得吉林省文明办、吉林省志愿服务联合会授予的"第六届吉林省优秀志愿者服务组织"称号；吉林大学白求恩第一医院"童之梦"智学园义教活动荣获吉林省文明办、吉林省志愿服务联合会授予的"第六届吉林省优秀志愿者服务项目"荣誉；

·2017年11月，吉林大学临床医学院白求恩青年志愿者协会获得"长春市优秀志愿服务组织"荣誉称号；

·2017年12月，吉林大学临床医学院白求恩青年志愿者协会获得"吉林省生命关怀协会2016—2017年度优秀志愿服务组织"荣誉称号；

·2017年12月，吉林大学白求恩第一医院南丁格尔护理服务队被吉林省生命关

怀协会授予2016—2017年度"优秀志愿活动组织标兵"荣誉；

·2017年12月，吉林大学护理学院天使志愿者协会荣获吉林省生命关怀协会授予的2016—2017年度"优秀志愿服务组织"荣誉称号；

·2017年12月，吉林大学护理学院天使志愿者协会荣获长春市妇女联合会授予的长春市"优秀巾帼志愿服务组织"荣誉称号；

·2018年5月，吉林大学第一医院社会工作部荣获"吉林省优秀志愿服务组织"；吉林大学公共卫生学院"学生志愿者服务团"荣获"吉林省优秀志愿服务组织"；吉林大学阳光爱心学校荣获"吉林省优秀志愿服务组织标兵"。

校级荣誉

·吉林大学学生红十字会获得吉林大学社团联合会授予的2007—2008年度"吉林大学十佳志愿服务团体"荣誉；

·吉林大学学生红十字会获得吉林大学社团联合会授予的2008—2009年度"吉林大学十佳志愿服务团体"荣誉；

·2010年，在第二届"吉林大学学生社团精品活动立项"竞赛中，白求恩口腔青年志愿者协会的"连心送暖，关爱夕阳"活动，在社会实践类活动中荣获一等奖；

·2010年，白求恩口腔青年志愿者协会荣获第五届"吉林大学杰出志愿服务团队"称号；

·2010年，吉林大学临床医学院白求恩青年志愿者协会获得第五届吉林大学志愿服务工作优秀组织单位；

·2010年，吉林大学临床医学院白求恩青年志愿者协会获得第五届吉林大学杰出志愿服务团队；

·2011年，吉林大学临床医学院白求恩青年志愿者协会获得吉林大学"三下乡"优秀团队；

·2011年，吉林大学护理学院天使志愿者协会在吉林大学学生社团评优中荣获"精品社团"称号；

·在2012年吉林大学暑期文化科技卫生"三下乡"社会实践活动暨"百基千队服务万村行动"评比中，临床医学院、公共卫生学院、护理学院、白求恩第三医院（中日联谊医院）、药学院获"先进基层组织单位"荣誉；护理学院、白求恩医学院各1名教师获"先进个人"荣誉；白求恩医学院医疗志愿服务团队、公共卫生学院"乐山"长兴小学支教团、白求恩第三医院（中日联谊医院）浦东路社区医疗志愿服务队、药学院"医药下乡"服务队、白求恩医学院"台东实践服务铁血青年团"、公共卫生学院"农民"慢性病筛查与防治暑期实践团6支团队获得"社会实践优秀团队"荣誉；白求恩医学院河北唐县支教分队、公共卫生学院"农民"慢性病筛查与防治暑期实践团、吉大三院暑期"三下乡"医疗志愿服务团队荣获"村校五员计划优秀团队"荣誉；

·在2012—2013年度吉林大学学生社团评优中，吉林大学护理学院天使志愿者协会荣获"优秀社团"称号；

·2012年，在第三届"吉林大学学生社团精品活动立项"竞赛中，临床医学院白求恩青年志愿者协会的"吉林大学白求恩第一医院门诊志愿服务"活动在志愿组活动中荣获一等奖；

·在吉林大学2012—2013年度社会实践活动评比中，护理学院、白求恩医学部、白求恩第三医院荣获"优秀组织单位"荣誉；护理学院荣获优秀团队一等奖；公共卫生学院、临床医学院荣获优秀团队二等奖；白求恩医学部、白求恩口腔医院、白求恩第三医院荣获三等奖；公共卫生学院、临床医学院、白求恩第三医院、白求恩口腔医院、护理学院、药学院各1名教师荣获"优秀指导教师"荣誉；白求恩口腔医院、临床医学院共计37篇实践报告获评"优秀实践报告"；护理学院荣获"优秀宣传报道奖"；

·2013年，在吉林大学2013年度"弘扬雷锋精神——吉大志愿者在行动"志愿服务精品立项中，临床医学院吉林大学白求恩第一医院"蓝马甲志愿服务行动"项目、护理学院"真情永相伴，你我心相连——走进长春福利院"项目荣获一等奖；公共卫生学院"春风送暖情相伴，圆梦空巢爱相随"志愿活动项目荣获二等奖；口腔医学院"中国梦，环保梦"生态文明志愿服务活动荣获三等奖；

·在吉林大学2013年"每团一品"活动中，白求恩医学院的"冀梦韶华·寻根之旅"主题活动荣获一等奖；护理学院的"有你关爱，我不孤单——走进自闭症儿童学校"活动、口腔医学院的"爱牙健齿，公益同行"——920爱牙日大型公益活动荣获二等奖；

·在吉林大学2013年"创新一品"活动中，临床医学院"大手牵小手"大学生校外辅导员计划荣获一等奖；药学院"医药知识小宝库"活动荣获三等奖；

·临床医学院白求恩青年志愿者协会在2013—2014年度吉林大学学生社团评优中荣获"优秀社团"称号；

·在吉林大学2014年度"弘扬雷锋精神——吉大志愿者在行动"志愿服务精品立项中，吉林大学白求恩第二医院"弘扬白求恩精神 青年志愿者在行动"项目荣获一等奖；吉林大学白求恩第三医院"弘扬白求恩精神 青年志愿者讲师团"项目、护理学院"暖暖社区行，慢慢爱心凝"项目荣获二等奖；临床医学院"爱满千家"项目、药学院"童年不孤单"项目、公共卫生学院"关爱老人——以情关爱老人，用爱描绘夕阳"项目和口腔医学院"口腔青年在行动"项目荣获三等奖；

·在吉林大学2014年"每团一品"活动评比中，护理学院"'天使情怀'纪念512护士节"活动荣获一等奖；药学院的"放飞中国梦，品味药院情"活动、临床医学院"学习讲话助成长，青春筑梦实践行"暑期社会实践活动、白求恩口腔青年志愿者协会的"六一展笑容，共走成才路"活动、公共卫生学院的"医事—法理"青

年论坛荣获三等奖；

· 在吉林大学2014年暑期文化科技卫生"三下乡"社会实践活动优秀团队评比中，护理学院"爱满人间传万家，天使圆梦中国行"团队荣获"吉林省优秀团队"，护理学院1名教师荣获"吉林省先进个人"荣誉；公共卫生学院"吉林省残疾人康复中心暑期社会实践团"、临床医学院"三下乡"医疗志愿服务团荣获"长春市优秀团队"，公共卫生学院、临床医学院各1名教师荣获"长春市先进个人"荣誉；口腔医学院的"青春风采行"活动荣获"吉林大学优秀团队"称号，1名教师荣获"吉林大学先进个人"荣誉；临床医学院、公共卫生学院、护理学院、口腔医学院共计23篇实践报告获得优秀；临床医学院、公共卫生学院、护理学院和口腔医学院还收获了2014年吉林大学暑期社会实践活动"宣传奖"荣誉；

· 在吉林大学2014年"创新一品"活动评比中，临床医学院的"深入学习李克强总理回信精神，传承发扬白求恩志愿者风尚"系列活动、口腔医学院的"大手牵小手，同游牙世界"活动荣获三等奖；

· 在吉林大学2015年度"弘扬雷锋精神——吉大志愿者在行动"志愿服务精品立项中，护理学院"聆听星语星愿，澎湃蓝色海洋"关爱特殊儿童系列活动荣获特等奖；临床医学院"团支部、社区'一对一'对接"项目、公共卫生学院"以医为桥，心手相牵"农民工子弟小学医学知识第二课堂活动荣获二等奖；口腔医学院"当代雷锋行，春风暖银鬓"敬老院志愿活动、药学院"同在一片蓝天下"项目荣获三等奖；

· 在吉林大学2015年"每团一品"活动中，中日联谊医院的"白求恩博士讲师团健康巡讲"、护理学院的"笔底生花撰'英'才，妙语连珠展'英'采"项目荣获一等奖；公共卫生学院的"梦想零距离"系列活动荣获二等奖；口腔医学院的"关爱小宝贝，六一送氟利"活动荣获三等奖；

· 吉林大学临床医学院白求恩青年志愿者协会、护理学院天使志愿者协会获得2016年吉林大学"十佳志愿服务组织"称号；

· 吉林大学公共卫生学院志愿者服务团、吉林大学新民心语志愿者协会获得2016年吉林大学"优秀志愿服务组织"称号；

· 吉林大学临床医学院"筑梦白医·寻根之旅"河北唐县牛眼沟村志愿服务活动获得2016年吉林大学"十佳志愿服务项目"称号；

· 吉林大学公共卫生学院"温情献血屋，血浓情更浓"血站志愿服务活动、护理学院"有你关爱，我不孤单"走进星光特殊儿童教育、新民心语志愿者协会青少部"班助一"活动和新民阳光志愿者协会"关爱星星的孩子"项目获得2016年吉林大学"优秀志愿服务项目"称号；

· 2017年，向日葵志愿者协会新民分会、护理学院天使志愿者协会、新民心语志愿者协会获得由吉林大学新民校区学生社团联合会授予的"优秀社团"称号；

·2017年，吉林大学学生社团联合会、吉林大学护理学院社团联合会授予天使志愿者协会在"创意改变生活，公益温暖人生"吉林大学大学生公益短片创意大赛中荣获一等奖；

·在2017年吉林大学"喜迎十九大，青春建新功"大学生志愿暑期文化科技卫生"三下乡"社会实践活动中，临床医学院团委、公共卫生学院团委、护理学院团委获得"优秀组织单位"荣誉；

·在2017年吉林大学"喜迎十九大，青春建新功"大学生志愿暑期文化科技卫生"三下乡"社会实践活动中，临床医学院河北唐县葛公村"筑梦白医·寻根之旅"河北唐县牛眼沟村社会实践团队获得"优秀团队"一等奖；

·在2017年吉林大学"喜迎十九大，青春建新功"大学生志愿暑期文化科技卫生"三下乡"社会实践活动中，公共卫生学院河北唐县"重走白医路，共筑白医魂"教育关爱服务团获得"优秀团队"一等奖，公共卫生学院—吉林省康复中心"关爱医务工作，助力康复医学"爱心医疗服务团获得"优秀团队"二等奖；

·在2017年吉林大学"喜迎十九大，青春建新功"大学生志愿暑期文化科技卫生"三下乡"社会实践活动中，护理学院"重走白医路，传承白衣魂"志愿服务队获得"优秀团队"二等奖，护理学院天使志愿服务队获得"优秀团队"三等奖；

·在2017年吉林大学"喜迎十九大，青春建新功"大学生志愿暑期文化科技卫生"三下乡"社会实践活动中，公共卫生学院河北唐县葛公村"重走白医路，共筑白医魂"教育关爱服务团、公共卫生学院—吉林省康复中心"爱心医务工作，助力康复医学"爱心医疗服务团、公共卫生学院"情系红丝带，无艾更有爱"禁毒防艾宣讲团、护理学院"重走白医路，传承白衣魂"志愿服务队获得"优秀宣传报道"荣誉；

·在2017年吉林大学"喜迎十九大，青春建新功"大学生志愿暑期文化科技卫生"三下乡"社会实践活动中，公共卫生学院、护理学院、药学院、吉林大学白求恩第二医院4位教师获得"优秀指导教师"荣誉称号；

·在2017年吉林大学志愿服务先进典型评选中，中日联谊医院白求恩志愿者协会、白求恩青年志愿者协会、公共卫生学院志愿者服务团、药学院团委组织部获得"十佳志愿服务组织"荣誉；

·在2017年吉林大学志愿服务先进典型评选中，临床医学院"筑梦白衣·寻根之旅"河北唐县社会实践、中日联谊医院通榆县什花道乡光辉村帮扶项目获得"十佳志愿服务项目"荣誉；"小梦筑大爱，滴血暖人心"血站志愿服务活动获得"优秀志愿服务项目"荣誉。

·2018年9月，公共卫生学院"心系通榆，健康乡村"医疗扶贫项目荣获吉林大学"不忘初心、牢记使命"暑期社会实践优秀团队一等奖；

·2018年9月，临床医学院"筑梦白医·寻根之旅"河北唐县社会实践团队荣获

吉林大学"不忘初心、牢记使命"暑期社会实践优秀团队一等奖；

·2018年9月，"关爱口腔健康，加强口腔保护"志愿服务团队荣获吉林大学"不忘初心、牢记使命"暑期社会实践优秀团队一等奖；

·2018年9月，吉林大学第二医院白求恩志愿者研究生服务队荣获吉林大学"不忘初心、牢记使命"暑期社会实践优秀团队二等奖；

·2018年9月，护理学院"儒冠请长缨，感受国防情"走进军营社会实践队荣获吉林大学"不忘初心、牢记使命"暑期社会实践优秀团队二等奖；

·2018年9月，临床医学院"精准扶贫·志愿医疗"通榆县社会实践队荣获吉林大学"不忘初心、牢记使命"暑期社会实践优秀团队三等奖；

·2018年9月，"创新篷车，精准扶贫"口腔医学院社会服务团队荣获吉林大学"不忘初心、牢记使命"暑期社会实践优秀团队三等奖；

·2018年9月，吉林大学公共卫生学院"贯彻落实十九大精神，重走白求恩之路"实践团队荣获吉林大学"不忘初心、牢记使命"暑期社会实践优秀团队三等奖；

·2018年9月，吉林大学公共卫生学院团委荣获2018年吉林大学"不忘初心、牢记使命"优秀组织单位荣誉；

·2018年9月，白求恩医学部获得2018年吉林大学"不忘初心、牢记使命"优秀组织单位荣誉；

·2018年9月，吉林大学护理学院团委获得2018年吉林大学"不忘初心、牢记使命"优秀组织单位荣誉；

·2018年9月，吉林大学临床医学部团委获得2018年吉林大学"不忘初心、牢记使命"优秀组织单位荣誉；

·2018年10月，吉林大学学生红十字会、吉林大学红十字会、吉林大学临床医学院白求恩青年志愿者协会、吉林大学护理学院天使志愿者协会在吉林大学星级社团评比中荣获"五星社团"称号。

第四节　吉林大学白求恩志愿服务活动相关报道

一、中央媒体

近年来，吉林大学白求恩志愿者的典型事迹陆续在中央电视台、新华网、《人民日报》《中国青年报》等多家中央媒体报道，使这样一批积极践行和发扬"白求恩精神"的青年学子受到了社会各界的广泛关注。在丰富多彩的志愿服务活动中，白求恩志愿者们的责任感和使命感油然而生，诺尔曼·白求恩医生的感人事迹得以广泛传播。

2012年4月6日，中央电视台《身边的感动》栏目以《温暖的"蓝马甲"》为题报道了吉林大学白求恩志愿者协会和"蓝马甲"志愿者的先进事迹，并对"蓝马甲"志愿者的志愿服务给予了高度评价，从爱心、关怀等角度点明了白求恩志愿者们对"白求恩精神"的诠释。志愿者们在平凡之中谱写大爱，在淡泊之中弘扬精神。他们深知，志愿服务不分大小，志愿工作无论繁简，都是奉献社会、砥砺品行的大事，都要尽心尽力做到极致，这才是"毫不利己，专门利人"的"白求恩精神"。

图3.1　中央电视台报道白求恩志愿服务活动

2012年4月7日，中央电视台《新闻联播》栏目以《长春：医院里的"蓝马甲"志愿者》为题在"学雷锋，我志愿"版块中详细报道了活跃在吉林大学第一医院里的"蓝马甲"志愿者。三级甲等医院就医时的人多、忙乱现象在"蓝马甲"志愿者的分诊、陪诊等辅助工作中得到了有效缓解。

图3.2　中央电视台报道白求恩志愿者

2014年12月，吉林大学白求恩志愿者被中共中央宣传部、中央文明办、中国志愿服务联合会授予"中国'最美志愿者'"荣誉称号，受到了社会各界的广泛关注。一时间，中央电视台、新华社、中国青年报等30余家重要媒体分别以《最美志愿者之吉林大学"白求恩志愿者协会"》《"白求恩其实一直在您身边"——吉林大学"中国最美志愿者"成长记》《吉林大学白求恩志愿者协会：青春在奉献中闪光》等内容为题，报道、转载了吉林大学白求恩志愿者协会的典型事迹和志愿者们在志愿服务过程中经历的感人故事，真实再现了这群"最美志愿者"的奉献精神和服务意识。

图3.3 吉林大学白求恩志愿者被授予"中国最美志愿者"

2014年12月9日，《光明日报》第04版—综合新闻版还以《吉大白求恩志愿者：将白求恩志愿服务精神代代相传》为题，着重报道了吉林大学白求恩志愿者协会的志愿服务情况，志愿者们发挥专业优势，积极整合资源，开展了诸多具有吉大特色和时代特征的服务活动，逐步推动形成了吉林大学医学部全体师生人人参与志愿服务的良好氛围。

图3.4 《光明日报》报道白求恩志愿者

中央电视台2015年8月31日—9月3日的《朝闻天下》栏目，以《人民不会忘记吉林：让白求恩精神薪火相传》为题，连续四天播出了吉林大学临床医学院学生在纪念中国抗日战争胜利暨世界反法西斯战争胜利70周年之际，参观吉林大学白求恩医学纪念馆、了解白求恩故事、传承白求恩精神的活动。白求恩精神已经成为吉林大学特有的"文化基因"，是校园文化的品牌和旗帜。

图3.5　中央电视台报道白求恩精神传承

　　2018年1月10日，《中国青年报》以《吉林大学晚晴志愿者：临终关怀的爱心接力》为题，详细报道了吉林大学白求恩晚晴临终关怀志愿者协会的志愿服务活动，"从最初临终关怀小组成立到志愿者协会发展的14年中，这些大学生临终关怀志愿者共陪伴了2000多位癌症晚期病人平静离世"。从选拔到培训，志愿者们逐渐熟悉和掌握了与癌症晚期病人及家属的交流方式，使临终关怀真正能够做到解人之困、温暖心灵。

图3.6　《中国青年报》报道白求恩志愿者活动

二、省市媒体

一直以来，吉林大学白求恩志愿者们的志愿服务活动和"白求恩精神"传承都备受吉林省和长春市各家媒体的关注和重视。吉林电视台《吉林新闻联播》栏目、《省长热线回声》栏目、《身边发现》栏目以及《吉林日报》《长春日报》《长春晚报》等多家媒体，都对白求恩志愿者们的感人事迹进行过详细报道。据粗略统计，2012年至今，各省（市）级媒体刊登、播出、转载涉及白求恩志愿者的相关报道有200余次，其中50余次报道了优秀白求恩志愿者的个人事迹，使白求恩志愿者的服务与奉献深入人心、温暖人间。

图3.7 吉林电视台报道白求恩志愿者事迹

2014年10月，中共中央政治局常委、国务院总理李克强致吉林大学白求恩志愿者们的回信被时任吉林省委副书记竺延风交至白求恩志愿者代表的手中，志愿者们20年来从事志愿服务活动的坚持得到了总理的充分肯定。10月6日，吉林电视台《吉林新闻联播》以《吉林大学白求恩志愿者协会：潜心研学 砥砺品行》为题，报道了白求恩志愿者们深入基层、走进医院，积极开展志愿服务活动的基本情况。

图3.8 吉林电视台报道白求恩志愿服务活动

10月7日，《吉林日报》头版以《李克强回信勉励吉林大学白求恩志愿者协会——传播守望相助正能量　形成崇德向善好风尚》《李克强给吉林大学白求恩志愿者协会回信》《青春在奉献中闪光——吉林大学白求恩志愿者协会开展志愿服务纪实》3篇文章奠定了白求恩志愿者们在吉林省内志愿服务活动中的较高社会影响力。

图3.9　《吉林日报》报道白求恩志愿者协会

10月19日，吉林电视台《省长热线回声》栏目报道了"总理来信背后的故事"、讲述了"白求恩志愿者的精彩人生"。白求恩志愿者们来到医院、下到农家、走进学校，在支医、支农、支教活动中为社会和人民排忧解难，用热情活力和医学专长，身体力行，传扬"白求恩精神"，让青春在奉献中闪光。

图3.10　吉林电视台报道白求恩志愿者事迹

2015年5月14日，《吉林日报》以《白求恩青年志愿者协会：践行志愿服务　引领青年成长》为题报道了吉林大学白求恩青年志愿者协会的志愿服务情况。自2011年协会成立以来，在原有服务内容的基础上，深入社区、学校、乡村，努力开创了医疗志愿服务新模式。吉林大学临床医学院每年会选派白求恩志愿者参加各类志愿服务活动平均500余人次，平均志愿服务时长16000小时，充分发挥了志愿者们的医学专业特色与优势，引导学生志愿者们树立正确的人生观、世界观、价值观，以服务为荣、协会为傲，在追求"悬壶济世"和崇尚"救死扶伤"的同时，奉献出自己沉甸甸的爱心。

三、学校媒体

长期以来，吉林大学新闻网、《吉林大学报》、吉林大学电视台、《吉大青年》等各类校园媒体积极报道、转载白求恩志愿者们的先进个人故事和志愿服务活动，使白求恩志愿者的典型事迹在校园内外广泛传播，在校园里形成了一种崇德向善的好风尚，传扬了守望相助的正能量。

吉林大学新闻网"吉大学人"栏目就曾先后多次报道优秀白求恩志愿者的典型事迹，将一个个积极传承和发扬"白求恩精神"的志愿服务先进人物跃然纸上。例如，《白求恩精神的践行者——记白求恩医学部学部长、基础医学院教授、博士生导师李凡》一文报道了李凡教授在三年援疆工作期间以身作则、无怨无悔的感人事迹。她用智慧和汗水浇灌出一朵美丽的西域科技之花，用对党的忠诚和突出的业绩向援疆事业交出了一份完美的答卷，圆满完成了一名优秀援疆干部的历史使命，将"白求恩精神"的种子播撒在了边疆。以《刘芳和她热爱的事业：社工传希望 妙手暖人心》为题报道了吉林大学第一医院社会工作部主任兼宁养院主任、"2016年度中国十大社工人物"刘芳的典型事迹。"近十年的社工之路，刘芳一手擎着希望的火炬，向患者家庭和社会传递不灭的希望；一手化为温暖的春风，抚慰患者心中的伤痛"。以《邬巍：努力做白求恩精神的传承者》为题报道了现吉林大学第一医院院长办公室主任邬巍的理想信念和个人追求，"做志愿者最不能容许私心杂念，如果是利字当头，或者有任何沽名钓誉的想法，就完全违背了做一名志愿者根本的出发点，也就不配做一名志愿者"。简单、纯粹的话语，真诚、实在的行动，是对白求恩精神的最好诠释，更是对白求恩精神的最好传承……吉林大学电视台《吉大新闻》《资讯吉大》《身边的感动》等栏目中，也曾屡次报道白求恩志愿者们的志愿服务活动和典型个人事迹，为白求恩志愿者的奉献和服务留存了宝贵的视频资料，真实再现了志愿者们的服务活动，将这分爱心与感动化作影像，传播到社会的各个角落。

第四章　吉林大学白求恩志愿服务典型

80年前，诺尔曼白求恩先生用无悔的脚步在硝烟中铸就了一座生命的丰碑。80年后，吉林大学一批又一批优秀的志愿者，踏着稳健的步履，擎起前人的火炬，弘扬着无私的白求恩精神，为更多有需要的人遮风挡雨。此刻他们有一个响亮的名字：白医传人。

白求恩志愿服务如火如荼地开展，学校更是涌现出了一批又一批的先进集体和模范学生。孤儿院、敬老院、医院、社区……到处都留下了他们的足迹，到处都是他们奉献的身影。

第一节　吉林大学白求恩志愿服务典型团队

一、吉林大学临床医学院白求恩青年志愿者协会

1.协会简介

白求恩青年志愿者协会成立于2009年，隶属于吉林大学临床医学院团委。协会设会长1名，常务副会长1名，副会长3名，部长3名。自成立以来，协会秉承友爱、互助、进步的宗旨，组织和领导了全院青年开展了丰富的志愿服务活动，弘扬了白求恩精神。其中，共组织五万余人次参加志愿服务活动，总服务时长达30多万小时。协会下设策划部、活动部、宣传部和宣讲队四个部门。在临床医学院团委领导下组织建立。凭借临床医学院的专业优势与师资条件，广泛开展了各项志愿服务活动，得到了社会媒体的宣传与报道。

2.组织理念

作为一个有10年志愿服务经历的志愿者协会，白求恩青年志愿者协会以"奉献、友爱、互助、进步"的志愿服务精神为立会宗旨，以弘扬白求恩精神为目标，以学院教师、学生为主要成员，为特殊儿童、孤寡老人、医院患者等开展了广泛的志愿服务活动，谱写了无数动人篇章。

3.业务范围

以"奉献、友爱、互助、进步"的志愿服务精神为宗旨，以弘扬白求恩精神为

目标，形成了医院志愿服务、社区志愿服务、学校志愿服务、"三下乡"志愿服务四大模块为主题的具有鲜明特色的志愿服务活动体系。

（1）医院志愿服务

2011年，白求恩青年志愿者协会在学院的支持下进一步推进导诊志愿服务活动，陆续开展了包括导诊、分诊、陪护、送检、ICU陪护等一系列志愿活动，逐渐完善了吉大一院"蓝马甲"志愿活动基本形式。2015年，在吉大一院"蓝马甲"系列活动的基础上，同时开展了吉大一院宁养院的志愿工作，进一步扩展了志愿服务形式与内容。从导诊分诊，到陪护送检，再到进入ICU对患者进行陪护，志愿者们在活动中用心体会无私奉献的志愿者文化，在实践中践行白求恩精神，用实际行动传播守望相助的正能量。一院"蓝马甲"志愿活动更是作为白求恩精神的传承活动，优秀志愿精神的传播活动被中央电视台、吉林电视台广泛报道。

医院志愿服务主要由门诊、分导诊、早期临床接触、宁养院义工、普通病房陪护、ICU病房监控服务、肿瘤中心服务六个板块组成。活动地点为吉林大学第一医院、吉林大学第二医院以及吉林大学中日联谊医院。

引路之灯：门诊、分导诊主要服务内容包括指导患者就诊、检查、租借轮椅、打印化验单等。

人文之基：宁养院是为癌症晚期病患提供临终关怀服务，减轻患者身体和心理的痛苦，帮助改善患者及家属生活质量的机构，由志愿者担任的义工则是承担为病患及家属提供取药、送药、探访等志愿服务。

关怀之心：在肿瘤中心，志愿者们指导患者填写营养调查问卷。

治学之姿：普通病房陪护活动旨在让志愿者们在服务患者的同时，提早了解基层医院医疗就诊住院情况，学习基础临床知识。

医者之心：门诊早期临床接触活动是让志愿者提前走进诊室，在协助门诊医生分诊的同时，观摩其日常工作，从而进一步了解医院工作事务。

（2）社区志愿服务

2012年，白求恩青年志愿者协会积极响应学校号召，着手联络并确定服务社区，于每周组织志愿者到建工社区开展关爱空巢老人，帮助老人的志愿活动。几年里，协会不断扩大活动范围，平均每年新增社区9个，活动内容上涵盖了卫生援助、扶残助残、健康宣讲、基层医疗卫生状况调研等多个方面。目前，协会与长春市内桂林街道、青年路街道、东盛街道所在的30多个社区签署了共建协议，并通过党（团）支部与社区"一对一"对接的形式，逐步形成多样化的社区服务网络。

医者仁心，社区义诊：志愿者服务团队走进社区，进行社区义诊、免费送药以及免费体检等活动，为改善基层医疗状况，构建和谐医患关系做出贡献，产生良好的社会影响。

健康所系，性命相托：普及健康知识，传递拳拳爱心。志愿者服务团队走进社

区，为社区居民们讲述医学常识，普及医学知识。

守候夕阳，关爱老人：为了为更多的老人献上关怀，白求恩青年志愿者协会多次开展"走进敬老院"活动，为老人们唱歌跳舞表演节目，与老人们谈心，听老人们讲述那远去的年代中，应该被铭记的历史。

（3）学校志愿服务

扎根基层，走进学校，启迪智慧，传承精魂，秉承友爱、互助、进步的宗旨，白求恩青年志愿者协会于2011年开始筹办学校类志愿活动，联系长期合作的社会实践基地。

薪火相传，知识无价：白求恩青年志愿者协会与长春市明德路小学建立了志愿合作关系，定期派志愿者为孩子们讲授课外知识，开阔孩子们的眼界，充实孩子们的世界。

暖心陪伴，呵护成长：志愿者来到长春市新智特殊儿童学校，协助学校教师开展日常工作；呵护残疾儿童，帮助残疾儿童重拾自信，感受生活，为他们引路护航。

生命无价，安全至上：志愿者们来到长春市农民工子弟小学，为小学的孩子们普及健康安全卫生知识。为他们的健康、安全成长献上自己的绵薄之力。

不忘前人，万古流芳：白求恩青年志愿者协会组织定期前往富锦路小学开展白求恩精神宣讲，为孩子们介绍被铭记的历史，让孩子们对诺尔曼·白求恩医生有所了解，弘扬白求恩精神。

（4）"三下乡"志愿服务

在"三下乡"活动中，白求恩青年志愿者协会曾组织志愿者先后前往吉林省白山市、河北唐县等地开展志愿服务。

追寻足迹，不断前行：在河北省唐县，志愿者们会追寻白求恩的足迹参观白求恩柯棣华纪念馆和齐家佐乡葛公村白求恩卫生学校旧址；拜访晋察冀卫生学校旧址；祭扫白求恩墓并在墓前庄严宣誓。不断追寻前人的足迹，铭记历史，砥砺前行。

爱心支教，无私奉献：志愿者在白求恩希望小学开展支教。

悬壶济世，义诊之心：在白山市大栗子镇和松原市大洼镇，志愿者们会举办健康卫生及安全知识大讲堂，为有需要的居民发放急需的药物并义诊，尽自己一份微薄的力量，为需要帮助的居民提供帮助，为世间献上一份爱心。

不忘科研，基层调查：志愿者们还会在当地开展走进基层医疗卫生调研，发放问卷数百份。了解当地的医疗卫生状况，也为我国当前的医疗卫生状况调研献上一份力。

4.精品活动简介

活动一：唐县志愿服务

活动目的：

2009年协会成立之初，在学院领导和相关部门的指导和支持下，"唐县志愿服务"成为协会开启志愿服务活动的"首战"。2009年暑期，学院先遣队伍前往唐县，实地调研当地情况，在白求恩希望小学与师生进行交流，确定志愿服务活动的具体方案，为日后的唐县志愿服务活动奠定了坚实的基础。此后，白求恩青年志愿者协会常常前往唐县进行志愿服务。

图4.1 河北唐县志愿服务活动

活动内容：白求恩希望小学进行支教；开展"一对一"帮扶活动；为居民们进行义诊，免费体检，免费发放药物，并且进行了基层医疗状况调研。

活动时间：每年暑期

活动地点：河北唐县

自2009年以来，每年暑期，白求恩青年志愿者协会的志愿者们都会来到唐县，追寻白求恩的足迹参观白求恩柯棣华纪念馆和齐家佐乡葛公村白求恩卫生学校旧址。志愿者们在这里，缅怀柯棣华同志与白求恩同志。在白求恩希望小学支教，为孩子们讲授课堂知识，也讲授课外知识，开阔孩子们的视野，为孩子们点亮一片星空，勾画美好蓝图。开展"一对一"帮扶活动，为村民进行义诊，免费体检，发放免费药物，与村民同吃同在，不搞特殊化，使得更多的志愿者们深入了解基层人民生活情况，让深处老革命基地的村民们知道祖国没有忘记历史，没有忘记他们，让他们感受到祖国的温暖。

活动二：吉大一院门诊导诊活动

活动目的：

白求恩青年志愿者协会致力于培养大学生无私奉献、服务社会的精神，在丰富大学生的课余生活的同时，促进大学生个人价值和社会价值的实现。志愿者们走进医院，既能协助医护人员完成医院服务工作，又能帮助病患缓解就医压力。

图4.2 医院门诊导诊活动

活动内容：门诊分导诊；早期接触临床活动；宁养院义工；普通病房陪护；ICU病房监控服务；肿瘤中心服务。

活动时间：每周一至周五

活动地点：吉林大学第一医院

自2009年开展活动以来，白求恩青年志愿者协会已在吉林大学第一医院、吉林大学第二医院、吉林大学中日联谊医院分别累计开展了23期、11期以及8期志愿活动。活动受到了包括央视新闻联播在内的多家国内、省内媒体报道，也获得了受众的广泛好评。

志愿者们忙碌的身影来来回回地穿梭在医院的各个地方。他们穿梭于医院走廊，为患者寻找科室、打印化验单；他们在门诊陪伴在患者身旁，等待着医生的诊断；他们在肿瘤中心，为病人讲解着如何正确营养饮食；他们在宁养院里宽慰着重病患者，又或是为癌症晚期患者递上一杯水，送上一盒药，递上一份关心；他们在普通住院病房中，为病人们提供力所能及的帮助；在ICU病房外，陪伴着病人家属度过难熬的时间。

活动三：特殊儿童学校志愿服务

活动目的：

为了帮助特殊儿童健康成长，志愿者们来到了特殊儿童学校，为孩子们带来一片新的蓝天。

活动内容：残疾儿童课业辅导；自闭症儿童关怀；脑瘫儿童关爱。

活动时间：每周一至周五

活动地点：长春市新智特殊儿童学校

每周，志愿者们来到特殊儿童学校。与这群特殊的孩子们交流，辅导他们功课，和他们说话，为他们唱歌，给他们讲故事。孩子们总是吵吵闹闹地围在志愿者们的身边，也许他们和常人不同，无法与外界顺利地交流，也因此被许多人视为异类，但从他们的眼神中能看出他们是有多么渴望与人交流，与其他小朋友一起玩耍。他们除了天真，更多了一份成熟与敏感，他们小心翼翼地交谈着，笑着闹着，围绕着大哥哥大姐姐们做游戏或是讲故事。孩子们总是善良而纯真的。他们的笑脸像是太阳，在志愿者们的心头照耀着，带着暖意。

活动四：明德路小学校外辅导员活动

活动目的：

白求恩青年志愿者协会与长春市明德路小学建立了志愿合作关系，定期派志愿者作为校外辅导员为孩子们传授知识，为孩子们提供了一个更好的学习和成长环境。孩子们渴望着课本上学不到的知识，也期待着哥哥姐姐们的一堂堂别开生面的课。

活动内容：为明德路小学的小学生们上课。

活动地点：明德路小学

志愿者们定期来到明德路小学，为孩子们带来不一样的第二课堂。孩子们已经对志愿者们非常熟悉，他们抱着志愿者哥哥姐姐们，甜甜地叫着"哥哥姐姐"充分表达着对志愿者们的喜欢与接纳。但在上课时，他们一样会积极回答志愿者们的提问，活跃着课堂气氛，努力学习着知识。

表4.1　志愿活动汇总（1）

活动主题	活动时间	活动地点	累计参加人数	活动主要内容
"寻根之旅"唐县志愿服务	2009年至今	河北唐县	200	参观柯棣华纪念馆，祭扫白求恩墓，白求恩希望小学支教、义诊，为村民免费体检、发放药物，开展走进基层医疗卫生调研，"一对一"帮扶
吉林大学第一医院志愿者服务	2010年至今	吉林大学第一医院	460	门诊分导诊、早期接触临床活动、宁养院义工、普通病房陪护活动，ICU病房监控服务，肿瘤中心服务
吉林大学第二医院志愿者服务	2011年至今	吉林大学第二医院	220	分诊、导诊、肿瘤中心调查员、ICU病房监护、志愿服务进病房
吉林大学中日联谊医院志愿服务	2011年至今	吉林大学中日联谊医院	160	分诊、导诊、肿瘤中心调查员、ICU病房监护、志愿服务进病房
省残疾人康复中心德育教育志愿服务	2011年至今	省残疾人联合会	140	帮助残疾人
残疾儿童辅导	2011年至今	特殊儿童学校	140	辅导残疾孩子课业
社区残障青年"一对一"帮扶	2011年至今	各社区	140	为残疾青年提供帮助
关爱空巢老人	2012年至今	各社区	120	关爱空巢老人，为老人提供帮助

获奖记录

2010—2011年：吉林大学暑期文化科技卫生"三下乡"社会实践优秀组织工作奖；吉林大学暑期文化科技卫生"三下乡"社会实践优秀团队；吉林省大中专学生志愿者暑期"三下乡"社会实践活动校村服务计划优秀团队；第五届吉林大学志愿服务工作优秀组织单位；第五届吉林大学杰出志愿服务团队；吉林大学"优秀社团"。

2011—2012年：吉林大学暑期文化科技卫生"三下乡"社会实践活动暨"百基千队服务万村行动"评比获"先进基层组织单位"、优秀团队、校村"五员计划"优秀团队荣誉称号；吉林大学白求恩第一医院"优秀白求恩志愿者"表彰会优秀组织奖；吉林省"三下乡"社会实践优秀团队。

2012—2013年：吉林大学暑期文化科技卫生"三下乡"社会实践优秀团队二等奖；吉林省高校校园文化建设优秀成果评选二等奖；吉林省"三下乡"社会实践优秀团队；吉林省优秀志愿服务组织标兵。

2013—2014年：吉林大学优秀社团；吉林大学暑期文化科技卫生"三下乡"社会实践优秀团队。

2014—2015年：吉林大学标兵社团。

2015—2016年：吉林大学十佳志愿服务组织；中国青年网"镜头中的三下乡"好团队奖。

2017-12-5：吉林省生命关怀协会2016—2017年度优秀志愿服务组织

2017-10-27：吉林大学暑期文化科技卫生"三下乡"社会实践优秀团队一等奖

2017-11-21："立邦为爱上色"中国大学生农村支教奖全国铜奖

2017-4-3：吉林大学十佳志愿服务组织

2017-11-27：长春市优秀志愿服务组织

二、吉林大学护理学院天使志愿者协会

1.协会简介

天使志愿者协会2010年成立，协会自创立至今，八度春秋，现已有成员820余名，志愿者成员以护理学院为主、其他学院为辅，以护理学院团委为中心，下设秘书部、活动部、宣传部、外联部、培训部及艺术团六个部门，各部门职能明确、彼此联系，共同将天使志愿者协会打造成为一个集志愿、服务、教育为一体的"爱心护理天下"的志愿者协会。

2.组织理念

作为一个先进的志愿者社团，天使志愿者协会始终秉承着"天使心，心怀公益社团"的信念，为特殊儿童、孤寡老人以及贫困中小学生等开展以"健康帮扶、健康教育"为主题的志愿服务活动，书写了无数大爱无疆的篇章。

图4.3　天使志愿者协会

3.业务范围

以"思想道德教育活动"和"志愿服务实践活动"为主线打造了一系列品牌活动。

（1）思想道德教育活动

传承天使使命，弘扬白求恩精神：每年举办"南丁格尔像前宣誓"，参观校史馆、新民校区古建筑，开展院情院史教育，让学生们感受到了学院的文化氛围和历史积淀。

开展志愿教育，谱写奉献新篇：为号召更多学生加入志愿服务行列，培养学生的社会责任心，学院开展不同类型的志愿者教育活动，通过志愿者的经验交流、心得传播来感染更多青年力量加入志愿服务的队伍中去。

培训专业技能，诠释医者仁心：开展志愿服务系列培训，指导志愿者如何撰写社会实践报告，为志愿服务提供理论基础；邀请专业教师为志愿者做测量血压等志愿服务技能培训，为志愿服务提供实践保障。

（2）志愿服务活动

尽绵薄之力，助弱势群体：开展募捐、中国结义卖、走寝宣传等多种形式的系列活动1000余次，参与志愿者5000余人次，捐募衣物270余件以及生活用品不计，为社会弱势群体汲取社会各界的关爱，并获得较强的社会反响。

心系夕阳，关爱鳏寡孤独：志愿者们通过开展乐行乐善的公益活动，向老人们发放传单和鲜花，从小事起传播弘扬中华民族尊老敬老的传统美德。此外，协会200余名志愿者分5批先后走进长春市福利院、社区等机构，开展"情暖夕阳，爱洒心田"关爱老人系列活动。在专业教师带领下，志愿者运用医学技能对老人进行健康检查及身体护理，并全面解答工作人员疑惑，为老人建立更全面、优质的服务。

真诚以待，温暖特殊儿童：为了能够进一步帮助这群特殊的孩子，帮助自闭症儿童家人减轻负担，协会开展了"星光"特教、南湖"天使之家"、周末陪访志愿活动。协会多次开设心理病症讲座，定期安排专业教师从医学角度对星光特教中心教师和工作人员进行急救知识培训，使他们能在日常生活中更好地解决孩子们的突发状况，将危害降至最低。

健康你我，关爱他人：为了培养学生"服务社会，温暖他人"的品质，提高学生健康意识，协会组织76名志愿者先后参加了由中国青年报、中国高校传媒联盟主办的"全国大学生迷你马拉松公益挑战"活动。随后又与17所高校共同参与了"缘起益爱，语爱同行"徒步走活动。举办"天使在左，预防在右"健康讲座，培训人数达到600余人次。增强了学生的健康意识，逐步建立预防为主、关注健康的良好风气，集众人之力构建和谐健康校园氛围。

倾情相伴，温暖相陪：为了培养志愿者们的爱心和服务社会、关爱社会的理念，协会与长春市儿童福利院共同开展"倾情相伴，温暖相陪"——天使志愿者协会走进长春市儿童福利院志愿活动。多年来，协会共组织百余名志愿者与福利院儿童做游戏、打羽毛球等，并帮助老师照顾一些脑瘫、生活不能自理的孩子。通过开展此次志愿活动，传递爱心与温暖，让志愿者感受到自己的责任，让孩子们能够健康快乐地成长。

图4.4　南湖天使之家活动

4.精品活动简介

活动一：南湖天使之家

活动目的：

天使之家是由政府专门为社会上被遗弃孩子成立的福利院，孩子几个月到十多岁大小不等。他们存在着各种各样的先天性疾病，有些孩子甚至无法自理生活。为了减轻福利院的照护负担，使孩子们接受到专业的康复训练，尽可能获得康复，并让更多志愿者加入志愿服务行列，天使志愿者协会组织开展了系列活动。

图4.5　志愿者陪孩子做恢复性训练

活动内容：协助工作人员开展日常工作、带孩子们开展文体活动、带孩子做恢复性训练

活动地点：长春市南湖天使之家

志愿者需经过培训和选拔才有资格参加本次志愿活动。志愿者协助保育员开展日常工作，陪孩子们进行文体娱乐活动。同时更多的是帮助孩子们进行恢复性训练，包含打气球、做手工等，让孩子们对生活更有信心。

活动二："以梦为马与爱同行"周末陪访系列活动

活动目的：

为了能够进一步帮助自闭症孩子，切实感受照顾自闭症儿童的辛苦，帮助自闭症儿童家人减轻负担，天使志愿者协会应孩子家长要求，开设了周末陪访活动。

活动内容：

志愿者们陪孩子听歌、唱歌、看书、弹琴、跑步、做游戏

活动时间：2016-10-20至2016-12-08每周六

活动地点：长春市电台街

陪访孩子名叫丹丹，2016年11月以来，协会每周六派两名志愿者前往丹丹家陪丹丹玩耍并进行恢复训练。近两个月的陪伴，丹丹从最开始的默不作声到慢慢对志愿者说好，再到愿意对志愿者笑，给志愿者唱歌，拉着志愿者的手教志愿者弹钢琴，还会给志愿者一个拥抱……太多太多，都让志愿者深受感动。尽管照顾自闭症儿童整整一天非常辛苦，可是看到丹丹的阳光单纯，看到丹丹妈妈为丹丹付出的努力，志愿者们的心是温暖的，这将会是孩子和志愿者们人生中一段不可磨灭的回忆。

在每周的陪访中，志愿者们始终怀揣爱心，用耐心和坚持为丹丹小小的心墙开启一扇通往外部世界的窗，让丹丹能够感受到来自大家的关爱，逐步融入社会。

活动三：公益讲座

活动目的：

2016年11月，李蕊老师及其团队申请的国家公益讲座——"如何提高自闭症儿

童的社会性"在长春市净月先锋会馆举办，目的是为了让家长更深入地学习如何引导自闭症儿童融入社会。为了保证讲座的顺利举行，协会派出部分志愿者做现场协助工作。

活动内容：布置会场；签到并负责引领家长到指定座位

活动地点：长春市净月先锋会馆

讲座开始前，志愿者协助布置会场，随后负责签到并引领家长到指定座位。讲座开始后，志愿者在外面给一些迟来的家长安排位置。中午十一点半，上半场讲座结束，志愿者返校。

志愿者了解到有的家长专程坐火车赶来听讲，老师们也从北京赶来开启长春第一站的讲演。在活动中，志愿者们感触很深，他们更加坚定了积极参与公益性的活动的信念。

活动四："心意心想送，旧衣暖寒冬"衣物捐赠活动

活动目的：

当我们每年都在为怎么处理旧衣物而烦恼时，可曾想到贫困社区的人们，要靠仅有的一两件衣服走过春夏，挨过秋冬。当我们面对家里琳琅满目的鞋子时，可曾想到贫困社区的孩子们，脚上的鞋早已磨破，顶着刺骨的寒风，踏着冰冷的积雪，走向学校。冬季将至，无疑将使得山区在漫长冬季里物资更加贫乏，老百姓生活更加困难。为此，天使志愿者协会开展了"心意心相送，旧衣暖寒冬"公益捐赠活动。

活动内容：前期宣传——分别在线上线下做好宣传工作，联系志愿者团队，并告知捐衣者衣物要求；组织工作人员进行场地布置，组织志愿者走寝收衣；与相关工作人员一起，将衣服送给长春市周边的贫困社区，并将一些无法再穿的衣物二次利用做成小垫送给公交车司机。

活动地点：吉林大学中心校区北苑二公寓、文苑三公寓以及新民七公寓

活动当天，志愿者们分为两地四队同时进行活动，在经过三个小时的辛苦收衣后，共收旧衣物140件。而后又经过挑选、消毒，将一些可以继续穿的衣服送给长春市周边的社区贫困户，而那些不能够穿的，经过二次加工后做成小垫，送到公交公司，放在公交车上。

也许我们没有很高的收入，也许我们没有多余的存款，也许我们捐不起一座希望小学，但我们可以把不需要的旧衣物、棉被和不需要的文具，捐给那些需要它们的人，献出我们的爱心。寒冬虽冷，但我们的心是温暖的。

活动五：星光教具

活动目的：

为方便老师教学，为自闭症儿童的恢复贡献自己的一分力量，我院天使志愿者协会应长春市特殊儿童养护中心的邀请，于护理学院第五教室开展了制作星光教具

的活动。

活动内容：召集志愿者按照老师的要求制作教具

活动地点：护理学院

活动形式非常简单，按照星光教师给出的要求和规则，每位志愿者都仔细认真地做着自己的手工。教具制作非常简单，但对于孩子们和老师们来说，却是日常学习中必不可少的一个重要组成部分。经过两个小时的共同努力，志愿者们做出了一份份近乎完美的教具，这让每一位志愿者都深感欣慰。

或许志愿者们无法经常陪在孩子们身边，或许志愿者们没有经过专业的培训，或许志愿者们能力有限，但是志愿者们会尽最大的努力为孩子们的成长和进步贡献一分力量，让自己的身心也从中深受鼓舞。

活动六："给我一个拥抱，走进你的世界"星光乒乓球班

活动目的：

打开一扇窗，留下一颗糖，诗一行，笑一行。吉林大学护理学院天使志愿者协会组织志愿者走进了长春市星光自闭症儿童学校，陪自闭症儿童打乒乓球，通过与他们进行体育活动让学校学生获得来自社会的温暖。通过与自闭症儿童的体育活动教学，更多地了解他们，用行动温暖他们。

活动内容：对自闭症儿童学校的小同学们进行乒乓球教学与训练

活动地点：长春市星光特教中心

自闭症儿童不善言辞，比同龄人更加沉默，志愿者们采取这样的方式给这些自闭症儿童带来了欢乐。志愿者们三两成群，每周末都会轮流如约前往星光特教，孩子们在志愿者的引导下跟着打球、帮忙捡球，活动现场的氛围明显活跃了很多。除此之外，志愿者还协助老师训练孩子们的基本自理能力，训练内容有：晒衣服、摆教具、穿衣服、打扫卫生等。这是一个长期活动，我们见证了一批又一批孩子从口齿不清到能慢慢说出英语单词，"星光"不仅仅是一项志愿活动，更是孩子和志愿者们人生中一段不可磨灭的回忆。

在"有你关爱，我不孤单"之走进星光特殊儿童教育中心活动中，我院协会的志愿者们通过联系社会媒体，引起广泛关注及跟踪报道为特殊儿童赢得更多来自社会的爱心，进一步改善其教育、生活环境。通过给予专业化的医疗援助，进一步完善教育学校的医疗软实力，为特殊儿童的健康成长提供保障，始终秉承"不排斥、不歧视、不放弃"的原则，为他们小小的心墙开启一扇通往外部世界的窗，也希望这些孩子们能够感受到来自大家的关爱，逐步融入社会。

活动七："大手牵小手，温暖一片天"儿童福利院活动

活动目的：

长春市儿童福利院是一所政府专门为社会上那些被遗弃孩子成立的福利院，大到十多岁小到几个月的都有，他们存在着各种各样的先天性疾病，好多孩子的生活

都无法自理，很多时候都要依靠保育员。为了增强同学们的社会责任心，调动同学们的积极性，了解并且帮助被遗弃的孩子们，天使志愿者协会组织了这期活动。

活动内容：帮助儿童福利院的老师照顾一些孩子，给年幼的孩子配奶喂奶，陪孩子们做游戏，给孩子们放一些爱国主义的动画片等。

活动地点：长春市儿童福利院

弘扬"奉献、友爱、互助、进步"的志愿者精神，培养志愿者们的爱心和服务社会、关爱社会的理念。护理学院天使志愿者协会与长春市儿童福利院共同开展了"给我一个拥抱，走进你的世界"系列活动，希望能够通过活动带给那些孤独的孩子温暖与关爱。

儿童福利院主要收养无人抚养的孤儿、弃婴和残疾儿童。他们中的很多人从记事起就一直生活在福利院，从未感受过来自父母亲人的爱。希望能够通过此次活动的开展，让孩子的内心不再孤独，让孩子们感受到来自社会的关爱，让他们能够健康快乐地成长。

表4.2　志愿活动汇总（2）

活动主题	活动时间	活动地点	累计参加人数	活动主要内容
"有你关爱，我不孤单"走进星光孤独症儿童系列活动——乒乓球训练	2014-11至今	长春市星光特殊儿童养护中心	每周2～3人	为自闭症儿童上乒乓球课
"献爱心，社区行"走进永昌社区	2014-11	长春市朝阳区医院	14	接受培训，帮助医院录入执业医师考试的参考人员信息
走进福利院	2014-11	长春市福利院	31	陪老人聊天下棋等
走进福利院	2014-12	长春市福利院	10	给老人们测量血压、修剪指甲、健康宣教、饮食指导
"要爱，不要雾霾"千人快闪公益活动	2014-12	长春市重庆路爱丽丝珠宝店门前	70	用快闪的行动呼吁社会坚决抵制雾霾
助残走访	2015-3至今	残友家	4人／组	残友慰问，并由总会提供适当的物资支持
读书计划走访	2015-3-5	儿童走访	4人／组	给小朋友带去了从心语总会阅读空间借阅的书籍，和小朋友一起读书
"有你关爱，我不孤单"走进星光孤独症儿童系列活动——孤独症宣传	2015-3	绿园大厦	10	为自闭症儿童做宣传，呼吁社会关爱自闭症儿童
真情故事大赛	2015-4-1	总会	25	收集志愿者海报作品到总会进行初赛和决赛

活动主题	活动时间	活动地点	累计参加人数	活动主要内容
"灯塔之行"旧物募捐活动	2015-4	南区李四光楼，北苑，新民寝室	20	收集捐赠衣物，整理好交给吉大勤工后运到新疆
残友相亲会	2015-4-19	会展中心	8	负责搀扶行动不便的残友进入会场
五四徒步走	2015-5-4	净月伊通河	15	净月徒步活动
"暖于心，践于行"大型公益赛跑	2015-5-17	南湖小学，南湖公园	60	为大型志愿活动服务；公益赛跑
"情暖夕阳，爱洒心田"走进福利院	2015-3-5	长春市福利院	50	文艺汇演，捐赠生活用品
素质拓展暨志愿者经验分享会	2015-5-24	南湖公园	53	"绿色生活，文明风尚"为主题的素质拓展
"学习助成长，天使在行动"美丽中国项目之明信片义卖	2015-5-27	新民校区第七公寓、中心校区北苑一公寓、二公寓	8	明信片义卖，并且给山区孩子邮寄明信片
"健康社区行，白衣显真情"——走进光机社区	2015-6-6	长春市光机社区	35	宣传健康知识，给社区居民做基本体检
根与翼走访	2015-9至今	小朋友家	4人/组	了解小朋友学习情况，并根据小朋友学习进步情况给予奖学金资助
残友相亲会	2015-10-26	会展中心	8	为残疾人提供相亲平台，并在现场提供志愿服务
新老见面会暨纳新大会	2015-10-28	新民校区第二教学楼	80	加强管理层同志愿者之间的关系，并且进行纳新
"梦在心中，路在脚下"迷你马拉松	2015-11-7	体育场	76	公益赛跑
"心意心想送，旧衣暖寒冬"衣物捐赠活动	2015-11	中心校区、新民校区、南湖校区寝室楼	100	为白山矿区捐冬衣
"班助一"签字仪式	2015-11-29	中心校区经信教学楼	60	邀请爱心班级为小朋友提供一定的生活补助费，并邀请小朋友和家长参加
放下手机，享受生活海报大赛	2015-12	总会	21	海报大赛，将志愿者的海报拿到总会进行评选
海洋馆主题活动	2015-12-7	海洋馆	46	带领小朋友和家长参观海洋馆
南湖天使之家	2016-9至今	长春市南湖天使之家	4人/组	协助工作人员开展日常工作，关怀孤儿

81

续表

活动主题	活动时间	活动地点	累计参加人数	活动主要内容
"以梦为马以爱同行"周末陪访	2016-10—2016-12	陪访孩子家	2人/组	陪孩子玩耍并进行恢复性训练
公益免费讲座志愿者活动	2016-11-12	长春市净月先锋会馆	6	布置会场、签到并负责引领家长到指定座位
"心意心想送，旧衣暖寒冬"衣物捐赠活动	2016-11	中心校区北苑二公寓、文苑三公寓以及新民校区第七公寓	100	为长春市周边的贫困户捐衣
"给我一个拥抱，走进你的世界"星光乒乓球班	2017-3—2017-7，2017-9—2017-12	长春市星光特教中心	每周4人	进行乒乓球教学与练习
"倾情相伴，温暖相陪""蓝马甲"——吉大一院导诊活动	2017-3—2017-5	吉林大学白求恩第一医院	100	为吉大一院患者导诊
"心意心想送，旧衣暖寒冬"衣物捐赠活动	2017-4-15，2017-4-20	吉林大学中心校区北苑二公寓、文苑三公寓以及新民七公寓	100	为长春市周边的贫困户捐衣
"大手牵小手，温暖一片天"儿童福利院活动	2017-9—2017-12	长春市儿童福利院	4人/组	帮助老师照顾孩子，陪孩子们做游戏等
"共圆中国梦"之走进星光特教——文化驿站活动	2017-10-14—2017-10-28	长春市星光特教中心	45	提升整个社会对弱势群体的关注度
"以梦为马，以爱同行"周末陪访	2017-10—2017-12	陪访孩子家	2人/组	陪孩子玩耍并进行恢复性训练
"地球纸望你"快递盒回收活动	2017-11-15	吉林大学新民校区学生一公寓、学生六公寓	10	保护环境和节约能源
"给我一个拥抱，走进你的世界"星光乒乓球班	2018-3—2018-7，2018-9至今	长春市星光特教中心	每周4人	进行乒乓球教学与练习
"倾情相伴，温暖相陪""蓝马甲"——吉大一院导诊活动	2018-3—2018-5	吉林大学白求恩第一医院	100	为吉大一院患者导诊

活动主题	活动时间	活动地点	累计参加人数	活动主要内容
"心意心想送，旧衣暖寒冬"衣物捐赠活动	2018-4-15，2018-4-20	吉林大学北苑二公寓、文苑三公寓以及新民七公寓	100	为长春市周边的贫困户捐衣
世界红十字日活动	2018-5-6	欧亚卖场	30	宣传红十字事迹，传播红十字精神
"生命之约·大爱传递"	2018-8至今	吉大一院	70	普及器官捐献知识，传播器官捐献概念
"大手牵小手，温暖一片天"儿童福利院活动	2018-9至今	长春市儿童福利院	4人/组	帮助老师照顾孩子，陪孩子们做游戏等
"共圆中国梦"之走进星光特教——文化驿站活动	2018-10-14至今	长春市星光特教中心	45	提升整个社会对弱势群体的关注度
"以梦为马，以爱同行"周末陪访	2018-10至今	陪访孩子家	2人/组	陪孩子玩耍并进行恢复性训练

获奖记录

2013—2014年：吉林大学"优秀社团"；护理学院"标兵社团"；护理学院"我的梦中国梦"团日活动优秀奖

2014—2015年：星光特殊儿童养护中心的"壹基金"感谢信；吉林大学"精品社团"；护理学院"优秀社团"；新民心语海报大赛二等奖

2015—2016年：朝阳区红十字会大型公益活动"优秀公益社团"奖；星光特殊儿童养护中心的壹基金感谢信；吉林大学新民校区"优秀志愿者协会"；护理学院"优秀社团"；长春市"十佳最美巾帼志愿服务队"

2016—2017年：长春市"十佳最美巾帼志愿服务队"；南湖"天使之家"的感谢信；吉林大学"十佳志愿服务组织"；吉林大学"优秀志愿服务项目"（奖金3000元）

2017-10："创意改变生活，公益温暖人生"大学生公益短片创意大赛一等奖

2017-11：吉林大学新民校区社团联合会"志愿之星社团"

2017—2018年"512建设表彰答辩"优秀社团

三、吉林大学公共卫生学院学生红十字会

1.协会简介

吉林大学学生红十字会原名吉林大学白求恩学生红十字会，创建于2002年，现隶属于吉林大学公共卫生学院，是吉林大学新民校区创建最悠久的社团之一，同时是吉林大学新民校区最大的学生社团，在其他校区设有分部，是具有医学特色的公益

类社团。吉林大学学生红十字会曾有幸邀请到我校常务副校长李玉林作为指导教师。红十字志愿者一百八十余人，致力于参加各种活动，为发扬红十字事业做出贡献。

2.组织理念

吉林大学学生红十字会下设五个部门：负责社团财务收入、支出以及审计的财务部；负责协会各类资料的收集、整理、备案、制作及保存工作的秘书部；负责活动宣传、准备材料的宣传部；负责活动前期准备、中期把控、后期完善的活动部；负责监督管理、协作其他部门以及例会和活动出勤情况的管理部。

3.业务范围

公益志愿服务：长春市中心血站献血活动；献爱心走进西康路社区活动。

敬老爱幼志愿服务：长春市社会福利院献爱心活动；走进同心老人院活动；献爱心进社区活动；走进孤儿院活动。

疾病预防志愿服务：2005年预防结核病系列活动；2005年艾滋病宣传讲座系列活动。

医学专业志愿服务：纪念白求恩逝世周年之红烛宣誓；血压测量培训活动；纪念国际红十字日活动。

4.精品活动简介

活动一：预防艾滋病大型活动

活动目的：为使广大在校师生进一步了解了一些日常医学知识，吉林大学学生红十字会承办了"预防艾滋病"大型活动，取得了预期宣传效果，引起了社会的广泛关注。

活动时间：2015—2017年

活动地点：吉林大学前卫南区

图4.6　艾滋病预防大讲堂

该会本着"普及医学知识，关心人类健康，发展红十字事业，弘扬白求恩精神"的宗旨，开展内容涉及营养保健，疾病预防的发生、发展以及临床护理等多方面的知识。做到真正广泛服务于吉大师生和社会不同年龄的人民，深刻体现了红十字人博爱、人道、奉献的红十字精神。

活动二：预防结核病大型活动

活动目的：为加强大学生对结核病的认识程度，降低大学生结核病的发病率，红十字会连续两年承办了预防结核病大型宣传活动。

活动地点：吉林大学中心校区。

宣讲活动取得了圆满成功，通过本次活动，吉大师生更加了解了结核病的发展及来由，使得大家对预防结核病有了更为深刻的认识。

图4.7 预防结核病活动

表4.3 志愿活动汇总（3）

活动主题	活动时间	活动地点	累计参加人数	活动主要内容
长春市社会福利献爱心活动	2005年至今	长春市社会福利院	140	陪老人谈心，陪孩子们玩耍
走进同心老人院	2006年至今	同心老人院	225	看望老人院老人
献爱心进社区	2008-6至今	社区	137	慰问社区孤寡老人
走进孤儿院活动	2010-4至今	孤儿院	203	陪孩子玩耍，给他们送去学习用具
预防结核病系列活动	2005-9至今	吉林大学中心校区	162	宣传预防结核病
艾滋病宣传讲座系列活动	2005-10 2016-3 2017-11	吉林大学中心校区	411	宣传艾滋病相关问题及预防措施

续表

活动主题	活动时间	活动地点	累计参加人数	活动主要内容
纪念白求恩之红烛宣誓	2013年至今	吉林大学中心校区	230	纪念白求恩逝世周年
血压测量培训	2018-5	吉林大学中心校区	67	培训并使大家学会血压的测量方法和血压计的使用方法
世界艾滋病日烛光日活动	2018-5	吉林大学中心校区	230	宣传艾滋病正确防治常识
"禁毒防艾心手牵，健康中国志高远"青少年禁毒防艾项目	2018-8	东北师范大学附属中学明珠校区	65	教给中学生"禁毒防艾"基础常识

获奖记录

2002—2003年："十佳标兵社团"

2003—2004年："十佳标兵社团"

2004—2005年："十佳标兵社团"

2005—2006年："十佳标兵社团"

2006—2007年："十佳标兵社团"；吉林省红十字会授予"优秀艾滋病宣传组织"及"学生标兵社团"

2007—2008年："十佳标兵社团""吉林大学十佳志愿服务团体"

2008—2009年："十佳标兵社团""吉林大学十佳志愿服务团体"

2009—2010年："十佳标兵社团"

2016—2017年：吉林大学公共卫生学院"最佳社团"

2017—2018年：吉林大学"五星社团"

多次获得"长春市宣传艾滋病优秀组织""吉林大学标兵社团""吉林大学优秀社团"等荣誉称号。

四、吉林大学药学院团委组织部

1.组织简介

吉林大学药学院成立于2000年，同年成立药学院团委组织部。2014年以来，在学院团委负责人宋原蕾老师的带领下，形成了以志愿服务为中心，以推进服务对象幸福感提升为目标的志愿服务体系，在近年的志愿活动中，获得了老师和服务单位的高度评价，也获得了同学们的积极配合。充分展现了"毫不利己，专门利人"的白求恩精神和积极向上的生命力。时至今日，累计参加活动的志愿者400余人，总计志愿服务时长约1600小时，并与多家社会机构保持着合作关系，为社会的发展做出了我们应有的努力。

2.组织理念

药学院团委组织部以白求恩精神为核心，本着"发扬白求恩精神，创建优秀医学人才"的目标，在药学院团委的领导下，开展了一系列以奉献为宗旨，以白求恩精神为指引的志愿服务活动。以此鼓励学生们走向社会，奉献自己，充分将自己的专业知识与志愿活动相结合，在实践中不断感受、学习和践行白医精神。在志愿活动方面，我们将以提升受助者幸福感为目标，不断加强内部管理和自我学习。同时也与其他志愿团体保持着良好的关系，在交流和合作的过程相互学习，不断提升。

3.业务范围

药学院团委组织部一直将药学知识与志愿活动相结合，以关爱聋哑儿童以及关怀耄耋老人为活动核心，努力打造有特色、有实效的志愿活动。另一方面又与多家社会机构建立了长期合作关系，通过实践提升经验，另一方面紧跟时代楷模的步伐，通过不断学习来提升队伍的整体素质，并努力以此来激发更多学生的志愿服务热情。

4.精品活动简介

活动一：关爱聋儿儿童

活动目的：

走进学校、关爱聋儿，为聋儿学校的日常管理献上志愿者的绵薄之力。希望在志愿者精神的号召下，越来越多的人参与到关怀弱势群体这一活动中来，使得星星之火终能得以燎原。

图4.8　关爱聋儿活动

活动内容：在学校进行的志愿服务主要为打扫卫生、清洗玩具以及陪孩子们上课等。

活动时间：2016年至今

活动地点：吉林省聋儿康复学校

活动二：宁养院志愿服务

活动目的：为拓展服务范围，志愿者走进宁养院关爱老人，对更多需要帮助的人伸出双手。随着经验的积累，志愿者将进一步完善自我，进一步开拓进取，努力融合白医精神和黄大年精神，为社会做出更多的贡献。

图4.9　宁养院志愿活动

活动内容：在宁养院负责人热情的欢迎和指导下，向路边的行人推广和介绍宁养院，向路人耐心地讲解并呼吁他们共同参与到志愿活动中来。

活动时间：2017年9月至今

活动地点：净月潭宁养院

在开始志愿活动的数年间，我们的管理、活动都不断走向成熟，各类活动不断趋近于标准化、常态化和规模化，随着经验的积累，志愿者将进一步完善自我，进一步开拓进取，努力融合白医精神和黄大年精神，为社会做出更多的贡献。

图4.10　志愿者与宁养院老人活动现场

表4.4 志愿活动汇总（4）

活动主题	活动时间	活动地点	累计参加人数	活动主要内容
关爱聋儿活动	2016年至今	吉林省聋儿康复学校	160	在康复学校进行关爱聋儿活动。主要活动内容为打扫卫生、清洗玩具以及陪孩子们上课等
宁养院志愿活动	2017年至今	净月潭宁养院	39	文艺表演、向路边的行人推广和介绍宁养院，向路人耐心地讲解并呼吁他们共同参与到志愿活动中来

获奖记录

2017—2018年：吉林大学十佳志愿服务组织；吉林大学十佳志愿服务活动。

五、白求恩口腔医学院青年志愿者协会

1.协会简介

白求恩口腔青年志愿者协会是在吉林大学团委及吉林大学口腔医学院团委的指导下成立的公益服务类学生组织，成立于2011年8月15日，前体为口腔医学院暖心志愿者协会。自成立之日起，在校团委、院团委的正确领导下，协会充分发扬志愿服务精神，积极配合校团委、院团委和口腔医学院其他学生组织开展工作，表现出了蓬勃向上的强大生命力。曾多次获得吉林大学团委、白求恩医学部的表彰。在志愿服务旗帜的引领下，口腔医学院全体学生均加入协会并积极参与各类志愿服务活动。

图4.11 白求恩口腔青年志愿者

2.组织理念

白求恩口腔青年志愿者协会以志愿者为依托，以志愿服务为主要内容，以"奉献、友爱、互动、进步"为服务宗旨，积极发挥医学专业优势，通过口腔医学院青年志愿者为他人、为社会提供服务与帮助。白求恩口腔青年志愿者协会注重"立足医学领域，服务社会大众"，以"尽己所能，奉献爱心，真诚付出，不求回报"的

宗旨要求管理内部人员，积极组织参与各种志愿者活动，对外交流频繁，时常与其他社团组织合作举办大型活动，并与吉林大学口腔医院保持联系合作，建立了良好的关系。

3.业务范围

白求恩口腔青年志愿者一直以"发挥口腔医学生特点"为协会发展策略，以"创建爱心服务平台"作为协会组织目标，致力于举办具有"真志愿、真服务、真有用"三真特色的志愿服务活动。近年来正着力打造精品活动，创建常规志愿服务基地，力争举办具有品牌效应的特色活动，并以此带动全学院乃至多学院志愿者的服务热情。

4.精品活动简介

六年来，白求恩口腔青年志愿者协会从初露头角逐渐走向成熟，各类志愿服务活动常态化、规范化开展，不断发展壮大，志愿者们不断完善自我，开拓创新，为服务社会大众孜孜不倦地奋斗着。

活动一：9·20爱牙日活动

活动目的：

为拉近医患双方的关系，宣传了口腔健康知识，方便了群众接受口腔问题的诊治，开展9·20爱牙日活动。

活动内容：对患者的口腔问题进行解答，免费为大家进行口腔检查。

活动时间：每年9年20日

活动地点：口腔医院

此次活动中，志愿者们了解到大多数家长对孩子的口腔卫生保健都较为关注，但是苦于对保健知识了解较少，志愿者们纷纷表示在今后的日子里，将用专业知识和无尽的热情，向社会各界宣传口腔保健的知识，真正达到消除口腔疾病，还我健康牙齿的目的。

活动二：幼儿园涂氟活动

活动目的：为关爱儿童牙齿健康，宣传口腔健康知识，志愿者来到吉林大学附属第一幼儿园。

活动内容：志愿者们来到幼儿园为小朋友们进行义务涂氟活动。

活动时间：2015年4月

活动地点：吉林大学附属第一幼儿园

活动中，志愿者们充分体会到为他人服务的快乐，也更加深刻地认识到掌握扎实的专业知识将有益于社会、有益于人民。

表4.5　志愿活动汇总（5）

活动主题	活动时间	活动地点	累计参加人数	活动主要内容
暑期"三下乡"社会实践	2008年	乡村	20	支教、义诊
关爱牙齿，从娃娃抓起	2010年至今	小学	20	向社会各界宣传口腔保健的知识
服务群众，奉献社会	2011-5	社区	25	在专业教师的指导下，为群众进行口腔基本检查等基本医疗卫生服务；通过问卷调查和示范宣教等方式开展口腔常见病防治宣传、口腔健康知识普及等服务活动；为群众提供科学合理的口腔护理保健、口腔诊治咨询
健康口腔，成长同行——六一公益活动	2011-6-1	口腔医院	30	许多家长带领子女前往口腔医院进行检查，医务人员及志愿者们热情服务前来参加义诊的儿童
暑期"三下乡"社会实践	2011-8	村镇	37	回顾历史，缅怀先烈；走访村民，心系你我他；口腔宣教、义诊咨询，健康每一家
暖心关爱活动	2011-10-30	社会福利院	27	文艺演出，分发水果
"志愿服务献真情·我为团旗添光彩"	2012-4-20	南岭小学	34	向南岭小学学生传播口腔专业知识
暑期"三下乡"社会实践	2012-8	社区	31	通过社会实践和志愿服务服务基层群众
关爱孩子，从牙齿开始——9·20爱牙日公益活动	2012-9——2017-9	校园	28	深入校园，宣传口腔保健知识
关爱的哥的姐，共享口腔健康——9·20爱牙日公益活动	2012-9-22	街道	28	"阿福送喜"送红包；为出租车司机免费口腔检查
投送爱心邮件温情溢满卡片——"爱心邮箱"活动	2012-11-1	校园	17	设立"爱心邮箱"
爱心播撒温暖，奉献点亮青春——探望吉大一院住院患儿	2012-11-17	吉大一院	8	关注一院患病孩子们的治疗和成长
"感悟十八大青春正能量"——寒假社会实践活动	2013年寒假	校园、社区	25	采取一对一的形式对小区居民进行红色文化普及程度问卷调查

白/求/恩/精/神/研/究/丛/书

志愿
白求恩

92

活动主题	活动时间	活动地点	累计参加人数	活动主要内容
"白求恩口腔青年在行动"寒假社会实践活动	2013-2-20	吉大口腔医院	26	观察病症的临床表现、症状体征，了解患者的心理状态；熟悉医院的各项规章制度、工作人员的分工及工作职责
深入调研，献言促发展——社会调研团	2013年	家乡	22	深入了解我国社会主义初级阶段的基本国情，正确认识各种社会现象
白山小学附属幼儿园口腔保健宣讲活动	2013-3-22	幼儿园	15	在幼儿园开展口腔预防保健宣讲
用我辈梦想，谱写我中华序曲——"我的梦，中国梦"宣誓仪式	2013-4-14	环湖岛	18	举办"我的梦，中国梦"主题宣誓，并进行垃圾行动
中国梦引领医学梦，口腔青年向梦而行——暑期社会实践活动	2013-7	村庄	25	在农村进行社会实践活动，了解如今农村的医疗卫生状况，指导农民的需求
暑期"三下乡"社会实践	2013-8-9	南湖公园	23	进行"三下乡"社会志愿服务
"汇聚青春力，助跑中国梦"——寒假社会实践活动	2014年寒假	医院	26	医院社会实践
"三下乡"社会实践活动	2014-4-27	梅河口市杏岭乡	14	深入各乡镇义诊、免费发放基础药物
"六一展笑容，共走成才路"爱心助学	2014-6-1	社区	32	通过课业指导、基础心理疏导等方式关爱特殊家庭儿童的身心健康
暑期"三下乡"社会实践	2014-8-19	乡村	25	进行"三下乡"社会实践活动
幼儿园志愿涂氟活动	2014-11-20	吉大附属第一幼儿园	24	在幼儿园举办涂氟活动
敬老院志愿活动	2015-5-23	敬老院	15	走访敬老院
关爱小宝贝，六一送福利活动	2015-6-1	吉林大学附属第一幼儿园	全员	为幼儿园儿童赠送礼物
南湖纪念碑志愿清扫活动	2016-4-4	南湖公园	37	对南湖纪念碑进行清扫
"衣份爱心，衣份温暖"捐衣活动	2016-5-7	新民校区	29	进行旧衣物捐赠活动

获奖记录

2010年："全面关注学生成长共享吉大十年辉煌"主题团日竞赛活动优秀奖；第二届"吉林大学学生社团精品活动立项"社会实践类活动一等奖；第五届"吉林

大学杰出志愿服务团队"。

2012年："弘扬雷锋精神，真情奉献社会"主题团日竞赛活动三等奖；第三届"吉林大学学生社团精品活动立项"志愿组活动一等奖。

2013年："弘扬雷锋精神——吉大志愿者在行动"志愿服务精品立项三等奖；"每团一品"活动二等奖。

2014年："弘扬雷锋精神——吉大志愿者在行动"志愿服务精品立项三等奖；"每团一品"活动三等奖；吉林大学暑期文化科技卫生"三下乡"社会实践活动优秀团队评比三等奖；吉林大学暑期社会实践活动宣传奖；"吉林大学暑期社会实践活动优秀团队"评比获"吉林大学优秀团队"称号；吉林大学2014年"学习讲话助成长，青春明志中国梦"主题团日系列活动评选三等奖；吉林大学"创新一品"活动三等奖。

2015年："弘扬雷锋精神——吉大志愿者在行动"志愿服务活动三等奖；吉林大学"每团一品"活动三等奖；吉林省"优秀志愿服务组织"荣誉称号。

六、吉林大学阳光志愿者协会

1.协会简介

吉林大学阳光志愿者协会是由吉林大学党委领导、吉林大学团委指导的公益类学生组织，曾多次获国家及省市的各类表彰。白求恩医学部阳光志愿者协会是吉林大学阳光志愿者协会分会之一，成立于2003年，至今协会已经走过十四年春秋。十四年风雨兼程，每一位曾经的阳光人都怀着一颗炽热的心，无私地奉献，践行志愿服务精神。现如今，协会旗下有百余家理事单位，在志愿服务旗帜的引领下，吸纳了万余名在校生加入到吉林大学的志愿服务工作中来。

2.组织理念

作为一个优秀的志愿者社团，协会自成立以来，一直秉承"团结、互助、奉献、进步"的阳光精神，开展了一系列经典的志愿活动。在这些活动中，志愿者们不仅服务吉大学子，而且将关怀带给社会和他人，传递了爱与温暖。

3.业务范围

（1）公益志愿服务：城乡支教活动；环卫工人节活动；绿植领养。

（2）敬老爱幼志愿服务：关爱星星的孩子；宁养院慰问活动；敬老院慰问活动。

（3）疾病预防志愿服务：艾滋病预防宣传活动。

（4）医学专业志愿服务：吉林大学第一医院志愿者服务。

4.精品活动简介

活动一：关爱星星的孩子

活动目的：

有这么一群孩子，他们就像遥远的天空中闪烁的星星，远离我们的现实生活，这样的孩子被叫作"星星的孩子"，他们就像天上的星星一样活在自己的世界里。他们不盲，却视而不见；不聋，却充耳不闻，总沉浸在自己封闭的思维天地，他们清纯的眼光折射出的永远是迷茫与晦涩！为了打开他们心灵绿色的窗，吉林大学新民阳光志愿者协会组织一批有爱心的志愿者们牵他们的手，用爱将他们召回！组织者通过开展户外活动的形式让他们更多地接触人群，学会与人交流，尝试走出自我，融入社会。关爱星星孩子活动让参加活动的志愿者们更加了解自闭症儿童，帮助他们走出自我，更加尊重和关心自闭症儿童，并从中收获感动与快乐，同时也增强社会各界对自闭症儿童的关注。

活动内容：组织志愿者与自闭症儿童沟通、游戏

活动时间：2010年5月至今

活动地点：吉大一院

志愿者们满怀爱心，愿通过自己的微薄之力，为这一个特殊的群体送去寒冬里最为真挚的温暖。在志愿者协会越来越多的今天，如何追求真正有意义的志愿服务尤为重要。我们深刻地体会到，帮助不再只是无目的而应该是系统性，爱心不再只是口头上更应该是行动上。

图4.12　关爱自闭症儿童活动

活动二：城乡支教活动

活动目的：

作为大学生，我们有责任为社会献一分力；同时，作为白求恩医学部的学生，我们有义务去弘扬白求恩精神，传播健康卫生知识和急救自救知识，以人为本，为构建和谐社会贡献一分力量。针对这一情况，白求恩医学部新民阳光志愿者协会联系并组织在朝阳小学、南湖小学、红旗小学等长春市重点小学开展医学健康知识走进小学活动，普及健康知识，呵护小朋友健康成长。组织者每期会选拔一批思想卓越，认真负责，真正愿意作为知识传播者的大学生，初步接触支教活动，体验作为

教师传授知识的感觉，并为孩子们带去快乐和关心，让孩子们在快乐地游戏中学到医学小常识。并在活动中，为孩子们带去关怀与爱，提高孩子与外界交流的能力。同时让大学生践行学习与服务并存的思想观念，提高实践应急能力。

活动内容：

（1）组织学生积极参加志愿活动

（2）到长春市的各个小学进行白求恩精神及健康卫生知识的宣传活动

活动时间：2015年10月至今

活动地点：朝阳小学、南湖小学、红旗小学等

支教活动让我们作为大学生有了能与小朋友们更加紧密接触的机会，我们愿意作为思想的传播者，愿意作为志愿的践行者，在传递给小朋友们更多的知识的同时，将志愿的火苗在他们心里种下，代代相传。

活动三：宁养院慰问活动

活动目的：

宁养院由李嘉诚基金会和吉大一院联合成立，免费为长春市及周边70公里范围内贫困的晚期癌症患者提供止痛服务、护理指导、心理及社会支持。宁养院活动由吉林大学新民阳光志愿者协会环保与社会公益部与吉大一院宁养院共同主办，吉林大学新民阳光志愿者协会组织真正愿意为患者付出时间与经历的志愿者，以需要宁养院义工服务帮助的晚期癌症患者为对象，以给病痛患者带去心理以及身体上的慰藉、增强志愿意识和奉献意识为宗旨，对宁养患者进行家访，为患者送药取药，为患者家庭提供社会资源等。志愿者们的耐心帮助，让宁养患者减轻了生理与心理上的痛苦，充分体现出临终关怀的重要性，也增加了志愿者们对宁养服务和志愿服务的了解，在丰富同学们课余生活的同时，弘扬无私奉献的精神，回报社会。

活动内容：探望宁养患者，并免费赠药

尽管我们没有过多的财物，也无法为患者们做更多，但我们仍希望通过自己的绵薄之力，为宁养的病人送去我们最为真挚的关心和温暖。

活动四：敬老院慰问活动

活动目的：生活节奏的日益加快，越来越多的子女为给父母更优越的物质条件打拼的时候，却忽视了与父母交谈，老人们只能在福利院"享受"着自己的安逸生活。他们需要的不仅仅是好的物质条件，更需要我们和社会的关怀与关心，他们或许需要的只是我们的一声问候，一个真诚的微笑。吉林大学阳光志愿者协会新民分会特别组织策划敬老院活动，意在呼吁大家停下手中的工作，关爱自己的亲人。志愿者利用每周六的上午为老人们带去短暂的陪伴，为他们寂寞的生活带去一丝欢笑。

活动内容：敬老院慰问老人、捐赠生活必需品、与他们交流谈心

活动时间：2016年10月

活动地点：吉大一院社会工作部、患者家属

敬老院活动宣扬了志愿者精神，践行志愿服务宗旨，在志愿活动中充分发挥青年志愿者的主观能动性和积极性，扩大大学生志愿服务的影响，广泛倡导志愿者服务理念，推动社会和谐进步。

表4.6 志愿活动汇总（6）

活动主题	活动时间	活动地点	累计参加人数	活动主要内容
敬老院活动	2010-9至今	晚祥宁养老院	200人	陪伴老人，为他们带去温暖
关爱星星的孩子	2010-5至今	吉大一院	100人	与自闭症儿童敞开心扉沟通
宁养院慰问活动	2016-9—10	吉大一院社会工作部、患者家属	40人	为贫困晚期癌症患者送去药品与温暖
城乡支教活动	2015-10至今	朝阳小学、南湖小学、红旗小学等	100人	普及健康知识
防艾宣传	2015-11—2017-12	吉林大学中心校区	20人	调查人们对于艾滋病的传播及预防的相关知识了解程度、普及相关知识
吉林大学第一医院志愿者服务	2010年至今	吉林大学第一医院	460人	门诊分导诊、早期接触临床活动、宁养院义工、普通病房陪护活动，ICU病房监控服务，肿瘤中心服务
环卫工人节	2015-10至今	吉林大学新民校区惠民路与新疆街	100人	呼吁社会各界人士积极爱护环境卫生，减少乱扔垃圾和文明生活，减轻环卫工人的负担，关爱环卫工人
绿植领养	2014年至今	吉林大学前卫校区、吉林大学新民校区	120人	增强同学们环保意识，为环境保护做出一份贡献

获奖记录

2011—2012年：吉林大学白求恩第一医院"优秀白求恩志愿者"优秀组织奖

2015年：公益部防艾宣传活动被《长春日报》报道

2016—2017年：被评为吉林大学团委十佳活动

2018年：南湖小学校城乡支教活动获南湖小学表彰

七、向日葵社团新民分社

1.协会简介

向日葵社团新民分社成立于2014年11月，是一个以"播种一粒爱心的种子"为口号，以"扶助弱势群体，弘扬中华美德"为社团精神的公益性社团。现录属于吉林大学药学院。成立4年后，同学们秉承着毫不利己、专门利人的无私奉献精神和团结互助、密切协作的集体主义精神，投身公益，扶助弱小，以亲身行动践行白求恩精神。

图4.13 向日葵社团

2.组织理念

社团的活动基本都是针对儿童，主要是坚持关爱特殊疾病儿童、关爱聋哑儿童，为他们的人生带去一份积极正面的阳光和力量，同时还注重服务并依托于广大的吉大学子，让同学们投身到公益活动中，使我们的力量更加强大，并在实践中陶冶同学们的思想道德情操，营造良好的校园文化氛围。

3.业务范围

向日葵社团新民分社以"播种一粒爱心的种子"为口号，以"扶助弱势群体，弘扬中华美德"为社团精神，与多家社会机构建立联系，主要针对患有特殊疾病儿童举办志愿活动。

（1）社会公益服务：新民校区义卖架活动；旧衣旧物捐献活动；清理广告宣传单活动。

（2）温暖特殊儿童：关爱自闭症儿童；看望聋哑儿童。

4.精品活动简介

活动一：新民校区义卖架活动

活动目的：一方面，这个活动为社团的公益活动提供了一个额外的经费来源，为活动的顺利开展助力；另一方面，义卖活动的开展不仅为同学们的日常学习提供了便利，也能使同学们接受一次关于诚信道德的教育，从而在校园中营造一种讲诚信的良好校园文化氛围。

活动内容：在教学楼开展无人看管制售卖文具的活动，所得的收益全部用来进行公益事业。为了使活动的财务情况公开透明，会定期公布活动的财务收支情况。

南区第三教学楼和李四光楼都设有义卖架，并设置人员定期维护，保证正常运营。

活动时间：2015-03—2017-01

活动地点：新民校区与前卫南区教学楼

活动二：看望自闭症儿童活动

活动目的：自闭症儿童又被叫作"星星的孩子"，他们的思维与外界隔绝，只能沉浸在自己的世界中，却感受不到人间的温暖。活动旨在让参加活动的志愿者们更加了解自闭症儿童，更加尊重和关心自闭症儿童，帮助他们走出自我，并从中收获感动与快乐；同时也增强社会各界对自闭症儿童的关注。

图4.14　看望自闭症儿童活动

活动内容：活动从2015年3月起每两周一次，征集有意向的志愿者20～30人，与星言童语特殊儿童教育中心交流后，在指定时间到达活动中心，为小朋友们带去糖果，并且与小朋友一起画画、聊天、做游戏……为想要了解自闭症儿童的志愿者们提供一个真实的零距离的与自闭症儿童接触的机会；也同样为自闭症的儿童提供了一个渠道，让他们感受到社会对他们的关注与关爱。直到今天，关爱自闭症儿童活动依然继续，一代代的志愿者用坚持传承着爱的火炬。

活动时间：2015年3月起每两周一次

活动地点：星言童语特殊儿童教育中心

活动三：看望聋哑儿童活动

活动目的：有这样一群孩子，他们因为各种原因，只能生活在无声的世界，但是他们依然对生活满怀希望，渴望着感知这个美好的世界。本次活动旨在让志愿者们帮助他们感受世界，更加尊重和关心聋哑儿童，并从中收获感动与快乐；同时也增强社会各界对聋哑儿童的关注。

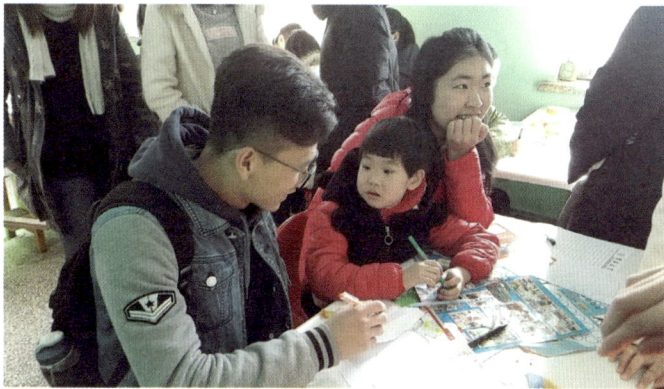

图4.15 志愿者陪聋儿中心孩子做活动

活动内容：活动前期进行张贴海报、摆放展板等宣传，积极对路过同学做活动宣传和知识普及。活动在吉林省聋儿教育中心开展，与工作人员进行沟通并且经过一些简单的培训后，志愿者开始与孩子们做游戏、表演节目等，为他们带去温暖和快乐。

活动时间：2016年3月18日—2016年3月19日

活动地点：吉林省聋儿教育中心

活动四：旧衣、旧物捐献活动

活动目的：所谓垃圾其实是放错地方的财富。通过旧衣旧物的捐献活动，一方面可以为同学们解决旧物无处存放的烦恼，另一方面还可以增加同学们的环保意识，同时把这些物品送给有需要的人。

活动内容：前期进行张贴海报、摆放展板及微信公众推送等宣传活动，之后在南区和新民建立旧衣收纳点，购买编织袋和纸箱子用以收纳旧衣旧物，最后由志愿者将旧衣旧物送到指定联系单位。

活动时间：2016年11月26日—2017年12月6日

活动地点：吉林大学中心校区和新民校区建立旧衣收纳点

活动五：清理广告宣传单活动

活动目的：改善城市和社区环境，提高同学们在社会生活中的参与感和公民意识。

活动内容：活动前期进行张贴海报、摆放展板等宣传，积极对路过同学做活动宣传和知识普及。购买清理工具，活动当天九点在新疆街集合，一起沿新疆街清理张贴的各种小广告。

活动时间：2017年4月15日—2017年4月16日

活动地点：新疆街

获奖记录

2015—2016年：吉林大学优秀社团

2016—2017年：吉林大学优秀社团

第二节　吉林大学白求恩志愿服务典型人物

一、范财宝——公益路上，且知且行

个人简介：知行志愿者协会会长

获奖情况：校一等奖学金，国家励志奖学金，中国扶贫基金会二星级志愿者，校优秀学生干部，院优秀志愿者

知与行是两种不同的境界，如果只是空谈理想，而不愿付诸行动，我们不会有真实的收获。然而若只是一味去蛮干，没有知识的储备和深入的思考，又不能真正地把一件事做好。知与行本来就是不分离的。吉林大学经济学院的范财宝，就是这样一位实干者。身为知行志愿者协会的会长，他在公益志愿者的道路上很好地践行了知行合一的信条。

范财宝来自农村地区，之前也没有接触过志愿服务，在来到大学后，通过学长推荐，他进入了知行志愿者协会，渐渐体会到了帮助他人所带来的满足，同时他还在这个协会中认识了一群同样热衷于公益活动的朋友，这为他日后组织活动积累了深厚的人脉基础。

我们都知道保护自然环境，防止沙漠化继续蔓延的重要性，因此我们心中愿意为环保尽一份力，然而这种意愿却少有人能真正付诸行动。但在范财宝的心中，他却决定做一些真正有用实际的事情。

为此，范财宝参与了"续梦敦煌绿色之路"的公益活动，亲自前往甘肃敦煌，开展绿化沙漠的公益活动。他与同伴先前选定的植树地点位于阳关自然保护区——阳关自然保护区是一个湿地类型的保护区，是上千种珍稀动物的栖息地或迁徙停留地，目前已经被列为国家级自然保护区。而他们植树的地方就在沙漠边缘，在防止沙漠化继续扩大、涵养水源等方面都有着积极又重要的作用。该期活动的植树面积有一千多亩，品种主要有梭梭树、红柳、黑枸杞等。而在戈壁上种植一棵植物的艰难是常人难以想象的。首先戈壁滩上土地养分很少，不像普通的泥土，且戈壁滩上更多的是碎石和沙子，第二便是水分，敦煌地区每年的降水量只有38毫米，但是年蒸发量却有两千多毫米，这对于植物的生长是极大的挑战。但他却与同伴以及有关的工作人员，利用他们的智慧克服了遇到的重重困难，让续梦之路变为现实。他们首先从党河水库引水到育林基地，使浇水变得更加方便，其次是在树种选择方面，选择了梭梭树等耐旱品种进行种植。

"看着那一望无际的戈壁滩，心里觉得要是能把这千亩戈壁变成绿洲，真的可

以算得上一件伟业了。"谈及这次绿化沙漠的公益活动，他这样感慨道。多少人亦曾心怀远大的理想，然而只有真正付诸行动才能改变世界。

除了环境保护，范财宝还组织并参与了针对不同群体的活动，如绿植义卖、军训服回收、关爱空巢老人、绿色校园等。关于空巢老人的问题，范财宝有着自己的独特见解，他认为有效地解决空巢老人的赡养问题，首先是需要引起大家对这个问题的重视，这样社会上才会有更多的力量投入到这个事业中，其次是改变思维，我们过去往往以为老人们需要的生活上的帮助，所以觉得给他们去打扫打扫卫生，陪他们聊聊天就可以了，事实上老人们更多地需要的是一种心理上的满足，希望自己能够被别人需要，生活有意义。因而他在开展关怀空巢老人活动的时候，不仅仅满足老人的物质需要，更满足他们的心理需要。他在惠民社区开展关爱空巢老人活动，对14对老人开展了为期7周的陪伴活动，他和志愿者们聊天、读报纸、准备文艺节目等，使老人们"巢空心不空"，保持乐观健康的生活态度，并取得了非常不错的成果。正是这些他对于空巢老人问题的思考，让他真正地将公益做到实处，使那些需要帮助的人感受到真切的温暖。

在这几年的志愿活动过程中，尽管凭借着出色的活动成果范财宝得到了很多人的赞扬和大大小小的荣誉，但他始终没有忘记过志愿活动的初衷，在采访过程中，当我问到自己的成就感和真正得到帮助的人们，哪一个更重要，他毅然决然地选择了后者，他认为志愿活动的意义，就是给别人带来幸福感和满足感，所谓荣誉、头衔都只是这个过程中的附属品，不应成为我们从事公益事业的初心。

马斯洛曾说过，"人的最高需求就是自我实现"，所以人的追求不能仅仅局限于自己的物质水平的提高，只有帮助他人回馈社会才是幸福的真正源泉。范财宝正是怀揣着心中那份对公益事业的向往，坚持着心中的美好，矢志不渝，以奉献作为信条。他敢于梦想，更敢于实践，知行合一，止于至善。

二、李培轩——守护生命尽头

个人简介：白求恩第一医院宁养院首批义工，吉林大学电子科学与工程学院2009级学生，在白求恩第一医院宁养院成立之初就加入了义工行列。

宁养义工并不同于一般的疗养义工，他们面对的是那些在医学上已被宣判"死刑"的绝症病人，他们要做的，不是去治愈，而是去安抚与陪伴，为他们的生命画上一个尽可能没有痛苦的休止符，守护生命尽头的美好。

谈及这几年宁养义工的经历，李培轩这样说："宁养义工要用自身的爱心和热情让患者感受到人间的真情与关爱，使他们得以安详地走完人生旅程。面临人生迟暮，其实患者们最需要的是真切关爱，哪怕志愿者的一个微笑都能使他们感受到快乐。"

三年时间，三个服务对象，这条崎岖而漫长的路，他却走得坚定而义无反顾。

宁养院每周的工作日都有活动，尽管课业繁忙，李培轩却几乎没有迟到过一次。即使在工作初期遭受了患者的回避和疏远，他也没有气馁。

他的第一个服务对象，是一位60多岁肝癌晚期的老人。由于肝部肿瘤压迫脊椎神经，老人的双腿已经失去了知觉。李培轩每周去给老人送止痛药时，老人都是无精打采地躺在床上，疼痛折磨得她难以入睡。

"刚开始，我不知道该如何与老人聊天，有时半天也说不出一句话，让我觉得有些尴尬。后来，我按照在宁养院接受培训时学到的方法，试着开始和老人唠家常。"李培轩说："其实不管聊什么，只要让他们开口说话，就能很大程度上削减他们的消极情绪。"慢慢地，老人逐渐对他敞开了心扉。

身患骨癌3年的箭奶奶则是李培轩的第二个服务对象。李培轩在照顾箭奶奶的过程中，不仅与箭奶奶成为忘年之交，还与箭奶奶的家人建立了深厚的情谊。他了解到箭奶奶的外孙女在数学学习上有困难，在2012的暑假，他还专程提前一个月回到学校，义务为箭奶奶的外孙女补习功课。谈到为什么要做这种别人眼中的所谓"份外事"，李培轩这样说："我觉得家人对癌症晚期病人特别重要，有时候为他们的家人做些事情，会让其更开心。"

正是怀着对宁养义工这一崇高事业的无限热忱，他付出了超乎寻常的耐心和细心，做好每一件疗养日常事务。做一天好事并不难，难就难在坚持，就难在一次次地重复过后，还能不忘初心。

李培轩的坚持还感染了周围的人，严会婷是吉林大学金融学院2011级学生，去年加入了宁养义工的队伍，她说："入学之初我就想一定要在大学里参与一些志愿服务活动，宁养院的志愿者真正能让需要帮助的人感受到人性的温暖，在这里我认识了李培轩学长，他对志愿服务充满了热情，很有感染力，他的执着也让我坚定了继续把义工工作做下去的决心。"给世界传去一份正能量，或许这就是志愿者、志愿精神的意义所在。

每一个像李培轩这样的宁养义工，都是从与患者彼此陌生，到开始走进患者的生活，走近患者的喜怒哀乐，看着患者的病情渐渐恶化，纵使含着伤心怜悯与疼惜，却仍要笑着鼓励他们每天都过得更开心一点，帮着他们去回忆人生中的点点滴滴，快乐与成就，时刻提醒着他们生命的幸福与美好。然而，病魔的脚步并不会因为这些而有所停顿，他们会向我们诉及疼痛的渐渐加剧，止疼药效果的慢慢减退，于此，除了及时向医生反映他们的身体状况、咨询能够更多缓解疼痛和不适的方法以外，他们什么都做不了，只有一种无能为力的感伤。这个过程，对于志愿者而言，也未尝不是一次成长。

这就是宁养义工李培轩的白求恩志愿精神。这种精神不仅仅存在于医护人员身上，更存在于每一个憧憬着爱和阳光，无私相助、不求回报的人的心中。李培轩是

数年如一日地陪伴着这些绝症病人的太阳，用爱与人间的光守护着生命的尽头。顾城有这样一句诗："我把爱给了别人，便再也收不回来。别人又给了别人，爱便流转于世。"

三、马松辰——春雪的默守者

个人简介：2015级仪器科学与电气工程学院试验班班长，吉林大学学生会副主席兼朝阳校区主席，仪器科学与电气工程学院学生会主席，2018年被清华大学精密仪器系预录取攻读博士学位。

获奖情况：吉林大学2017年度"最美志愿者"，2017年度"十佳学生会主席"荣誉，国家奖学金、三星奖学金、宝钢奖学金、单项奖学金、仪器科学与电气工程学院新生辩论赛一等奖、吉林省首届大学生畅想未来创意设计大赛一等奖、吉林大学第六届廉洁文化知识竞赛优秀奖、第八届吉林大学大学生电子设计竞赛一等奖。

一丝冬天的气息匆匆伴着春雪溜去，茫茫天地间豁然开朗，举目远眺，感受着阳光的温度，温暖逐渐爬上人们心头。当末场雪落完，缓缓飘过的春风轻轻拨开雪层，让生命感受到阳光的希望。而春雪就像生命的默守者，虽无风的好动，却安安静静地守护完生命苏醒前最后一段路程。

默默守护，却将希望埋下，只待春风拂过，一切便会春暖花开。而他，正是春雪中的默守者，吉林大学仪器科学与电气工程学院15级学生马松辰。

当志愿者们将身心投入到儿童志愿服务中时，他们就像自己孩童时幻想的英雄，默默守护着每一位孩童的希望，无论孩子们贫困还是富有，无论他们不完美还是完美，一切的一切在他们那里都将平等，都会获得爱。当爱与平等的种子播撒，当守护者的默默呵护伴随左右，变化早已偷偷开始，而所有收获都将在春风到来时悄然展现。

马松辰作为孩童志愿服务者的一员，他的志愿服务，正是在学长学姐的传承引导中开始，并不断成长，做出改变，他也是在一次次志愿服务中明白，作为志愿者的我们不仅仅是献爱心单项付出，在每一次的志愿服务中我们能感受到自己生活得幸福与带给别人幸福，都是生命最简单的意义，这是不矛盾的意义。而谈及是什么使他坚持400小时志愿时长时，他说："志愿服务不仅是带给这个社会温暖，也是我们每个人内心的净化剂。正是每一次服务中心灵的净化使他能够坚持本心，坚持最初的自己，在纷乱躁动的社会中静下心，去追求更好的自己。"

在经历过初期的志愿服务后，先前的经历对于马松辰而言，印象最深的还是去育智学校，给特殊儿童（自闭症）做活动的那一段时间，也正是在那一次的活动中，他明白了志愿服务是一份净化自己心灵的药剂。当他看到天真的孩子们还有他们的价值，努力地生活，乐观地生活时，意识到对自闭儿童，能简单快乐地活着便已是足够，甚至奢求。而我们自己身上那些所谓的烦恼，和这些相比是不是太微不足道。意识到每个人都要坚强乐观地活着。生命本就是永恒而沉重的努力。便开始重新审视自己，摒弃掉自己身上的浮躁和昏沉。并最终发现自己生活得幸福与带给别人幸福，就是生命最简单的意义。

随着服务次数的一次次增加，一个偶然的机会他从学院中了解到2017年吉林省大学生畅想未来创意设计大赛，一个大胆的想法冒出脑海，于是他组织策划"启蒙计划"特色志愿服务项目。使更多的孩童接触到高新技术并让学生们在进行创新性的动手实践的同时普及科技知识，培养创新人才。于是从此他便开始将专业与志愿服务相结合，并陆续参加6期"弘扬大年精神，科技点亮梦想"大手拉小手科技作品创造公益课堂。慢慢地将自己的专业特色与学院优势与志愿服务相结合，并不断发展成长。即使这会需要很长时间，但个人的离去并不会影响志愿者的初心，相信即使在漫漫探索中这份志愿精神会不断传承延续下去。这正是白求恩精神，也是当今所说的黄大年精神。

于奉献中寻得价值，我们或许无法做到如白求恩先生那般大公无私，如黄大年先生那般舍小我成大我，却可以在日常生活中尽自己所能，去向整个社会奉献出自己本心。而我们自身也会在小小的志愿服务中寻找到当下缺少的安静与保持初心的意义。

于初春末雪万籁俱寂时，默默守护一份生的希望，用耐心去呵护，用传承去陪护，用初心去拥护。

四、钱玥彤——滴水晶莹汪洋壮阔

个人简介：白求恩医学院社团联合会主席、白求恩青年志愿者协会常务副会长。

获奖情况：新生入学奖学金、国家奖学金、吉林大学"学习优异"单项奖、宝钢奖学金、一等奖学金、校优秀学生、长春市大学生进步奖候选人、校社会实践先进个人、临床医学院十佳大学生、吉林大学十佳大学生、白求恩医学部十佳大学生、北京协和医学院三等学业奖学金、APEC青年领袖选拔东北赛区一等奖等。

用双手谱写爱的诗篇，用双脚践行善的路线。白医传人，吉林大学白求恩医学部2011级临床医学院学生钱玥彤，携着医者仁心投身志愿服务，用实际行动续写大爱的传奇。在山村，在敬老院，在一个个孤寂的角落，都有着她奉献爱与希望的可爱身影，如一颗晶莹的水滴，映着善良的光辉，向社会传递光明。来，让我们一起走近她，走近钱玥彤。

钱玥彤的第一次志愿活动是去养老院陪伴孤寂的老人们，并为他们进行简单的量血压等查体项目。刚刚大一的她还没有接触到临床上的知识，只能排练一些节目、陪伴这些少有亲情呵护的老人们。在活动中真正触动她的，是学长学姐辛勤奉献的身影，是老人们发自内心的笑容。这次服务不光给老人们带去了温暖与快乐，同时也让她有了更多的使命感和责任感。正是这次难得的经历，在她的心中名为志愿服务的种子开始生根发芽，不断给予她前行的力量。

在2014年"筑梦白医·寻根之旅"暑期社会实践中，这颗晶莹的水滴奔赴唐县，滋润孩子们的稚嫩心田。

从2009年至今，白求恩医学部每年都会组织去唐县的志愿服务活动。每年开课的时候都会有很多已经毕业的孩子重新回到课堂，追着志愿者们询问类似"去年的魔方哥哥来没来啊？"这样的问题。这是由于临床医学院同时开展了一个名为"大手拉小手"的扶贫活动，团支部每个成员会有针对性地帮助其中一个贫困的孩子，通信、邮寄学习用品或礼物。钱玥彤从未想过自己的一点点举动，为孩子们提供的滴水般帮助，他们会铭记于心。过了一年，甚至两年，他们都不曾忘记。虽然她已经离开了唐县，离开了这批孩子，但她的心还挂念着他们，她会和新一批志愿者们共同交流，即使过去了很久，也依然持续关注着这批孩子的动向。

烈日炎炎的那个夏天，挥汗如雨的那个夏天，唐县之行不仅仅是一项为期半个月的社会实践，更是一笔永久的精神财富。

2014年，钱玥彤所在的白求恩志愿者协会给李克强总理写信，汇报二十年来志愿服务发展情况。9月23日，总理回信表达了对协会志愿服务的认同与鼓励。收到总理的回信之后，她进一步扩大了整个协会的活动规模，希望将白求恩医生毫不利己专门利人的精神发扬光大。同时，作为白求恩志愿者代表，钱玥彤多次参加"学习李克强总理回信精神"志愿者座谈会并发言，受到多家媒体的采访。2015年，李克强总理来校视察期间，也同她亲切交流并签字留念。

在这件事中，她收获到了惊喜。从来没想到自己所做的如小水滴般不起眼的努力，竟会被如此地放大。

更大的收获是，她感受到了党和国家对志愿服务活动的重视。全社会也一直在希望弘扬像雷锋精神、白求恩精神这样的乐于为人民奉献的精神。国家领导人的默默支持，令钱玥彤本人，令白求恩志愿者们都满怀希望，继续前行。

当被问及对志愿服务理解有什么变化时，钱玥彤表示，最开始服务对象只是养老院的一个老年人，只是会感觉有所收获而已。直到参与整体的大型活动，如吉大医院分导诊活动、前往农民工子弟小学以及唐县志愿服务活动后她才明白，只有身处一个大环境下，才会意识到其实志愿者的服务对象不是一个人，而是一个群体。比如面对贫困山区的孩子们，志愿者们要考虑如何融入他们，如何带领他们学习生活。"因为已经有很多届志愿者去陪伴过他们，每一次他们都会收到一些书籍和礼物。我们总在想什么样的礼物对他们是最有帮助的，经常发礼物会不会让他们产生得到礼物是理所当然的这种感觉？后来便不再只是一味地送给他们，例如必须回答对问题或完成任务才发放小礼物。"一路走来，钱玥彤的观念也在一点点发生变化。从服务一个人到服务一个群体，理解更深刻，观念也与时俱进了。

郭沫若有这样一句诗："大海中，一滴水珠洋溢。公而忘私人本道，粉身碎骨心皎洁。"白医传人钱玥彤正如一颗晶莹的水珠，兼有精湛技术和医者仁心，折射着爱的光芒。千千万万同她一样的白求恩精神传承者，公而忘私，冰心皎洁，他们汇成壮阔的汪洋，折射出太阳的夺目光辉。

五、石凡超——用温暖抚慰空洞的心

个人简介：公共卫生学院2013级学生，吉林大学绿野环保协会公益部部长。

获奖情况：国家奖学金、东荣奖学金、一等奖学金、天府汽车励志奖学金、明德奖学金、全国大学生英语竞赛三等奖、"院优秀学生"称号、吉林大学"创新争优"活动"优秀团员"称号、白求恩医学部配音大赛一等奖、第五届医学基础知识技能竞赛优秀奖、"白求恩十佳大学生"称号等。

怀揣梦想而来，留下手中芬芳，怀揣梦想而去，一路砥砺前行。她用温暖填补了空巢者空洞的心，让黑夜不再只有孤独的寒冷；她用行动抚慰了病榻上无助的人，让生命再次充满美好和希望。一路风霜，未曾驻足，一路风雨，未改初心。现在她追梦之路上已开启新的征程，同时也为我们树立了榜样，指引了方向。

故事的主人公是吉林大学公共卫生学院2013级学生石凡超，正如她的名字一样，她通过努力让自己的人生超越了平凡，成为平凡中的不凡。她不仅仅是一名优秀的学生，同时还是一位优秀的志愿者，真正地用行动传承了白医精神。

作为一名优秀的白医传人，在学习上，石凡超是同学们的榜样，四年综合成绩两次专业第一、两次专业第二，可以说是当之无愧的学霸，她也因此获得了诸多的荣誉。但是她并没有满足于此，因为她深知，学好现在的知识并不足以完成她对梦想的追寻，因此她开始了对未知知识世界的探索，在大学期间她积极参与各类科研项目，并且在多项学术期刊上发表论文。可以说，在她身上，精益求精的白求恩精神得到了充分的发扬。而这也为她在追寻医学梦想打下了坚实的基础。

与此同时，石凡超还努力践行和传播着白求恩精神，身为班委的她多次组织宣传艾滋病等严重病症相关医学知识的讲座，提高大众的安全意识，使人们对艾滋病患者这样一个特殊的群体更多了一份理解和包容。不仅如此，她还十分热衷于环保事业，为此她加入了吉林大学绿野环保协会，担任公益部部长一职，并在学院内举办了"绿色植物进寝室"等多项活动，使同学们在学习之余更加贴近自然，关心自然，为环境的保护和建设贡献一分力量。

但在石凡超心中还有一个更加特殊的群体——空巢老人，他们为国家为社会奉献了自己的一生，为养育儿女而辛勤劳作，但最后却因生活的无奈而被迫独自痴痴守望。看着他们布满皱纹的脸庞，看着他们日渐浑浊的眼眸，怎能不叫人心痛。而

随着我国社会老龄化的日益加重，这样的问题已经越来越明显，因此石凡超把自己的主要公益活动对象定为了这群急需社会关注和关爱的老人。

石凡超回忆，在一次关爱老人志愿活动中，她见到了一位特殊的老人，从此更加坚定了她关爱空巢老人的愿望。那是位年纪特别大了的老奶奶，眼神已经大不如前，听力也越发下降，记忆力也渐渐丧失。在陪同她聊天的过程中，每次过不了几分钟，老人就把之前的事情忘光了，但是却一直在唱着同一首歌，来来回回唱了七八遍之多，直到后来旁边的老人解释说，这是她曾为她的孩子们唱的歌，现在她年纪大了，无论什么东西一会就忘记了，唯一记得清楚的就是这首歌了。那时，在石凡超心中涌上一阵难以言说的心酸，从此以后她决定把更多的精力放在了关爱老人上。

为了更好地关爱老年人的健康，石凡超还参与了向老人传授冬季养生知识的活动，指导老人学习养生操，为老人们准备了暖心养生茶，告知老人冬季饮食的注意事项，并为老人测量血压，检查身体健康，这一活动引发了诸多媒体的关注。

也许作为一名大学生，她所能改变的还太少太少，但是正是因为有着这样优秀的白医传人，那份毫不利己专门利人的白求恩精神才得以代代相传。历史已经滚滚而去，而那伟大的身影却依旧屹立在我们每个人心中，因为他将自己宝贵的生命奉献给了我们中国人民的解放事业，所以我们铭记他的身影，发扬他的精神。而在这个国家还有着千千万万的人曾将自己的青春奉献到祖国的建设中，如今他们已经老去，却在独自忍受着一份难以言语的孤独与无助，我们又有什么理由不去付出我们最大的努力关爱他们呢？正如石凡超所说，也许我们做不到白求恩先生那样伟大，但却一直坚持并享受这个过程，这也是一种成长。

公益也许不能带给人们任何利益，但却可以给予人们内心的满足；努力未必会赋予任何人成功，但却会带走每个人心中的遗憾。幸福未必是因获得而来，也可以是因奉献而来。不忘初心，方得始终。只有坚守初心不畏险阻，方能乘风破浪一往无前。

谈及自己的大学生活，石凡超说："大学是纯真的代名词，是追梦、筑梦的工厂，洒下过多少汗水和血泪，就会收获多少掌声和成长。平庸的人大抵相似，不平凡的人却各有辉煌。"尼采曾说："谁终将声震人间，必长久深自缄默；谁终将点燃闪电，必长久如云漂泊。"她的每一分成就都和她的努力密不可分，每一点成长都来源于她的付出与坚持。一切的努力都是值得的。

如今的石凡超将再次踏上寻梦的征程，用行动来践行心中人比山高、脚比路长的信念。寻梦之路永无终点可言，路遥不改其志，风雨不易其心，相信在未来的道路上吉大精神、白求恩精神将永远与她相伴，指引着她走向更美好的明天。

六、宋知遥——路遥知骐骥

个人简介：临床医学院白求恩青年志愿者协会成员，"蓝马甲"吉大一院志愿服务队员。

获奖情况：国家奖学金、校优秀学生干部、院优秀学生干部、优秀团干部、吉林大学"三下乡"社会实践先进个人、吉林省生命关怀协会优秀志愿者标兵、临床医学院十佳大学生、优秀团干部等。

志愿服务活动路途遥遥，如果说开始还会有凭着三分钟热度的人，志愿服务之路的起点上人声鼎沸，那么，最后还在坚持的，一定是这漫长路途筛选出的千里马，怀一颗大爱之心，细心，耐心，不言不语地飞驰向前，留飒爽的英姿任他人赞叹。志愿者之路，路途遥遥，方显骐骥本色。骐骥知路遥，路遥知骐骥。

临床医学院2015级八年制实验班的宋知遥正是那默默用脚步丈量志愿之路的千里马之一，默默奔驰在这条白求恩走过的路，一路飞奔，一路奉献，一路播撒爱的种子，发芽，生根，开花，结出芬芳的果实，在许许多多的角落里留下温暖与大爱。让我们一起走近她，这个散发着阳光般温暖的女孩。

宋知遥第一次踏上这条志愿之路是2016年加入临床医学院白求恩青年志愿者协会，参加"蓝马甲"吉大一院志愿服务活动。这次活动于她，是一个崭新耀目的起点，一场漫长行程的起步。在这次暑期志愿活动中，她负责完成神经内科住院部部分病人的陪检工作，即在病人服务中心调取患者的需要做检查的时间和地点，然后去神经内科住院部通知患者和家属准备做检查，并陪同他们前往相应地点完成检查后，再将他们送回至病房。

而在志愿服务过程中最令她印象深刻的是工作中细微的感动。因为一院较大，住院部与检查地点距离较远，很多患者和家属都需要引导，其中经常有患者和家属对她说"谢谢""辛苦了"，有时还会问问她"是学什么专业的""累不累"等问题。这些微小的事都让她感觉到亲切和温暖，也感受到自己的所作所为真的帮助到了别人，为他们省去很多麻烦。

也正是从这次志愿活动中，宋知遥读到了自己奉献的价值，读到了白求恩大夫毫不利己专门利人的幸福感，下定决心做一匹骐骥，跃跃欲试，勇往直前，誓将志愿之路走到底。她带着对志愿活动的如火热情和深刻理解写下了题为《吉林大学白求恩第一医院暑假志愿服务》的社会实践报告，同年这份报告被评为优秀社会实践报告。

老子有言："合抱之木，生于毫末；九层之台，起于累土；千里之行，始于足下。"第一次进行志愿活动时的收获驱策着宋知遥一路向前，奉献更多光和热。2017年，宋知遥参与到河北唐县的"筑梦白医·寻根之旅"活动中，这是白求恩医

学部一项传统的志愿服务活动。回忆起那段条件甚是艰苦的日子，她却满是幸福，还讲了一件支教时的趣事——老师把放在矿泉水瓶里的整整一斤枣酒当成水给同学们做了面条，她笑着说，这是吃了会上头的面条。

在白求恩希望小学临走前的那个上午，她给唐县的孩子们上了白求恩的故事主题课，下课后一个小女孩走到她面前牵着她的手问："姐姐你们今天是要走了吗？"得到肯定的答复后，小女孩又问："那你什么时候再来呀？"听完这句话，宋知遥内心很震动，说："每年都有哥哥姐姐来看你们。"在那时，宋知遥意识到这不仅仅是为期一个月的支教那么简单，她要给这些孩子的，也远远不止这一次的支援教学。她内心也下定决心有机会一定会再去看他们，并给他们写下联系方式，事后确实有小朋友用父母手机加她微信，过年的时候还发来了祝福。收到时心里涌起的温暖更坚定了她继续学习白求恩精神，投身志愿服务的信念。

除此之外，2017年，宋知遥还参与了"为爱上色"中国大学生农村支教项目，团队获全国铜奖；她个人也荣获2017年吉林大学暑期"三下乡"社会实践活动先进个人荣誉称号。同年她还荣获了吉林省生命关怀协会2016—2017年度"优秀志愿者标兵"称号。这些荣誉的背后，都是她无私辛勤的付出和沉甸甸的爱，一路奔驰，留下一路属于她自己的足迹。

身为临床医学实验班的医学生，宋知遥的校内课业压力可想而知。与此同时，她还先后担任了临床医学院学生团委副书记，院学生会副秘书长兼团委办公室主任，并一直担任班级团支书一职。虽然学习和学生工作都如此忙碌，但宋知遥仍能拿出为数不多的空闲时间，怀揣着一颗宽容、感恩的心，积极参加志愿活动。她的志愿服务大多是在假期进行，平时学生工作和学习时间与之有冲突时，会尽量以高效率完成志愿活动，尽可能不影响学习，但有时工作量很大以致占用学习时间时，她会尽力保证当时所学最重要的一科或两科的学习不落下，工作内容完成后再尽快补上。

作为一名大三的学生，一个有着丰富服务经验的志愿者，对刚参加志愿服务的学弟学妹，宋知遥这样说："享受给他人提供帮助的过程，相信很快你们会爱上志愿者这个身份的。也欢迎大家加入白求恩青年志愿者协会这个大家庭，在这里与我们一起奉献自己的力量。"

宋知遥，这匹领头的骐骥，正一步不停地奔跑在志愿之路上。如果用几个词来形容，那一定是：爱心，细心，责任。前路漫漫，方显骐骥本色；骐骥飞驰，才知路途遥久。

路遥知骐骥，骐骥知路遥。

七、孙旭东——夕阳彼岸的守望者

个人简介：药学院2013级学生，药学院团委副书记

获奖情况：国家励志奖学金、吉林大学校优秀学生干部、吉林大学优秀团干

部、2015年浙江省宁波市文意奖学金、白求恩医学部"十佳大学生"、吉林省优秀志愿者、李嘉诚基金会全国优秀宁养义工、吉林大学大学生生物实验技能竞赛一等奖等。

朝阳伫立在夕阳的彼岸，目送着它们走向天际的尽头。地平线见证了夕阳的归宿：沉沦于黑暗。纵使生命逝去，但它们最后的光辉，绽放得毫无悔恨。而守望着它们的朝阳只有短暂的沉默，之后，又转向另一个彼岸。

故事的主人公，吉林大学药学院药学系2013级学生孙旭东，就是那彼岸的守望者——宁养义工中的一员。

义工，是一群自愿无偿为弱势群体提供帮助的人。宁养义工也是一样，但他们的服务对象，是已经被现代医学判处死刑的癌症晚期患者。他们所做的工作，是在患者生命最后的时光，陪伴在他们身旁，给予他们心灵的慰藉，让他们感受到生活的温情和希望。

作为一名白衣传人，孙旭东不仅在学业上是同学们的榜样，而且在学习白求恩精神方面，也是同龄人中的佼佼者。为了寻找践行白求恩志愿精神的机会，在大一时他就参加了阳光志愿者协会。也许是命运的机缘巧合，他接触到了宁养义工，当时的他还没有意识到，这是多么宝贵的一次机会。他在活动中了解到宁养义工不仅需要持久的坚持，还需要强大的心理承受能力。在知道这些之后，他没有退缩，而是坚持走了这条道路。经过几次培训之后，他开始了属于自己的宁养义工之路。

三年时间，三个服务对象，一条长而陡的路，他却走得坚定而义无反顾。

宁养院每周的工作日都有活动，尽管课业繁忙，孙旭东却几乎没有迟到过。即使在工作初期遭受了患者的回避和疏远，他也没有气馁。

孙旭东第一个服务对象是一位生活艰苦的老大爷。由于上个义工不愿坐在他们家床上，导致大爷对义工产生误解，以为义工都瞧不起他，觉得他是一种负担，也因此排斥孙旭东他们的到来。病痛的折磨和生活的压迫，使得老人将自己与世界孤立，而孙旭东用真诚的态度，从小事做起，一步步赢得了他的信任与依赖，用他的真心，融化了大爷心中的冰墙。

回忆起那段和大爷相处的时光，孙旭东脸上浮现出发自内心的笑容。可是，他们是宁养义工，服务的对象均是癌症晚期病人。告别，是一门沉重的必修课。

一年时间的相处，他已经将大爷当作自己的亲爷爷。在最后一次探望时大爷已经在发高烧，而次日，大爷就去世了。孙旭东心里清楚，再悲痛的心情也改变不了既定的事实。虽然我们对生命的离开毫无办法，但却能更加明白生命是可贵的，珍惜自己生命的同时，也要去珍惜周围宝贵的一切。

也许，很多人会对宁养义工的工作提出质疑：你们做了那么多，都不如一剂镇静剂效果来得显著。

确实，从生理角度来说宁养义工确实做不到什么，而在心理层面，他们的作用是无可替代的。志愿活动不是儿戏，义工需要真诚地对待自己的服务对象。宁养义工因为其工作对象的特殊性，更需要有足够的耐心与细心。患者可能会因为病痛而对周围人乱发脾气，宁养义工需要做的就是平复他们的心态；独居的患者可能性格孤僻，而有些患者的家人也烦闷焦躁，义工要善于观察，与之多进行交流，使其敞开心扉；不便走动的患者生活十分不方便，买菜买药的事情自然由义工们承担；有的患者对未成年的儿女放不下，义工们会在学习方面对他们的子女进行帮助，免除患者的忧虑……这些其实都是力所能及的小事，但是几年如一日地默默付出，让小事也变得不再那么微不足道。

作为一名宁养义工，一名吉大白求恩志愿者，孙旭东发誓要用实际行动将白求恩精神代代相传。在他看来，白求恩精神是国际主义精神、奉献和志愿精神的重要体现，毫不利己，专门利人，也更是一种互助、不求回报的精神。历史穿越了黄尘古道，总有一种精神颠扑不破，总有一种气质历久弥新，也总有一种情怀不曾老去，那就是白求恩志愿精神。白求恩将自己的生命奉献给了中国，而他将三年时光奉献给了宁养义工事业。像他一样的志愿者们凭借自己的双手、头脑、知识和爱心开展各种志愿服务，无偿帮助那些需要帮助的人。他们身上所体现的，正是白求恩志愿精神。

孙旭东所在的宁养团队一共有六个人。每个人年龄、校区、专业都不一样，经验丰富的成员会主动帮助新成员适应自己的任务。在相互扶持中，他们结下了深厚的友谊。不仅仅是简单的互相协助，而更像是一种"战友"的感觉。三年的点点滴滴，让孙旭东对于宁养义工有了一些难以割舍的情愫。因此，面对那些想要深刻了解白求恩志愿精神，并将其付诸实践的学弟学妹们，他十分希望他们可以选择宁养义工这份工作。

不过，他也严肃地强调："宁养义工是一条一旦选择就不能中途放弃的道路。"并不是许多人以为的那样，只要有责任心和耐心，多多关心自己的服务对象就足够了。每周固定一天的看望，说起来容易，坚持下来却很难。考试、实习、天气等原因，都有可能造成阻碍，但既然选择了这条道路，就不应该中断。

谈及宁养义工的实质，孙旭东认为他们是"守在夕阳另一边"的人。是啊，人类无法改变日月更替，也无法留住死亡前进的脚步。夕阳缓缓消失于地平线的那一侧，即使沉落，也会把余晖留给人间。

我们是朝阳，能做到的，想必就是守在夕阳的彼岸，让他们在西沉之际，仍能保留生命的温暖。

这就是宁养义工孙旭东的白求恩志愿精神。也许我们可能做不到像白求恩先生那样，为了所坚守的事业燃尽自我。但我们至少可以尽力发光发热，温暖别人的生命。

如朝阳，守望在夕阳的彼岸。

八、徐克让——愿去做个孩子王

个人简介：吉林大学汽车工程学院车辆工程专业2016级本科生，吉林大学中华义工联合会会长，支教项目总负责人，2016年中华义工"快乐小陶子"项目负责人，2017年河南开封支教队队员。

孩提时代是人一生中最美好也是最重要的时期，在这个时期，能否受到正确积极的影响决定了一个人的人生走向。徐克让参加的项目，就是以此为基础存在的。

"快乐小陶子"项目是由中华儿童慈善救济基金会发起的一个全国性的志愿项目，旨在培养亲子阅读，以助力孩子们的成长，实现陶行知先生的教育理想。简单来说，就是由志愿者带着意义深刻的绘本故事走进孩子们中间，讲述这些故事，陪伴孩子们成长。

在2016年11月，刚入大学两个月的徐克让因为表现突出且对此抱有满腔热情，开始担任中华义工"快乐小陶子"项目的负责人，也就是从这个时候开始，他接触到一个他之前从未接触过的群体：唐氏综合征儿童(唐氏儿)，他们也有一个可爱的名字——唐宝。

唐氏综合征又称先天愚型或21三体综合征，是由于染色体异常而引起的疾病。百分之六十的患儿在胎儿早期就会因流产而无法降生，而存活者有明显的智能落后、特殊面容、生长发育障碍和多发畸形的症状。

这是一个十分正确的官方解释，但对某些唐氏儿生存的现实情况却说明甚少。在长达一年和这些孩子及其家长的接触中，徐克让发现他们的症状远没有所说的那么严重，上面所给出的都是病情发展到后期时最坏的情况，而且囊括了唐氏儿所有的表征。实际情况却并非如此，因为发病状况是因人而异的，每个孩子可能只有其中的一两种表现，且发病程度的轻重也不同。

唐氏综合征发病概率尽管很低，但在中国庞大的人口基数下，这个群体的规模却已然不可忽视。然而现实中太多的人对他们有严重的误解，拒绝与他们接触。

徐克让接触到这个群体后，认为"快乐小陶子"项目非常适合他们。唐氏儿的先天条件决定了他们难以拥有与他们交流的朋友，因而其心智的未来发展令人十分担忧。而如果有"好哥哥好姐姐"给他们讲述这些阳光快乐的绘本故事，一定会对他们的成长有相当积极的影响。这便是徐克让开始这个项目的原因，但坚持下来并非是一件易事，因为和孩子们相处的过程中要克服太多太多的困难。

有的孩子吐字不清，需要一个字一个字地认真去听；有的孩子会突然暴躁，要一次一次地耐心安抚；有的孩子动作不灵敏，当教他们画画、跳舞的时候，需要"手把手教"，而所谓"手把手教"，真的是大手把着小手，一点点地取得预定的成果。徐克让通过他们的家长了解到，这些都是唐宝的表征。而且这些孩子的视力

大多都不太好，所以每张图都要给他们拿得很近。除此之外，徐克让也努力把他们带入大自然之中，他们在滨河家园对面的小公园里铺上爬行垫，撒上很多很多的绘本故事图书，邀请附近很多小孩子们和唐宝们一起读，让唐宝们更多地接触到正常孩子们，进入群体。

尽管过程十分艰难，需要做的事情很多很多，一年之中，他还是累计针对唐氏综合征儿童展开陪伴课堂三十余次，几乎每个周日上午，他都会带着七八名志愿者，前往职工新村社区，去给这些孩子们讲绘本故事，陪着他们画画、跳舞、唱歌。渐渐的，这个曾经"五大三粗"的壮汉，变成了一个会讲各种故事的大哥哥。

说起这段时光，问及他关于这些事情，他感叹说："孩子们的世界永远都是简单的，其实很多时候都是大人给了孩子们限制，是他们给孩子们灌输了太多的思想。孩子们的交往本就是应该天真简单的，无论是什么样的孩子都没有区别，他们真正需要的，恰恰就是这样天真简单的陪伴。"

一年之中，徐克让见过的唐宝数量已经有百余人。整个长春市的唐宝家长很团结，他们有个两百多人的微信群，那里基本集中了长春市的唐宝群体。徐克让回忆自己每次群中发布活动信息的时候，下面一条一条的跟帖回复都是那样牵动人心。但为了确保活动质量，活动名额必须限制。每次发布信息，家长们几乎是秒回的。他的心中有欣慰，更有心酸，因为尽管他努力去做，可面对这些孩子们的活动实在太少了。这也给了他相当大的触动，他不禁想，除了举办这些活动，还能做些什么才能帮到他们。

2018年3月21日，在多方的共同努力下，吉林省首个针对唐氏综合征儿童的民间服务组织，"唐宝之家"正式注册成立。在这一年之中，是徐克让看着唐宝的这个群体一点点壮大起来，一点点出现在人们的视野之中。

徐克让并不觉得自己能像白求恩先生一样，做出能被时代铭记的"大善"，毕竟能做到这种境界的人屈指可数。

现代的白求恩志愿精神，其实是一种由小善做起，最后达到大善的过程，享受这个为他人服务的过程，在不知不觉中做了那么多之后，便会获得一种成就感和满足感，为了这种成就感和满足感而继续志愿这一善行，即使最开始并没有行大善的心，但确实达成了大善。

在这条庄严的路途上，徐克让选择以"孩子王"这一身份作为开端，孩童是我们一生中最初也是最美好的形态。而陪伴孩子们时内心所获得的满足，在徐克让的心中，或许就是白求恩志愿精神最生动的内涵。

白求恩志愿精神就是这样，或许最开始的你并没有意识到自己在走这样一条神圣的道路，而当你注意到的时候，可能已经在这条路上得到了你最初不曾想到的收获。

如果想要去了解白求恩志愿精神，不妨从小事开始做起吧，就比如……从陪伴在孩子们身边，做他们的孩子王开始。

九、王聪——"星星的孩子"守护者

个人简介：护理学院2014级1班团支部书记，护理学院社团联合会副主席，天使志愿者协会会长。

获奖情况：国家奖学金、国家励志奖学金、吉林省冀商商会奖学金、首届"互联网+"大赛省赛金奖、护理本科生临床综合技能大赛全国一等奖、护理学院"公益之星"、吉林大学"校优秀学生"、吉林大学"校优秀团干部"、吉林大学"自强自立大学生"标兵等。

当鲜花盛开的五月悄悄降临，当万紫千红的季节换上新装时，我们永远记得南丁格尔女神在这样的日子默默走过，将爱心、耐心、细心与责任心洒向人间。从大学入学开始，被南丁格尔精神深深打动的王聪，正是用这样的信念与信仰，守护着一个又一个来自"星星的孩子"，并带领更多的人去温暖他们。

"世界上有这样一群孩子，他们来自美丽的夜空，独自漂泊在遥远的天际，用纯净的眼睛，注视着茫然而陌生的世界"。初次接触志愿服务的王聪，听到老师与学姐们这样介绍未来的服务对象，是心疼却又不知所措的，并暗暗在心里许下小心愿：我一定要为他们做些什么，来守护这些可爱的孩子！

众多的志愿服务经历中，给她留下最为深刻的印象的，当然还是第一次走进他们的经历。那天的天空灰蒙蒙的，伴随着小雨淅淅，一个半小时的公交车程，让王聪与她的伙伴们有了些许不耐烦。而进到星光特教中心的门内，看到头顶上的飘飘彩旗与脚下的翠绿地毯，体会到特教老师们的付出，他们的心情霎时由多云转晴。

与特教老师一同迎接他们的，还有可爱的"星星的孩子"：不同于普通的同学，他们是没有整齐队列的，两个孩子欢呼雀跃着，两个孩子在秋千上肆意地荡着，一个孩子快速地围着我们转圈圈并且嘴里还振振有词的，一个孩子躲在老师的身后。

与想象中的孤独症儿童完全不同，王聪与她的小伙伴们稍有震惊与无措，他们不知该如何融入孩子们的世界。在孩子们不断的吵闹声中，王聪才从与特教老师的交流中稍有体会：我们能做的只有陪伴和锻炼，比如打乒乓球、折千纸鹤、做教具等，只有对他们真心付出，才会使孩子们的状况有所改善。

不论春秋冬夏，不论严寒酷暑，只要一有时间，她就会向协会申请去看望那些来自"星星的孩子"。孩子们绝大多数时候是吵闹的、独自活动的、有特殊癖好的、甚至有时候是发脾气的，但他们往往有着不同常人的特长与天赋，比如：背百家姓、弹钢琴等，王聪一直在特教老师的帮助下，努力与孩子交流并玩耍。直到有一天离开之时，那个躲到老师身后的孩子，冲出来拥抱了她，向她发问"姐姐，你什么时候再过来呀"，她感到前所未有的幸福与成就。

王聪一直喜欢称他们为孤独症儿童，而不是自闭症儿童，因为她希望有更多的人走进他们的世界。因此，当她成为天使志愿者协会会长时，她更是将孤独症儿童的服务体系完善，建立起星光特教中心与天使志愿者协会的长期联系，为一批又一批的志愿者们提供服务前培训，并成功申请到吉林大学优秀志愿者服务项目——"有你关爱，我不孤独"星光系列活动。

以守护"星星的孩子"为出发点，王聪深知只为这些孩子守护是不够的。作为一名合格的白衣天使，她要守护的是不同的弱势群体。因此，她努力完善协会制度，积极改革创新，带领一批又一批的志愿者为偏远山区的孩子募捐衣物，为敬老院里孤单无助的老人送去温暖，为黑暗世界里的盲童用"迷你马拉松"来助力。正是因着一次次真真切切的服务和健全完善的制度，协会被评为吉林大学"十佳志愿者服务组织"，以及长春市"十佳最美巾帼志愿服务队"。

作为白求恩精神和南丁格尔精神的传承人，王聪始终将其合二为一，幻化为一种无私的、竭尽全力地为他人服务的精神与信仰。

在被问及坚持做公益、做志愿服务的原因时，她总会这样说："首先是因为白求恩及南丁格尔精神感化了我，用自己力所能及的事情去温暖别人，也能感受到自身的价值；其次是因为我受到了太多来自学校、学院、老师及同学们的帮助，我更有义务去守护和关爱别人，哪怕只有一丁点儿作用，也能激起一丝涟漪。"

涓涓细流，汇入长江。正如那句"捧着一颗心来，不带半颗草去"一样，"星星的孩子"守护者——王聪，会坚持自己的初心与韧劲，用爱心与力量，去温暖和帮助身边的弱势群体，做他们最忠实的守护者！

十、黄蕾——陪伴是最长情的告白

个人简介：吉林大学口腔医学院2012级七年制学生，口腔医学院学生团总支书记，白求恩口腔青年志愿者协会会长。

获奖情况：吉林大学新生奖学金，吉林大学一等奖学金，吉林大学优秀学生干部、吉林大学优秀团干部等。

旭日从东方升起，阳光赋予她温暖光亮；流星从天际划过，暗夜衬托她绚烂夺目。从白昼到黑夜，从春华到秋实，年年岁岁花相似，岁岁年年人不同，她，就是那朵一直盛开在风雨中的花——吉林大学口腔医学院2012级七年制学生黄蕾。

黄蕾来自广袤无垠的内蒙古大草原，她说内蒙古不止有"风吹草低见牛羊"的美景，还有"平沙莽莽黄入天"的苍凉，她记得高中第一次爬上那座荒山时的黄沙漫天，她记得第一次亲手挖坑种树时磨破的掌心，从那天起，十六岁的她正式加入包头义工联合会，成为其中一名小小的义工。中学时代课业繁重，每周仅有一天休息的她坚持参与各类志愿服务活动，端午节去市福利院包粽子，中秋节到养老院送月饼，寒冷的冬日在街边义卖报纸，炎热的夏天徒步黄河筹集善款……种类繁多的义工活动在她心里种下了一颗种子，时光浇灌下慢慢生根发芽。

2012年，进入吉林大学口腔医学院的黄蕾走出了她熟悉的生活圈，踏上了更广阔的医学路，就是在这里，她找到了生命最美丽、最温暖的意义。初入大学校园，刚刚成为医学生的黄蕾加入了吉大一院宁养义工，成为一个八人小组的组长，负责每周为一位身患宫颈癌的阿姨送药，从校园到医院，从医院到阿姨家中，这条往返四个小时车程的路，她一走，就是一整个冬天。第一次见到阿姨的丈夫时她还有些胆怯，听着叔叔讲这些年的辛劳也不知该如何安慰，她默默记着叔叔说的一些小细节，在阿姨儿子生日那天带领组员悄悄为他准备生日惊喜，天气转暖时带爱美的阿姨去公园拍照……几个月的时间很短，但这段日子不止是她陪伴了阿姨，更是叔叔阿姨陪伴了她，给一个异地求学的小姑娘带来了家一样的温暖。"茫茫红尘中，庆幸有过这样相互陪伴的经历，遇见这样充满爱的一家人，像驻扎进我生命的一道绝世风光。"关于这段宁养义工的经历，黄蕾这样说道。

2016年的夏天，黄蕾参加了"庆祝建校70周年，重走白求恩路"主题活动，那是她第一次踏上革命老区，第一次走进乡村小学，第一次做老师，第一次被孩子们拉着衣服说"黄老师你别走""黄老师我会想你的""黄老师你什么时候还来给我们上课"。提起那年夏天那一群可爱的小姑娘，黄蕾的眼中泛起了泪花，她说那个清晨两个小姑娘送她的两朵带着露珠的喇叭花她会一直一直珍藏在心里，这是她收到过最珍贵的礼物。一周的时间太短暂了，她还没来得及和孩子们一起去田间采花，没来得及给孩子们讲讲村庄外面的世界，走的时候孩子们问她"黄老师你明年还来吗"，她笑着告诉孩子们明年一定来。2017年夏天，她如约而至，看着孩子们向她飞奔而来争着讲述这一年的点滴，还有已经毕业的孩子们回来对她说"黄老师，我长大也要像你一样考到吉林大学"，她想这大概就是陪伴成长的力量吧。

年岁渐长，黄蕾的志愿服务之路愈加广阔，她开始接触各类市级志愿服务组织，参加过吉林省红十字会组织的急救演习，为长春喵有爱流浪猫救助组织义务打扫猫舍，进入心希望心理救援组织学习心理疏导，加入喜爱帮志愿者协会陪伴心智障碍者。心智障碍包括自闭症（孤独症）、脑瘫、智力障碍、唐氏综合征、发育迟缓等，大部分心智障碍者不被普通学校接收，成年后难以独立生活，父母是这些孩子们唯一的依靠。今年是她参加喜爱帮活动的第三年，三年里她与"星星的孩子"一起做手工，一起定向跑，孩子们从最初的抗拒到如今会笑着来牵她的手，她说："陪伴是最长情的告白，哪怕他们永远不能像正常人一样生活，哪怕他们连自己穿衣吃饭都做不好，他们也懂得回报，所有的付出都不会石沉大海。"

八年的志愿服务经历让她不断成长，也越来越明白成为一名合格的医生所要具备的不仅仅是精湛的医术，更重要的是一颗"见彼苦恼，若己有之"感同身受的心。如今的黄蕾已经是一名口腔医学专业的硕士研究生，谈及以后的规划，她说在未来的岁月，希望还能在自己的工作岗位为患者解除病痛，也能发挥自己的光和热，继续陪伴有需要的人。

这就是她，一名平凡无奇的医学生，一朵生生不息盛开的花，愿做他人的火焰，为他们打造温暖的世界，愿做他人的蓝天，为他们驱散苦难的云烟。

第三节　吉林大学白求恩志愿服务典型项目

一、海峡两岸双向联动社会实践活动

2012年4月19—22日，应吉林大学邀请，台湾阳明大学医学院副院长陈维熊教授一行三人来校商谈大学生社会实践合作事宜。经过精心准备，多次实地考察，严谨设计实践具体方案，双方细致沟通对接，海峡两岸双向联动社会实践活动于2012年7月正式开始，2012年由吉林大学白求恩医学院和台湾阳明大学医学院联合举办，2013年由吉林大学白求恩医学部和台湾阳明大学医学院联合举办，两年两校共有近百名师生历时80天参与社会实践，双向联动社会实践活动在海峡两岸各地引起良好的社会影响。

2012年首次海峡两岸双向联动社会实践活动

2012年暑期，吉林大学白求恩医学院与台湾阳明大学医学院联合组织的首次海峡两岸高校双向联动社会实践活动，在中国台湾地区和大陆地区陆续开展。7月，吉林大学12名师生奔赴台湾，在台北市与阳明大学社会实践团队会合，赴台东县延平乡桃源村国民小学开展为期28天以支教和卫生宣教活动为主的社会实践。8月，阳明大学的12名师生来到长春和吉林大学白求恩医学院12名

图4.16　2012年台东县延平乡社会实践活动

师生汇合，赴东丰县杨木林镇太安村，先后开展了村民走访、中小学校宣教、乡镇卫生院见习、基层卫生体系调研、农村产业园参观、县医院实习等社会实践活动。期间吉林大学相关领导专程到东丰县看望了参加社会实践的两岸师生。社会实践团队回到长春后，在白求恩第一医院进行一周的临床实习。8月26日，在白求恩第一医院召开了首次海峡两岸双向联动社会实践总结会。

总结会上，两岸同学精彩的ppt展示和发自内心的实践心得，深深地感染了与会的每一个人。吉林大学学生领队潘晓丹感言："同为炎黄子孙，我们黄发黑眼；

同为中华儿女，我们血脉相通！面对孤老，我们同呈怜惜；对待儿童，我们共携呵护"；阳明大学学生领队倪宇立同学感言："世界的希望在中国，台湾的未来在大陆"；更多的同学通过社会实践在思考：如何能改变村民的健康意识，如何让更多的低端患者享受高质量的医疗服务，如何在今后的行医道路上永怀仁爱之心……

图4.17 2012年海峡两岸师生东丰县社会实践合影

本次社会实践活动对推动两岸医学生的交流，促进两岸高校在社会实践领域的合作进行了有益的尝试。两个社会实践团队都出色地完成了预定的实践内容，达到预期的目标。同学们特色鲜明的活动形式和优质的服务态度，得到两岸同胞的高度认可和社会各界的一致好评。两岸同学通过此次活动收益颇丰，转变了观念，开阔了视野，锻炼了能力，收获了友谊。

2013年第二届海峡两岸双向社会实践活动

经过近两个月紧锣密鼓的前期准备，吉林大学白求恩医学部和台湾阳明大学医学院两校共同组办的第二届海峡两岸暑期双向联动社会实践活动于2013年7月20日顺利启幕，活动时间长达40天，海峡两岸共派出四支学生队伍参加本次实践活动，分别是吉林大学台湾社会实践小分队、吉林东丰社会实践小分队以及台湾阳明大学社会实践台湾台西小分队、吉林东丰小分队。

1.台湾台西云林县社会实践活动

首先开始社会实践的队伍是台湾台西社会实践小分队。该队是由临床医学专业、医事法学和医学信息专业的6名吉林大学学生与台湾阳明大学10名学生共同组成，在医学部学生工作办公室带队老师的带领下于20日抵达台湾，并开始了为期20天的社会实践活动。炎热的气候是此次台湾台西小分队师生们克服的主要困难之一，由于气温异常，使原本潮热的天气变得更加酷热难耐。在这样的气候条件下，台湾台西小分队分别进行了感受台北及阳明大学文化、云林县台西乡志工服务等实践活动。在实践过程中，师生们住在台西乡的寺庙里，感受着十人共宿在一个通铺上，竹枕薄被，日出而作，日落而息的生活，在忙碌的实践中深刻地体验着劳动带给大家的那种"痛并快乐着"的感觉。尽管烈日炎炎，但同学们依旧热情高涨，在大家团结友爱、互助

图4.18 2013年台湾台西云林县社会实践活动

合作下，不仅顺利完成了阳明大学为大家安排的社区营造课程，同时还帮助台西乡华山基金会完成了对三失老人（失能、失依、失智）的服务救助工作。师生们不仅克服了重重意想不到的困难，帮助老人清扫了居所场院，还陪老人快乐地聊天，尽管大家听不懂彼此的言语，但温暖的笑容依然能够传递彼此的问候。此外，最让师生们有成就感的就是为当地国际彩绘村中一位年近七十岁，却靠拾塑料瓶独自照顾失明儿子的老婆婆绘制墙壁彩绘。墙壁长约20米，高3米，坐落在公路旁。面对巨大的墙壁，师生没有退缩，踌躇满志，细心规划，从粉刷墙壁到绘制草图，从上色晕染到后期制作，师生们都投入了全部精力，曾经白皙的师生被晒黑了几度，甚至被晒伤，满身的蚊包更是多到数不清。曾经恐高的同学克服自己的胆怯可以在脚手架上如履

平地，上下自如。柔弱的女同学可以双手拎四个油桶来回运送，甚至掌控装满油漆桶的独轮车。师生们将吉林大学校名及"求实创新，立志图强"的校训绘制在画作之上，以激励师生们克服困难，坚持下去。师生们将自行设计的带有白求恩头像的医学部部徽和医学部办公楼绘在墙上，希望台湾同胞也能了解白求恩，与吉林大学师生们一起将白求恩精神共同传扬下去。接下来，从长白山天池到万里长城，从天安门广场到台北夜景，一袭衔着橄榄叶的白鸽从天安门上方一路飞向台北101大楼，其间还有国花牡丹的点缀与百幅图的相映生辉，寓意吉祥，使整幅画面尽情展现了祖国大陆的壮丽山河与中华文明，同时也体现了台湾的现代都市风情，充分寄托了吉林大学师生对海峡两岸和平共荣的美好愿望。吉大师生们的创作引来了当地村民的驻足围观，村民们对于仅仅7人的团队能画出这么大一幅墙壁彩绘啧啧称奇，华山基金会的朋友也为同学们拍摄了很多照片，同学们的画作还被当地的《中时电子报》所报道，后又被台湾中天电视台报道，足见其影响力之大，那种寄情山水，血浓于水的亲情感更让一切都变得伟大而又美好。忙碌的同学们在绘画的同时还进行了湿地劳作体验。这次湿地体验活动同学们收获了惊与喜。惊的是湿地工作存在着各种潜在的危险；喜的是同学们除了学会了湿地劳作与水产养殖的常识知识，大家还认识了招潮蟹、和尚蟹、跳跳鱼以及其他一些有趣的鱼类贝类，增长了见识。而更具意义的是在危难时刻两岸同学能够互帮互助的友情，让海峡两岸同学之间更加贴近。此次湿地体验的经历让参加社会实践的同学们终生难忘。

2.吉林省东丰县社会实践活动

就在台湾台西社会实践小分队的活动接近尾声时，吉林东丰社会实践小分队的

队员们也一同快乐地踏上了东丰实践之路。虽是东北，但气候的异常使东北也出现了持续高温天气，同学们在深入农村走访农户的过程中，都汗如雨下，但同学们都没有被高温所难倒，每一天都以饱满的精神及服务的热忱坚持为村民们做问诊、社会问卷等医疗服务工作，并向村民们宣讲包括"三高"和"二手烟的防治"等相关知识，不仅增长了村民们的医疗卫生常识，同时也提高了村民的预防意识，使健康生活理念逐渐渗入到村民心中。对同学们的耐心讲解和无微不至的关怀，村民们备感亲切，实践活动受到了当地村民的欢迎和喜爱。家访结束后，阳明大学队员陈智婷还表示："这种不同的生活体验给她留下深刻的印象，也让她体会到不一样的生活，并相信此次社会实践活动对她未来的行医之路将有很大的启发。"同学们每一天都过得充实而有效率，虽然每天都很疲惫，但每晚同学们仍然都会在帐篷里召开例行会议，对完成的工作进行总结，并对新一天的工作进行讨论及策划。就在一切进行得如火如荼之时，东丰县的连续强降雨天气导致大本营附近的水库水量剧增，已经淹没部分路段并继续向社会实践大本营蔓延。为了避免社会实践队伍被围困在太安村，县领导决定将队员们全部转移到东丰县县城中安置。但这几场突如其来的暴雨并没有浇灭队员们的热情，他们依然在东丰县中继续着实践内容，基层医疗保障体系调研、与县医院医护人员座谈等活动都开展得井井有条，充分体现出了队员们随机应变的能力和处乱不惊的心态。在东丰社会实践阶段，虽然经历了波折，但同学们没有退缩，在艰苦的条件中仍然充满了快乐与自信，并对自己能为村民解决问题，为医疗扶贫做出贡献，感到无比自豪。同学们认为，这次的实践活动，不仅磨砺了大家的意志，同时也学会了坚持。特别是对台湾同学那种对待工作的认真态度，更是值得赞叹与学习。

图4.20 2013年海峡两岸师生东丰县社会实践活动

3.交流反思、共促成长

8月27日，三个团队的学生通过心得体会、严谨的实践调研数据及温馨感人的实践视频向大家回顾了同学们的实践经历，进行了实践总结汇报交流。陈维熊副院长对本次双向社会实践活动做了详细的总结。他对吉大赴台湾社会实践学生在这次活动中能够得出"服务要去满足需求，根据需求再去服务"这一实践服务宗旨表示由衷的赞赏，并指出每一项社会实践活动的背后都包含了许多不为人知的点点滴滴，其实，无论做了多少事情，做了多少数据，参与者的感觉同样是评价收获的重要因素，他希望同学们将收获的这份感动在以后的生活中逐步转化为行动，不仅要将这份感动传承下去，同时还要更好地为服务社会，完善自身。他指出对于学生来说，"行万里路，读万卷书"，比起在课堂中学习，实践更为重要。在此次社会实践活动的同时，两岸青年的交流与沟通也得到了促进，他希望能将这项积极有益的活动继续办下去。这次的活动，学校及学部的领导都给予了高度重视，希望在吉林大学和阳明大学合作的基础上扩大合作范围，即吉林大学与台湾阳明大学从教学、科研等各方面进行全面合作，为两岸学子提供更多的学习、实践与交流的机会。并对未来的合作充满了期待。

8月28日下午，吉林大学白求恩医学部在新民校区活动室为参与社会实践的同学们举办了联欢会，同学们载歌载舞，共叙依依不舍之情。第二日清晨，随着台湾同学踏上了返乡之路，本次的"海峡两岸双向交流社会实践活动"圆满落下了帷幕。

本次社会实践活动有三个特点：一是在海峡两岸间开展，二是具有鲜明的医学特色，三是时间跨度长达一个月。这在一般的社会实践中是不多见的。类似活动的开展会增进两岸年轻人间的理解与沟通程度，进而推动未来两岸间的交流与合作。

二、寻根之旅——重走白求恩路

为深入开展"继承老白校传统，弘扬白求恩精神"活动，进一步凝练吉林大学三源色红（红色革命精神）、白（白求恩精神）、黄（黄大年精神）精神，在吉林大学党委书记杨振斌的亲切关怀下，吉林大学白求恩医学部在2016—2018年暑期分别以"庆祝吉林大学建校70周年""贯彻落实全国思政会议精神""贯彻落实十九大精神"为主题，连续三年组织近500名师生到河北石家庄、唐县、顺平县等革命老区进行重走白求恩路的寻根之旅活动。主要是到吉林大学白求恩医学部的发源地相关村镇、小学进行社会实践，送医送药义诊等活动，并经受白求恩精神教育和洗礼。主题活动分三个模块进行：

第一个模块由医学部学生工作办公室统筹医学部所属五个本科生学院到各自的社会实践活动基地，临床医学院—唐县军城镇牛眼沟村（白求恩学校成立所在地）、口腔医学院—和家庄村（晋察冀司令部所在地），公共卫生学院—齐家佐乡葛公村（白求恩医院所在地），药学院—黄石口乡黄石口村（白求恩逝世地）以及护理学院—顺平县神南乡向明村（老白校学子遇难地），开展为期7～10天的社会实践活动，主要进行义务支教、健康知识宣讲、体质健康检测、入户走访调研等系列活动。

第二个模块由医学部医院管理办公室组织四所附属医院的医护人员组成白求恩

志愿医疗队到革命老区（上述五个地点）为当地村民进行义诊，并接受白求恩精神教育。

第三个模块由医学部综合办统筹协调学校相关部门、医学部及各学院主要领导在杨振斌书记、冯正玉副书记、李凡学部长的带领下慰问社会实践师生和义诊的医护人员，并与白求恩医务士官学校、白求恩国际和平医院、白求恩精神研究会、白求恩医科大学北京校友会等白字头单位共同开展相关主题活动。

2016年学部将白求恩医学部学子们自编自演的话剧《离开白求恩的日子》，在石家庄医务士官学校和唐县白求恩希望小学进行了巡演。2016年、2017年医学部在几所附属医院的支持下，对革命老区唐县军城镇牛眼沟村做了一些援建工作，对白求恩希望小学进行了重新修缮，在牛眼沟村老白校旧址修建了吉林大学白求恩医学纪念馆——唐县分馆，为牛眼沟村修建了道路并设立了有白求恩标识的路牌等，四家附属医院共资助建设经费59万元。

重走白求恩路的寻根之旅活动得到新华社、中国人民解放军军报、健康报等多家新闻媒体的关注和报道，受到老区当地百姓的热烈欢迎，产生了良好的社会影响，目前已经成为吉林大学的品牌项目。

2016年吉林大学白求恩医学部
——"庆祝建校70周年，重走白求恩路"主题活动

2016年7月12日至19日，吉林大学组织120余名师生，来到河北省唐县晋察冀抗日根据地革命老区，追思白求恩同志事迹精神，探访白求恩学校的创建历程，为老区人民开展义诊和支教志愿服务，受到老区广大群众的热烈欢迎。吉林大学党委书记杨振斌，副校级干部、白求恩医学部学部长李凡，党委宣传部、医学部党工委及各相关学院负责同志参加了主题活动。

踏着白求恩的足迹一：吉大师生走进石家庄 重走白求恩路

7月13日上午，各医疗分队、社会实践分队在石家庄华北烈士陵园举行"庆祝建校70周年，重走白求恩路"主题活动启动仪式。仪式由李凡主持，中国白求恩精神研究会袁永林会长及参加此次活动的医生代表、学生代表分别致辞。杨振斌在讲话中指出，此次主题活动是学校近年来在长春以外组织的规模最大的纪念白求恩同志的活动，也是学校传承和弘扬白求恩精神的新起点。白求恩精神不但是吉大白求恩医学部的精神起源，也是吉林大学宝贵的精神遗产，不但是吉大医学稳步发展的不竭动力，也是每一个吉大医学人执着坚守的信念。对于如何深入弘扬传承白求恩精神，杨振斌强调要在坚定理想信念、刻苦钻研技术、强化责任意识上下功夫。全体师生向白求恩墓敬献鲜花，参观白求恩纪念馆。仪式结束后，杨振斌等前往白求恩医务士官学校校史馆参观调研。

图4.21　2016年杨振斌等参观白求恩、印度援华医疗队纪念馆

7月13日下午，"传承白求恩精神 同根同源座谈会"在石家庄举行。座谈会由李凡主持。杨振斌在讲话中，介绍了吉林大学近年来为宣传和弘扬白求恩精神所开展的一系列工作和活动，回顾了吉林大学白求恩医学部的发展历程，展望了原白求恩学校各相关分支单位广阔的合作前景。白求恩精神研究会会长袁永林、白求恩医务士官学校政委于维国、白求恩国际和平医院副院长张巨波、白求恩医科大学北京校友会会长金永成等领导和专家分别发言。与会各界对白求恩学校的历史沿革及各分支单位不同特色的演进发展进行了广泛探讨，寻求对白求恩精神的相同表述，一致倡议共同承担起弘扬传承白求恩精神的伟大历史使命。

杨振斌一行还于7月12日下午抵达石家庄后，前往白求恩国际和平医院参观访问并参观了该院由聂荣臻同志题写馆名的白求恩纪念馆和由叶剑英同志题写馆名的柯棣华纪念馆。

踏着白求恩的足迹二：吉林大学在河北唐县建白求恩医学纪念馆

7月14日，师生们追溯着历史的痕迹，在唐县晋察冀抗日根据地白求恩同志战斗、生活及以身殉职的地方开展社会实践活动。在和家庄村，白求恩同志在这里长期教学、生活，编写了《战地救护须知》《战伤治疗技术》等教材。师生们瞻仰了白求恩故居及晋察冀烈士陵园白求恩同志墓址。在黄石口村，师生们在白求恩同志病情恶化、逝世后短暂安顿的院落里，认真聆听讲解员讲述白求恩同志最后一封遗书的故事，不禁潸然泪下。在葛公村，师生们参观了白求恩同志逝世后，聂荣臻司令员亲自宣布军区决定，将晋察冀军区卫生学校命名为"白求恩学校"的建校遗址。追古思今，大家对继承和弘扬白求恩精神有了更深的感悟和思考。

图4.22　2016年吉林大学白求恩医学纪念馆唐县分馆讲解员为来宾讲解校史

7月14日下午，"吉林大学白求恩医学纪念馆"开馆仪式在牛眼沟村晋察冀军区卫生学校遗址举行。1939年9月18日，晋察冀军区卫生学校在河北省唐县牛眼沟村正式成立，这也是吉林大学白求恩医学部的正式起源。杨振斌及当地政府负责同志共同为纪念馆揭牌。2015年，杨振斌及医学部相关同志曾来此踏察调研，决定组织修缮原卫生学校遗址遗存。纪念馆现址由吉林大学白求恩第一、第二、第三医院和口腔医学院共计捐资23万元改造完成，将成为吉林大学师生接受爱国主义教育、学习白求恩精神的重要场所。

7月15日，师生们在白银坨白求恩学校学子遇难遗址举行纪念活动。1941年10月，150余名正值花季的白校学生和医护人员、伤病员与日寇顽强搏斗而壮烈牺牲。师生们向烈士群雕鞠躬致敬，敬献花环，并庄严宣誓。李凡在讲话中希望师生们发扬老白校烈士精神，始终铭记白求恩精神的核心内涵，坚守医务工作者的崇高品德、优良传统和职业准则，为国家发展、人民福祉奉献吉大医学人的才智和热情。

踏着白求恩的足迹三：心系老区 留下一支不走的医疗队

连日来，在唐县抗日根据地革命老区的多个村庄里，都闪现着一群身穿统一白色大褂、臂戴统一徽章的医生们，他们顶着烈日酷暑，一个接一个地接受老乡们的求医问诊，态度和蔼，一丝不苟，汗水浸透了衣衫，他们是由吉林大学第一、第二、第三医院组成的"白求恩志愿者医疗队"。医疗队包含了医院门诊内科、外科、儿科、中医科等大部分科室的骨干医生，其中不乏国内知名

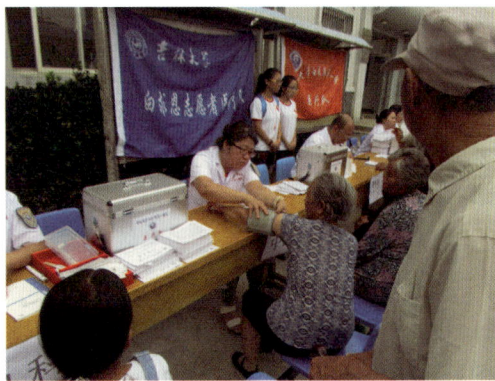

图4.23　2016年白求恩医疗队为唐县村民义诊

的专家、教授。他们从医院带来了先进的心电和彩超仪，来进行诊查的老乡们络绎不绝。据不完全统计，在活动开展期间，白求恩志愿者医疗队在唐县五个自然村共计义诊近2000人次，为当地村民进行心电和彩超诊断722人次，累计发放药品及医疗用品价值6万余元。

党委书记杨振斌说，在革命老区特别是白求恩学校创办地开展义诊活动，首先是吉大师生接受爱国主义教育的好机会，可以更好地以白求恩精神、以老白校精神引领师生投入到学习和工作当中去；为当地群众开展送医送药等志愿服务活动，可以更好地使师生们"接地气"，离开教室、诊室和实验室，深入老区当地，不忘初心，更好地为老区人民身心健康服务。

这一年，是吉林大学医学部师生到革命老区唐县开展义诊的第7年。师生们怀着每走一个村庄接受一次洗礼，每诊疗一名患者增添一份敬意的心情，感受革命岁月的艰辛，追随白求恩的脚步，尽己所能以高尚医德和精湛医术为老区人民服务。医

疗队的医生们纷纷表示，今后还要克服困难回到这里、回到白求恩精神的摇篮，做老区人民的健康卫士。

踏着白求恩的足迹四：吉大捐资修缮白求恩希望小学

7月14日，白求恩希望小学重修竣工仪式在唐县牛眼沟村举行。2002年，白求恩医科大学北京校友会参与了小学的捐建，在老区孩子们的心中播下了希望的种子。2009年起，吉林大学白求恩医学部师生开展的"筑梦白医·寻根之旅"连续七年来到这里，开展支教和送医送药活动，他们还为希望小学建立了电脑教室，给孩子们打开了了解外界的窗口，为他们带来新的希望与期盼。2016年，吉林大学白求恩第一、第二、第三医院和口腔医学院共计捐资28万元，将白求恩希望小学修缮一新。仪式上，杨振斌代表吉林大学致辞。他说，在今后的工作中，吉林大学要坚持在唐县开展白求恩志愿服务活动，进一步丰富活动形式、扩大服务范围，让更多的师生到革命老区、到吉林大学医学的发源地"受教育、找初心、做贡献、长才干"。同时还要尽可能地做好对牛眼沟村白求恩希望小学的帮扶工作，力所能及地改善小学的办学条件。

图4.24　2016年唐县白求恩希望小学重修竣工仪式

重修竣工仪式后，由吉林大学医学部师生独立创作完成的话剧《离开白求恩的日子》在白求恩希望小学上演，为牛眼沟村及附近村镇群众带来了一场文化盛宴。此前，该话剧已于7月12日在白求恩医务士官学校登上舞台，受到该校领导及学员们的高度评价和热烈欢迎。

图4.25　2016年话剧《离开白求恩的日子》在牛眼沟村白求恩希望小学巡演

与此同时，由公共卫生学院、护理学院、口腔医学院等师生组织的支教团，连日来也活跃在唐县老区的多个村庄。他们向老乡们分发健康手册，为留守儿童补习课业，深入了解老区生产生活实际，慰问抗战老兵及拥军先进，走进农家宣传医疗卫生常识，探访革命战争遗迹，用自己的实际行动重走白求恩路，不断接受心灵的洗礼，得到新的收获、新的体会。

2017年吉林大学白求恩医学部
——"贯彻落实全国思政会议精神，重走白求恩路"主题活动

2017年7月，为深入贯彻落实全国高校思想政治工作会议精神，吉林大学白求恩医学部在河北省石家庄市、唐县、顺平县等地，组织师生开展"贯彻落实全国思政会议精神，重走白求恩路"主题活动。吉林大学党委书记杨振斌，白求恩精神研究会常务副会长戴旭光，中国人民解放军白求恩医务士官学校校长李云波，吉林大学白求恩医学部学部长李凡，吉林大学北京校友会副会长尤红，吉林大学上海校友会白求恩医学分会会长冯颖等及吉林大学白求恩医学部、基础医学院、公共卫生学院、药学院、护理学院、临床医学院、白求恩第一医院、白求恩第二医院、中日联谊医院、白求恩口腔医院、吉林大学关工委等部门和单位负责同志参加了活动。

图4.26　2017年重走白求恩路师生参观唐县白求恩柯棣华纪念馆

自7月11日起，白求恩医学部师生150余人陆续从长春抵达河北晋察冀革命根据地老区，广泛开展社会实践、支教帮扶和送医送药活动。师生们参观了唐县白求恩纪念馆、柯棣华纪念馆和晋察冀革命烈士陵园，参观了白求恩学校遗址遗存，学习体会白求恩精神和革命先烈的英雄事迹，接受了一次鲜活而深刻的革命传统教育。由五个本科生学院组成的社会实践小分队，顶着炎炎烈日，深入唐县军城镇牛眼沟村（晋察冀军区卫生学校创建地）、和

**图4.27　2017年白求恩医疗队在唐县
牛眼沟村为村民义诊**

家庄村（晋察冀军区司令部所在地，白求恩同志曾工作和生活在这里）、黄石口乡黄石口村（白求恩同志逝世地）、齐家佐乡葛公村（原白求恩学校所在地）和顺平县神南镇向明村（1941年10月白求恩学校学子反"扫荡"遇难处）等地，在各村小学开展支教帮扶，到老乡家中进行健康宣传、医疗普查和儿童成长健康体测。各临床医院组织神经内科、心内科、普外科、中医科、儿科、口腔科、电诊科、眼科等科室骨干专家组成白求恩医疗队于7月15日抵达唐县，16日参观了唐县白求恩、柯棣华纪念馆并走访师生社会实践所在的村庄，进行义诊前的准备，17日，在各村开展集中义诊和送药活动，接诊村民2000余人次，累计发放价值30000余元的药品，为当地村民缓解了看病难问题，受到革命老区群众的热烈欢迎。7月17日，杨振斌等领导一行来到各活动地点，亲切

图4.28　2017年护理学院学生在顺平县向明村支教

图4.29　2017年药学院学生在唐县黄石口村支教

看望社会实践团队的同学们和白求恩医疗队，前往老八路军战士家中慰问，并到白求恩纪念馆、白求恩学校遗址等调研参观。杨振斌认真询问同学和老师们在革命老区参加实践活动几天来的收获，鼓励大家深入学习和实践白求恩精神，发扬艰苦奋斗精神，克服高温酷暑、水土不服等困难，以高度热忱和良好风貌为老区人民服好务。他说，到革命老区重走白求恩路，是当前全校上下深入贯彻落实全国高校思想政治工作会议精神的重要载体，对同学和老师们特别是广大党员进一步坚定理想信念，牢记为人民服务宗旨，立足本职，加强学习，努力工作，必将产生强大的精神动力。各单位、各部门要把学习白求恩精神同当前正在开展的学习黄大年同志先进事迹精神相结合，同推动"两学一做"学习教育常态化制度化相结合，把吉林大学的优良传统和红色基因传承好、弘扬好。

　　7月18日上午，吉林大学和中国人民解放军白求恩医务士官学校共同举办的"不忘初心、展望未来"主题活动在石家庄市华北烈士陵园白求恩墓前举行。杨振斌等同志向白求恩墓敬献花篮。杨振斌在讲话中说，吉林大学组织师生连续第9年来到革命老区，探寻白求恩等革命先辈前赴后继的奋斗历程，对同学和老师们来说是一次弥足珍贵的革命传统教育。白求恩同志高尚的国际主义精神、共产主义精神和毫不利己专门利人的精神，激励了一代又一代白求恩学校学子为了中华民族解放和国家

富强不怕牺牲，砥砺前行。在当前新的历史时期，白求恩精神又昭示了新的时代内涵，那就是面对广大人民群众、面对患者的满腔热忱，对待本职岗位工作、对待医术的精益求精。吉林大学师生作为白求恩精神的传人，必将秉承革命先烈精神，不忘初心，为中华民族伟大复兴做出新的贡献。活动由李云波主持，戴旭光致辞。

图4.30　2017年在华北烈士陵园开展"不忘初心，展望未来"主题活动

吉林大学及中国人民解放军白求恩医务士官学校师生300余人参加了活动并向白求恩同志墓敬献了鲜花。活动结束后，杨振斌等瞻仰了柯棣华同志墓并敬献花篮。杨振斌还专程同师生们到白求恩学校政委喻忠良、原白求恩医科大学副校长康克墓前凭吊并敬献花篮。

2018年吉林大学白求恩医学部
——"贯彻落实十九大精神，重走白求恩路"主题活动

自2018年7月中旬起，吉林大学白求恩医学部"贯彻落实十九大精神，重走白求恩路"主题活动在河北省唐县、顺平县晋察冀革命老区当地陆续开展。

图4.31　2018年重走白求恩路师生参观唐县白求恩柯棣华纪念馆合影

2018年是吉林大学医学部组织志愿者连续第10年沿着白求恩、柯棣华及一批批建校先辈们战斗过的足迹来到革命老区开展主题活动、接受红色教育、服务老区人民。由吉林大学公共卫生学院、药学院、护理学院、临床医学院、口腔医学院组织的白求恩志愿者小分队，分别在唐县齐家佐乡葛公村（白求恩学校所在地）、唐县黄石口乡黄石口村（白求恩逝世地）、顺平县神南镇向明村（白求恩学校学子遇难地）、唐县军城镇牛眼沟村（晋察冀军区卫生学校创建地）和唐县军城镇和家庄村（晋察冀军区司令部所在地）等地开展了村小学支教、健康普查等社会实践活动。

在为期十余天的活动中，同学们白天在高温酷暑下为村里孩子们补习课业，夜晚在潮湿闷热的教室里打地铺交流支教心得体会，设计探讨活动内容，用实际行动学习、践行着崇高的志愿服务精神。

此外，吉林大学白求恩第一、第二、第三及口腔医院等四家附属临床医院以及医学部的研究生和导师团队组成了4支白求恩志愿者医疗队。他们参观了白求恩学校遗址遗存，赴牛眼沟等5个村屯开展义诊和送药活动。

图4.32　2018年白求恩志愿者在葛公村支教

义诊当天，几个村镇的最高温度都达到近40摄氏度，医疗队员们携带便携式彩色超声机、移动心电机、血糖检测仪等医疗设备为患者就地检查，全天累计接诊800余人次，并为前来就诊的乡亲们发放了价值约20余万元的药品，一定程度为当地缓解了看病难、看病贵的问题，受到老区人民的热烈欢迎。医疗队成员中包括内科、外科、中医科、儿科、口腔科、耳鼻喉科、电诊科等科室共30余名一线医生，其中不乏博士生导师、知名专家和教授，

图4.33　2018年白求恩医疗队为唐县村民义诊

吉大研究生志愿医疗服务队首次加入了医疗队。几位年逾古稀的老乡们听着医疗队员们细致的医嘱，看着他们被汗水浸透的衣衫，欣慰地说："白大夫又回来了。"

7月22日，吉林大学白求恩医学部和中国人民解放军白求恩医务士官学校联合举办的"不忘初心、牢记使命"主题教育活动在石家庄市华北烈士陵园举行。中国白求恩精神研究会会长袁永林，白求恩医务士官学校校长李云波，吉林大学党委副书记冯正玉，白求恩医科大学北京校友会会长尤红，吉林大学研究生院、团委、白求恩医学部和相关学院主要负责人，参加社会实践活动的全体师生、白求恩志愿医

图4.34　2018年在华北烈士陵园开展"不忘初心，牢记使命"主题活动

疗队队员、白求恩医务士官学校师生等共计260余人在白求恩同志墓前参加了活动。

2016—2018年重走白求恩路相关新闻报道网址链接

河北政府网 2016-7-13

吉林大学庆建校70周年"重走白求恩路"活动启动仪式在华北军区烈士陵园举行

http：//info.hebei.gov.cn//eportal/ui?pageId=6778557&articleKey=6623983&columnId=330075

白求恩精神研究会官网2016-7-25

袁永林会长出席"庆祝吉林大学建校70周年重走白求恩路"主题教育活动启动仪式

http：//www.bqejsyjh.com/NewsLook.asp?p=&SID=110&NewID=6386&FID=73

经典网2016-8-2

红色老区义诊传承白求恩精神

https：//www.ishuo.cn/show/1128360.html

搜狐新闻2016-8-3

踏着白求恩的足迹（一）：吉大师生走进石家庄 重走白求恩路

http：//www.sohu.com/a/108962264_407320

中国军网

后人追忆创立军医校的白求恩

http：//www.81.cn/201311jxjjh/2016-08/05/content_7193824.htm

搜狐新闻2016-8-8

踏着白求恩的足迹(四)：吉大捐资修缮白求恩希望小学

http：//www.sohu.com/a/109491558_407320

人民网 2017-7-19

重走白求恩路 感受血性传承培塑高尚品格

http：//yuqing.people.com.cn/n1/2017/0719/c210118-29414556.html

新浪新闻 2017-7-22

党委书记杨振斌参加"贯彻落实全国思政会议精神，重走白求恩路"等活动

http：//news.sina.com.cn/o/2017-07-21-doc-ifyihmmm7897981.shtml

搜狐新闻 2017-7-21

白求恩精神永放光芒——吉林大学第一医院医疗队奔赴河北唐县重走白求恩路活动纪实

http：//www.sohu.com/a/158948541_185221

新华网 2017-7-24

白求恩"弟子"重走"宗师"路为百姓义诊支教

http：//www.jl.xinhuanet.com/2013jizhe/2017-07/24/c_1121369916.htm

新华网2018-7-24

"白大夫"又回来了

http：//www.jl.xinhuanet.com/2018-07/24/c_1123167708.htm

美篇网2017-7-14

重走白求恩路 共筑白医魂——吉林大学白求恩医学部2017暑期医学生主题社会实践活动纪实

https：//www.meipian.cn/o3ox1yq

人民网2018-9-14

【教育关爱】吉林大学"贯彻落实十九大精神，重走白求恩路"社会实践项目

http：//bbs1.people.com.cn/post/80/1/2/169100226.html

三、河北唐县牛眼沟村十载志愿服务活动

1.志愿服务基地建设背景

河北省唐县牛眼沟村位于太行山脉的纵深地带，是吉林大学白求恩医学部前身——晋察冀军区卫生学校的创建地，是伟大国际主义战士白求恩战斗过的地方。1939年9月18日，晋察冀军区卫生学校在牛眼沟村宣告成立，白求恩参加了学校的创建与教学工作。白求恩逝世后，该校更名为白求恩学校。在抗日战争时期，牛眼沟曾两度被敌人烧毁，当地的老百姓为中国的抗日战争，为老白校的建立做出过巨大的牺牲和贡献。

2001年，部分白医学子在牛眼沟村考察时，发现那里的小学非常破旧，于是决定号召广大白医学子在牛眼沟建立一所白求恩希望小学。在希望小学的建设过程中，各地校友积极捐款。2002年12月，白求恩希望小学落成，一座两层楼的砖瓦到顶的乡村学校坐落在牛眼沟村的入口处，成为那里的一道亮丽的风景。白求恩希望小学既是革命老区孩子们未来的希望，也是每一个白医学子的精神家园。

图4.35 白求恩志愿者捐赠文具

2009年，在老白校成立70周年之际，为传承发扬"满腔热忱，精益求精"的白求恩精神，吉林大学白求恩医学院（现为吉林大学临床医学院）的白求恩志愿者师生组成白求恩志愿服务队前往河北唐县寻白求恩精神之根，祭扫白求恩墓，并在白求恩希望小学举行助学捐赠活动，同时决定在这里设立长期社会实践服务点，开展"筑梦白医·寻根之旅"志愿服务活动。2016年，在活动举办的第七年，吉林大学白求恩医学部将此活动扩展为5个学院同时进行，各学院去往不同的村镇，重走白求恩路。

2.志愿服务活动过程及成果

（1）过程及做法

吉林大学临床医学院白求恩志愿者师生组成的"筑梦白医·寻根之旅"志愿服务团队连续十年前往牛眼沟村，探寻白求恩足迹、重走白求恩之路，并在当地进行支医、支教、"一对一"助学帮扶等。他们为这里带来了第一台电脑和打印机，创建了电脑室。丰富的教学内容，新颖的授课方式为这里的孩子们打开通向精彩世界，追求美丽梦想的大门。

图4.36 白求恩志愿者为孩子们上音乐课

图4.37 队员为学生上计算机课

2009年，是白求恩的孩子回家的第一年，也是"筑梦白医·寻根之旅"开始的一年。当年9月，吉林大学临床医学院白求恩志愿者师生首次来到唐县。

图4.38 白求恩志愿者与白求恩希望小学学生合影

2010年暑期，"筑梦白医·寻根之旅"团队师生来到唐县，受到时任唐县县委书记杨晓宁的亲切接见，他给予白求恩志愿者高度评价，赞扬同学们发扬和传承白求恩精神以及为牛眼沟村做出的贡献。志愿服务期间，师生们克服经费不足、环境艰苦、交流障碍、生活条件差等困难，走出了"寻根之旅"的良好开端。烈日下，学生们挨家挨户帮助村民体检，向他们讲解卫生常识。

图4.39　"筑梦白医·寻根之旅"团队师生

2011年7月，临床医学院与唐县团委签订《大学生社会实践基地共建协议》，为唐县志愿服务活动的常态化发展奠定了基础。在"筑梦白医·寻根之旅"活动中，团队医生及团队队员根据2010年唐县社会实践调查结果，发现当地村民普遍被骨关节病困扰。为此，团队医生和团队队员在傍晚农闲时走入村民家中为村民进行身体检查，并根据检查结果为村民免费发放药物，提出相关预防与治疗建议。在随后的唐县志愿服务活动中，学校均派出骨科医生参与其中。

图4.40　2011年白求恩志愿者与小学生合影

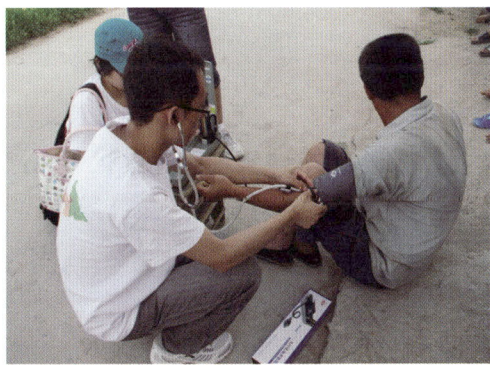

图4.41　白求恩志愿者走进村民家中
为村民检查身体

2012年，随着"筑梦白医·寻根之旅"志愿服务活动社会影响的不断扩大，志愿者们获得了许多社会捐助，如药品、医疗用品、书籍、文具等等。这一年，"筑梦白医·寻根之旅"白求恩志愿者师生为牛眼沟村带来了第一台电脑和打印机，这是由2000多名本科生们捐款购买的。望着这神奇的设备，希望小学的孩子异常兴奋，大学生志愿者牢记孩子的神情，并下决心为小学带来更多的电脑。

图4.42　2012年白求恩志愿者与小学生合影

2013年，吉林大学临床医学院各团支部与白求恩希望小学学生们结成"一对一"帮扶对子，一个团支部帮扶一名白求恩希望小学的小学生，并在当年的志愿服务活动中为小学生们带来了各团支部的书信和问候。同年，白求恩志愿者们也第一次尝试以电子调查问卷的形式到村民家中调研，创新了实践活动的内容。在走访村民的过程中，志愿者们发现牛眼沟村民多见高血压和关节炎等疾病，就为村民制作了健康知识宣传单，帮助村民普及健康知识。

图4.43　2014年白求恩志愿者与小学生合影

2014年，临床医学院在社会资助下帮助白求恩希望小学成立电脑室，在这个偏僻的山村开设了电脑课。受自然环境和经济条件的影响，村里医疗卫生条件较差，当地村民合理就医的观念不强，每年得知大学生志愿者们来这里支医的消息，村民

们都早早赶来，随队医生就会逐个对就诊的村民们所患疾病进行基本检查和问诊，提供相应治疗建议并免费发放一些常用药品。

2015年暑期，"筑梦白医·寻根之旅"团队师生再次来到唐县牛眼沟村开展志愿服务活动。8月17日下午，吉林大学党委书记杨振斌，吉林大学副校级干部、白求恩医学部学部长李凡，唐县县委书记李习谦，唐县县长尤志敬一行来到河北省唐县牛眼沟村看望了白求恩志愿者全体师生。并与村干部、白求恩志愿者代表、白求恩希望小学学生代表进行座谈。杨振斌指出："学校要尽最大的努力，对唐县牛眼沟村、葛公村等这些印记过我们母校名字的地方提供援助，让那些见证过学校成长历史的遗迹永世长存。让唐县这块英雄的土地，白求恩精神的摇篮，成为医务工作者和吉大学子的朝圣之地。"

图4.44　杨振斌书记在座谈会上与师生交流

图4.45　2015年白求恩志愿者与小学生合影

2016年，吉林大学白求恩医学部将牛眼沟村六间老屋整体修缮。当年暑期，在此建成了由临床医学院负责设计及布展的吉林大学白求恩医学纪念馆唐县分馆，成为吉林大学白求恩精神教育基地和爱国主义教育基地。7月14日，吉林大学党委书记杨振斌亲自为吉林大学白求恩医学纪念馆揭幕，白求恩志愿者担任纪念馆首任讲解员，为参观的师生讲述白求恩的事迹。白求恩志愿者们在

图4.46　白求恩志愿者担任吉林大学
白求恩医学纪念馆首任讲解员

继续开展支教、义诊等志愿服务活动的同时，还将原创话剧《离开白求恩的日子》带到河北，在志愿者师生的精心准备和不懈努力下，白求恩医务士官学校、白求恩希望小学的两场成功的演出赢得了各界的广泛赞扬，并让更多人了解了白求恩的事迹。

图4.47　队员在白求恩希望小学演出话剧《离开白求恩的日子》

　　2017年，白求恩志愿者们准备了"白求恩的故事"、美术、音乐、卫生、地理、历史、书法等10余门的课程，70余名小学生来到白求恩希望小学参与到志愿者们的授课中。志愿者们还下乡走访，对村中医疗的相关状况进行调研。还先后去往白银坨、和家庄、黄石口村，参观了白求恩逝世地等满载革命光辉的历史遗迹。

**图4.48　2017年白求恩志愿者为学生们上
"白求恩的故事"主题课**

**图4.49　白求恩志愿者在革命烈士
雕像前宣誓**

　　2018年，白求恩志愿者们带领白求恩希望小学学生们编排课本剧《手捧空花盆的孩子》，并在志愿服务最后一天举办的联欢会上进行了表演。同学们还前往晋察冀边区烈士陵园举行祭扫仪式，并在白求恩墓前庄严宣誓，努力做一名白求恩式医务工作者，为除人类之病痛，助健康之完美而奋斗终生。

**图4.50　2018年，白求恩志愿者带领学生们
编排课本剧**

图4.51　在晋察冀烈士陵园举办祭扫仪式

（2）工作成果

吉林大学临床医学院以志愿服务育人为理念，组织策划河北唐县"筑梦白医·寻根之旅"活动，从2009年起至今已开展十年，学院先后有160余名师生前往唐县朝圣，他们踏着先人的足迹，追思白求恩毫不利己专门利人的品格，感悟白求恩对工作极端负责任，对人民极端热忱的精神，坚定了成为一名政治坚定、技术优良的好医生的决心。他们以牛眼沟村白求恩希望小学为基地，开展支教、支医等志愿服务活动，十年来，白求恩志愿者们的足迹遍布牛眼沟村的每一个角落，累积授课410学时，累计义诊3500余人次，捐赠文化用品4万余元，捐赠药品8万余元。受到当地村民的欢迎和好评，引起了社会各界的广泛关注。

参与活动的所有学生均加入中国共产党，超过一百人次先后获得学校、学部、学院十佳大学生等荣誉，唐县社会实践团队获得吉林大学暑期"三下乡"实践活动团队一等奖。

2015年，团队获中国青年网"镜头中的三下乡"好团队奖。2017年，团队申报了共青团中央学校部"知行天下"和立邦中国主办的立邦"为爱上色"中国大学生农村支教项目，在师生的共同努力下，团队荣获全国铜奖，将关爱和色彩带到孩子们身边，使白求恩希望小学外围墙面变得焕然一新。2015年4月，李克强总理来吉林大学视察期间，与临床医学院志愿者钱玥彤、朱翠琳亲切交流。

图4.52　李克强总理与白求恩志愿者亲切交流

吉林大学白求恩医学纪念馆是重要的白求恩精神教育基地之一，一代又一代白求恩的传人从这里直观地了解了白求恩无私奉献的一生和学校医学发展的历史。建成后，纪念馆的讲解员全部由白求恩志愿者担任。"白求恩精神宣讲员"换了一批又一批，但他们宣传白求恩精神的觉悟没有变。

2015年8月31日—9月3日，中央电视台《朝闻天下》节目以"人民不会忘记：让白求恩精神薪火相传"为标题，连续四天播出了吉林大学白求恩志愿者进行"白求恩精神宣讲"的采访。白求恩志愿者还通过编演话剧《白求恩》《离开白求恩的日子》，编印《纪念白求恩逝世75周年》手绘明信片等形式宣传白求恩事迹，弘扬白求恩精神。其中，编演的话剧《离开白求恩的日子》《白求恩》在校外进行多次展演，受到了社会的广泛关注与好评。

图4.53　话剧《离开白求恩的日子》

2017年，吉林大学临床医学院针对注重学生学业能力培养的要求，录制国内首家学院设置的网络思政微课程——白求恩精神养成教育数字课程，一期课程已经录制完成十九讲。目前课程已经在教育部网站上线。

编撰《一个伟大的名字——白求恩》《白求恩的故事》《白求恩青年志愿者服务纪实》《白求恩青年志愿者日记汇编》《白求恩精神文化传承》五本白求恩精神系列丛书，30余万字。

图4.54　《纪念白求恩逝世75周年》手绘明信片

十年来，每一名在唐县接受白求恩精神洗礼的医学生都能够通过自己的切身实践去看、去问、去知晓乡情、民情、社情和国情，去思考、去体验、去感悟，去体察和理解党的路线、方针、政策，加深对书本知识理解和体会，并能够在日后的学习工作中，自觉传承白求恩精神，弘扬白求恩精神，把成为政治坚定、技术优良的白求恩式的医务工作者作为共同的职业理想。

第五章　白求恩志愿者心语
（学生篇）

疆爱奉献——我，一直在路上

白求恩医学部公共卫生学院迪力娜尔·艾尔肯，性别：女，民族：维吾尔族，中共党员，籍贯：新疆维吾尔自治区吐鲁番市。青春寄语：做喜欢的事，让喜欢的事有价值，这就是我们每一天的生活。

志愿服务经历：自高中，一直参加志愿服务活动。在高中期间，组织同学去敬老院照顾孤寡老人，去幼儿园为小朋友们带来欢乐。进入大学以来，积极参加和组织校内的

图5.1　迪力娜尔2017年唐县葛公村支教照片

志愿活动，每年寒暑假在新疆各地进行志愿服务。大一、大二学年暑假期间，在社区医院进行为期一个月的导诊服务；2016年暑假，组织10余名新疆返乡大学生成立了"太阳"爱心医疗服务队，为当地贫困村民解决医疗方面的困扰，受到了当地团委的大力支持和主流媒体的报道；参加2017年"重走白求恩路"社会实践等活动，荣获2017年度吉林大学"三下乡"社会实践活动"先进个人"。

志愿者很平凡，平凡的面孔，平凡的衣着；但志愿者又不平凡，不平凡的内心，不平凡的精神。每一名志愿者都是快乐的，他们都是人间的天使，将光和热带到人间的每一个角落，将这份温暖传递给更多需要帮助的人。而我，非常荣幸能够成为他们之中的一员，成为一名白求恩志愿者。

过去的大学时光对我而言，不仅意义重大，更显与众不同。从新疆吐鲁番到吉林长春，我从祖国的"鸡尾"来到了祖国的"鸡头"。每每谈到新疆，我总有一种油然而生的自豪感，是这片土地教会我感恩和奉献。四年多的志愿服务生涯，从一名医院导诊人员到参加义务演出、再到组建爱心医疗团队……一路走来，我在20余次社会实践和志愿服务活动中实现了"奉献自我，服务社会"的初衷，累计服务时

长超过600小时。这600多个小时，给了我许多快乐，让我感受颇多。这些志愿服务活动中，有感动，也有收获，而作为一名白求恩传人，身上更多的是一种作为白求恩志愿者的使命感。

作为一名医学生，特别是作为吉林大学白求恩医学部的一分子，从入学的那一刻起，我就深知自己身上承担着继承和弘扬"白求恩精神"的责任。因此，我在家乡——新疆维吾尔自治区吐鲁番市组建起了"太阳"爱心医疗服务队，希望白求恩无私奉献的精神能感染所有人。团队中十余名返乡大学生，深入贫困村庄开展医疗服务活动；挨家挨户走访，为村子里的空巢老人检查身体，并送上生活必需品……让我印象最深的是一位80多岁的老奶奶，她腿脚不便，我在家中为老人进行简单的身体检查，并详细地告诉她的身体检查情况，帮奶奶剪指甲……虽然这些都是微不足道的小事，但是老人却无比激动地表示："我这辈子从来没有这么享受过！"简简单单的一句话却让我的内心十分地感动，让我深刻地感受到志愿者的服务是不分你我、不分大小的。只要我们肯伸出双手，就能让更多的人感受到社会的温暖！当看到爷爷奶奶感动的表情时，我感到所做的一切都是值得的。

小时候常常听到诺尔曼·白求恩医生的故事，那时我就在想，白求恩是怎么做到那么无私奉献的？2017年的暑假，我找到了答案。这个假期对我来说有一段前所未有的经历，我有幸参加了吉林大学白求恩医学部组织的"贯彻落实全国思政会议精神，重走白求恩路"主题社会实践活动，远赴河北唐县葛公村，开展支教、义诊服务。作为一名少数民族学生，由于和汉族学生不同的饮食习惯，我们的社会实践常常受到许多局限。因此，我更加珍惜这次来之不易的机会。在为期一个星期的志愿服务活动中，我积极组织志愿者们为葛公村希望小学的同学们开展"见字如面"、特色手工课等课程教学活动，为葛公村希望小学的同学们进行青少年体质健康检测，协助吉大一院医疗队为当地村民进行义诊服务。我深刻地记得，在即将结束活动、临行前的那一天，一个小女孩儿走到我的身边，牵着我的手说："老师，明年，等你再来！"这一句话让我泪水瞬间在眼睛里打转。如果你问我什么是"白求恩精神"？那么，这也许就是我眼中的"白求恩精神"——不畏艰苦，甘于奉献，真正温暖那些需要帮助的人。

许多人都会问到这样一个问题，参加志愿服务活动，你的初衷是什么？于我而言，当听到服务对象的一声感谢，当看到服务对象的快乐笑容，我便实现了身为一名志愿者的价值。作为一名白求恩传人，我们应该牢记"满腔热忱、精益求精"的"白求恩精神"；作为一名中国共产党党员，我们应该牢记"全心全意为人民服务"的使命和责任；作为一名白求恩志愿者，我们更应该牢记"奉献、友爱、互助、进步"的"志愿者精神"，用心做好每一项志愿服务工作，要有矢志不渝的坚持，更要有人公无私的奉献精神。未来的日子里，在志愿服务的道路上，我必定会"不忘初心、砥砺前行"，为一生所爱的志愿服务事业奉献青春。

学习楷模白求恩争做优秀志愿者

付晓燕，中共党员，公共卫生学院2011级医药信息专业本科生，曾任学院学生会主席兼学生团委书记、吉林大学红十字会副会长、绿野环保协会会长等职。

和很多人一样，悬壶济世、救死扶伤是我从小的梦想，一直以来我都认为能为患者减少痛苦，用专业知识去帮助更多需要帮助的人是十分神圣的事情。进入大学后，我如愿成为一名医学生。因为专业关系，我参加的多数是有关社会预防保健方向

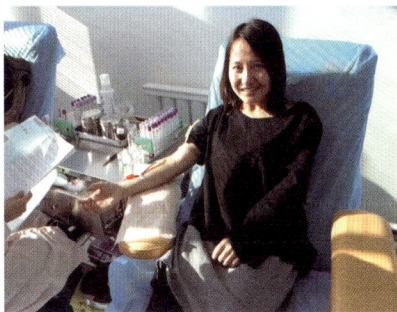

图5.2　付晓燕无偿献血照片

的志愿服务活动，3年多来，从一名普通的白求恩青年志愿者成长为志愿活动组织者，是"毫不利己，专门利人"的白求恩精神一直指引着我在志愿者的道路上前行。

从2012年与长春市中心血站联系建成公卫血站服务基地到现在，血站志愿服务已经成为我的必修课，每逢周末、寒暑假，重庆路万达献血屋、市医院献血屋都有公卫志愿者的身影，我们在宣传无偿献血，组织无偿献血外，还配合工作人员采血、打扫卫生，指导献血者填写登记表，陪他们聊天缓解紧张情绪，为他们送上糖水面包等，用无微不至的服务关怀温暖前来无偿献血的爱心人士，希望用我们的热心真情将生命的热血传递下去。

我参加了吉林省残疾人康复中心志愿服务。我们分别从辅助特殊儿童康复教育、医学知识分享、病人家庭入户回访、放射机器操作应用、病案管理几方面组建志愿服务队，充分利用了专业特点，精心照护残疾儿童们。在这里我们不仅得到了学习锻炼，更是收获了满满的幸福，那是陪伴的孩子们对我们从不理睬到点头到熟悉到想念的感动，那是把课堂的知识运用到实践得到认可的满足。

我们在学院预防流行病专业老师带队下，组建了暑假慢性病筛查与防治调查团，分别到达双阳、榆树、农安等十几个农村，为村民们进行慢性病的筛查，小到测量身高体重，血压血糖，大到心电监测；我们还与长春市疾控中心、吉林省红十字会等多次联合举办疾病预防活动，H7N9预防、高血压防治、结核病防治、艾滋病预防宣传等。每参加一次志愿活动，都能体会到他人那种对生命、对健康的希望和期待，都坚定一次我作为一名医护工作人员的信念，都希望能更多地为社会预防保健事业贡献自己的一分力量。

此外，我还参加了探访同心老人院、长春市社会福利院等关注社会弱势群体的

志愿活动；组织带队开展了西康路东社区医学知识普及、长通路清真寺少民社区爱心义诊、朝阳区6个社区营养健康知识入户调查等服务社会服务大众的志愿活动；联系老年大学，开展关爱空巢老人系列雷锋志愿活动；响应社会学校号召，先后为吉大、东师的两位白血病同学举办爱心募捐活动；参加了情系伊通母亲河爱心义卖、低碳生活、节约吉大等环保志愿活动；多次无偿献血，志愿照看同光路西社区脑梗住院老人康奶奶等。

在从事志愿服务工作期间，我充分认识到了一名医学生的神圣使命，我为自己能成为一名光荣的白求恩青年志愿者而感到骄傲和自豪。收到总理的回信，万分惊喜更是满满的感动，相信在总理的关怀激励下，我们一定能够继续在志愿服务的道路上，用满满的爱心和专业知识践行"奉献、友爱、互助、进步"的志愿者精神，去帮助更多需要帮助的人，向社会传递吉大白求恩传人的正能量，为社会的发展进步做出自己的贡献！

以白求恩为学习榜样在志愿服务中收获成长

石凡超，女，出生日期：1995年9月，政治面貌：中共党员，学历：本科在读，入学时间：2013年9月，所在学院：公共卫生学院。

曾担任吉林大学学生红十字会副会长等3项志愿者社团职务，四年累计志愿服务时长达800小时，获评社会实践"先进个人"。作为返乡大学生参与志愿活动，被中国教育报等7家报刊报道10次，活动照片5次登上报刊头版。

图5.3　石凡超志愿服务活动照片

历史穿越了黄尘古道，总有一种精神颠扑不破，总有一种气质历久弥新，也总有一种情怀不曾老去。

不知您是否还记得，有这样一个人，他不远万里，突破重重阻挠，来到中国那炮火连天的抗日前线；有这样一个人，他冒着枪林弹雨，转战多个战场，在极端艰难的环境中抢救了成千上万的伤病员；有这样一个人，他以其毫不利己、专门利人的无私奉献精神和精湛的医疗技术，满腔热情地为中国人民服务，自始至终地支持着中国人民的正义事业……他，就是白求恩，一个高尚的人，一个纯粹的人，一个有道德的人，一个脱离了低级趣味的人，一个有益于人民的人！

作为吉林大学的一名医学生，我被白求恩的崇高精神深深地震撼了、感染了，从心底里呼唤和向往这种精神。生活在中国这样一个社会主义大家庭里，每一个公民都在努力，都在为这个社会的前进发展做着贡献。然而，历史的车轮在碾过一道道痕迹的同时也留下了一些残缺的痕迹：环境被破坏了，贫困儿童失学了，老人们孤单了……我希望能尽可能地为需要帮助的人提供温暖，能尽自己所能为我国公共卫生事业的发展做出一分贡献。我还记得，在2015年春节前的那个寒假，返乡回家后，我主动担当志愿者，和社区志愿者一起走进敬老院开展"送福送关爱"活动。看到空巢老人们那渴望帮助的眼神、那被岁月碾过的脸庞，我更感觉到了沉甸甸的责任。老人们大多是因为子女工作在外比较忙，没时间照顾他们才把他们送到这里，也有的是无儿无女，孤独一身地生活在这里。活动中，我们为老人们贴上春联、挂上红灯笼、装饰大院，与他们聊天谈心……倾听着老人们的"唠叨"，我们在传递敬老爱老正能量的同时，内心也平添温馨与感动。

我至今还记得，在赴社区参加为老人传授冬季养生知识的活动中，我们了解到，有不少老年人因对预防保健知识的缺乏，饱受慢性疾病的痛苦。我为自己是一名医学生，能学以致用，以知识技能帮助更多的人而感到幸福和自豪。我所做的都是些平凡的小事，但对普通百姓、特别是对很多的老年人来说，却是雪中送炭。正如毕淑敏所说："也许我很重要，因为在那些最需要帮忙的人身上又燃起了期望之火；也许我一点也不重要，因为我只是一名普通的学生。"

我曾不止一次听到过这样的问题："学姐，你的学习科研、学生工作等方面都完成得非常出色，肯定花费了大量的时间，这样还会有时间来做志愿活动吗？""学姐，你是如何平衡学习和志愿活动的呢？"其实我想说的是，决定做一件事就要不遗余力地去完成，不要怕，不要想有冲突怎么办，越想越害怕，越会质疑自己能不能做好，反而会导致很多本来能做好的活动虎头蛇尾，甚至一事无成。相反，只要科学安排，敢于去尝试，回过头来就会发现原来自己潜力无限啊。真的，不尝试一下，永远不知道自己的潜能有多大。很多时候，所谓的冲突都是自己强加的，是为自己无法完成任务所找的借口，是一个人惰性的体现。我们每一个人都有自己的惰性，如何控制自己的惰性，努力调整好自己，克服畏难情绪，是面对今后学习和生活的必要途径。事实上，为需要帮助的人做一些力所能及的事，无论大小，我相信这既是一种锻炼，更是一种享受，我们也在有益的志愿实践中不断收获成长。我也希望有更多的人能在白求恩精神的鼓舞和感召下，努力在平凡的志愿服务中超越平凡、超越自我。

目前，我已收到世界顶尖学府——剑桥大学的录取通知，不久，我将出国深造，继续追求我的医学梦。待我学有所成，我将更好地扎根医学事业，服务温暖社会。无论将来如何发展，我的梦想不变，希望自己学有所成、学有所用，能为祖国的发展尽一份绵薄之力。

怀揣善良，爱暖世界

张博轩，女，出生日期：1994年9月，政治面貌：中共党员，本科入学时间：2013年9月，所在学院：公共卫生学院。入学伊始，她积极参加了绿野协会、学生红十字会等志愿服务社团，参与策划并组织光盘行动、绿色进寝室等多项志愿活动。在任学院学生会主席期间，她亲力亲为，组织了"给白血病儿童送温暖""衣加衣等于爱"等十余项志愿

图5.4　张博轩2016年唐县支教照片

活动。2016年暑假，她带领学院志愿者团队，赴河北省唐县葛公村义务支教，活动受到新华社等多家媒体的广泛报道，她本人获得2016年度吉林大学社会实践优秀个人。作为经济关注对象，她勤工俭学，自强不息，乐于奉献，获得吉林大学2016年度"自强自立大学生标兵"荣誉称号。

"不畏艰苦、甘于奉献、救死扶伤、大爱无疆"，这是白求恩精神在新时期的延续与升华，也是我对于志愿服务崇高的精神追求。大学几年，我的志愿服务时长累计达到1000余小时，从大一刚刚接触志愿服务时的青涩与生疏，到大四亲自组织各项志愿活动的从容与娴熟，是伟大的白求恩精神激励着我，使我在这条道路上砥砺前行。

一、愿以无私付青春，成就莫属望笑脸

在"奉献、友爱、互助、进步"的志愿精神的指导下，一代代白医人正以自己的行动，传承并弘扬白求恩精神。2016年，作为学生队长，我组建了学院志愿者队伍，赴河北唐县，寻根白求恩，并在葛公村进行义务支教。此次支教活动使我永生难忘，难忘第一次站上讲台时的激动与喜悦，难忘简陋的教室里的笑声与欢乐，难忘当我们为孩子们注入新鲜的血液先进的思想时，他们那无比渴望的双眼。我和孩子们一起成长，一起收获。此外，我们协助吉大一院志愿者团队进行义诊，发放健康手册，用智慧和汗水，把健康送达当地村民，他们的笑脸是对我无私青春最好的回报。

二、一善之功不为难，难于不懈付年华

"人的一生只能享受一次青春，当一个人在年轻的时候就把自己的人生与人民

的事业紧密相连，他所创造的就是永恒的青春"。在我看来，作为白求恩精神的传承者和弘扬者，"坚持"是我们每一个白医人应具有的品质。大一入学，我加入了绿野、红十字会等志愿服务社团，参与策划并组织多项志愿活动；敬老院留下了我的足迹，血站出现过我的身影；在任学院学生会主席期间，我组织"给白血病儿童送温暖""衣加衣等于爱"等十余项志愿活动。几年如一日的公益活动使我对"坚持"有了不一样的感悟，一善之功不为难，难于不懈付年年，作为医学生，我们应该坚持将"白求恩精神"付诸实践，融入每一次志愿活动中。

三、永驻白求恩精神，播撒志愿者希望

每一次的志愿活动就如同播下希望的种子，它在我们所经之处茁壮成长，能成为一把遮天大伞，为需要的人遮光挡雨。对于整个社会而言，志愿服务有助于社会主义精神文明建设，是培育一代又一代有理想、有道德、有纪律、有文化的公民的需要，从一定程度上倡导了"团结友爱，助人为乐，见义勇为，无私奉献"的精神，而这种精神，正是白求恩精神的内涵。

青春的列车一直向前驶去，我的大学生活也即将接近尾声，选择继续求学的我会秉承白求恩精神，播撒希望的种子，让志愿服务继续在我的生命中如花般绽放。

在志愿服务中践行白求恩精神

朱祥，男，出生日期：1992年7月，政治面貌：中共党员，学历：在读博士，本科入学时间：2010年9月，所在学院：公共卫生学院。吉林省红十字会志愿者。曾任吉林大学学生红十字会副会长。

从小我就对白求恩先生有一种崇敬感。小学课文里，他佝偻着疲惫的身体专注地给伤员做手术的那幅插图至今还能在脑海里清晰浮现。是白求恩先生让"救死

图5.5 朱祥志愿服务活动照片

扶伤"成为我儿时的梦想，我报考吉林大学也深受了他的影响。来到医学部报到的那天，我特地来到基础楼白求恩像前，瞻仰他的容颜，再次感悟他的崇高精神。

随着越来越深入的学习和体会，我更加明白原来"白求恩精神"不仅仅是精益求精、救死扶伤，"白求恩精神"里还有着更深的内涵——毫不利己、专门利人无私奉献的精神。当我更深理解了"白求恩精神"后，我就决心不仅在专业上奋发图

146

强，还要服务社会，发扬白求恩先生无私奉献的精神。

正是受了"白求恩精神"的影响，学校"百团纳新"的那天，我报的第一个社团就是志愿者社团——吉林大学学生红十字会。这个学生社团其中一条，我认为也是最重要的一条宗旨——弘扬白求恩精神深深吸引了我，弘扬白求恩精神正是我最想去做的事情。在社团的三年时间，我和其他志愿者们一起下社区、走校园、进课堂，多次举办"预防艾滋病""预防结核病"等大型公益活动，内容涉及营养保健、疾病预防的发生发展以及临床护理等多方面的知识，做到真正广泛服务于吉大师生和社会不同年龄层的人们，活动受到了广泛的好评。后来我还有幸成为一名吉林省红十字会志愿者……这一切都离不开"白求恩精神"对我的影响。

在志愿服务的过程中，我始终牢记"白求恩精神"，以此为动力奉献社会，服务社会。在和其他志愿者一起工作时，我能体会到大家都是发自内心愿意去奉献和服务社会，而不是为了完成某项任务被迫地去做。我们这群志愿者在工作中收获了难得的友情，志愿活动也培养了我们愿意"舍弃自己，奉献他人"的意志和精神，这对我们今后的从医之路至关重要。今天医患关系的紧张是多方面因素造成的，不可否认的是，个别医务工作人员医德缺失，奉献精神淡薄的现象是客观存在的。我们医学生作为未来的医务工作者，通过在志愿服务中践行"白求恩精神"，在奉献和服务社会中锻炼和提升自己的品格意志，将会有效地提高医务工作者的道德水平和奉献意识，为缓解医患关系起到重要的作用。

我立志在将来的志愿服务过程中影响更多的人加入志愿者队伍，成为"白求恩精神"的践行者。

不忘初心，砥砺前行

毕家驷，女，中共党员，硕士在读，2014年毕业于吉林大学护理学院，现供职于吉大一院护理部。大学期间担任护理学院辅导员助理、天使志愿者协会副会长等职。组织党支部三下乡、志愿编织义卖、关爱自闭症儿童、"人间重晚晴"敬老院志愿服务、"学雷锋"社区健康宣教等系列活动。

荣获吉林大学第七届"挑战杯"优秀志愿者、天使志愿者协会"志愿之星"、吉林大学院优干、吉林大学三等奖学金、中国注册志愿者、护理学院英语演讲大赛二等奖兼获最佳选手奖、吉大一院优秀医务志愿者、吉大一院护理研究生英语讲课大赛一等奖等荣誉。

志愿服务人人可为、事事可为、时时可为。自学生时代起，我积极参加学校志愿服务组织，并成为光荣的中国注册志愿者。通过志愿服务，让我更加了解病患的痛苦，并立志将预防疾病、驱除病痛作为自己的终身使命，将维护民众的健康利益作为自己的职业责任。

在为期几年的孤独症儿童志愿服务中，我铭记着"慎独敦行，仁爱奉献"的青春理想，以专业知识给孩子们带去最质朴的关怀。在这个过程中，我结识了一位积极投身儿童身心康复治疗的前辈，她说最喜欢顾城一句诗："因

图5.6　毕家驷志愿服务活动照片

为你是朵花，才会觉得春天离开你。如果你是春天，就没有离开，就永远有花。"后来，她放弃了他人眼中梦寐以求的稳定工作，坚定地守护在孤独症儿童身旁，将孤独症儿童身心康复当作自己的梦想与事业，建立了孤独症儿童康复学校。人们都评价说，这所学校是播种春天的地方。在参与敬老院的志愿活动中，我常常与一位叫叶子的工作人员联系，她热情积极、专业认真，积极协调各项事宜安排有序。然而到了敬老院，我们却没有想到她是一个失去双腿且不完全能自理的女孩，我们一时间有点无措。她却笑盈盈地说："你快看，这些都是我和老人给你们织的围巾，谢谢你们总来帮忙，好人好报。"那一刻，我的眼泪在打转。后来，她写下"张海迪"三个字送给我，说再苦再难也要像张海迪一样坚持，这种乐观和豁达深深地感动着我。

历经洗礼，志愿精神已经从战地的白求恩传承给一代又一代辛勤奉献的医务工作者，传承为每一个医务工作者的责任与职业道德。我们也许很难再现当年白求恩在战地中九死一生、惊心动魄的美德，却可以在医疗工作中找到新领地、新舞台，在专业上精益求精、在工作上精诚坚守，让珍贵品质代代相传。比如在临床工作中，尽管医疗治疗和照护方面技术在不断突破，但疾病仍然会让患者和整个家庭蒙受巨大痛苦和压力，患者希望被看到、被听到、被理解，医疗场所可能是他们能够获得积极能量和援助的唯一场所。这就需要医务工作者在应对千头万绪的繁忙工作的同时，抽出更多精力，去把将要实施的操作、诊断性检查和照护方案及预后等信息，以能够理解的话语进行解释与安慰。大爱尚美，仁心仁术。一位优秀的医务工作者需要具有慎独仁爱的正直人品、勤勉自律的本真性格、卓越精湛的专业能力。然而这意味着更多付出、更多自律，而且不求回报。我想，这就是我们应该坚守的新时代的白求恩精神。

军人是国家疆土的守护者，医务人员是保卫健康的战士。在全球一体化的繁荣发展与冲击下，面对文化侵略、思想冲突，逐渐使医患信任瓦解、医生对本职失望，公众信仰与公共精神受到冲击。天下兴亡，匹夫有责，不同的是服装、是职业，相同的是肩负公共责任的决心。通过志愿服务，用一次及时的援手、一声贴心的问候、一抹灿烂的微笑，唤醒医务工作者的责任感和使命感，以精湛的专业真正

把服务送上群众家门，把援助送到群众手中，把爱心送进群众心里，汇集强大正能量。让志愿者精神持续闪光，将正能量内化为行动，激发整个社会向上向善、诚信互助的社会风尚，助力医疗事业稳步发展，发挥新时代下白求恩精神的公共责任！

笃学敦行承白衣之魂，明礼尚德继提灯之志

何振楠，男，蒙古族，中共党员，1995年3月出生，内蒙古呼伦贝尔人，2014年9月考入吉林大学护理学院进行本科阶段学习，曾任院学生会主席，现为14级负责人、二班班长。

长春市心语志愿者协会、吉林大学天使志愿者协会注册志愿者，曾参加"走进福利院""关爱自闭症儿童""重走白求恩路""我为环卫工人送温暖""爱心快闪"等数十次志愿者活动，累计服务时长达400小时。

图5.7　何振楠2017年顺平县向明村支教照片

医学生是医务工作者的后备力量，医护人员大爱、责任、奉献的职业道德要求与我国"奉献、友爱、互助、进步"的志愿服务理念具有高度的一致性，积极参加社会志愿服务活动是每一位医学生的必修课。作为医学生，尤其是白求恩的传人，我始终要求自己在平常的学习、生活中扎实掌握专业理论知识和操作技术，并以饱满的热情和积极的行动去服务患者、奉献社会，立志将伟大的白求恩精神内化于心，外化于行。

2014年9月入学，我满怀激动之情加入了长春市心语志愿者协会和吉林大学天使志愿者协会，从大一至今，几乎参加了两个志愿者协会组织的全部活动，包括"走进福利院""中国结义卖"等数十次社会实践，通过与老人们聊天、锻炼身体、定期体检，为他们带去了温暖与健康；通过辅导孩子们做功课、趣味运动，引导他们努力学习，实现人生梦想；通过帮助环卫工人维护良好生活环境，为创建和谐友好城市贡献出了自己的力量。

给我留下最深印象的一次志愿服务经历是在大三暑假里，我有幸参加了"庆祝吉林大学建校70周年，重走白求恩路"主题活动，作为学院分队副队长，带领大家前往河北省顺平县神南乡向明村进行了为期7天的社会实践与志愿服务。在去往河北省的道路上，我们团队的志愿者耐心地策划教案、安排课程，希望能在最短的时

间内将最有价值的知识教给孩子们。令我们惊喜的是，到达目的地后，学生们都簇拥在学校门口，其中还包括很多临近村庄的孩子，原来在我们来之前，很多家长已经开始帮我们宣传支教活动，听说是吉林大学白求恩医学部的师生来社会实践，大家都非常高兴地来学校学习，我们也及时调整了教学计划，使得支教顺利进行。在实践过程中，一个戴眼镜的小朋友引起了我们的注意，向家长了解过后，得知他患有白内障，我们便立即在募捐平台上发布了求助信息，并顺利为他筹得善款2000余元，之后依托校友资源，联系到在北京工作的学姐帮忙挂号看病，通过大家的共同努力，孩子的手术顺利完成，我们每一位参与其中的志愿者也感动不已。在乡亲们的眼中，我们是白求恩的传人，是白衣天使，更是今后我国医疗行业中的优秀工作者，我们也向村民、更向自己承诺一定不负期望，努力学习，为促进我国医疗与公共卫生事业贡献出自己的才智和热情。河北一行，烈士陵园中感受来自革命先烈庄严的使命感；首汽燎原小学7日初为人师与孩子们朝夕相处；白求恩纪念馆虔诚朝礼传承医者之魂，此次社会实践与志愿服务活动使全队志愿者深刻领悟了白求恩精神的内涵，收获了丰富经验与感动。

作为白求恩的衣钵传人，我们始终不忘初心，在新形势下仍然在从白求恩身上汲取"养分"，仍然把白求恩精神作为自身发展的强大精神动力和支柱。培养家国情怀，树立世界眼光，心系人民福祉，崇德修身，务实笃行，勤学善思、锐意创新。将白求恩精神当作我们毕生的追求，让无私奉献成为吉大白求恩学子永恒的代言。

149

星星之火，可以燎原

谢亭亭，女，1995年9月生，中共党员，本科生，2015年9月就读于吉林大学护理学院。多次参加心语志愿者协会、天使志愿者协会、阳光志愿者协会等社团组织的走进社区、福利院、三下乡医疗知识宣传等系列活动，有幸参加微光支教社团组织的广西桂林东山乡白岭小学支教活动组织的"怀感恩之心，拥抱世界"活动。

荣获国家励志奖学金、吉林大学优秀团员、院优秀学生干部、"公益之星"、"朗读者"大赛三等奖、社会实践报告院级一等奖、护理礼仪大赛三等奖等诸多奖项。

图5.8　谢婷婷支教照片

"一个外国人，毫无利己的动机，把中国人民的解放事业当作他自己的事业，这是什么精神？这是国际主义精神，这是共产主义精神。"

自从中学学习了《纪念白求恩》一文，一颗小小的种子在我心底萌芽——我要做一个像白求恩大夫那样无私奉献的人。从小学到高中，家庭条件非常艰苦，求学历程也十分艰辛，但不管遇到什么样的困难，我从未放弃过，因为我心中一直都有一个梦想，一个想要成为像白求恩大夫那样的梦，正是这种白求恩精神在呼唤着我，鼓舞着我，并激励着我负重前行。高考填报志愿时，我的所有志愿都是医科大学，并且第一志愿首选就是吉林大学，因为吉大有个白求恩医学部。

从小学到初中，邻里乡亲不间断地送给我一些衣物；高中时也有一个不知名的公司默默一路资助我……有这么多的人关心我、帮助我，我非常感恩。正是以他们为榜样，以白求恩大夫为标杆，我在日常生活中，也经常帮助同学，助人为乐。大学期间，我努力学习医学知识，因为我想将我所学的奉献给需要的人，我想用爱和专业技能来回报社会。一次偶然的机会让我知道了微光支教，我怀着无比憧憬的心情报了名，有幸成为300多名支教老师的一员，并成为九队队长。

大年初三，当邻里的小玩伴们还在陪家人一起沉浸在新年的节日氛围时，我就告别了家人，去陪伴深山里的孩子们。我们此次支教的学校是广西桂林东山乡白岭小学，那是瑶族聚居地，家长老人都只会瑶语，孩子是最好的翻译官。我支教的课程是健康课，根据不同年级孩子们的特点，教习不同程度的知识。在支教过程中，我针对行为习惯不良，心理问题突出，青春期懵懂躁动，留守儿童缺少关爱等不同对象制订不同的支教方案。作为队长，我要求队员注意自己的言行举止，以身作则，给学生积极正向的引导，树立良好的榜样。根据课上学生的实际听课情况修改教案，精益求精，确保每一分耕耘都有收获。开家长会那天只有四个学生家长到场，说明了这里的家长对自己孩子的教育并没有足够地重视，于是我要求队员在每天下午家访时，多跟家长交流沟通，反映一下学生的问题，让他们意识到教育的重要性以及自身所起到的作用。每天晚上我们都会开会讨论课上发现的问题，分享好的教学经验，反映家访中家长存在的问题，商讨相应的解决方案。我们只有掌握每个孩子及其家庭情况，课上才能更有针对性地对其进行教育与引导。

这次支教过程中，发生了很多感动我的事。支教学校的条件非常艰苦，没有床，我们就直接躺在桌子上，山里夜间零下十几度，而我们仅有几个薄薄的睡袋，冻得瑟瑟发抖的我们正愁怎么度过这寒冷的支教之夜，突然校长抱着几床新棉被走进来，那一刻，我们热泪盈眶，感动得谁也没有说话。因为我们知道这些新棉被的来历，这是村民们给自己儿子娶媳妇用的，这是对我们的信任与支持，我们一定会加倍努力，认真教好孩子的。临行前一天，校长和学校老师准备了一桌子菜，拿出自己家酿的酒，给我们饯行。

第二天清早，天还不亮，就听到校门口热闹的交谈声。等我们收拾好行囊，打开校门，就看到村民们站成排，手里拿着鞭炮，等着我们。当车子启动后，回头望去，一位花甲老教师手里掂着鞭炮，追着车子跑，一连追着跑了好几里路，车中校长夫人告诉我们，放鞭炮是这里的习俗，是欢迎你下次再来。这鞭炮于我们而言，意义非凡，这不仅仅是对我们这半个月辛苦工作的肯定，更是对我们殷切的期盼与希冀，希望我们发愤图强，具备更出色的能力，希望我们再次回到这里，为这里的乡亲和孩子们提供力所能及的帮助。

这次支教，我们每个人都在用心与孩子相处，用心陪伴孩子，我们给他们带去了温暖，他们也给我们带来了成长。过去的我，追求小我：努力学习，找一份好工作，过幸福美满的生活；现在的我，追求大我：不断丰富自己，完善自己，追求更高的造诣，造福更多的人。

在整个支教过程中，白求恩精神是我行为的准则，我也在时刻践行着白求恩精神。白求恩精神不仅是吉大精神，更是中华民族的精神财富，不仅仅需要吉大医学人去践行与传扬，更需要影响和感召更多的人加入进来，让他们认识白求恩大夫，了解白求恩大夫，传承白求恩精神。我要以志愿服务传白医精神到祖国各地，特别是偏僻山区，让白求恩精神引领人们前行，让白求恩精神不仅在河北、东北大地熠熠生辉，更是在全国发光发热。星星之火，可以燎原。

仁心济世爱满怀，白医精神照尘寰

张涵，男，1993年10月出生，共青团员。2017年毕业于吉林大学护理学院，现就职于吉林大学第一医院。大学期间担任护理学院学生会副主席、吉林大学传递爱公益联盟副主席等职务。组织并参与党支部三下乡、关爱自闭症儿童、蓝马甲志愿者、急救讲座、社区健康宣教、社会福利院爱心义演、图书募捐、义卖活动等系列志愿活动。荣获吉林大学社会工作奖、吉林大学第一医院优秀"蓝马甲志愿者"、第五届及第六届吉林省"优秀志愿者"荣誉称号。

有这样一群人，他们热情无私、仁爱济世；他们抢险救灾、御寒送暖。他们毫无怨言地奉献着自己的青春，他们有一个共同的名字：白求恩志愿者。

2012年的夏天，我正式成为一名吉大人、白医人。从那一刻起，"奉献、友爱、互助、进步"的

图5.9 张涵志愿服务活动获奖照片

志愿精神便已注入我的身体，志愿活动也成为我的一种生活方式。大学五年期间，我积极投身各种志愿活动——走进福利院，走进社区，为孤寡老人打扫卫生，健康宣教，慰问演出。在"蓝色行动"系列活动中，与自闭症患儿们进行交流、游戏，宣传讲解关于自闭症的常识，呼吁更多爱心人士关爱自闭症患儿。

作为一名医学生，白求恩的衣钵传人，我不忘初心，始终心系患者，将白求恩的事迹作为自己的镜子，时刻提醒自己对学业事业负责，对人民热忱，对技术精益求精。在吉大一院门诊部，我为患者进行导医助医、协助患者打印报告单、做检查等志愿活动，极大地方便了他们的就诊就医。在肿瘤中心，我已为百余名恶性肿瘤患者进行了肿瘤营养状况的评估，并在营养师的指导下为患者提出合理的膳食建议。随着专业知识的不断学习和积累，我对护理专业也有了新的认知，"护理+志愿服务"模式也被我运用到志愿活动实践中。我多次作为志愿者讲师为吉林大学支教团、吉大一院医务社工和职工子弟进行急救知识技能培训，将医学知识传播大众。在"生物—心理—社会"的现代医学模式以及以"人"的健康为中心的整体护理观的指导下，我注重加强人文关怀，提倡富有细心、爱心、耐心、责任心、同情心的"五心"志愿服务，并不断地总结和思考，形成了一套自己的志愿服务流程体系：指导患者如何合理安排就诊检查顺序；指导患者在进行各项检查前的注意事项；协助配合医生护士正确完成患者的转运等。让我记忆犹新的一次经历是在急诊科遇到了一位急性心肌梗死的病人，当他由家属用平车推进医院的一刹那，我立即跑上前引领他们到分诊台，在初步评估病情后，立即将患者转送到导管室进行介入治疗。看到焦急的家属情绪激动、不知所措，我主动走上前，安抚他们，并陪同他们顺利办理了入院手续。值得欣慰的是手术很及时很顺利，患者术后平稳地推入CCU病房留院观察，我也受到了家属的再三感谢以及急诊科老师们的赞扬。虽然我当时能做的是那么微不足道，但却为患者的抢救工作赢得了宝贵的时间，我也第一次为自己身为一名白求恩志愿者感到莫大的自豪。

予人玫瑰，手有余香。热衷于志愿活动的我也得到了诸多肯定，获得吉林大学第一医院"优秀蓝马甲志愿者""吉林省优秀志愿者"等荣誉称号，并在吉大一院"爱无限，两岸情"大学生志愿服务交流联谊活动中，有幸作为"蓝马甲"志愿者代表跟台湾交流生分享了自己参加志愿服务后的成长与收获，用自己在志愿路上的点滴与大家共勉。

新时代、新形势和新任务，也赋予了白求恩精神新的时代特征。白求恩用自己的实际行动为我们诠释了一个医疗工业者所应具备的素质。在当今社会生活中，我们学习白求恩精神，就是要学习他毫不利己、专门利人的无私奉献精神，团结互助、密切协作的集体主义精神，尊重科学、坚持真理的精益求精精神。作为医务工作者的我们，应秉持一切为人民健康服务的宗旨，积极投身于社会医疗卫生事业的伟大实践，改善服务，提高质量。学习白求恩把人民的需要作为自己价值选择的可贵品质，始终像他那样，一切以病人为中心，视患者如亲人，无私奉献，满腔热情地服务人民；始终像他那样，把精益求精作为行医治学的毕生准则，敬业爱岗，学习新知识，钻研新技术，掌握新本领，不断提高医疗质量和服务水平；始终像他那样，自觉思考并践行医务工作者的社会责任；始终像他那样，毫不利己，专门利人，彰显以医为先、以德为先的良好作风和可贵品质，成为一个高尚的人、纯粹的人、有道德的人，一个有益于社会的人。

志愿五年，感悟一生
——忆白求恩志愿者的时光

郑璐芳，女，出生日期：1994年2月，政治面貌：中共党员，本科入学时间：2013年9月，所在学院：护理学院，参加工作时间：2015年9月，职务：吉林大学天使志愿者协会会长。

大学新学期伊始，我便加入了天使、心语和阳光三大志愿社团，大三学年担任天使会长一职，累计服务次数达29次，累计组织志愿活动19次，累计服务时长200

图5.10　郑璐芳志愿服务活动照片

余小时，曾获"壹基金感谢信"、长春市朝阳区"优秀公益团队"、新民校区"优秀社团负责人"、护理学院"优秀社团"、护理学院"公益之星"等荣誉和奖项。

大学一入学，我便加入了天使、心语和阳光三大志愿者协会。之所以加入这么多志愿社团，是因为每次走到志愿者协会纳新的帐篷前，看着前辈们对志愿者的呼唤，我都无法拒绝，无法拒绝他们的热情，无法拒绝当一名志愿者的荣耀，更无法拒绝去关爱和帮助他人。

自古医者便以"救死扶伤""悬壶济世"为世人称赞。作为一名白求恩的传人，用所学的医学知识去帮扶他人是我们的责任与义务。我曾经冒着风雪走访贫困儿童，曾经冒雨参加公益奔跑来引起社会对自闭症儿童的重视，曾多次带领志愿者前往长春市社会福利院探望孤寡老人并给予基础护理，曾多次带领志愿者走进社区开展健康宣教和免费体检……

让我成长最快、印象最深刻的是吉大一院"蓝马甲"导诊志愿服务的经历。以志愿者的角度去服务患者，让我对医护工作有了更深层次的体会。一天上午九点左右，正是门诊挂号高峰期，我站在门诊四楼扶梯口对面，来回流动的人群让人眼花缭乱，这时一位年迈的老奶奶引起了我的注意。她左手拿着票据和就诊卡，右胳膊挽着一个小挎包，上到四楼后左顾右盼，步履蹒跚，被涌动的人流推推搡搡。我赶紧迎上去说："奶奶，我是志愿者，您有什么需要帮助的吗？"她看见我的志愿者工牌舒了一口气说："孩子啊，我这老眼昏花的哪也找不着，你看看我这应该往哪走啊？"我把她扶到宽敞的地方，看了看病历本和票据告诉她先交钱，然后再拿着交钱的票据去做检查就行了。她很着急，窗口排队的人太多，自己又不会使用自助交款机，让我帮忙。可是在她身上我已经花了很长时间了，我跟她说："您先去排队，到您的时候就问问旁边的人怎么操作，很简单的。"老奶奶就这样按我的方法去做了。但是，之后我内心一直很不安。当年白求恩医生，对病人极端地负责任，从未放弃过一个病人，不，可以说从未放弃过任何一个中国人。可是我却拒绝了一位只身又年迈的老人的请求。这时我跟搭档说：你自己看着这里，我去找那位老奶奶。还好，这时刚好到老奶奶了，她正拿着钱不知道怎么塞进机器里，旁边过往的行人匆匆，自家看病还顾不上哪有时间像我说的教奶奶操作，我过去帮老奶奶交了钱，带着她去完成了各项检查，这才安心了。其实这只是一件小事，却触动了我的内心，对我今后的行为、观念和工作理念产生了深远的影响。

白求恩同志为了帮助中国的抗日战争，不远万里来到中国。工作中，他对技术精益求精，对人民极端热忱，对工作极端负责任，毫不利己，专门利人，是我们中华民族的英雄。人贵在有思想、有信念、有追求，一个人如果有了强大的精神支撑，那么他就是一个有灵魂的人。作为白求恩的传人，白求恩精神就是我们强大的后盾。这也要求我们要拥有奉献精神，在服务中吃苦耐劳，把他人和集体利益放在首位，这是对人民的负责，也是对自己的负责。

志愿，说起来容易，做起来难，即便做起来容易，坚持下来也很难。感谢志愿者的经历，让我真正体会到了白求恩精神。这种"毫不利己，专门利人"的奉献精神支撑着我在志愿的道路上坚持了五年，当然还会伴我走得更远。对于我们白医学子来说，白求恩永远活在我们的心中，白求恩精神永远流淌在我们的血液里。白求恩的精神是一盏明灯，指引我们在建设祖国医疗事业的路上越走越远。我们是白求恩的传人，不是嘴上说出来的，而是做出来的。

学习白求恩，争当白医人

陈楷，男，出生日期：1995年6月，政治面貌：中共党员，学历：本科，本科入学时间：2014年9月，所在学院：吉林大学口腔医学院，职务：白求恩口腔青年志愿者协会会长。

参加过"当代雷锋行，春风暖银鬓"敬老爱老、"红色四月、缅怀先烈、勿忘国难、寄情清明"南湖扫墓、"衣份爱心，衣份温暖"爱心捐衣、"吉大建校七十年，学子重走白医路"、"你我志愿心，传递敬老情"敬老爱老等活动。曾获得"2016年度吉林大学优秀志愿者"称号。

图5.11　陈楷2016年唐县支教照片

历史穿越了黄尘古道，总有一种精神颠扑不破，总有一种气质历久弥新，也总有一种情怀不曾老去。白求恩精神不仅感动那个时代的人，更打动了一代代学习过了解过白求恩的中国人。

2016年暑假我曾有幸被选为"吉大学子重走白求恩路"志愿服务队的一名志愿者来到河北唐县白求恩大夫曾战斗过的地方。不妨再提一提白求恩的一些事迹：他于1938年初不远万里，突破重重阻挠，来到延安。同年4月，白求恩东渡黄河，前往晋察冀边区。他带着战地医疗队转战多个战场，冒着枪林弹雨，在极端艰难的环境中抢救了成千上万的伤病员，培养了大批的革命医疗战士，为中国人民的解放事业做出了重大贡献；同时，他还帮助八路军医护人员提高医疗水平，为部队培养了一批合格的医护工作者；白求恩对工作极端地负责任，对同志对人民极端地热忱，从而赢得了根据地的干部、战士和老乡的尊敬和爱戴。寥寥几句话无法全部呈现白求恩的事迹，更无法充分表现在当时极端艰苦环境下白求恩的所作所为和所言所具有的极大价值。

毛泽东同志在《纪念白求恩》中说："一个人能力有大小，但只要有这点精神，就是一个高尚的人，一个纯粹的人，一个有道德的人，一个脱离了低级趣味的人，一个有益于人民的人。"

作为学生的我们能力有限，能做到的也不多，思来想去，我们决定利用一周的时间进行一次支教活动。支教活动时间虽然不长，但是小队成员都尽心尽力备课，希望能在有限的时间教给孩子们更多知识。其实学习的知识倒是其次，我更觉得我们外界的到来本身就是对孩子们一种很好的教育，或多或少，我们把来自大山之外的很多新奇的东西带进了大山，我们希望能够在一周的时间里给孩子们心里留下一颗种子，让他们了解大山外的世界其实很大，怀着对外界的向往，对孩子们来说，这些可能对他们的成长更有作用。不负众望，孩子们一张张天真的笑脸给了我们最宝贵最直接的反馈，让我们觉得一周的支教活动的确有意义。孩子们的天真是除了白求恩精神的学习之外于我来说收获的最宝贵的东西。

在和平年代的今天，白求恩精神对我们新时代的大学生尤其是白求恩医学部的我们来说意义依然巨大。我们医学生不仅仅要专业知识水平过硬，更要培养医德医风。俗话说："德不近佛者不可以为医，才不近仙者不可以为医。"医德重要程度排在医术之前，因此在精神领域有一名领路人尤为重要，而白求恩同志就发挥着如此重要的作用，中华人民共和国成立以来一代代医学生都是在白求恩精神的耳濡目染中学习成长。

学习白求恩事迹，了解白求恩为人，铭记白求恩精神。白求恩精神与时俱进，永垂不朽，值得我们所有学子牢记心中，付诸实践。

白求恩志愿者

陈思宇，男，出生日期：1996年6月，政治面貌：中共党员，学历：本科，本科入学时间：2014年9月，所在学院：吉林大学口腔医学院，职务口腔医学院学生团总支实践部部长。

志愿者服务是一个国际性口号，在全世界范围内也已经有悠久的历史。早在第一次世界大战期间，一些善良而又勇敢的人士，本着人道主义精神，自愿奔赴战场救死扶伤成为世界上最早的志愿者之一。

图5.12　陈思宇2018年通榆县社会实践照片

相继第二次世界大战期间更多志愿者活跃在抗击法西斯的战场上和大后方，我们所熟悉的白求恩同志便是其中的杰出代表。在和平时期，志愿服务事业在有些国家又有了长足的发展，涉及环境保护、扶弱助残、赈济贫困、救灾抢险、社区建设、公益活动等越来越广泛的领域，志愿者身上所洋溢着的自我牺牲的品格、奉献敬业的境界、高度的社会责任感以及对社会进步的执着追求，深受人们的推崇和敬佩，也无疑是中国青年志愿者所称颂和效仿的。

于我来说，作为一名白求恩志愿者，志愿服务精神不仅是服务社会、奉献自我，更是一种传承，是值得我们不断深入学习并付诸实践的，是值得长久传递下去的。

2016年7月，我很荣幸被选为志愿者参加了"吉大建校七十年，学子重走白医路"志愿活动。来到我们学校的先辈们曾经学习、战斗过的地方，了解了白求恩同志以及学校先辈们的英勇事迹，这才深刻体会了什么是无私奉献的精神。我们一路对白求恩同志曾工作过的各个地方进行了参观学习，并在当地进行了义诊与支教。我在校领导和老师的带领下，在参加过许多志愿服务的学长学姐们的帮助下，克服了当地艰苦的环境，圆满地完成了志愿服务。对我来说，这次志愿服务不仅仅是对

当地人民进行的帮助，更是对我个人的一种升华。

2017年7月，我很荣幸地再次获得了志愿服务的机会。这一次，作为老队员，我积极帮助队伍里的新队员，把我过去所积累的经验传递给他们，这就是一种传承，我相信他们也会继续传递这种勇于奉献、促进社会和谐的精神。我认为作为一名大学生是应当参加志愿服务的，这不仅仅是传递爱心和文明，更是在志愿者们互帮互助、协力合作、克服重重困难的过程中收获情谊以及提升个人能力，这是我们人生中一笔珍贵的财富。

作为一名青年志愿者，我知道青年志愿者奉献给社会的不应该仅仅是服务，同时也应该向社会昭示一种精神，那就是奉献、友爱和互敬。我深深地知道作为青年志愿者的我们肩上所担负的是神圣的使命，我们现在所做的一切都是我们人生的一大笔宝贵财富，我们要把这种精神发扬光大。作为白求恩志愿者的我们，更要把志愿服务精神，把白求恩精神不断地传承下去

总之，作为志愿者的我们是感到无限光荣的，我们深信，随着青年志愿者行动的深入开展，志愿者精神将更加深入人心，更加充溢社会，成为经济和社会发展的促进力量！

157

医生的路

董博，男，出生日期：1998年5月，政治面貌：团员，学历：本科在读，本科入学时间：2015年9月，所在学院：口腔医学院

参加过暑期唐县三下乡重走白求恩之路实践活动以及社区空巢老人慰问活动等。

有一种精神叫作奉献，有一种行动叫作志愿，有一种体会存于心间。作为白求

图5.13　董博2017年唐县社会实践照片

恩医学部的学生，我在暑假期间参与了重走白求恩之路的志愿活动，到白求恩原来生活过的地方去体会曾经的艰辛，也目睹了医生们义诊时的真诚和不易，这一切都给我自身带来了极大的震撼，尤其是在了解到白求恩事迹的时候，真的无法想象在那个年代白求恩是如何坚持下来的，当时心中不仅仅是惊讶和赞叹，更多的是敬佩和感动。现在的我回头再读一遍毛主席写的《纪念白求恩》，感悟真的大不相同。

在唐县的时候，我们协助医疗队的老师们给当地的村民们进行义诊活动，为他

们免费看病、送药，当我看到村里那些老人们淳朴的微笑还有他们向医疗队感谢的那种真诚，心里面说不出来的开心，如果说有个比喻的话，可能更像是儿时助人为乐被夸奖的那种开心吧。在咨询的过程中我们还看见了白求恩房东的女儿，我觉得再多的文字和资料也没有从她口中说的话让人信服。她还告诉我们白求恩愿意吃她母亲炒的葫芦，字字句句都能看出白求恩当时在老百姓心中的地位。我还为村民们量血压，他们大多数人血压都高，自己在听旁边老师为他们细心问诊的时候，意识到对医生来说最重要的两样东西，那就是知识和善良。当时心里想的就是我一定要成为这样的医生，一定要把属于自己职业的东西记牢，弥补不足，成为一个真真正正合格并且与人友善、有奉献精神的医生。在活动最后要离开的时候，我觉得自己从唐县带走更多的是那份医生的责任感。这样的活动对于每一个医学生都是一次宝贵的经历，能唤醒每个医学生内心的那种使命感，也能在白求恩精神的引领下找到属于自己的那份坚持和为他人奉献的那种无私，还能初步让医学生感悟一名医务人员的公共责任。

医务人员的公共责任首先是职责责任，面对病人个体的疾患和社会的公共卫生安全，在具体的某次行医行为之前，就事先具有高度的职责感和义务感，这能让一个医生从根本上去丰富自己的知识和不断地去进取，因为这是尊重生命的体现；其次是道德责任，在行医行为实施过程中，表现为主动述职或自觉接受监督，对外界评判机构或者公共舆论负责，并向其汇报、解释、反映情况，这是从人品上去完善自己，也就是之前提到的善良；再次是法律责任，在行医行为实施之后，对不当行为承担责任，并对所造成的损失进行赔偿，这也是医生最需要遵守的社会责任。

最后真的非常感谢学校能给我这次学习体验的机会，我一定把白求恩精神当作医务人员的公共精神，不断地学习，不断地丰富自身，继承白求恩精神，成为一名真正对社会有益的好医生。

医生的路用一生去走。

心承暖阳，不负韶光

黄蕾，女，出生日期：1993年12月，政治面貌：团员，学历：本科，本科入学时间：2012年9月，所在学院：口腔医学院，目前研究生在读。

自2010年加入包头义工起，不为物质报酬，基于良知、信念和责任，志愿为社会和他人提供服务和帮助，一直活跃于各类市级及校级志愿服务组织中，如包头义工、吉林省红十字会、长春义工、长春喵友爱流浪猫救助、心希望心理救援组织、喜爱帮、白求恩口腔青年志愿者协会、吉大一院宁养院、心语志愿者协会、阳光志愿者协会、中华义工联合会等，累计服务时长达1000余小时。

> 谁都知道，
> 只是拿来的画笔和时光，
> 你的梦和笑才是华丽的色彩，
> 黑暗深处，
> 一朵花或一束光，
> 谁唤醒了谁开始前行，
> 谁呼叫了谁以梦为马。

图5.14　黄蕾2016年唐县支教照片

【梦和笑】

寒窗久读十数载，换来梦想成真踏入医学殿堂的一张邀请函，选择成为一名医学生，就是志愿献身医学，决心竭尽全力除人类之病痛，助健康之完美，维护医术的圣洁和荣誉，救死扶伤，不辞艰辛，执着追求。年少时曾读过一句话："医者，鬼手，佛心"，意指医者须有鬼一样灵巧的双手和佛一样慈悲的内心，医学院训练我的双手，志愿服务则锤炼和浇灌着我的内心。

成为志愿者的八年来，有看到孤寡老人生活现状时掉下的泪水，也有慈善义卖后一起清点善款时的兴奋；有寒冬清雪时的大汗淋漓，也有凛冽春风里站在荒山植树时的一身风沙……纵使有苦有累，但我所得到的绝不只是帮助他人的满足感，在参与活动中，我慢慢成长，因看过人间疾苦而更珍惜自己拥有的幸福，因真心付出而懂得珍视他人的付出。

【一朵花】

2016年7月，河北唐县和家庄村，清晨。

我们的社会实践小分队正在和家庄小学准备义诊活动，两个三年级小姑娘远远地看着我忙碌，我向她们走去问她们是不是有什么事情，她们羞涩地笑着朝对方身后躲藏，然后拿出两朵带着露珠的喇叭花说，"老师，送给你，我俩早晨去摘的"，我接过花，她们转身就跑了。认识她们还不足24小时，也算不上是她们真正意义上的老师，那一瞬间，我觉得这一路艰辛炎炎烈日都是值得的。两朵乡间的喇叭花，承载着她们简单青涩的喜欢，早早起来就只为摘一朵新鲜的小花，她们没走出过这个小山村，她们还不知道外面的世界有多精彩，但她们却愿意把自己能得到的最美好的东西送给你，我想这大概就是我一直坚持走在这条路上的原因。

愿自己成为一束光，照亮自己，温暖他人。

【以梦为马，一路前行】

在学医的路上走得越远，愈加懂得志愿服务经历的珍贵，也更加深刻明白了白求恩精神的内涵。我们是白医传人，责任和奉献就是我们的姓名，我们以关爱融解冷漠，我们以真诚呼唤真情，我们以勇气挑战困难，我们以行动实践所能，我们相信，人间之爱，不再是梦，你的需要，有我呼应，立足今天，我们恪守着公民的赤诚，笑迎未来，我们携手与时代同行，虽然没有掌声没有鲜花，但志愿者是一个光荣的称号，我将在这条路上一直走下去，奉献爱心，尽己所能帮助更多的人。

波摇千里，铸百年医魂；风来八面，传白医精神

王鹍，男，出生日期：1995年8月，政治面貌：中共党员，学历：本科，入学时间：2013年9月，所在学院：口腔医学院。

曾任口腔医学院青年志愿者协会会长，任期内协会曾获吉林省优秀志愿组织称号。主持、组织的活动多次在吉林大学"每团一品""创新一品"项目中获奖。

图5.15　王鹍学习工作照片

80年前，一个瘦高的加拿大人，踏入了一个陌生、战火纷飞的国度。

毋庸置疑，诺尔曼·白求恩为这片土地留下的，不仅仅是他的血液和躯体。还有一些东西，穿过漫长的时间，幸存了下来，我们才得以在这个国家里见到无数的医务工作者，都自称他的学生。

白求恩精神的存在和流传，赋予了"医生"一词更多的含义，它要求我们不仅要追求高超的医护技术，还要去追求高尚的医风医德。知识和技术是重要的工具，而我们如何利用这种工具，我们要利用工具去达到什么，是更值得深思的问题。社会志愿活动，对于当代医学生来说有着不可替代的重要意义。在社会活动中，我们会学着去正视这一职业附带的公共责任，得以学习如何将那些社会体系教会我们的知识技能还回到社会中去。

我的专业是口腔医学，在大一时，我加入了学院的青年志愿者协会，并在大二至大三一年的时间里担任会长。在会期间，曾组织参加过十余次不同类型的志愿服务活动，包括敬老院服务、高中一对一辅导、公园义诊、烈士陵园扫墓、幼儿园口腔保健等。虽然在协会中的时间不长，但是，协会的工作经历对我有很大的影响，在这些活动中我感受到了作为医学生的归属感，属于某种群体，负有某种责任。在活动中我们得以将自己投身到更大的体系里去，思考我们可以为更伟大的存在做些什么，从而获得完整。

在我的志愿生涯中，印象最深的事发生在2016年，在那一年的夏季，我随学

院志愿小队赴河北山区，参加了"重走白医路"主题系列活动。在这次活动中，我们的志愿小队驻扎在唐县的和家庄小学，在那里，有一件小事给我留下了深刻的印象。在活动结束前的倒数第二天，看见一群一群的孩子，雀跃着跑过操场，在操场的一角，在一个锈迹斑斑的龙头边争夺着饮水的位置。在出发前我们就已听说，唐县的自来水中含有大量矿物质，当地人饮用生水的习惯，使一些相关疾病在此地的发病率居高不下。当我走过去询问时，这些孩子挤在一起，嬉笑着对我的提问沉默不语。我试着告诉他们以后不要再喝生水，但他们只是笑，没有说话。再后来，一个孩子悄悄地告诉我他们一直是这样喝水的，他们的父亲、他们的母亲、他们的世世辈辈都是这样喝水的。在那一刻我感到有些难过，在和家庄的那七天，与他们独自生活的漫长时间比起来，是如此的微不足道。作为志愿者，我们可以走到他们的生活中去，陪伴他们、帮助他们，可我仍然发现，我们能做的太少，无以改变他们的生活。

可是我们能做的远远不止这些，我们不仅仅是安慰者、治愈者，更是预防者和保护者。实事求是的求学心、为人民服务的责任感、清醒思考的全局观，这三点皆是当代医务人员最重要的品质，是维护人民健康、履行职业责任的必要条件。我们应清醒地认识、有意识地促进社会健康体系的完善，不仅仅是医一病、医一人，更要医一国、医天下。

我们每一位白医传人，都应以成为一名优秀的医务人员作为奋斗目标。我们不仅要有高超的业务水平，更应视公共卫生为己任，不断提高自己的认识和能力，为有关部门完善医疗服务体系提供帮助及建议，尽全部努力使我国医疗事业得到充分、完善的全面发展。

志愿医路行者不息

纪伟，女，出生日期：1995年3月，政治面貌：中共党员，学历：本科，本科入学时间：2013年9月，所在学院：临床医学院。

志愿服务经历：吉林大学第一医院、第二医院、中日联谊医院志愿服务；吉林大学临床医学院吉林省白山市社会实践团队；吉林大学临床医学院河北省唐县牛眼沟村白求恩希望小学志愿服务团队；吉林大学校庆70周年志愿服务。

相关荣誉：吉林大学临床医学院社会实践先进个人；长春市大中专学生"三下乡"社会实践先进个人；《白求恩精神在吉林大学（学生卷）》编委。

2013年9月，我考入吉林大学临床医学院，白求恩精神教育是当年新生入学的第一课。几个月后，我加入学院白求恩青年志愿者协会，从此开始了志愿服务的漫漫征程。

协会当时有签约志愿服务基地，学生经过培训后与负责的医生、老师或社区工作者共同服务，导诊、陪检、探望孤寡老人和特殊儿童、清理积雪、卫生安全宣教等许多事项，众多纷杂，每每忙活完都得要大半天的时间，可唯一没变的就是觉得自己有实践价值的充实和满足，这是在课堂上体会不到的。印象尤为深刻的是2015年暑期我到河北唐县白求恩希望小学支教的经历，我们十三个志愿者在8月份的大热天里乘火车倒客车又倒小面包车，太阳快落山了才赶到小学，身上恨不得扑腾出一斤灰来。村里的孩子们见我们来了，在缸里舀出一瓢水，一点儿也不生涩地说："老师，喝水。"后来我才知道，因为学院每年暑假都会选派志愿者到小学支教，在村子里回访

图5.16　纪伟2015年晋察冀军区
烈士陵园白求恩墓前照片

调研、送医送药，孩子们才能和我们这么亲近，就像家里的定期访客一样。可能是因为亲眼见到白求恩参建的晋察冀军区卫生学校，也可能是因为亲耳听到希望小学孩子们的琅琅书声，也可能是小村子里人人传讲的"活的"白求恩实在动人，我开始领悟到我们所践行的"团结、友爱、互助、进步"的志愿服务精神与学院始终弘扬的"毫不利己专门利人"的白求恩精神是一脉相承、相互促进的。从唐县回来，我开始更加留意学院学校各项志愿服务相关的资料和活动信息。2016年，我任学院团委常委兼宣传部部长，学部领导老师牵头，师生齐心协力共同搜集、整理和归纳了学院2008年至此的各项志愿服务影像资料，结集成册，出版《白求恩精神在吉林大学（学生卷）》一书。2017年，我任学院学生团委副书记，与学院其他优秀的青年志愿者一起接待了台湾高校的来访大学生，并设"医学志愿服务工作坊"交流研讨，将白求恩精神与志愿服务精神播散出去。

今年我就要本科毕业了，回想入学以来从事志愿服务的点点滴滴，动人的时刻尤其多，也正是这些温暖的反馈构成了我们继续前行的动力，志愿服务带给我的温暖和感动以及真诚、友善、互助的正能量会一直留存在血脉中。接下来，我会穿上白衣穿梭于医院诊室走廊，奋斗在求学和实习的路上，而志愿医路，行者不息，一名医务工作者的成长和成熟，尤其是一名"白求恩式的医务工作者"，大抵是需要这样的志愿经历的。

志愿服务砥砺青春，白求恩精神薪火相传

孔维健，男，出生日期：1995年6月，政治面貌：中共党员，学历：本科，本科入学时间：2012年9月，所在学院：临床医学院。现就读于吉林大学。

2012年9月加入白求恩青年志愿者协会，自2014年起担任白求恩青年志愿者协会会长一职。曾获吉林大学临床医学院志愿服务先进个人、吉林大学优秀志愿者等荣誉称号。

图5.17　孔维健2014年接收李克强总理回信照片

说起志愿服务，再与白求恩精神联系在一起，不禁使我想到了早在1994年，时任团中央书记处第一书记的李克强同志在吉林省视察工作时曾为白求恩志愿者协会亲笔写下的一句话："社会需要志愿者行动，市场经济需要志愿者服务，愿同学们将志愿服务的新风吹向农村山乡、村村户户！"。短短几十字饱含李克强对志愿服务的支持和希冀。二十余年时代变迁，志愿服务更是延伸到了社会生活中的方方面面，时时刻刻影响着我们的生活。那志愿服务究竟是什么？志愿服务与白求恩精神两者间又有着怎样的关系？今天在这里我想说说自己的体会。

志愿服务的主体是每一名志愿者，而每位志愿者的心中，都有着"奉献、友爱、互助、进步"的志愿者精神，这是一种服务他人、快乐自己的信仰，每一位志愿者用自己的热心与关爱去温暖整个社会；用自己的行动证明了自己的价值，让生活更加有意义，让社会大家庭更加和谐；用自己的行动向人们证明，这个社会并不像别人想象中的那样污浊，光明依旧在你我之间，未曾离开，生活依旧充满阳光。

那何为白求恩精神？有人会说白求恩精神就是伟大的国际主义、共产主义精神；就是毫不利己、专门利人的无私奉献精神；就是对工作极端热忱、精益求精的精神。而在我看来，白求恩精神不仅仅是毫不利己专门利人的无私奉献精神，更是一种以服务他人为己任的精神。通过自己的努力和付出，在力所能及的范围内给予他人最需要的帮助，使自己的心灵得到充实与满足，并以此激励自我不断前进。这或许便是白求恩精神更深层次的内涵。通过志愿服务为他人提供帮助，在帮助之中收获自己工作服务的价值，从而达到心灵的满足，这既是志愿精神的内涵，更是白求恩精神在生活工作中的体现。作为一名医学生、一名医务工作者，在学习和工作

中秉承奉献友爱互助进步的信仰，以白求恩精神来鞭策自我，实现自己的价值，将白求恩精神薪火相传，更是我们每个人的责任与使命。

我们拥有一个共同的名字，来到一个共同的地方，为了一个共同的目的，共同去做一件事情。我们追求水晶一样的心，我们渴望通过奉献他人，成就自我。作为这个小小团队中的一员，我为自己神圣的使命感到骄傲和自豪。

我们做志愿者是因为心中的那份爱，那份渴望，那份责任感。我们希望用自己的爱，自己的行动去为苦难中挣扎的人们做点什么，去呼唤温情以消减冷漠，去感染更多的人以此来营造和谐温情的社会氛围。

一个志愿者就是一把泥土，但我们存在的意义，不是被淹没。而是与无数把泥土聚集在一起，成就一座山峰，一条山脉，一片群峰。这样的山峰，可以改变风的走向，可以决定水的流速。我不怕自己只是那一小撮泥土，因为我相信会有千千万万撮泥土加入我的行列，我们一起，可以改变风的走向，可以决定水的流速！

志愿白求恩，你我同行

李玲玉，女，出生日期：1987年9月，政治面貌：中共党员，学历：博士，本科入学：2007年9月，所在学院：白求恩医学院，参加工作时间：2017年9月，职务：医师，曾任职务：吉林大学阳光青年志愿者协会副主席兼新民校区主席；新民校区安全志愿者委员会主任；白求恩青年志愿者协会会长；"服务吉林"志愿者行动联盟理事。

图5.18　李玲玉2009年吉林省孤儿学校
志愿活动照片

参加志愿活动概况：2009年，在"原白求恩医科大学创建70周年系列纪念活动"中任志愿者工作总负责人，因表现突出被授予"校庆优秀志愿者"称号；组织"走进河北唐县白求恩希望小学"支教活动；亲自创建白求恩青年志愿者协会，并先后与长春市普阳街道、吉林省孤儿学校、河北唐县白求恩希望小学建立共建关系。

获奖情况：2009年获吉林大学十佳大学生；获长春市"高校文明杯"十佳大学生；2010年获吉林大学十大杰出志愿者。

医学和医学教育的发展对医学生综合素质提出了更高的要求。对医学生而言，职业素养的提升不仅能提高服务大众的意识，增强无私奉献的责任感，更能加强其

人文关爱，锻炼科学和批判性思维。志愿者是大学生中最平凡的一群人，尽管身处各地，尽管从事不同的工作，但都拥有这个共同的名字。他们没有任何创造发明，不能去摘金夺银，只是默默地尽己所能去帮助他人；他们不辞劳苦，心怀大爱，奉献给社会的不仅是一次次的志愿服务，更是一种社会力量，一种"奉献、友爱、互助、进步"的志愿者精神。

正是这种力量让刚刚步入大学的我义无反顾地加入其中，成为这支"志愿者"队伍中的一员。怀着对志愿服务的热爱，我从一个默默从事志愿服务的志愿者到一项志愿服务工作的组织策划者，都试图用行动去诠释什么是志愿者，什么是志愿者精神。2009年3月，我组织策划了"与爱相牵，情系孤儿"白求恩医学院走进吉林省孤儿学校大型公益活动，为学校的孤儿们辅导功课，做各种医疗知识普及，用简单易懂的方式教给孩子们怎么预防疾病、保护自己；2009年7月，我作为白求恩志愿者的一员，组织策划了"追寻白求恩足迹"——走进河北唐县暑期社会实践活动。活动期间，祭拜了白求恩墓，参观了唐县白求恩柯棣华纪念馆、齐家佐乡葛公村白求恩卫生学校旧址，并与牛眼沟村白求恩希望小学进行了联谊活动，捐赠了价值4000元的文体用品及药品。在与孩子们的接触中，欢声笑语贯穿始末。赠人玫瑰，手有余香，在那里的短短两天也让他们懂得了关怀的力量，给予的快乐；在2010年青海玉树发生7.1级地震后，我组织了"情系玉树，大型义卖"活动，召集了许多志愿者们从各个寝室收集废旧书籍、手工艺品进行义卖，共筹得6400余元捐款全部捐献灾区。通过多年的志愿活动，我深切感受到作为白求恩青年志愿者所承载着伟大的白求恩精神：对工作认真负责、精益求精、无私奉献。

志愿精神对医学生成才过程和从医道路的重要作用：一方面有利于提升医学生对职业道德的认识。职业素养的培养是理论教育与实践活动相结合的过程，而志愿服务恰能为职业素养的培养提供理论实践的机会和场景。另一方面有利于医学生职业兴趣的培养，树立正确价值观和责任感，更好地服务于医学事业，寻找自身价值和意义，形成正确的职业价值观。一个合格的医生不仅要有扎实的专业理论功底和过硬的技术能力，更要有深厚的文化底蕴和崇高的职业道德追求。而我认为，对白求恩志愿者来说最重要的个人品质就是志愿精神和公共责任感。一方面要培养其奉献意识和志愿精神，在公民的心中撒播志愿的种子，从而激发大学生的志愿行为。这是检验公民是否具备公共精神的良好中介，是践履公共精神、培养责任公民的便利而有效的通道。另一方面，要加强公共责任感和公共精神，这是孕育公共德性的基本品质更是构建和谐社会不可或缺的精神储备。在公民道德教育中，要不断激发公民参与志愿活动的热情，培育其热心公益事业、甘于自我奉献的道德责任感与社会使命感。

"爱在左，同情在右，走在生命的两旁，随时撒种，随时开花。"爱，一路陪伴着我走过许多春秋；爱，让我变得阳光向上，积极热情；爱，给社会带来温暖，让平凡不再平凡。我相信只要人人心中都充满爱，我们的社会，我们的明天会更加美好。

让爱的阳光洒照每一个角落

李梓萌，女，现为吉林大学临床医学在读博士。大学本科期间曾担任吉林大学白求恩医学院团委副书记，带领白求恩青年志愿者协会开展了大量活动，曾获"长春市十佳大学生""吉林大学十佳大学生"称号。

特鲁多医生的墓志铭上篆刻着一句广为流传的话"有时去治愈，常常去帮助，总是去安慰"。转瞬间，从2008年高考之后踏入神圣的医学殿堂，到现在已然十

图5.19　李梓萌2011年唐县牛眼沟村支教照片

年。我在入学教育的时候就学到了这句话，在医院工作的家人也一直在告诉我，医学不是简单的科学，而是人学。随着国民生活水平的提高，工作生活的压力也随之变大，越来越多的人处于亚健康状态，开始渴望得到一些健康咨询或者心理疏导和安慰。然而我们国家目前医疗资源相对紧缺，临床一线的医生很难有时间去做这些事情，所以我们医学生就应该承担起这样的社会责任。

从2008年进入大学校园开始，因为入学就担任班级团支书，后来担任学院团委副书记、党支部书记，研究生期间又担任院研究生会主席，所以这十年期间，一直在参加或者组织各种志愿服务活动。比如，去孤儿院看望孤儿，去敬老院慰问孤寡老人，去培智学校看望智障儿童，去社区、公园等地进行健康咨询，去医院做分导诊工作，去农村支教、支医……当身份角色从志愿活动的参与者，逐步变为组织者，则更能感受到志愿服务带给我们的力量。

白求恩精神就是毫不利己专门利人的无私奉献精神，就是对工作极端热忱、精益求精的精神。想要做一名白求恩式的医务工作者，不仅需要精湛的医术，更需要一颗仁爱之心。每当看到白发苍苍的老人、孤苦无助的儿童、渴求健康指导的百姓，就会感受到对方是多么需要关怀和帮助，就会感受到我们的作所作为虽然渺小但却那么有意义，就会让我们的内心变得更加柔软而坚定。

医学是一门实践学科，对于医学生而言，在做志愿者帮助他人的同时，也可以将所学知识得以运用，加深对知识的掌握和理解，也能够更加理解广大百姓所想所需，能够更多地为患者考虑，换位思考，提高自身沟通能力等，对今后走向临床工作岗位也会有很大的帮助，正所谓"赠人玫瑰，手有余香"。

如今，去河北唐县牛眼沟村希望小学支教、支医已成了我们学校的传统特色活动。2011年我作为学院带队与当地团委签订了长期志愿服务基地的合作协议，因此，我也有幸作为了见证者，感受到了这长期坚持的志愿服务为双方带来的改变。还记得2009年小分队第一次踏上唐县，志愿者们在教室打地铺席地而睡，在简陋的操场上起火做饭，在破旧的书桌、黑板前为孩子们开启大山外的世界……而如今的白求恩希望小学，已有了电脑、空调、宽敞明亮的教室和崭新的桌椅；前往唐县支医的白求恩志愿者队伍也在不断壮大，从最初的临床医学院发展到现在的整个医学部，从最初的医学生到现在有了越来越多的教授加入其中。十年来，白求恩志愿者与当地百姓的情谊也在不断加深。2017年冬天，唐县特产红枣滞销，村主任第一时间想到了找我们帮忙，医院和医学院的老师、同学们闻讯都非常积极地伸出援助之手，短时间内就将红枣抢购一空。这种身处两地却心心相系、互相牵挂的感情让人为之感动，也是侧面对我们志愿服务的一种肯定。

作为众多白求恩志愿者中的渺小一员，回想这十年来的志愿服务经历，最大的收获我想就是学会了表达与倾听，学会了换位思考，懂得了应当富有同情心，与人为善，要有无私奉献的精神，用乐观积极的态度去面对人生并感染身边的人，让爱的阳光洒照每一个角落。

我与青协的故事

钱玥彤，女，出生日期：1994年2月，政治面貌：中共党员，学历：本科，本科入学时间：2011年9月，所在学院：吉林大学临床医学院。目前在北京协和医院皮肤科攻读硕士学位。

曾任临床医学院团委常委兼社团联合会主席。曾获得吉林大学十佳大学生、白求恩医学部十佳大学生、吉林大学校优秀学生称号及校社会实践先进个人奖。

图5.20 钱玥彤代表白求恩志愿者2015年接受李克强总理题字照片

曾参与城市晚报社与长春电视台在吉林省孤儿学校联合举办的联欢晚会以及大型慈善义卖、河北省唐县牛眼沟村支医支教、"蓝马甲"吉大一院分导诊及"青春三下乡"送医送药进社区志愿服务活动，累计志愿服务时长300余小时。作为白求恩志愿者协会代表向中共中央政治局常委、国务院总理李克强汇报协会志愿服务情况。

2011年，吉林大学白求恩医学院还未更名为临床医学院，我的大学第一课就是有关于这个"冠名"医学院的前世今生。在那时，"毫不利己，专门利人"的白求恩精神就像一颗种子悄悄种进了心田。白求恩精湛的医术，耐心亲切地对待村民，在战争年代奉献一切的精神，都是我们学习的榜样。之后，我加入了白求恩青年志愿者协会，参与了很多志愿服务活动，结识了很多乐于奉献、志同道合的朋友，融入志愿服务大家庭中。

2012年的夏天，我参加了慰问养老院老人的志愿服务活动，这是我第一次当一名志愿者，彼时的我刚刚结束大学一年级的通识教育，还未接触医学课程，对"治病救人"仅仅停留在想象，对"奉献、友爱、互助、进步"的志愿者精神还仅仅停留在一句口号。正是这次的经历让我了解到了志愿者有哪些任务和责任以及医生是如何工作的。我看到高年级的学长学姐们细心地为老人进行查体，测量血压、血糖，耐心询问老人们既往的病史、过敏史，为他们建立一份健康档案，同时向老人们科普健康知识，如何适度锻炼、如何健康饮食等。老人们专心地听着，偶尔会提出一些疑问，学长学姐们用通俗易懂的语言解答着，还不忘帮老人亲切地放下为了测量血压挽起的衣袖。静静站在旁边的我，看着优秀的学长学姐，看到了他们身上闪耀着的职业的光芒，他们学识渊博、细心耐心，言谈举止间时刻透露着对老人们的人文关怀，充分体现了一名合格医务工作者的工作责任。我暗下决心，一定要努力学习，熟练掌握专业技能，才能像这些志愿者一样帮助和安慰需要帮助的人。忽然之间，白求恩的形象一下子不那么遥远了，这些志愿者们成为我前进的榜样。

2014年暑假，我们一行人来到了河北省唐县牛眼沟村，开始了"冀梦韶华，寻根之旅"，一路追寻当年白求恩的足迹，拜访吉林大学临床医学院最初建立起的地方，同时为这里的村民送医送药，并在白求恩希望小学展开了支教活动。这样的队伍在当时已经是第五次深入唐县了，直到现在，每年暑假都还会有这样一支队伍来到这里，继续发光发热。回想起来，那真是一个酣畅淋漓的夏天，收获了无数的美好记忆与感动。我们和孩子们围坐在一起，一起唱儿歌，学下围棋，学用蜡笔画画儿；我们带着一群孩子在操场上奔跑、踢球、开运动会，肆意地挥洒着汗水；我们带着电脑、投影仪、图书给孩子们展示了他们不曾接触过的世界。他们听故事时憧憬的眼神，下课后亲切的声声呼唤，跳舞时拉起的温暖的小手，临别时眼角依依不舍的泪花都让我记忆犹新。

2014年9月，恰逢1994年时任团中央书记处第一书记的李克强来到白求恩志愿者协会题词勉励志愿服务精神20周年，我们便给李克强总理写了一封信，汇报了白求恩青年志愿者协会在这20年来的发展。令人振奋的是，总理为我们书写了一封回信，总理在信中鼓励我们："继续以爱心和知识帮助需要帮助的人，与千千万万志愿者一起传播守望相助的正能量，在全社会形成崇德向善的好风尚。"所有的白求恩志愿者们都受到了巨大的鼓舞。2015年4月10日，李克强总理在吉林大学学生就业创业指导与服务中心招聘服务大厅视察指导时，我正作为一名志愿者协助基层单位发放招聘启事，当总理来到我们的展板前时，我立刻走上前去向总理汇报收到总理回信后志愿者们受到的激励以及我们愈加坚定的服务基层的志向，并邀请总理在我们志愿服务画册中签字留念。总理鼓励我们在步入社会后要继续将志愿服务精神发扬光大。总理的关怀让我们欣喜，总理的嘱托让我们倍感重任。是啊，我们要用青春活力和专业知识不断践行志愿服务精神，在实践与奉献中不断磨砺自己，努力成为一名合格的社会主义建设者。

五年美好的入学时光匆匆而过，而当时只道是寻常的志愿服务工作却在潜移默化中继续滋养着我。我常常想，志愿服务可能不需要局限于具体的形式，不见得一定需要走访乡村、送医送药或是深入希望小学、宣讲支教。如果有机会为贫苦的人们送去优质的医疗服务及基本的医疗帮助或是帮助大山里的孩子开拓视野树立目标固然好，但当我们没有大段的时间奉献爱心的时候，那把志愿服务精神融入工作中的一点一滴也是一种对志愿服务的坚持。尤其是医生这个职业，"偶尔去治愈，常常去帮助，总是去安慰"的行医格言，和志愿服务精神不谋而合。在设身处地地感受过农民生活艰辛，求医不易之后，每当在医务工作中遇见从偏远山区而来，辗转多次求医的患者，我都更耐心地多听他们念叨几句方言，安慰几句这一路的颠簸周转。在支医支教中遇到的医学问题，也时刻鼓励着我踏实学习，完善专业技能。

白求恩精神和志愿服务精神的内涵需要我们不断地丰富和发展，这些精神不仅激励着我们潜心研学，掌握精湛的医术，更好地服务他人；同时也要砥砺品行，勇于承担医疗行业中的公共责任。

最后，祝愿白求恩青年志愿者协会越来越好，队伍越来越壮大，帮助更多需要帮助的人们，让我们在为国家发展、人民福祉奉献中成长进步！

白医人溯寻白医根

张滨，女，1991年2月出生，中共党员，医学硕士，2008年9月本科入学，吉林大学白求恩医学院，2015年9月参加工作。

曾多次参加"冀梦韶华，寻根之旅——河北唐县白求恩希望小学支教"活动、白求恩青年志愿者走进福利院关爱孤儿活动、白求恩青年志愿者走进社区义诊活动、白求恩青年志愿者"让关爱的阳光

图5.21　张滨2010年唐县牛眼沟村支教照片

照亮每一个残疾人的心灵"扶残助残活动等多项志愿服务活动。曾获得吉林大学白求恩医学院"优秀志愿者"荣誉称号。

太行，这片绵延400余公里的巍巍山峦，孕育了太多坚不可摧的精神，白求恩精神便是这最可贵的精神之一。当我真真切切地踏上了这片孕育着浓厚的白求恩精神的土壤，我仿佛感受到了隆隆炮火中白求恩的无私与坚持，仿佛聆听到了历史的最强音所赞颂着的伟大的白求恩精神。"抱高尚远大之理想，献身革命，高爵不足羁其鸿志，厚禄不足烦其雄心"，这就是伟大的国际共产主义战士——诺尔曼·白求恩，一个为了中国革命、为了中国人民抛血献身于这片中华沃土的人，在这片他曾经奋斗和奉献过的土地上，我真实地感受到了白求恩的存在，感受到了白求恩精神的力量。

2010年的那个夏天，我有幸参与了"冀梦韶华，寻根之旅——河北唐县白求恩希望小学支教活动"。那是一个教学条件十分艰苦的小学校，教学资源非常匮乏，校园中只有一个用水泥和砖头拼搭起来的乒乓球台和一个篮球架可供孩子们玩耍。当地的一位老师在山中教书30余年，他说，只要还有一个孩子在，他就不会放弃，不会离开。

看到孩子们艰苦的学习环境，我们很心疼，可是孩子们脸上绽放出的那天真的笑容，给了我更多的力量，希望能在短暂的支教日程中为孩子们带去更多的知识，带去更多的乐趣，让他们知道大山外面的世界，让他们坚定自己努力学习、走出大山的信念。我们的每一堂课都精彩纷呈，欢笑不断，在愉快的气氛中为孩子们输送知识的养料。我们与孩子们成为朋友，一同学习，一起玩耍。每天清晨看到他们天蒙蒙亮就已经迫不及待地跑来学校，那是我们最欣慰的时刻。每一天，校园里都充溢着朗朗的读书声、开心的笑声，活跃着孩子们嬉戏的身影。我永远忘不了这些天真可爱的孩子们那纯真的如花般的笑脸，那么阳光，那么灿烂，仿佛一束冬日里的阳光，照入心底最深的角落，融化了所有的冰霜。

那是一群可爱的孩子，一群本应生活得无忧无虑的孩子，他们有着应该跟父母撒娇的年纪，但是因为生活的负担，他们的爸爸几乎都去外地打工，他们的妈妈要做农活、做家务、照顾老人，而他们，只能选择在无法选择的生活环境中提前长大，在如花的年纪担起家里的负担，长成了一群懂事的让人心疼的孩子。生活是糖，甜到了忧伤；梦想期待起飞，唯独缺少乘风的翅膀；借你我之力，打造一座梦幻的天堂；用我们的爱为他们的未来，保驾护航。

我始终忘不了那片山、那些人、那群孩子，那些生在白求恩精神发源的土地上的白求恩的传人。寻根溯源，找寻孕育着白求恩精神的土壤；冀梦韶华，让希望的种子在爱的传承中炫舞飞扬。

以弘扬白求恩精神为己任，做新时代白求恩传人

朱翠琳，女，出生于1989年10月，中共党员，2008年9月，本科入学于吉林大学白求恩医学院。现为第二临床医学院博士研究生，受国家留学基金委资助，正于加拿大进行联合培养项目中。

曾参加河北唐县牛眼沟村支教活动、组织医院导诊志愿服务活动等；曾获"吉林大学十大杰出志愿者""谷歌校园公益之星"奖学金、长春市优秀志愿者、吉林大学优秀学生干部、白求恩医学院社会实践先进个人等荣誉称号。

图5.22　朱翠琳2010年唐县牛眼沟村支教照片

什么是白求恩精神？是"毫不利己，专门利人"的共产主义精神，是对工作极端负责任的严谨，是对业务的精益求精，更是对人民热忱的关怀。这些，不仅没有在时间的长河中褪色，更在新时代医务工作者中熠熠生辉，指引一代又一代白求恩传人。

2008年我成为白求恩医学院一名新生，在院领导、老师的组织下，逐渐参加了多次志愿服务活动，慢慢感受到白求恩精神的博大与光荣。受到白求恩精神感动与鼓舞，于2010年开始成为学院志愿服务活动组织者，在活动中加深对白求恩精神的理解。2013年进入第二临床医学院实习后，虽然参加志愿活动的时间减少，但是在临床实际医疗服务工作过程中，却在反复品味，白求恩精神对于新时代的我们到底意味着什么？

让我印象最深刻的是，白求恩同志在去世之前依然惦念前线人民生命健康问题，嘱咐抗疟疾药物的处置，这种对工作极端负责任的精神，一直指导我在临床工作中前行。当病人把自己的健康、生命托付于你，我们更应该以白求恩同志般极端负责的精神对待患者的生命，只有这样，才不辜负白求恩传人的称号。我硕士即工作在心血管外科，众所周知，这是一个高风险、病情危重的科室。当面临重症患者，我总能想起白求恩同志对工作极端负责任的精神，即使放弃个人休息时间，多辛苦，多付出，也要利用自己的努力保证患者生命健康。而这，也正是我在以"白求恩精神"为旗帜的志愿服务工作中感受的重要内容。

2016年我进入博士研究生培养项目，开始进行科研学习。2017年经过选拔，受国家留学基金委资助，赴白求恩故乡——加拿大，进行博士研究生联合培养项目。

在加拿大学习的日子，更加深刻体会白求恩同志为中国人民的生命健康需求，放弃加拿大优渥生活的精神可贵，正如《纪念白求恩》中所写，"毫无利己的动机，把中国人民的解放事业当作他自己的事业"。白求恩在到中国前，已是国际著名的胸外科专家，正是他这种对工作精益求精，对知识研究求真的精神，让他在业务上极其精湛，让人民百姓放心将生命托付于他。这是我在加拿大对白求恩精神的另外一个感悟：只有自己在知识水平、医学业务上的提高，才能具有在新时代弘扬白求恩精神的基本条件，才能成为一名更合格的白求恩传人。而对于正在他乡求学的我而言，在志愿服务中体会到的白求恩精神转为激励我对科研认真求索、对知识严谨求真的动力，让我在加拿大的每一天都以白求恩为榜样，努力提高自己的医学知识水平。

我们是白求恩的传人，在白求恩精神的感染下成长，身上学的每份知识、践行的每份行动，都深深刻着白求恩的印迹。这些印迹与时俱进，在人生的不同阶段，指引我们成为更好的白求恩传人，指引我们在临床工作中彰显新时代医务工作者风采，更指引我们为白求恩医学事业、医学精神传承并发扬光大，为新时代的人民健康做出自己的努力。

爱撒人间，志愿相伴

陈怀健，男，出生日期：1996年10月，政治面貌：团员，学历：本科，本科入学时间：2015年9月，所在学院：药学院。

曾组织全班同学参加"班助一"活动；去聋儿学校关爱自闭症儿童；重阳节去敬老院慰问孤寡老人；参加过志愿导诊；参加了重走白求恩路志愿服务活动。

"我唯一的希望就是能够多做贡献。"谈起医学界，白求恩医生绝对是家

图5.23　陈怀健2016年唐县黄石口村社会实践照片

喻户晓的人物，但几年前的我对白求恩先生了解甚少，以至于都不知道他的国籍。荣幸的是，现在我成为一名白医学子，从一点一滴中开始学习白求恩精神。白求恩精神是伟大的国际主义、共产主义精神，是毫不利己专门利人的无私奉献精神，是对工作极端热忱、精益求精的精神。虽然白求恩已经离开我们很久，但他的精神仍然激励着每一位白医学子潜心学习，不断前进。

在白求恩医学部这个志愿服务精神浓厚的大环境下，从大一起我就跟随着大家

的脚步参加志愿活动，更是有幸能够参加"重走白求恩路"活动，在河北唐县黄石口村进行了志愿服务。在那里我们参观白求恩曾经生活过的地方，只有切身去看，切身去学习，才能真正体会到当时那么艰苦的环境下的白求恩精神的崇高与伟大！在那里的几天，虽然生活条件很艰苦，但是看着那里孩子对知识的渴求，对外面世界的向往，对他们未曾经历过的生活的新奇以及他们看见我们带去的书籍等日常物品时的那种满足感，让我觉得生活环境的艰苦根本不值一提，他们的与人为善让我坚定了自己对医生职业的选择，也许这世界并不如想象中美丽，但每个心中有爱之人的努力会让它逐渐变得美好！

　　最让我记忆深刻的是此次活动中辅助吉大医院的医生们对村民展开的义诊。一大早我们去村里的小诊所准备药品时就有很多村民来到门口排队，看到小诊所的医疗环境和药品的落后稀缺以及村民们的身体状况，我的心里一股心酸，我们的天空是蓝色的，可是那里的天空是灰色的，至少在我看来是这样。我们白医学子的使命可能就是如此吧，努力改变那些被忽视的苦难与病痛。医疗队还带来了大量的药品及简单的医疗设备。炎炎烈日下，我们吉大医院的医生们在诊所的院子里没有一点休息时间，给前来就诊的村民们进行诊断并免费发放药品，然后他们就匆忙地坐上大巴赶去下一个村子继续进行义诊，可能连午饭都是在大巴上吃的吧。看了他们我知道这就是白求恩精神，为了他人，毫不利己，努力地为祖国的医疗事业做着志愿服务！我想，这就是一个医疗工作者该有的品质和能力吧。

　　随着人民生活水平的不断提高，医疗问题成为我们亟待解决的社会问题之一。我认为，如果我们国家的医疗制度能进一步完善，医疗水平得到发展与进步，我们国家会离实现全面建成小康社会的宏伟目标更进一步。在当今医患关系如此紧张的背景下，我们医务人员应该不忘初心，对病人的疾患和社会的公共卫生安全具有高度的职责感和义务感；应该有道德责任，自觉接受监督，对外界的评判机构或者公共舆论负责；也必须为不当行为承担法律责任，当然法律也会保护和维护我们医务人员。同时，作为医务人员，我们也必须要有医务人员的公共精神，应积极参与与医务专业有关的及医务专业以外的公共事务，主动关心病人治愈之后的持续性健康维护情况。我们应当从现在起就认真学习这些精神内涵，使之渗入我们的灵魂，在日常生活中时刻牢记我们是白求恩精神的传承者，发扬无私奉献、专门利人的白医精神。

　　山水一程，三生有幸。学习白求恩精神，做一个有益于人民的人，从本职工作做起，从身边的小事做起，自觉在行动中去践行为人民服务的精神。在这个经济高速发展，人情味却日渐淡化的时代下，不仅医务人员应该具有这种精神，所有人都应该努力地去帮助他人、去付出。尤其是我们青年学子，少年强则国强，努力这条定律总不会出错！一个人的能力有大有小，但只要精神在，并坚定不移地将精神付诸实践，谁能说我们的社会不会变得更好，我们的未来不会更明亮呢！

白求恩之路的旅途

李秋杰，女，出生日期：1996年8月，政治面貌：团员，学历：本科，本科入学时间：2014年9月，所在学院：药学院。

参加志愿服务活动简况：2017年7月11日至18日，河北唐县重走白求恩路社会实践服务团队，在河北省唐县军城镇黄石口村，为老区人民开展义诊和支教志愿服务。

相关荣誉：2017年吉林大学"喜迎十九大·青春建新功"大学生志愿暑期文

图5.24　李秋杰2017年唐县黄石口村支教照片

化科技卫生"三下乡"社会实践活动服务团队"三等奖"。

亨利·诺尔曼·白求恩，共产党人，1938年3月31日，率领一个由加拿大人和美国人组成的医疗队来到中国延安，不幸的是，于1939年11月12日因败血症医治无效在河北省唐县黄石口村逝世。为了追思白求恩同志的事迹精神，探访白求恩学校的创建历程。2017年7月11日至18日，我有幸参加由吉林大学白求恩医学部的各学院老师及学生代表组成的社会实践服务团队，在河北省唐县晋察冀抗日根据地革命老区，为老区人民开展义诊和支教志愿服务。

我们一同"重走白求恩路"，到白银坨对所有遇难的革命前辈们致以悼念。重走白求恩路对于我们每一个吉大学子来说是一次光荣的历程、一次难忘的追忆。在白银坨群雕面前，我们纪念革命先烈，郑重宣誓，以白医学子为骄傲，以白医精神为方向，不负他们的期望。在老白校学子遇难纪念馆我们重温了那个动荡悲伤的年代，敬仰之情油然而生。

支教的旅途中，我们走到了黄石口小学，村里的孩子们伴着欢声笑语来到学校迎接我们，看到一个个带着笑脸的同学们，我们大家都觉得无比开心与激动。我们和同学们进行了相互介绍、交流和学习，跟他们讲述了白求恩大夫及吉林大学白求恩医学部的历史，值得我们去学习的白求恩精神，同学们都用那清澈的大眼睛看着这些大东北到来的师生们，目眸里显现出说不尽的激动！

作为一名医生，"义务诊治"是我们的职责所在，这也是在这个路途里我印象最深刻的过程。伴着村子里的鸡鸣声，我们提前开始准备着义诊的所有事物，渐渐地，村民们陆陆续续赶来义诊的地点。于午饭后时间，我校二院的义诊队员到达目的地，开始为到来的村民们进行就诊，此时我的工作就是为到来的村民们引导就诊路线，提前告诉他们什么样的疾病适合到哪个医生那里就诊。然而就在这个途中，在烈火阳光的渲染下，迎来了一位脚受过伤的老奶奶，蹒跚地到达就诊地点，我走上前去，用普通话温和细语地询问奶奶的情况。也许是常年待在村里的原因，奶奶根本听不懂我所讲的普通话，然而只在这里待了不到半个月的自己不能完全理解透彻当地的方言，更别说流利地与当地人交流了。奶奶也似乎挺着急，想知道我在讲述着什么，看到在不远处的河北本地人的队友也一直在忙碌着，正在自己想着该怎么解决的时候，突然觉得当时自己的脑袋闪现了什么似的，一开口就开始讲着当地的方言，和奶奶几乎无障碍地进行了交流，了解到奶奶的病情后转述医生，并为奶奶讲解治疗方式和用药情况。送走了奶奶后，我觉得很是开心，颇有满足感。想着再讲讲当地话的时候，发现自己讲得怪怪的。事后想想，这真的是很奇妙的世界，用了心，世界也会用心待你。

在这个志愿旅途过程中，有欢笑，当然也有艰苦的时刻，我们一起在这个具有历史性的村子里相互帮助，一起面对和解决可能遇到的所有事情。在这里，大家一直用微笑来乐观面对着我们遇到的一切。就是在这样的日子里，更是激发大家对继承和弘扬白求恩精神更深的感悟和思考，在以后的学习和工作中发扬老白校精神，始终铭记白求恩精神的核心内涵，为国家发展、人民福祉奉献吉大医学人的才智和热情。也正是这种精神，白求恩精神，是我们每一位白医人需要学习的，永远在这条白求恩路上发扬的精神。

这段白求恩之路的旅途，我仍在继续……

白医光辉

苏曼琳，女，出生日期：1996年4月，政治面貌：中共党员，学历：本科，本科入学时间：2014年9月，所在学院：药学院。大一起开始参加长春市心语志愿者协会，积极参与协会活动，如：班助一活动、阳光走访等。2016年获得优秀志愿者称号。2017年参加白求恩医学部河北唐县三下乡活动，并作为学院代表在2018级新生教育大会上做总结报告。

当我穿上印有白求恩头像的志愿服装

图5.25 苏曼琳2017年重走白求恩路照片

时，我不由自主地抚平了衣服的皱褶，唯恐衣着的不当给白求恩抹了面子。行走在白求恩踏足过的村庄，不乏听到当地群众对白求恩的高度评价，村庄里的白求恩事迹壁画，学校里白求恩精神的宣传册子也间接证明了白求恩的巨大贡献，这一切都让身为一名白求恩弟子的我感到自豪。

白求恩精神的传承从未止步，高山仰止，我们要做的是怀念与继承，真正做到"健康所系，性命相托"。传承靠践行，吉林大学白求恩医学部常常举行免费送药、义诊等闪耀着白求恩精神光辉的志愿活动。

7月的中午烈日炎炎，周围暑气升腾，吉大二院的义诊队就是在这样的环境下来到黄石口乡进行义诊的。志愿者们利用短暂的时间将义诊台搭好等待患者的到来。不到半小时患者已经围满了义诊台，他们在志愿者的指引下在对应的科室台前等待，医生们有序地进行看诊并发给他们对应症状的治疗药物。病人很多，时间很紧，义诊医生忙得连喝口水的时间都要挤一挤。但是他们脸上的神情告诉我，他们的心情是愉悦的，为病人提供服务他们是愿意的。接诊时，一坐就要坐一天直到下班，连续的手术已经是家常便饭，当面对心慌的病人时还需要安抚解释，也许在人们潜意识中认为是普通事情的事件，深思起来才是真正地最让人敬佩。几十年如一日地重复工作，但却丝毫不敢放松懈怠，原来医务工作人员在日常生活中的平常工作就一直在践行着白求恩精神。

接诊病患的过程中，让我最有感触的是一位大概七十多岁的大爷，他的胃和眼睛不太舒服，在胃肠外科的医生那里就诊拿药后，他又到眼科进行就诊，眼科医生在仔细询问病情和为他检查眼睛后，给出了详细的建议。大爷当场就哽咽了，他表示因为上了年纪和出行的不便，他一直忍着眼睛的不适未去就诊，一直到今天的义诊才让他的眼睛得到了适当的治疗。他郑重地向两位义诊医生道谢，十分感谢他们赠予的药品。由此，我才深刻地意识到义诊队现在所做事情的重要性，也许在许多人看来一次短暂的义诊或许不能够给患者带来什么实质性的改变，但是在一次又一次的义诊中，总会遇到能改变人们命运的情况，就算是为了这鲜少的可能性，下乡义诊就一直有存在的必要性。

在身为白求恩志愿者服务的日子里，虽有伙伴们有时会打趣说仿佛又一次体验了白求恩缺少物资的日子，但是我们都清楚，在白求恩的年代，医务工作者的艰辛才真正是无法想象的，他们面对的不仅仅是物资的短缺，更严峻的是战火的蔓延，但是他们依靠着过人的意志坚持了下来。在面对困难时，医务工作者需要具备的是艰苦卓绝，敢为人先，吃苦耐劳，无私奉献的意志！

在事物大发展的时代中，医务工作者需要始终保持学医的初心，坚守职责、道德、公共精神，方可在医学的道路上一往无前，让白求恩精神在历史长河中熠熠闪光！

守在夕阳的那一边

孙旭东，男，1995年2月出生，中共党员，学历：本科，本科入学时间：2013年9月，所在学院：药学院。

自2013年加入宁养院义工队伍之后，先后服务了3名患者，并积极参加宁养院的宣传和培训工作，任宁养院服务小组组长。

相关荣誉：2015年吉林省优秀志愿者；2013—2014年度李嘉诚基金会全国优

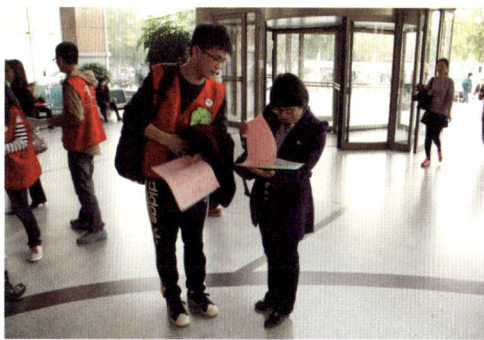

图5.26　孙旭东志愿服务活动照片

秀宁养义工；2014—2015年度李嘉诚基金会全国星级宁养义工；2015—2016年度李嘉诚基金会全国优秀宁养义工。

4年大学生活的每个周六，我都与癌症晚期病人一起度过。陪患者聊天、帮忙做家务、代买东西或是推着坐在轮椅上的患者下楼晒太阳……这些力所能及的志愿服务能让癌症患者感觉多一点舒适。我已经先后陪伴了3位癌症晚期病人，其中两位已经安然离世。

我是一名宁养义工，更是一名白求恩志愿者。

在这4年的义工经历里，最让我难忘和感动的事情是和患者初次接触到最后相处融洽的这个过程。刚开始义工活动的时候，我们遇到了很多困难，最难的是与患者建立彼此信任的关系，因为服务对象的身体或者家庭原因，他们的心理也非常脆弱。譬如我负责的第一个患者，刚开始对我们的到来有点排斥，因为上一任的义工非常抗拒和他们接触，他觉得义工非常瞧不起他，觉得自己是一种负担。所以身为一名宁养义工，和患者建立信任和友好的关系非常重要，一定要真诚地面对自己的服务对象，站在他们的角度为他们着想。譬如我总是和患者聊他感兴趣的话题，在有阳光的午后陪他出去散步，帮助腿脚不便的患者买菜买药。

在吉林大学，和我一样在宁养院为癌症患者服务的志愿者还有几百名，我们每个人都用自己的课余时间积极地参加各种志愿活动，践行着白求恩的志愿精神。白求恩大夫将自己的生命奉献给了中国，这种国际主义精神就是奉献和志愿精神的重要体现，毫不利己，专门利人，白求恩志愿精神更是一种互助，不求回报的精神，志愿者们凭借自己的双手、头脑、知识、爱心开展各种志愿服务，无偿帮助那些需要帮助的人。

白求恩志愿者的经历不仅对我们的专业技能有所帮助，更大大地坚定了我们的信仰，增强了我们的责任感，也提升了我们的团队意识。一次次的志愿服务，让我们切身体会到了白求恩志愿精神的意义，作为一名吉大白求恩志愿者，我们更要用实际行动将白求恩志愿精神代代相传，把白求恩志愿服务打造成吉大青年最响亮的名片。

作为一名白求恩志愿者，不仅要求你有耐心和责任心，更意味着你不能中途放弃，要有始有终。我们还需要心中的那份奉献精神和责任感，我们自愿付出个人的时间及精力并不求回报，更重要的是需要有担当意识和责任意识，深刻领会白求恩志愿精神的内涵，主动投身到志愿者奉献服务中。

作为一名将来的医务人员，我们不仅需要做好自己的本职工作，更需要发挥公共责任和公共精神，不仅要对自己的任务尽心尽力，更要发挥白求恩志愿精神，做一些力所能及的事情帮助身边需要帮助的人。"送人玫瑰，手有余香"，对于一名医务人员，我们专业的帮助可能会产生更加重要的影响，"奉献、友爱、互助、进步"的志愿精神与医学提倡的"责任、奉献、协作、人道主义"的职业精神一脉相承，践行白求恩志愿精神，让我们的工作与人生都更有意义！

薪火相传守望相助

张丹，女，出生日期：1996年5月，学历：本科，本科入学时间：2015 年9月，所在学院：药学院。

曾参加心语志愿者协会，进行走访、宣传、募捐，关爱自闭症儿童，探望孤寡老人等活动。并连续两年参加重走白求恩路志愿服务活动，获得优秀团队荣誉称号。

八十年前，有一位伟大的国际主义战士向我们的同胞伸出了援助之手，他是那么的无私，那么的高尚，他的光辉至今仍照耀在我们的心里，滋润着我们的心灵，洗礼着我们的灵魂。八十年后的今天，作为一名光荣的白医学子，我们立志要将白求恩这种毫不利己，专门利人，对工作极端负责，对同志对人民极端热忱的精神薪火相传，发扬光大。

图5.27　张丹2016年重走
白求恩路照片

为了能够更好地传承与弘扬白求恩精神，我积极参加各种志愿服务活动，走访勤志少年，进行爱心宣传，参与班助一活动，关爱自闭症儿童，去养老院探望孤寡

老人等，并且连续两年参加医学部举办的"三下乡"之重走白求恩路活动，切身实际地参观了白求恩工作、奋斗、牺牲的地方，每参观一个地方我都仿佛能看到白求恩忙碌的身影，这种精神深深地感染着我，对我今后的学习、工作、生活产生了深远的影响。

在2017年暑期的"三下乡"重走白求恩路志愿服务活动中，我们时刻谨记白求恩精神，出发的当天便连夜赶到河北唐县黄石口村小学。没有宿舍，同学们就把教室的桌子拼在一起，睡在课桌上；没有食材，同学们就顶着炎炎烈日，去镇上采购；没有澡堂，同学们就用刚刚从井里打上来的凉水，进行简单的洗漱；没有厨房，同学们就从长春带着锅碗瓢盆，义无反顾地奔向了白求恩逝世的地方——河北唐县黄石口村。几天下来尽管有很多未知的情况，尽管再辛苦，尽管天气再炎热，同学们也从未抱怨，而是为成为一名白医传人而感到骄傲。为了能给黄石口村小学的孩子们带来更多的知识和快乐，每一位志愿者都很认真负责，在紧张的期末边复习边准备讲课的材料，并且选出百余本适合小学生读的课外书从长春一路背到黄石口。几天的志愿服务，我们教孩子们唱歌，陪孩子们做游戏，辅导孩子们写作业，捐赠课外书籍，护送孩子回家，对村民进行走访调查，普及基本的用药常识，辅助医生对村民开展义诊，参观白求恩奋斗过的地方，参加纪念白求恩扫墓仪式等，每一项活动都让我们对白求恩精神有了更深一步的领悟。

有些事只有亲身经历才会懂，能够成为一名白求恩志愿者是我人生中一笔宝贵的财富，更是一次心灵的洗礼。这种精神使我立志要在学习上刻苦钻研，成为一个对国家有用的人；在工作中认真负责，不辜负领导老师的期望；在生活中积极参加志愿活动，服务社会，帮助更多需要帮助的人。我认为每一个医务工作者都应该具有责任感和义务感，主动接受监督，勇于承担责任，尊重每一位病人，维护公共伦理与规范，并积极参与社会志愿服务活动，争取做一个优秀的白求恩传人。

第六章 白求恩志愿者心语
（医者篇）

做有温度的医者

车广华，女，出生日期：1972年11月，政治面貌：中共党员，学历：博士研究生，参加工作时间：1997年7月，现工作岗位：吉林大学第二医院儿科诊疗中心普儿科，职称：副主任医师

曾参加志愿活动：2016年7月，参加吉林大学白求恩医学部组织的"重走白求恩路"活动，成为白求恩志愿者医疗队一员，进行了为期4天的活动，充分展现了白求恩精神传承者的精神风貌。

图6.1　车广华2016年重走白求恩路照片

2016年7月，我有幸加入了白求恩志愿者医疗队，我们追寻着白求恩的足迹来到了抗战老区河北唐县，开展了"传承白求恩精神，重走白求恩之路"的活动，为老区人民送医、送药、送温暖。

作为白求恩医科大学毕业的白医学子，我们对诺尔曼·白求恩再熟悉不过，但当我们真正走近白求恩，来到白求恩曾经生活过、战斗过并为之献出了生命的地方时，能够近距离地更深刻地认识白求恩、学习白求恩、解读白求恩时，有一种力量震撼了我们的内心。眼前一遍遍地回放着当时的场景，战场后方争分夺秒地救死扶伤，简陋的医疗条件，缺医少药的救治现场，硝烟笼罩下的草房子、石头墙以及每个人脸上与生命赛跑的焦急、让生命延续后的喜悦和失去战友的绝望……诺尔曼·白求恩大夫把生命永远留在了河北唐县黄石口村，留给了抗战老区，留给了中华民族。我们真切感受到了一种高尚和动人的情感，触摸到了一个真正伟大的灵魂。无论是战争年代，还是和平建设时期，白求恩精神已经注入在中华民族强大的精神力量之中。

哪里需要服务，哪里就有志愿者。此次活动的志愿者中有一群吃苦耐劳、意气风发的医学生们。到达目的地之后，孩子们用自带的单薄的行李搭起临时床铺，用亲自背来的锅碗瓢盆煮菜做饭。老区的环境虽然不同于校园环境，但每个学生志愿者的脸上都洋溢着热情、自信、友爱，他们深入到老区人民生活中，用平凡的志愿服务传递着高尚的志愿精神。"少年强则国强"，我在他们身上看到了医者的奉献精神和祖国的未来。

医者仁心、大爱无疆。我们医疗队的义诊活动，也在有限的时间内如火如荼地进行着，对病情耐心、细心地讲解，努力把三甲医院的诊疗技术及水平，把医院周到热情的医疗服务带到老区人民的家门口。彩超机、心电图机不间歇地运转着，医疗队实施慢性疾病中西医结合诊治、疑难疾病的多科室联合会诊等方式，提出最实际的治疗方案，提供安全高效的药品，真正把方便、实惠带给老区人民。看到老乡们满意的、舒心的笑容，我们倍感幸福和自豪！

"星星之火可以燎原"，白求恩的国际主义、人道主义精神深深地感染着我们、影响着我们，让我们更加坚定自己为医疗健康事业服务与奋斗的信念，把爱传递出去，通过志愿服务及医疗行动汇聚、传播社会正能量，不忘初心，与爱同行。

如果问，医学与科学有什么区别？那就是，医学是有温度的！我们是有温度的医者，一直努力做一名在新时代中，不仅技术精湛，还甘于奉献的白求恩式的医务工作者，帮助病人走出疾病的痛苦。而我们仅仅需要病人及家属一个信任的微笑！

传承白求恩精神，重走白求恩路

崔俐，女，出生日期：1967年8月，政治面貌：中共党员，学历：博士研究生，参加工作时间：1990年7月，现工作岗位：吉林大学第一医院神经内科，职务：主任，职称：教授、主任医师。

在吉林大学建校70周年来临之际，我院医疗队在王海峰副院长的带领下，于2016年7月12日，赴伟大国际主义战士白求恩同志长期战斗、生活并以身殉职的地方——河北唐县，开展为期4天的"传承白求恩精神，重走白求恩之路"送医送药活动。

图6.2 崔俐工作照片

先是在华北军区烈士陵园白求恩墓前举行了"重走白求恩路"的启动仪式，全体人员向白求恩墓默哀、敬献鲜花，深切缅怀这位伟大的共产主义战士。仪式结束后，我院医疗队奔赴黄石口村，开始义诊工作。队员们耐心询问病情并对老乡们做了详细的检查，给予了充分的专科指导并根据病情赠送药品。村里住着一位87岁高龄的老奶奶，身患高血压、脑梗死等多种疾病，由于行动不便不能来义诊现场，医疗队专程前往家中诊疗，老人连声道谢。虽然天气炎热，但没有人叫苦喊累，坚持为最后一个群众诊疗完才吃午饭。随后，医疗队赶赴牛眼沟村，当看到这里的景象时，敬畏之情油然而生。这里不仅保留有白求恩居住过的民宅，更重要的是保留着白求恩亲自参与创建的晋察冀军区卫生学校的遗址，是吉林大学白求恩医学部根的所在之处啊。

白求恩大夫于1938年初不远万里，突破重重阻挠，从加拿大来到延安。他带着战地医疗队转战多个战场，冒着枪林弹雨，在极端艰难的环境中抢救了成千上万名伤病员，培养了大批的革命医疗战士，为中国人民的解放事业做出了伟大贡献；同时，他还帮助八路军医护人员提高医疗水平，为部队培养了一批合格的医护工作者；白求恩大夫对工作极端地负责，对同志对人民极端地热忱，赢得了根据地的干部、战士和老百姓的尊敬和爱戴。

毛泽东在白求恩同志的追悼会上对其光辉一生做出了高度评价："我们大家要学习他毫无自私自利之心的精神。从这点出发，就可以变为有利于人民的人。一个人能力有大小，但只要有这点精神，就是一个高尚的人，一个纯粹的人，一个有道德的人，一个脱离了低级趣味的人，一个有益于人民的人。"是啊，一个加拿大的共产党员，一心一意地为了中国人民，在他的心里，只有一个信念：我是一名八路军战士，不是中国的客人，我应该向所有中国人一样，为民族的解放事业付出自己所有的力量。

如今，那弥漫着硝烟与战火的岁月已逐渐远去，高速发展的社会，日新月异的世界正在以令人目不暇接的态势呈现在我们面前，各种意识的不断萌生，观念的不断更新，使得许多传统的思想与精神受到了冲击，在这样的时代潮流中曾经影响感动几代人的白求恩精神才更应该传承下去。

此次寻根之路，医疗队的每一位成员都怀着这样的心情，每走一个村庄，接受一次洗礼，每治疗一名患者，增添一份敬意。了解更多白求恩大夫的事迹，感受岁月的艰辛，学习他毫无自私自利之心的精神。未来，我坚信我院医疗队的志愿服务仍将继续，我们还要经常回到唐县，成为唐县人民的忠诚卫士，为老区留下一支不走的医疗队，也让唐县这块英雄的土地，白求恩精神的摇篮，成为吉林大学医务工作者的朝圣之地。

传承白求恩精神，传递正能量

段晓琴，女，出生日期：1983年11月，政治面貌：中共党员，学历：医学博士，参加工作时间：2008年7月，现工作岗位：吉林大学第二医院康复医学科教研室主任，职称：副主任医师。

2015年10月被评为吉林大学临床医学院社会实践活动"优秀指导教师"，2015年12月被评为吉林大学2014-2015学年"白求恩十佳班主任"。

怀着对白求恩的无比崇敬，我递交了我的高考志愿。2001年9月来到吉林大学，第一次瞻仰了白求恩塑像，从此便在内心埋下了一份"白求恩情节"。白求恩的毫不利己、专门利人的无私奉献精神和伟大的国际主义精神深深感动着我，可以说白求恩精神陪伴我走过了医学生青春无悔的七年，也激励着我在从医十余年的生涯中努力奋斗。

图6.3 段晓琴义诊现场照片

2013年，我有幸成为第一批兼职班主任中的一员，便开始积极投身于志愿活动。2015年参加学生暑期"三下乡"义诊活动，来到长岭县宏光医院，带领学生们一起给前来义诊的病人询问病史、体格检查、诊断及鉴别诊断分析、治疗方案的制订及健康宣教。看到病人那一双双渴望健康的眼睛，我和学生们都深深感到志愿者之路任重而道远，我们需要用真诚的微笑和细致的服务，给社会带去光明。通过参加暑期"三下乡"义诊活动，我深刻地体会到了基层医院对诊疗服务的渴望，尤其是他们觉得能遇到一位具有良好临床思维的医生是多么难能可贵。作为白求恩精神的传承者，一方面我有责任也有义务为需要诊治的老百姓做出正确的诊断，制订切实有效的治疗方案；另一方面我也有责任尽自己所能培养更多合格的医学生、医生，让他们明白精湛的医术、良好的医德缺一不可，需要集二者十一身才能有资格自称为"白求恩式的医务工作者"。

于是，我积极投身于吉林大学临床医学七年制2013级3班的兼职班主任工作中，组织开展以兼职班主任为主导的早期接触临床实践活动、以兼职班主任为引导的医德教育及班风建设，鼓励同学们树立目标、勇往直前。通过邀请刘忠良教授、《中国青年报》报道的"坚守17小时"的青年医师田恒、前学生会主席刘相良、七年制学姐关世慧、学长李理进行面对面的座谈和经验交流，引导学生全方位成长，带领

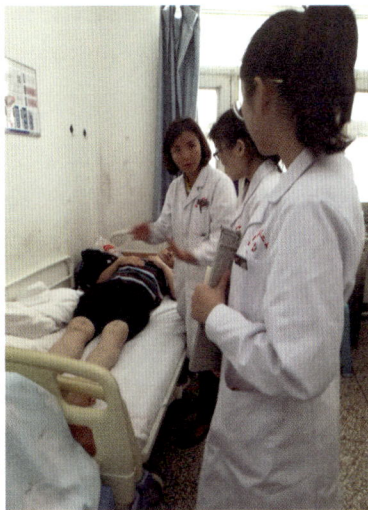

学生积极参加各种义诊活动和网络公众平台开放式会诊，鼓励班级同学走出校门参加各种社会实践活动。通过同学们的努力，我班获得了2015年度临床医学院十佳班级、白求恩医学部十佳班级的称号。

此外，作为吉林博士医生联盟的一名志愿者，我还积极参加各种扶贫义诊。在2017年建党节、国庆节前深入农安县三岗镇、农安县农安镇长安村义诊，为上百名颈肩腰腿痛病人诊治服务，得到广泛好评。看到广大群众满意的笑容，我觉得作为一名医生是幸福的，也许在没有战火硝烟的和平年代，"白求恩式的医务工作者"的真正使命就是用精湛的医术、良好的医德为病患解除痛苦，让更多人回归家庭、回归社会。

长期的志愿者活动，使我感受到了志愿者的快乐。志愿者的一份微薄之力便能为病人乃至整个家庭创造美好未来。志愿者这个过程可能充满辛酸与误解，但我能在这个过程中不断成长蜕变。我的善意可能会遭到别人的拒绝，遭到别人的误解。可是这些难题，正是我学习人生的过程，是激励我继续前行的动力。海阔天空，真正的美好，是用心体会。真正的梦想，就是坚持一种让你感到坚持就是幸福的东西。

在未来的日子里，我将坚定信念——传承白求恩精神，传递正能量，与广大学子一起做好志愿服务，指引广大医学生为病人造福！

大医精诚，止于至善

李男男，女，出生日期：1978年9月，政治面貌：中共党员，学历：博士生，参加工作时间：2005年7月，现工作单位：吉林大学口腔医院，职称：副主治医师。

参加2016年吉林大学"重走白求恩路"志愿活动，当年荣获医学部"十佳班主任"荣誉称号；2017年9·20爱牙日社区义诊志愿活动；2015年口腔医院义务献血活动。

图6.4　李男男2016年重走白求恩路照片

"团结、求实、敬业、创新"的原白求恩医科大学建校至今已经有80个年头了，80年春华秋实，80载砥砺前行，一代代的白医学子从这里走出，白医精神的火炬在这里代代相传。

作为一名曾经的白医学子回首自己多年来参加过的白求恩志愿服务，可谓是感触良多。其中最值得一提的是2016年在唐县完成的"重走白求恩路"志愿活动。这趟意义深远的志愿服务之旅由一场场的系列活动串联起来：祭扫慰英灵、老区悟生活、义诊暖人心、支教传光华，环环相扣，层层深入，受益匪浅。在义诊活动的部分我们深入缺医少药的贫困山区，为当地乡民进行系统口腔的检查并进行了全面的口腔卫生宣教，协助吉大二院进行系统的全身检查，并针对筛查出的常见病多发病提供免费的治疗药物。此外，在义诊过程中我们还收到了一位脑瘫患儿的家庭求助，收到求助后我们第一时间联系了当地的三甲综合医院，几番牵线搭桥之下，为这个家庭争取到了免费的援助项目。

时至今日，回忆起志愿服务的一幕幕，感慨万千，其实白求恩精神不仅仅存在于校训中、书本中，它更存在于每一名白医学子的言行举止中，存在于每一次的志愿服务中。在志愿服务中对待患者一视同仁，切身地为患者考虑，为求助无门的患者想尽办法，用尽方法，提供帮助，这些不就是毫不利己专门利人的白求恩精神吗？

在我从医的12年时光中，我认真地接诊每一位患者，细心地询问、耐心地沟通，倾尽所学诊治他们的疾患，常常去帮助、总是去安慰，不仅要治愈他们的口腔疾患，而且还要安慰他们焦灼的情绪。这不就是满腔热忱、精益求精的白求恩精神吗？

"医生"这个词代表的不仅仅是医务人员，更应该代表的是一种责任，关怀公共事务和促进社会公共利益的责任，它表现为以下几点：

一是积极参与医学专业有关的公共事务，例如社区义诊，灾害救灾，公共卫生事故等。

二是主动关心病人治愈之后的持续性健康维护情况。

三是积极参与医务专业以外的社会公共事务，例如参与捐赠，社会服务机构参访，救助孤儿或失学儿童等。

在医学院执教多年，我深深地感受到白求恩志愿服务的经历对医学生成长的必要性，对医学生未来从医道路的深远影响。做一名医生很容易，但做一名好医生却很难。如何做一名好医生，孙思邈先生在一千多年前就给了我们标准的答案——"大医精诚"。医道乃是至精至微之事，习医之人当博极医源，精勤不倦，当见彼苦恼，若己有之。概括来讲，参加白求恩志愿服务能够培养医学生对医学的钻研和热诚，能够提高他们的品德修养，是成为一名好医生的必经之路。希望白求恩精神的火炬能够代代相传，也希望每一位白医人都能够始终牢记自己肩负的责任与义务。

志愿服务活动心语

李巍，女，出生日期：1963年1月，学历：博士，参加工作时间：1985年7月，现工作岗位：吉林大学中日联谊医院肝胆胰外科，职务：科副主任，职称：教授/主任医师。

每年参加科室以及院校组织的志愿者服务活动多次，包括到省内外医联体医院义诊、手术、讲课等活动。获得吉林大学唐敖庆特聘教授、吉林省高层次创新创业人才、吉林省拔尖创新人才、国际实验显微外科学会最佳科学导师奖以及器官移植和临床肝胆病等杂志的优秀编委等荣誉。

图6.5　李巍工作照片

2016年7月12—15日我随吉林大学白求恩志愿者医疗队一行赴白求恩生前工作的革命老区河北唐县开展"重走白求恩路"送医送药义诊活动。此行我们首先瞻仰和祭扫了白求恩同志墓地、参观了白求恩纪念馆、白求恩学校等地。随后我们分别走访了葛公村、向明村和白银坨等白求恩工作过的革命老区开展送医送药义诊活动，受到了当地老乡们的热情欢迎。

本次活动我们踏着白求恩的足迹、重温白求恩医疗队的历史、亲眼见证白求恩使用过的手术器械和装备设施，与其说是送医送药服务于民，更不如说是给我们每个人自己上了一次生动的党课，使我们在思想上对白求恩这个人有了更深刻的认识，对白求恩精神有了更深入的领会。正如伟大领袖毛主席所评价的那样，白求恩精神就是"毫无自私自利之心的精神"，"一个外国人，毫无利己的动机，把中国人民的解放事业当作他自己的事业，这是什么精神?这是国际主义精神，这是共产主义精神，每一个中国共产党员都要学习这种精神……"。

白求恩不远万里来到中国，把自己的一切都献给了中国人民，献给了共产主义解放事业。他在硝烟炮火中忘我地救治八路军伤员，建立一支战地医疗队并创办医护学校，培训医护人员，用自己的钱买书、买药、买设备，创立了战地自体输血技术，挽救了无数伤员的生命。让我印象更深的是他曾连续工作69个小时为115名战士做手术，这是一个令人多么不可想象的事情，至今也无人能够做得到。

在走访老区村民的过程中，我们有幸见到了当年在白求恩医疗队工作过的一位护士，她今年已经95岁高龄了。她回忆了很多当年战争时期的生活和工作情况，当时真的是既缺医少药，又缺少专业技术人才，条件相当艰苦，是白求恩在那里创建了第一所卫生学校，自己亲自编写教材并授课，自己发明制作了多种手术器械等。这就是我们白求恩医科大学的发源地和前身，听之后我们无不为之动情动容，深感我们今天的优越条件和幸福生活来之不易！

通过这次重走白求恩路活动，我们的心灵再次受到了极大的震撼，更加坚定了作为医务工作者的使命感和荣誉感。我们作为白求恩的传人和白求恩精神的传播者，今后一定要将白求恩精神世代传承下去，不忘初心，不辱使命，为祖国的医疗卫生事业和人民的健康努力工作、贡献自己的一生！

传承的力量

刘伟，男，出生日期：1969年1月，政治面貌：中共党员、农工民主党，学历：博士，参加工作时间：1993年6月，现工作岗位：吉林大学第一医院胸外一科，职务：主任，职称：教授。

1989年随校参加"寻找白求恩的足迹"志愿活动；2008年前往汶川参加抗震救灾志愿活动；2015年带队参加"冀梦韶华，寻根之旅"河北唐县志愿活动。

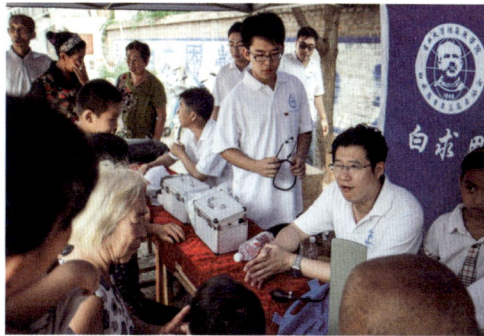

图6.6 刘伟2015年唐县义诊照片

1939年，国际主义战士，胸外科医生诺尔曼·白求恩在河北唐县牛眼沟村建立了原白医大的根——晋察冀军区卫生学校，同年11月，白求恩在抢救伤员时因感染于唐县与世长辞。五十年后的1989年，我作为原白求恩医科大学学生会主席，同老师同学组成了首届志愿者医疗队回到河北唐县进行"寻找白求恩的足迹"志愿活动。犹记得当时条件甚为艰苦，交通亦十分不便，我们乘坐老式212吉普车，在崎岖的山路上颠簸了数小时才到达唐县。无畏艰苦，忘却疲惫，师生们以极大的热情完成了志愿活动。当时的唐县咬虫肆虐，而我又恰好过敏，全身起疹，痛痒难耐。回忆彼时，确实痛苦又满足，煎熬又充实。

彼时的我尚不知，自己日后将终身同白求恩一样投身于胸外科领域的医疗与研究，亦未曾设想二十六年后自己将作为带队老师再次踏上这片热土，带着自己的学生再次来到河北唐县进行为期一周的志愿活动。与二十六年前不同，这次我们的师生住在牛眼沟村的白求恩希望小学，全天与这里的孩子相处在一起，与此同时义诊、赠药、家访等活动有条不紊地进行。

相比于二十六年前，现在的条件要好得多，志愿者们睡气垫床，准备了蚊帐，在我校数年的资助下，希望小学还配备了两台空调和数台电脑。可仍需看到这里的孩子接受的教学依然难以得到保障，志愿者哥哥姐姐精心准备的每一节课，对孩子们都似一场饕餮盛宴。操场上最醒目的是国旗下的一排大字——学习白求恩精神，做一个有益人民的人。十六个大字在阳光的照耀下熠熠生辉。而最令我感动的无疑是白求恩精神的传承。

战争时期，白求恩精神是伟大的国际主义精神、共产主义精神，是毫不利己、专门利人的精神。身处和平年代，我们的志愿者为每个乡亲认真地义诊，为每家每户准备的药物，为孩子们精心准备的每节课，每一个糖果，从乡亲孩子们满足质朴的笑脸上，我们所看到的是白求恩精神的传承。相信白求恩志愿者所历练出仁爱的品质、无私的精神、追求卓越的能力，也定会为我们的志愿者在未来漫漫从医道路上产生深远的影响。医疗人员承担着难以比拟的公共责任。面对病人，我们需展现出高度职责感的职责责任；在医疗行为中，我们需展现出至高的道德责任；在实施行医后，我们需面对相应的法律责任。作为一名医生，我们还需一种关怀公共事务、促进社会公共利益的公共精神。可以说每名志愿者都渴望能成为技艺精湛的医生，而每位医生都应当是社会中优秀的志愿者。

"冀梦韶华，寻根之旅"的志愿活动最后一天，我们在晋察冀军区卫生学校旧址的两间老屋前栽种下了纪念树，并立下刻有"传承白求恩精神，重走白求恩路"的石碑。愿纪念之树参天，白求恩精神永恒。

不忘初心，薪火相承

马志明，男，出生日期：1984年7月，政治面貌：中共党员，学历：医学博士，参加工作时间：2010年7月，现工作岗位：吉林大学第二医院胃肠营养及疝外科，职务：医生，职称：主治医师。

曾获临床医学院2014—2015年度社会实践活动"优秀指导教师"。

"凡大医治病，必当安神定志，无欲无求，先发大慈恻隐之心，誓愿普救含灵之苦。若有疾厄来求救者，不得问其贵贱贫富，长幼妍蚩，怨亲善友，华夷愚智，普同一等，皆如至亲之想。亦不得瞻前顾

图6.7　马志明2015年临江市义诊照片

后，自虑吉凶，护惜身命。"——孙思邈《大医精诚》

志愿服务与真诚同行。在多次志愿服务的过程中，最让我难忘和感动的，便是那些淳朴患者信任的眼神。我们都清楚地知道志愿活动本身并不产生利益，却可能面临各种挑战和风险，而我认为志愿活动实施过程中主要的困难，并不在于志愿者本身，而在于接受志愿者服务的人群或者个体。随着物质生活的改善与医疗水平的进步，各种打着"义诊"名义实则为冠冕堂皇的医疗欺骗的行为也偶有发生，那么志愿者的服务也面临着信任度的考验。而志愿者之所以可以抛却忧愁和疑虑，正是因为那些期待的目光和信任的眼神。

学习白求恩精神是医学生的一门必修课。白求恩精神的内涵在于毫不利己、专门利人的奉献精神，团结协作的集体主义精神以及立身医学的职业精神。在志愿活动中，"志愿"之意及开展的前提便在于"奉献精神"，志愿服务队的模式体现的则是团队协作的"集体主义精神"，归结到服务本身而言，医疗服务需要专攻与博越的"职业精神"。作为一名白求恩志愿者，参与志愿服务的经历，虽然仅仅是医学生成长过程中短暂的经历，却可能对未来的从医道路产生长远的希冀；虽然可能只是一次短暂的旅行，却可能引发精神上的久长的丰盈。在开展志愿服务的过程中，对于白求恩志愿者而言，个人与集体是永远脱离不开的。志愿者的光辉不仅在于博极医源的个人品质、甘于奉献的性格以及团队协作的能力，更在于志愿者之间的守望相助、薪火相传。

白医传人在行动。我认为在当今社会，医务人员在医疗行业需要发挥的公共责任主要有如下几个方面：保障基本医疗服务需求；参与突发卫生事件处置；承担公共卫生服务要求；体现医学人文情怀。首先，医务人员的本职工作就是从事医疗服务，这些基本的医疗服务体现在日常的门诊、病房工作，需要明确的是医生面对的并不是疾病，而是罹患了疾病的病人，如何保证病人的基本医疗服务需要是医务人员的首要责任。其次，医务人员不能"独善其身"，由于医学的专业性及特殊性，使医务人员在突发卫生事件的处置上具有更大的优势，其结果便是能力越大责任越大。再次，公共卫生的服务同样需要具体的医务人员的参与，譬如说以河南林县及山东临朐的食管癌及胃癌现场的研究。最后，还是那句西方医院经典的"总是去安慰"以及我国大医精诚所言"皆如至亲之想"，爱伤观念和人文关怀应当始终贯彻我们的具体医疗活动和整个从医生涯。

作为志愿者中最普通的一员，我深知自身力量的微小，宛如"渺沧海之一粟"，然"不积跬步，无以至千里；不积小流，无以成江"。若此，则深感"责任重大、使命光荣"；无他，谨"不忘初心、砥砺前行"。

争做白求恩式医务工作者

祁宝昌，男，出生日期：1984年9月，政治面貌：中共党员，学历：博士研究生，参加工作时间：2010年7月，现工作岗位：吉林大学第一医院创伤骨科，职务：医生，职称：主治医师。2014年7月参加吉林大学临床医学院暑期文化科技卫生"三下乡"社会实践活动之河北唐县义诊。

自童年时代从《纪念白求恩》中初识白求恩这一名字至今已二十余载。起初只知道按照要求需要背诵全文，并不理解用意何在。直至成为一名白求恩医学部的医学生才初步了解白求恩这三个字的深刻内涵，它不仅是一位医生的名字，也是一种精神，更是当代医务工作者努力的方向。当我成为一名临床医生时，才真正明白，做白求恩式的医务工作者并非易事，不但需要高超的临床技能，更需要高尚的道德情操。

图6.8　祁宝昌2018年工作照片

2014年7月我有幸参加了吉林大学临床医学院暑期文化科技卫生"三下乡"社会实践活动之河北唐县义诊活动。抵达唐县后我们参观了白求恩纪念馆，看到了许多以前未曾见过的白求恩工作照片，在那样恶劣的工作环境下白求恩同志不求任何回报地默默付出着，为战地伤员解除病痛，最后将自己的生命也奉献给中国这片伟大的土地。这不仅仅是毫不利己、专门利人的无私奉献精神，更是伟大的国际主义、共产主义精神。如何学习白求恩精神，是我们一直思考的问题。向白求恩同志学习不应该好高骛远，要脚踏实地从点滴做起，因此我热衷于志愿服务。在此次活动中，我们来到唐县的牛眼沟村进行义诊，作为医疗小分队的领队，我接诊了许多村民，其中一位60岁上下的老者给我留下了深刻印象，自从我们医疗队进入牛眼沟村卫生站后，他一直为我们忙前跑后，直到义诊接近尾声时才在辅导员的陪伴下找到我。他的问题是很常见的跟痛症，在我准备查体时他却反复拒绝，最后才弄明白是因为没洗脚不好意思，其实他不知道作为医生我们早就习惯了。在我们离开驻地时他特意给我送来家酿的大枣酒表示感谢。作为医生看病已成常态，没想到一次查体却能换得患者的如此感激，可见患者对医生的渴望与尊重，也让我从中感受到了医生的价值所在。在志愿服务的道路上我们收获过无数次感动，这使我们不忘初心，砥砺前行。今年我成功地入选了援萨摩亚医疗队，这是我做医生以来最大的荣耀，

在没有战火硝烟的和平年代，能够像白求恩同志一样远赴异国他乡，为病患解除痛苦，实现做医生的天职，是作为医生的幸事，更是学习白求恩精神的难得机遇。我们已经做好充分准备，整装待发。学习白求恩精神需要对工作极端热忱、精益求精，精湛的医术才是服务大众的基础。

志愿服务是践行白求恩精神的方式之一，用医生的专业技术为患者带去无偿的医疗服务。作为医学生参加志愿者活动是十分必要的，在服务过程中可以感受到患者对医疗的深切渴望，体现医生的价值所在，为成为一名合格的医生做好铺垫，学习白求恩精神做志愿者可以锻炼个人品质，提高个人能力，体会医务工作者的神圣使命，为未来的从医道路奠定基础。同时要想成为一名合格的白求恩志愿者也必须具有无私奉献的精神、服务大众的热情和坚实的专业技术基础。志愿服务任重道远，白医精神铭记心间，医者仁心永不变，大爱无疆方彰显。

不忘初心，砥砺前行

石小举，男，出生日期：1986年9月，政治面貌：中共党员，学历：博士研究生，参加工作时间：2010年7月，现工作岗位：吉林大学白求恩第一医院肝胆胰外一科，职务：医生，职称：主治医师。

在校期间，多次参加长春市中小学医学健康知识宣讲活动；2015年松原市"吉林大学临床医学院暑期三下乡社会实践活动"；2016年吉林蛟河市人民医院医疗对口支援活动（3个月）；2016年8月吉林蛟河市天岗镇义诊活动；2016—2017年长春市宽城区互爱敬老院义诊活动；2014年10月至今担任白求恩医学部兼职班主任；2016至今加入吉林省博士医生联盟志愿者团队，多次下乡义诊；曾荣获"2014—2015学年白求恩十佳班主任"。

图6.9　石小举工作照片

时光荏苒，仿若白驹过隙。转眼间从踏入医学院到执医看病已十五载。回想起2003年初的"非典"席卷全国，当时我恰逢备战高考，那是我第一次目睹如此规模的疫情爆发，每天都能看到新闻里滚动播报白衣天使治病救人的消息，这使我深深体会到医学的神圣感与使命感，所以在高考志愿中义无反顾地填报了"吉林大学临床医学"专业。我想当年的我和今天选择了这条道路的年轻人，都是想用自己毕生所学为社会祛除疾痛，守护健康。

"健康所系，性命相托"。入学伊始，我们站在医学院基础楼前的白求恩雕像

下，聆听白求恩的故事，举起右手庄严宣誓。那一刻，白求恩精神的种子便在心里落地、发芽。随后的大学生涯中，我便在学习白求恩故事、继承白求恩事业、传承白求恩精神中不断成长，也深刻地了解到白求恩处处为他人服务、为医疗事业不懈奋争的精神。大学期间，立志做一名白求恩式的好医生，就成了我矢志不渝的追求。

2007年，作为医学院的辅导员助理，我负责带教吉林大学首届医学国防生。5年间，我们亦师亦友，共同成长，一起学习白求恩故事、领悟白求恩精神。五年后，他们放弃优越生活，无条件接受分配，走进边防哨卡、戈壁荒原、海岛高山，成为一个个奋斗在基层一线、坚守在艰苦条件下，却仍然矢志不渝、初心不改的年轻军医，在他们身上，在这个特殊群体身上，我更加清楚地感受到了白求恩精神绽放的万丈光芒。

学生期间，作为学生会和志愿者协会成员，积极参与社区义诊、送药、中小学医学健康知识宣传等活动；工作之后，作为白求恩志愿者团队带教老师的一员，更是多次带领医学生参加"三下乡"社会实践活动；作为省青年博士医生联盟志愿者，多次参加对口医疗支援和下乡义诊活动。每一次义诊活动中，感悟最深的便是广大农村中仍存在诸多看病难、就医难的问题。当我们医疗团队耐心、细致地为百姓问诊、查体、检查时，他们脸上舒心和幸福的笑容深深地刻在了我们心底，打动着我们每一个人，鼓舞着每一个人。一碗水、一个拥抱、一句谢谢，便是对志愿者们无私奉献的最大认可和回报。现如今的医疗环境下，医生普遍压力巨大，但每每想到自己最初的愿望，想到乡亲们渴望的眼神，便有了数不尽的动力与希望。所以多年来作为一名白求恩医学院校的毕业生，作为一名肝胆外科的医生，始终不变的是一次次志愿者服务，一场场与时间赛跑、解救生命的肝移植手术。我们团队中的每一个人，都和我一样，固执地坚守着自己的信仰。我也相信，每一名白医人，都能拥有这份初心。

不忘初心，方得始终。从医多年，看过许多绝处逢生，也见过太多生死离别，其中的喜悦和苦涩无须多言。每当遇到挫折与艰辛之时，我就会记起那份信仰，记起那庄严的宣誓。白求恩精神是毫不利己专门利人的无私奉献精神，是对工作的极端热忱、精益求精，对患者的真情关怀、倾心服务。它需要责任心、判断力和执行力。我想许多同行都会赞同这样的观点，医疗并非单纯的技术行业，它更是一项服务行业，爱心行业。作为白求恩式的医生，我们需要完成的工作不单单是收治患者、施以治疗，我们同样需要做到忧人之所忧，用爱心、真心去感悟生命，尊重生命，用每一天的实际行动去践行白求恩精神。诚以就业，方得以温暖每一个心灵。

健康所系，性命相托；不忘初心，砥砺前进。初心是什么？初心是矢志不渝的信仰，是百折不挠的追求，是攻坚克难的力量，是奋楫中流的鼓角，是指明方向的灯塔，是追逐梦想的扁舟。作为白医人，作为白求恩的传人，我们的初心，就是健康所系、性命相托，就是悬壶济世、救死扶伤，就是毫不利己、专门利人，就是心系百姓、真情服务。白医人就是要始终把患者的安危放于心中、把患者的利益置于首位，做一个高尚的人，一个纯粹的人，一个尚美至善、厚德载物之人，一个有益于人民、无愧于时代、无愧于百姓的优秀的白求恩传人！

关注癌症患儿，用爱守护生命

王立哲，男，出生日期：1981年5月，政治面貌：民盟，学历：硕士，参加工作时间：2008年7月，现工作岗位：吉林大学第一医院，职务：医生，职称：主治医师。

2008年10月，参加李嘉诚基金会宁养院志愿服务活动，看望照护晚期癌症患者，进行疼痛治疗及舒缓治疗。年底获得优秀志愿者服务称号；2013年至今，小儿血液肿瘤科创办病房幼儿园，组织志愿

图6.10 王立哲义诊照片

者对儿童白血病及实体瘤患儿进行心理疏导，文艺美术等方面辅导，获得良好的效果；2017年12月，联合中影集团、联青志愿者协会组织癌症患儿走进电影院，观看电影《帕丁顿熊2》；2018年1月，联合吉林交通广播《好人帮》、联青志愿者协会在吉林大学第一医院为癌症患儿举办"爱天使新年联欢会"。

什么是白求恩精神？不是每个人都能说得清楚。也许我们要追忆到那个战火纷飞的年代，1938年初，加拿大著名的胸外科专家白求恩大夫来到了中国。他不仅带来了大批药品、显微镜、X光镜和一套手术器械，最可贵的是，他带来了高超的医疗技术，惊人的组织能力和对中国革命战争事业的无限的热忱。为了中国人民的解放事业，白求恩大夫贡献了自己的一切，他以此为己任，以此为快乐。归根结底，白求恩精神就是一种毫不利己专门利人的精神。

放眼当今社会，广大志愿者就是具有"白求恩精神"的一个群体，"志愿者精神"就是新时代的白求恩精神。一般认为，志愿者是自愿贡献个人的时间和精力的人，在不计物质报酬的前提下为推动人类发展、社会进步和社会福利事业而提供服务的人员。志愿服务则是任何人自愿贡献时间和精力，在不为物质报酬的前提下为推动人类发展、社会进步和社会福利事业而提供的服务。我2008年参加工作，成为一名儿科医生，主要负责儿童肿瘤的诊治工作，每天都要接触很多癌症患儿家庭。一个偶然的机会，吉林大学白求恩志愿者协会的志愿者们来到了我们病房，为我们

的肿瘤患儿服务。看到孩子们在志愿者的帮助下走出了困境，露出了久违的笑容，从此我对志愿服务产生了"好感"，并把"志愿服务"的理念引入了日常临床工作中。虽然，我没有加入任何志愿者协会和组织，但我时时以"志愿者精神"要求着自己，希望能更好地服务癌症患儿家庭，关爱癌症患儿，用爱温暖生命，尽最大努力减少癌症对儿童及其家庭所造成的痛苦和伤害。自从有了这种精神和理念，我不再觉得工作枯燥无味，在工作中充满了活力，尽最大努力改善癌症儿童的生存状况，舒缓患儿和家长的心理压力，提高癌症儿童的治愈机会。

2017年我最难忘的一件事情是，我们科室联合社会上广大关爱儿童肿瘤的志愿者带着孩子们走进了电影院，观看了电影《帕丁熊2》。这是很多来自农村的肿瘤患儿第一次走进电影院，他们的那种兴奋让我们既高兴又心酸。活动的初衷很偶然，在一个周末我带着自己的孩子去看电影，坐在影院大厅，看到宝宝很开心，因为这也是他第一次看电影。我就突然想到了在病房里的孩子们，他们每日都要扎针接受化疗，忍受病痛折磨，根本无暇走入社会，走入平常人的生活。去幼儿园和伙伴们玩耍，去电影院看电影，去游乐场游玩，吃一顿美味的丰盛大餐，对于这些癌症患儿来说都是一种奢望，一方面可能因为他们的身体健康原因不允许，另一方面可能是因为他们的家庭已经因为疾病而致贫，他们的父母已无力承担除医疗费用外更多的花销。"开心看电影，欢乐迎新年"活动倡议的推出，立刻获得了广大爱心人士的支持和帮助，中影集团为活动提供了巨幕影厅免费观影，他们说即使有一半的空座率，也要拿出最好的影厅为患儿服务。225路公交集团派出3辆巴士免费接送患儿前往影院。联青志愿者协会为整个活动全程提供志愿服务。活动当天，很多长期接受化疗的孩子们开心地笑了，很多家长激动地哭了，看到孩子们幸福的笑脸，突然觉得我们所有的辛苦与努力都是值得的！在舒缓治疗的路上我们正努力前行，为了给肿瘤患儿和普通孩子一样的童年，我们会更加努力，你们负责坚强，我们负责努力，分享快乐，陪伴成长！

"志愿服务"并非只是一个口号，它需要我们日常工作生活中点滴的付出与努力。我愿以这样一种新时代的白求恩精神鞭策自己，以实际行动服务于我病房中的孩子们，希望他们的明天更美好。关注公益，关注癌症患儿，我们在路上。

癌痛志愿服务，让医学绽放人文之花

王楠娅，女，出生日期：1980年1月，政治面貌：中共党员，学历：博士，参加工作时间：2005年7月，现工作岗位：吉林大学第一医院肿瘤科，职务：医生，职称：副主任医师、副教授。

组织吉林省生命关怀协会肿瘤舒缓治疗专业委员会的癌痛规范化治疗基层行活动；建立关注舒缓治疗微信公众号；蔚蓝丝带关爱癌痛患者全国中青年专家志愿者成员；中国抗癌协会青年理事会癌症科普工作委员会成员；长春市健康宣教专家团成员；2014—2015年度临床医学院社会实践活动优秀指导教师。

我是一名肿瘤科医生，由于肿瘤疾病的特性，我们的工作与其他学科的医生不同，他们更多的是为患者带来康复与新生，而我的病人中，则有相当一部分是那些现代医学束手无策、心理生理承受着巨大痛苦，对医生投以热切希望且渴求帮助的癌痛

图6.11　王楠娅生活照片

患者。面对他们，我能做些什么？这便成为我投身于癌痛事业志愿服务的开端。

癌痛是肿瘤患者最常见的伴随性症状。WHO将肿瘤防治定为三级，一级是病因预防，二级是早诊早治，三级就是控制癌痛和姑息治疗。由此可见癌痛治疗的重要性。原卫生部在全国范围内的癌痛现状调查结果显示：我国癌痛的发生率为61.6%，高达70%的癌痛患者未能得到很好的止痛治疗。癌痛治疗之所以出现这种困境，其中一方面的原因在于中国有一种"忍痛"的概念，认为忍受疼痛是勇敢的，甚至大多情况下很多肿瘤病人误认为"癌症就要痛，痛是癌症必经的过程"。而实际上，癌痛不仅影响癌症患者的体质，降低身体机能和对肿瘤治疗的耐受力，也给患者带来巨大的精神负担，有的患者甚至因为不堪忍受折磨而失去求生意志。

所以推广癌痛认识的科学理念，践行癌痛的规范化治疗，势在必行。2015年，我开始担任吉林省生命关怀协会肿瘤舒缓治疗专业委员会的主任委员，借助协会的平台，在省内组织了肿瘤专家基层巡讲团，并展癌痛规范化诊治的巡讲活动，2年时间跑遍了全省9大地区，15个县市推广癌痛诊治理念和规范化治疗。同时参与了数十场癌痛患教活动、学术推广活动，还建立了关注舒缓医疗的公众号，建立了癌痛患教微信群，在国家层面加入了蔚蓝丝带关爱癌痛患者全国中青年专家志愿者团队等。通过各种形式架起患者关爱的蔚蓝桥梁，将癌痛患者关爱普及到基层，以惠及更多亟须帮助的基层患者。繁重医疗活动的同时兼顾志愿服务确实常常让我疲惫不堪，可是每当看到"癌痛诊治"的正确观点越来越被广大医务工作者、患者、家属所认可，我就觉得我是值得的。

"有时去治愈，常常去帮助，总是去安慰。"美国医生特鲁多的墓志铭概括了一个人文大医的情怀，医学不仅仅是装在瓶子里的药，医学关注的更应该是在病痛中挣扎、需要精神关怀和治疗的患者。医疗技术自身的功能是有限的，而用心灵温暖心灵，用爱心去抗击病痛的事业则是无限的。我愿用我有限的精力，投入到"抗

击癌痛"志愿服务的伟大事业中，用我的真心与行动带动更多的人。愿我们的志愿服务，成为"抗击癌痛"的先锋队和播种机，让医学绽放人文之花。

永不消逝的白求恩精神

谢宇，男，出生日期：1986年11月，政治面貌：中共党员，学历：硕士，参加工作时间：2014年8月，现工作岗位：吉林大学口腔医院，职务：医生，职称：医师。

为继承和弘扬白求恩精神，于2017年7月15日—7月19日随吉林大学白求恩医学部前往白求恩精神发源地——河北唐县开展"贯彻落实全国思政会议精神，重走白求恩路"义诊活动。

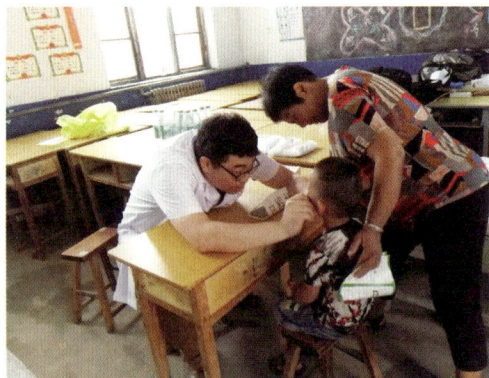
图6.12　谢宇2017年唐县和家庄村义诊照片

炎炎的烈日似乎并没有打算照顾我们这些异乡人，天气热得要命，曲折的小路上寻不到一点树荫。空气也仿佛在此刻凝固，久久没有一丝微风。我们默默地前行，衣衫早已被汗水浸透。我们即将揭开"她"神秘的面纱，每一名白医人心中的圣地——"白求恩学校"建校遗址。

在崎岖的山路中徒步一个多小时，医疗队终于接近了目的地。陡峭的道路两旁树木渐渐多了起来。抬头仰望，依稀可以见到几个屋角隐藏在茂密的树林中。静，出奇的安静，没有城市的喧嚣，仿佛被世人所遗忘。就在这时，一块牌匾吸引了所有人的注意力——"白求恩学校"。砖瓦搭建的青色围墙、一尘不染的石阶无不映衬出它的庄严肃穆。怀着激动的心情，我们踏入学校旧址。映入眼帘的便是白求恩学校旧址简介，暗黄色的石板上记录着风雨的洗礼和岁月的凋零。一口水井、一个磨盘、几间昏暗的屋子，简简单单、朴素至极。

很难想象如此简陋的地方培养了一批又一批生命的守护者。凝视着屋内破旧的桌椅，思绪不禁模糊起来。我仿佛置身于那个战火纷乱的年代，文字当中的画面跃然眼前，一位枯瘦的中年人伏在案前，随风摇曳的灯光将他的身影拉得很长。额上深深的皱纹已经让外人分辨不出他的真实年龄。双眼布满血丝，但他却仍不想放下手中的工作，他深知留给自己的时间不多了……

祖国的强大让我们渐渐遗忘了战火的无情，但白求恩精神却伴着时代的变迁不断沉淀、升华。我们不能忘记在抗击非典战斗中坚定的身影、不能忘记在汶川大

地震中与天斗与时间斗的不屈傲骨、更不能忘记全国各地手术台旁连续工作几天几夜，最终倒下的身躯。一位位无名的医务工作者用自己的汗水、鲜血乃至生命维护着当年的誓言！白求恩精神并没有离我们远去，而是如种子一般深深扎根于我们内心，起于平凡的工作，止于不凡的生命。他们深爱着自己的另一半，牵挂着家中的父母和孩童，但当穿上白衣的一刻，他们将全部奉献于医生的使命，无怨无悔。

队友的呼唤将我的思绪拉回现实。这时才发觉自己已伫立在屋中许久。双手紧紧握拳，身体如士兵般笔直，额上渗出层层汗水。自己仿佛刚刚经历了一场灵魂的洗礼，醍醐灌顶。

"一个人能力有大小，但只要有这种精神，就是一个高尚的人，一个纯粹的人，一个有道德的人，一个脱离了低级趣味的人，一个有益于人民的人。"我整理整理早已被汗水浸透的衣服，肩上的使命仿佛愈加沉重，深深提一口气，脚下的步子亦变得愈加坚定！

边学边做边消化，亦师亦医亦传承

祝金明，男，出生日期：1967年2月，政治面貌：中共党员，学历：博士，参加工作时间：1990年6月，现工作岗位：吉林大学中日联谊医院心血管内科，职务：医生，职称：副主任医师、副教授。

作为吉林大学中日联谊医院（原白求恩医科大学第三临床学院）的工作人员，我是一名医生，也是一名教师。高中时代因为敬仰白求恩精神，三十多年前考大学考到了老白校，下决心选择了从医之路。作为医生，从参加工作至今一直坚守在"老白校"内脚踏实地认真工作，除了思想上对白求恩精神的高度敬仰，更注重行动中对白求恩精神的消化和熏陶，力争在实际工作过程中于细微处体现出白求恩精神。

图6.13　祝金明工作照片

近几年作为大学生兼职班主任，经常参与到白求恩志愿者服务队伍中去，既是工作，也是学习，虽然付出了一点辛苦，却也有所收获。从敬仰白求恩精神，到努力学习白求恩精神，再到按照白求恩精神的指引去认真工作，进一步影响大学生，过程本身既是对白求恩精神的消化，也是对白求恩精神的一种传承。

2017年冬天有幸参加了吉林大学主办的北国风情台湾大学生冬令营活动，担当随队保健医。两百多人的团队成员中，头痛、咳嗽、发热、腹泻等常见小事自然不会没有，处理起来也是毫不费力。最记忆深刻的还是两天内连续发生两次情况差

不多的外伤。说起来这南方人初次来到冰雪世界还真是有些兴奋，尤其是生龙活虎的大学生们，更是撒欢地淘气，然而可能因为第一次到冰上活动经验不足，摔跟头都不像北方孩子，直接将眼角眉弓卡破，而且口子不小。我本人是一名内科医生，考虑涉及孩子的头面部外伤，最好请整形外科医生帮忙处理，才能够尽量减少外伤对面部美容的影响。当天恰逢周末休息，也顾不了那么多，毫不犹豫地将整形外科主任从家里请到医院帮忙做手术。当时台湾大学生的想法，不仅仅是美容缝合的问题，他忙着跟远在台湾的家长沟通如何启动医保报销医疗费，需要自己承担多少费用的问题。了解到这种情况后，我就抓住机会，给他们上了一堂关于社会主义优越性的课。我以个人的资历和信誉，为他找到最好的医生，在最短的时间内做上手术，而且不一定需要他花钱，只是因为他是台湾大学生在吉林大学参加活动，要让他体会到两岸一家亲，血浓于水的感情。结果第二天，另一名大学生又在冰上摔倒，这次竟然是卡破眉心，好险没有伤到眼睛。当我再次企图启用个人关系来继续照顾这名台湾大学生时，才知道按照大学的安排，冬令营期间台湾大学生保健费用不需要学生自己承担，完全由医院负责，这是吉林大学事先安排好的。我本着将事情尽量圆满解决的思路努力协调下来，一方面台湾大学生的外伤得到了及时妥善的处置，另一方面，让台湾大学生的内心深刻体会到我们志愿服务的热情、周到、细致程度，感受到祖国大家庭的温暖。

白求恩精神有许多高高在上的东西，我们作为一个普通百姓从何学起？我觉得，越是把白求恩精神过度神圣化、抽象化，越不利于普通人学习；相反，只有将白求恩精神充分理解并认真消化之后，将其精髓运用到日常实践中，以认真的态度做好日常小事，这就是对于白求恩精神的实践。志愿服务跟任何其他工作一样，有脚踏实地工作的一面，也有许多形式上的问题，找各种理由搪塞敷衍，或者出工不出力者均大有人在。只有真正本着心系他人，先人后己的精神，勇于奉献，脚踏实地，带着足够的热情把每一件小事处理得当，就是对于志愿服务的最好诠释。

从白求恩的终点开始

刘亚东，男，出生日期：1985 年 11 月，政治面貌：群众，学历：硕士研究生，参加工作时间：2012年8月，现工作岗位：吉林大学第一医院脊柱外科，职务：医生，职称：主治医师。

自2015年起本人担任临床医学院班主任一职，多次组织并参与志愿服务活动。其中，带领班级学生参与吉林大学第一医院"蓝马甲"医疗志愿服务活动，累计45学时。2014年前往吉林省松原市参加临床医学院暑期文化科技卫生"三下乡"社会实践与志愿服务活动，为村民义诊。2015年作为指导教师带队参与临床医学院"筑梦白医寻根之旅"河北唐县社会实践与志愿服务活动，走访调研、义诊支教。

作为一名吉林大学临床医学专业的毕业生，白求恩精神一直激励着我不断成长。从入学到毕业，从毕业到参加工作，白求恩精神作为一种信念符号一直指引着我们在医路中不断躬身实践、精益求精。正因为对白求恩精神的热爱，我在毕业入

图6.14　刘亚东参加国际会议照片

职后选择回母校担任班主任一职，希望通过自身的力量，让学生们顺利完成从医学生到合格医者的蜕变。

在2015年的夏天，经过统一申报、层层筛选，我有幸作为指导教师与白求恩志愿者们共同前往河北省唐县——白求恩精神的发源地开展志愿服务活动。经过了一夜的长途跋涉，我们终于踏上了河北省唐县这块"圣地"。几天中，我们支医支教、走访调研、祭扫白求恩墓、参观白求恩纪念馆，与白求恩希望小学的孩子们讨论"白爷爷"的传奇事迹。作为一名有着几年临床经验的青年医生，能够身体力行在白求恩曾经奋斗过的村庄工作，体会到太行山区人民的热情与淳朴是我的荣幸。站在白求恩去世时睡着的行军床前，我心中思绪万千。刹那间我仿佛和他站在一起，体会到当时战火硝烟中那为人民服务的激情，感受到夜深人静时他查房后的满足……

作为一名医者，在利用自己的技术与知识帮助别人的同时，收获的是思想上的升华，领略的是生命的真谛，也从中更加认识到"大医精诚，尚美至善"的难能可贵之处。感谢临床医学院给我这样一次带队的机会，让我从白求恩的终点开始，与志愿者们一起领悟"毫不利己专门利人"的思想境界，感悟"奉献、友爱、互助、进步"的志愿者精神，并把对白求恩精神的理解带回医院让更多的"白医传人"了解他们的责任与使命。

志愿服务事事可为、时时可为，力量无论大小，时间不计长短，希望更多的"白医传人"能够潜心研学、砥砺品行，用爱心和知识帮助需要帮助的人，与千千万万志愿者一起在奉献中共同成长进步。

第七章　白求恩志愿服务指导教师心语

奉献挚爱，践行使命

于双成，男，1961年5月生人，中共党员，医学博士，吉林大学公共卫生学院三级教授。现为教育部医学人文素养和全科医学教学指导委员会委员、中国自然辩证法研究会医学哲学专业委员会常务理事、全国医学院校文献检索教学研究会副理事长。曾获吉林省教学名师、长春市师德标兵、吉林大学教学示范教师、吉林大学"教书育人"先进个人、吉林大学优秀共产党员等荣誉。

图7.1　于双成医学图书馆壁画前照片

　　2016年暑期，我参加了医学部主办的"庆祝建校70周年，重走白求恩路"主题活动：参加了"传承白求恩精神，同根同源座谈会"；参观了唐县的白求恩柯棣华纪念馆；来到晋察冀抗日根据地革命老区，追思白求恩同志事迹精神；探访白求恩学校的创建历程；为老区人民开展义诊和支教志愿服务等。2017年1月，吉林大学白求恩精神研究中心成立，我参与《白求恩精神研究丛书》的筹划。作为丛书之第一册《寻根白求恩》的编写组长，参与吉林大学第一医院组织的赴河北、武汉、山西和加拿大等地的寻根调研。

　　在组织一院编写团队积极投入书稿编写的同时，我深入研究白求恩精神的内涵及其形成机制，揭示白求恩精神的时代价值。在研读毛主席《纪念白求恩》的过程中，在聆听白求恩精神研究会的前辈用崇敬之情讲述白求恩生平故事的过程中，在几个不同地方的白求恩纪念馆通过图片和解说员的讲解去感受白求恩的过程中，在不断地走近白求恩、亲近白求恩、感知白求恩的心路历程中，研究白求恩、书写白求恩、传颂白求恩，明确提出了我们心目中的白求恩精神：坚定不移的共产主义信仰和爱国主义情怀，为人民谋利益的崇高品质和社会责任感，不怕任何艰难困苦的百折不挠的坚韧意志、求真务实和精益求精的医学科学品质、珍重生命和关爱病人的医学人文情怀，热爱生活和追求美好事物的热情和积极的心态，为践行崇高理想信念而一往无前、顽强拼搏的大无畏精神。

若用最为简洁的两个字来高度概括白求恩精神，那就是"奉献"。奉献，默默地付出、心甘而情愿、不图有回报地奉献，这同样就是志愿者行为最为本源性的动机，是志愿者精神最为深层次的内涵。奉献，源自一种爱。爱，首先意味着奉献。作为大学教师的我，多年来，一直秉承这样的为师理念——用心灵和情感去爱学生，用大脑和智慧去教学生。致力于将知识与能力、思维与表达、学术与品德、情感与理性、医学与人文等融会贯通于课堂，涵养学生的学术情怀、塑造学术自信、形成学术能力，用爱、用心、用智慧助推医学生成才的学子之梦。

我多年前曾在教科书的扉页上写道："作为父亲，有着一份深情的父爱，把这份父爱献给我的学生；作为教师，有着一份神圣的责任，把这份责任融入教书育人之中。"一届届学生饱含深情地自发整理、完善、转发课堂上记录下来的"于双成教授语录"。曾有一位毕业多年的学生在看到学弟学妹们发布的"微信版语录"时感慨说："您的思想和风格影响了一届又一届的学生，这该是当老师的快乐之所在吧！"

我常说："助力青年教师成长，是每一位高年资教师义不容辞的学术使命。"我自己一直在默默地做志愿者和践行者，把爱奉献给青年教师。我带领青年教师积极尝试教学改革，连续3届获吉林大学教学成果一等奖，并荣获吉林省教学成果二等奖；我带领多学科优秀青年教师指导医学生编写出版了《农村家庭健康信息手册》；我指导并积极争取，使多位青年教师能够成为相应学科国家规划教材的副主编、编委等；我深入研究教学方法，不断地将心得与感悟凝练升华，以"如何使您的教学更精彩""教学设计的理论与实践""以引领学生思维发展为特征的课程设计与有效实施"等为题，在校内外做多场学术讲座，指导青年教师的成长和发展；我指导了一批又一批的青年教师，参加各种层次的教学比赛，获得多种奖项。在用心、用爱、用智慧指导和陪伴青年教师成长和实现自我超越的过程中，我自己同样在不断学习、不断研讨、不断应对新的挑战，悄然间实现了与时代同行的、不断的自我进取和自我超越，真切地践行了自己的人生格言——帮助他人实现理想是自己人生中最大的成就。

在自己的岗位、在自己的领域，以自己的方式、自己的行动，将爱、真爱和挚爱奉献给他人、奉献给社会，就是对白求恩精神、对志愿者精神的自我诠释，更是对白求恩精神、对志愿者精神的一种弘扬与践行。罗曼·罗兰说过："信仰不是一种学问，信仰是一种行为，它只在被实践的时候，才有意义。"弘扬和践行白求恩精神，是我们白医人的神圣使命。

志愿服务精神和白求恩精神

芦恒，男，1982年3月出生，中共党员，博士研究生学历，2009年7月参加工作，现任吉林大学哲学社会学院副院长，教授，博士生导师。

2014年作为社会工作督导，参加吉林大学第一医院社会工作部刘芳主持的中央财政支持神华公益基金会医务社会工作试点项目，共计提供个案服务及危机干预30余次，举办了健康小组活动3次；在南关

图7.2 芦恒2016年志愿服务活动照片

区东莱南街社区举办了以"关爱老年病"为主题的社区活动。2016年，作为社会工作督导，参加吉林省生命关怀协会主持的2016中央财政支持"医路同行"空巢老人医务社会工作服务项目。共计开展个案工作服务人数160人，举办小组社会工作服务320人，开展社区社会工作服务960人。

古语有云："师者，传道授业解惑也。"作为一名新时代的高校教师，我深知自身肩负着教书育人的重大使命，培育德才兼备、心系社会、具有高度社会责任感和奉献精神的新时期有志青年，是我从教多年来一直秉持着的坚定信念。为了践行这一育人理念，同时为吉林省的社会工作发展事业略尽绵薄之力，我组织吉林大学的大学生开展了一系列志愿服务活动。青年学生志愿者将专业所学应用于社会实践，在志愿服务过程中进一步提高了个人素质、升华了精神品质，他们表现出的爱心热忱、积极主动与志愿精神，令我深受感动。

社会工作专业作为一门助人自助的专业，致力于改善个人境遇、提高全人类福祉。因此，社会工作与志愿服务有着共同的价值目标。吉大一院宁养院一直致力于为贫困晚期癌症患者提供镇痛治疗、心理辅导等方面的志愿服务事业，在此背景下，我组织学生志愿者与吉大一院宁养院合作，依托本院社工、心理专业知识向宁养院输送志愿者，为服务对象提供志愿服务。

由于大部分的青年志愿者学理知识充足而实践经验相对缺乏，服务活动开展之初，我还担心学生们是否能够胜任这一份意义重大的任务。学生志愿者们在每次活动开始前都进行详尽周密的准备，重新整合跨学科专业知识，以保证面对患者时具有最专业的知识和最饱满的精神面貌。其中，针对一位患癌儿童的个案服务给我留下了深刻印象。这位小朋友在本该享受快乐童年的年纪，却忍受着病痛的折磨，

学生志愿者为他和妈妈提供心理辅导和情绪治疗，他已经懂得向我们志愿者表达感谢。他有着与他的年龄极不相称的懂事和忍耐，他一边接受治疗一边伸出小手为妈妈拭泪的情形着实令人动容。我们全体志愿者和医护人员都被他的坚强所感动，也激励着我们所有人发挥专业所长、齐心协力救护社会的弱势群体，积极动员各种社会资源参与社会公共事务来贡献自己的心智与力量。在整个志愿服务的过程中，医院的医护人员和志愿者们密切配合，积极主动地向专业学生学习专业知识，争取为病患提供更好的服务，这深深体现着医护人员的敬业精神和志愿奉献精神。学生志愿者们被生命的坚韧和强大所感动，在全社会宣传关爱弱势群体，呼吁更多的人加入志愿服务的队伍中来。病患的救助工作更多的是在医院这一场域展开，因此医护人员的服务质量尤为关键。医护人员爱岗敬业、精益求精的专业精神和敬业精神，是履行职责责任的集中体现。同时，医护人员还承担着一定的公共责任，积极投身于公共服务事业，呼吁社会慈善、促进志愿服务事业发展，都体现着医护人员的公共精神。

医护人员的道德责任是建立在职责责任之上更高层次的追求，更是具有高度社会责任感的价值体现。志愿服务精神是一种精神体现，志愿服务的精神内核概括起来是"奉献、友爱、互助、进步"。志愿服务活动是对高尚人格和责任感的一次唤醒和洗礼，而"白求恩精神"正是对医疗公共领域的奉献精神和志愿精神的一个完美凝华。医护人员的专业水平和职业道德感是人类对抗疾患保持健康的一道坚实屏障，因此医护人员时刻保持专业意识、职业道德、主动承担公共责任，用实际行动践行"白求恩精神"是新时期对医护人员提出的时代要求。

志愿服务精神和白求恩精神都是人类崇高价值追求的集中体现，二者一脉相承，又与时俱进，都在培育具有高度社会责任感和公共精神的公民的过程中发挥着不可或缺的基础性作用。社会的公共卫生安全需要医护人员共同守护，全社会的公共进步事业需要具有公共精神的社会公民共同努力。志愿精神和白求恩精神具有强大的精神感染力，塑造和激励着一代又一代时代青年"心怀大爱、培育大智、涵养大气、担当大任"。

志愿，也是责任

张纪周，女，1976年1月出生，中共党员，博士研究生，1997年7月参加工作，现工作单位：吉林大学基础医学院，职务：教师，职称：副教授。

2010年暑假带领吉林大学白求恩医学院（现为临床医学院）学生赴河北唐县牛眼沟村支教。获"暑期社会实践特别贡献奖"。

2010年7月29日—2010年8月4日，我有了个新的身份：暑期河北唐县牛眼沟村支教社会实践小分队指导教师。不过指导作用并没多少体现，更多的是学生们负责任的精神指导着我。

在蜷缩着坐了8个小时的小面包车到达牛眼沟小学，当天晚饭后，我还以为大家准备洗漱休息了呢，结果学生们还要召开支教准备会议，会议蛮正式的，小朱队长非常认真地对本次活动的目的、目标、支教方案、注意事项都进行了详尽的安排，大家结合自己所教的科目提出问题，共同协商解决。以后的每天晚饭后都有一次这样的会议：总结当天工作，布置明日安排。等到给小学生们讲课前的一个晚上，有的学生是后半夜才睡的。第二天，按照课表，每个人出来迎接自己的孩子，课堂上尽量把自己准备的内容传授给孩子们。尽管对孩子们的调皮估计不足，不过每个人都满头大汗、声嘶力竭地完成了自己的任务，并把自费购置的小礼物发给了孩子们。看见孩子们满足和期待的笑容，想想明天我们将要启程，我们的大学生的眼睛里、表情上、语言中透着隐隐的不舍和留恋。也许，如果这次不是集体的社会实践活动，他们会自己在这里待上一个假期。

图7.3　张纪周2010年唐县牛眼沟村支教照片

我没有放大他们负责任的态度，但是你可以看出来，我们学生的支教活动不是哄小孩儿玩儿，她的音乐、美术、折纸、智力，他的英语、语文、数学、体育都是认认真真地准备过的，在这白求恩战斗并牺牲的地方，也许在每一次志愿服务过程中并没有时时刻刻想着伟大的白求恩精神，但是他们负责任的态度至少在默默地体现着白求恩医学院的大学生们对这种精神的传承，而这样的传承一直持续至今，每年的暑假都会有一批白求恩精神的践行者来到这个每天40℃高温缺水少食的地方出操跑步、帮厨、做医疗咨询，同时也带动了吉林大学和社会上对牛眼沟小学的支持帮助，看着孩子们学习环境的改善，我们作为第一批志愿者内心的欣慰是无以言表的。

最后，请允许我祝愿我的这些负责任、有爱心、能吃苦的支教的孩子们做好人、好做人；做好事，好做事。

白求恩英年早逝精神永存，志愿者无私奉献百炼成金

吴剑锋，男，中共党员，医学博士，副教授，现任吉林大学白求恩医学部学生工作办公室主任兼吉林大学学生就业创业指导与服务中心副主任，历任基础医学院团

委书记、办公室主任、学工办主任，白求恩医学院（临床医学院）学工办主任等职。

在一线辅导员岗位上工作十余年，累计带过医学本科学生上千人，多次获得吉林大学三育人先进个人、师德先进个人、优秀辅导员、十佳辅导员、优秀共产党员及长春市三育人先进个人、军民共建先进个人等荣誉称号。

图7.4　吴剑锋2010年带队社会实践唐县白求恩柯棣华纪念馆前合影

阴错阳差，当年喜欢建筑的我考上了医学院校，机缘巧合，毕业于临床医学专业的我选择了白求恩医科大学的从教工作。大学期间父亲的来信中劝诫我以后要做白求恩式的好大夫，当时真的没有一点内心的理解，工作后在第四届白求恩精神研究会的年会文集《风范长存》中发表论文，也只是对医学、对白求恩的一知半解。真正对志愿服务、对白求恩精神的深刻认识还是从2009年原白求恩医科大学创建70周年系列纪念活动的时候开始。那一年，我们师生二三十人远赴河北唐县进行走访活动，从那一年，我就和牛眼沟村结下了不解之缘，也就是那一年，让我们坚定了信念，每年都让白求恩的孩子来到白求恩同志生活战斗过的地方，追寻白求恩的足迹，为当地山区百姓的卫生健康和孩子们的心灵教育做一些力所能及的志愿服务活动。

2010年那个炎热的暑假，我和纪周老师带着十一名医学生踏上了白求恩希望小学支教的征程。不能忘记的是——为了设计志愿者的文化衫，深夜睡不着觉，半睡半醒间来了灵感，最后确定了"冀梦韶华·寻根之旅"的主题，文化衫的背后也用白求恩医科大学的迁徙地图做了Logo；不能忘记的是——在一周多接近40℃的高温中，13名师生没有洗过一次澡的情况下，开心快乐地做志愿服务活动的场景；不能忘记的是——牛眼沟村乡亲们的淳朴善良和孩子们的殷切希望，返程之前的那个晚上，师生和乡亲们自己动手做了饭菜，在教室里进行的原生态联欢。也就是源于这次活动，我和纪周老师还收获了十一个可爱的孩子，组成了一个快乐的大家庭。

源于坚持，学生们的志愿服务活动越来越多、越来越有规划，在乡村、社区、医院、学校、养老院、孤儿学校、边防军营、康复医院多处进行健康咨询、送医送药、导诊服务、知识宣讲、义务支教、慰问演出等多种形式的志愿服务活动，让更多的学生得到历练，收获成长。

源于坚持，校党委杨振斌书记亲自关注，并连续三年参加医学部的暑期社会实践活动，150余名师生赴河北多地开展的"重走白求恩路"主题活动，产生了良好的社会影响，得到社会各界的好评和多家媒体的新闻报道。

源于坚持，李克强总理亲自给白求恩志愿者回信，并在来吉大视察的时候亲切接见了白求恩志愿者代表——我的学生钱玥彤。我当时在微信朋友圈发布了一条"我的学生我骄傲"信息，被某平台转载，火爆了朋友圈，这就是白求恩志愿者的力量。

在志愿服务育人活动中让我印象深刻的场景有三个：一个是在2010年近40℃的高温烘烤中，志愿者们没有一个人叫苦，喊累，反倒是大家畅想着一个最美好的事情，那就是"要是能喝一口带冰碴的可乐，是多么幸福的一件事情啊"；第二个是2012年海峡两岸双向联动社会实践，在东丰县杨木林镇卫生院门口给乡亲们义诊时，为给一个坐在花坛上的老爷爷讲解病情，一个来自大连市区，家庭条件很好，平时很娇弱的一名女生，半蹲着给老爷爷讲解了20多分钟；第三个是2013年在二道区的同心养老院，志愿者们给那些老人表演文艺节目，叫一声爷爷奶奶时，几位老人眼中泛起的泪花。我想这几个场景，诠释了条件无论好坏，身份不分贵贱，责任共同担当，这就是奉献、友爱、互助、进步志愿精神的具体体现。

白求恩来华抗战一共才674个日夜，最终魂断黄石口，但是他的精神永远留存下来，这是白求恩医学部的无价之宝，我们一定要学习、传承、弘扬好白求恩精神，用白求恩精神铸魂育人，为医学生们点亮理想的灯，照亮前行的路，用白求恩精神引领医学梦想，用志愿精神激扬青春梦想，让更多的医学学子在志愿服务活动中，经受历练，增长才干，正确认识时代责任和历史使命，做符合新时代中国特色社会主义要求的白求恩式优秀医学人才，做走在卫生健康事业前列的建设者、奋进者和开拓者。

血浓于水，风雨同舟，让爱谱写海峡两岸华美乐章

姜威，女，1975年9月出生，中共党员，本科学历，2000年7月参加工作，现任吉林大学白求恩医学部学生工作办公室教育管理科科长，职称：助理研究员。

参加2013年海峡两岸双向社会实践活动；2015年李嘉诚基金会全国医学生扶贫医疗服务活动；2016年"庆祝吉林大学建校七十周年，重走白求恩路"暑期河北唐县社会实践活动。

2013年7月，吉林大学白求恩医学部

图7.5 姜威2013年台西云林县社会实践照片

和台湾阳明大学共同组办了"第二届海峡两岸暑期双向社会实践"交流活动。本次社会实践活动经过近两个月紧锣密鼓的前期准备，于7月20日顺利启幕，活动时间长达40天，海峡两岸共派出四支学生队伍参加本次实践活动，它们分别是吉林大学台湾队、东丰队以及台湾阳明大学台西队和吉林队。本次活动中，我作为组织者和参与者，很荣幸成为吉林大学台湾队指导教师，带领由吉林大学临床医学、医事法学和医学信息专业的6名学生前往台湾阳明大学进行为期20天的暑期实践志愿服务活动。

由于气温异常，使原本潮热的天气变得更加酷热难耐。在这样恶劣的气候条件下，我们相继进行了10天台湾文化体验和为期10天的云林县台西乡志工服务活动，而后者成为我人生中最珍贵的永恒记忆。

台西云林县实践期间，我们师生7人住在台西乡的一座寺庙里，与阳明大学的师生一同体验着十人共宿在一个竹板通铺上，竹枕薄被，日出而作，日落而息的生活，在忙碌的实践中深刻地体验着劳动带给大家的那种"痛并快乐"的感觉。尽管烈日炎炎，同学们的热情依旧高涨，在大家团结友爱、互助合作下，不仅顺利完成了阳明大学为大家安排的社区营造课程，同时还帮助台西乡华山基金会完成了对三失老人（失能、失依、失智）的服务救助工作。师生们不仅克服了重重意想不到的困难，帮助老人清扫了居所场院，还陪老人快乐地聊天，尽管大家听不懂彼此的言语，但温暖的笑容依然能够传递彼此间的问候。在这短暂的10天里，最让师生们有成就感的就是为当地国际彩绘村中一位年近七十却靠拾塑料瓶独自照顾失明儿子的老婆婆绘制墙壁彩绘。老婆婆家坐落在公路旁，房屋墙壁长约20米，高3米。经过我们师生的共同设计和规划，从粉刷墙壁到绘制草图，从上色晕染到后期制作，师生们都投入了全部精力。我们将吉林大学校名及"求实创新，立志图强"的校训绘制在画作之上，以激励我们克服困难，坚持下去。我们将自行设计的带有白求恩头像的医学部部徽和白求恩医学部办公楼绘于墙上，希望台湾同胞也能了解白求恩，了解我们亲爱的母校，并与我们一起将白求恩精神共同传扬下去。接下来，从长白山天池到万里长城，从天安门广场到台北夜景，一袭衔着橄榄叶的白鸽从天安门上方一路飞向台北101大楼，其间还有国花牡丹的点缀与百福图的相映生辉，寓意吉祥，使整幅画面尽情展现了祖国大陆的壮丽山河与中华文明，同时也展现了台湾的现代都市风情，充分寄托了我们对海峡两岸和平共荣的美好愿望。短短的几天，我们师生一起成长。曾经白皙的师生被晒黑了几度，甚至被晒伤，满身的蚊包更是多到数不清。曾经恐高的同学克服自己的胆怯可以在脚手架上如履平地，上下自如。柔弱的女同学可以双手拎四个油桶来回运送，甚至熟练掌控装满油漆桶的独轮手推车，仅仅几天，成熟热情、吃苦耐劳的品质在孩子们身上更加得以体现。我们吉大师生的创作引来了当地村民的驻足围观，他们对于仅仅7人的团队能在短短的4天里画出这么大一幅墙壁彩绘啧啧称奇。华山基金会的朋友也为我们拍摄了很多照片，我们的画作还被当地的中时电子报所报道，后又被台湾中天电视台报道，足见其影响力

之大，令我们骄傲，那种寄情山水，血浓于水的亲情感更让一切都变得伟大而又自豪。

在这次志愿服务中，忙碌的我们在绘画的同时还进行了湿地劳作体验。这次湿地体验活动我们收获了惊与喜。惊的是湿地工作存在着各种潜在的危险；喜的是同学们除了学会了湿地劳作与水产养殖的常识知识，大家还认识了招潮蟹、和尚蟹、跳跳鱼以及其他一些有趣的鱼类贝类，增长了见识。而更具意义的是在危难时刻两岸同学能够互帮互助的友情，让我们海峡两岸同学心与心更加贴近。

劳作后的每个夜晚，我们都会一起到海边看海，投入海风的怀抱。躺在海岸边，仰望缀满星星的夜空，寻找那美丽高贵的天鹅座。每当此刻，疲惫困乏的我们好像又恢复了满血的战斗力，我从来没有想到那种单纯的体力劳动竟然能让我感受到前所未有、无法比拟的幸福与快乐，那种内心宁静的感觉真好！

这次的社会实践活动不仅让我们师生间建立了深厚的友谊，更让我们懂得了志愿服务的实质，那就是"需求与服务就如同锁与钥匙，团队精神就是队友间无微不至的关爱"。因此，用心付出，用实际行动去见证，用爱去拉近人与人之间的距离，给需要帮助的人无微不至的关怀，让爱变得单纯，无须回报，毋庸置疑，让心灵得以净化，让心与心之间不再陌生疏离，这便是志愿服务的真谛。

我国著名教育家陶行知说过："行是知之始，知是行之成。"社会实践就是一个能够让我们知行合一的最佳途径。而白求恩精神在当下已经不能狭隘地仅限于医疗卫生行业中。那种大爱无疆、精益求精、无私奉献的精神是各行各业都亟须的高尚品质，是社会得以进步及和谐发展的重要元素。这是我此次参加社会实践活动得到的重要认知，也是督促我在现在的工作和生活中努力克服困难，迎难而上的动力。那么，就让我们笃行真知，让白求恩精神无所不在，为社会的进步与和谐发展贡献一分力量吧！请为我加油！！！

爱心凝聚力量，志愿传承精神

王晓荣，女，1968年10月出生，中共党员，硕士研究生，现任吉林大学临床医学院党委副书记兼副院长，教授。

积极打造天使志愿者协会和心语志愿者协会两大优质志愿服务组织，协会志愿者遍布学校六大校区16个学院。2016年，创建天使心德育基地，该基地依托"天使志愿者协会""心语志愿者协会"两大志愿服务组织，秉承"爱心护理天下"的信念，深入农村、福利院、社区、特教中心等地，开展针对孤寡老人、社区居民、残障儿童、贫困中小学生的志愿服务及相关科研项目。

荣获第六届全国高校辅导员年度人物提名奖、全国高校学生工作优秀学术成果二等奖、吉林省高校辅导员工作创新研究成果二等奖、吉林省高校优秀党务工作者、第三届吉林省优秀志愿者、吉林大学优秀党务工作者、吉林省普通高校毕业生就业管理工作先进工作者、吉林省第二届大学生职业生涯规划大赛总决赛优秀指导教师、长春市"高校文明"杯优秀学生管理个人等国家、省、市、校奖励二十余项。

图7.6　王晓荣生活照片

志愿者是个神圣的名词，是参与的象征，是博爱的体现，是爱心的代言，没有报酬，没有掌声，没有花环，有的只是一种默默奉献的精神。带着这种最朴实的志愿服务理念我和我的大学生志愿者们共同走过了十多年的志愿之路，未来，也不会停止……

从打造"天使志愿者协会""心语志愿者协会"两大校内外知名志愿服务组织，到成立"天使心德育教育基地"；从关爱残障、扶残助残到义诊支教、精准扶贫；从城镇社区到边远乡村、大山深处，他们学会了用一颗真心善待他人，用满腔热忱帮助他人。多年来，通过坚持开展针对不同年级、专业的特色教育和志愿服务活动，培育大学生奉献社会的志愿者精神，让每名学生都从中汲取到了吉大学医人需要具备的坚定信念和责任意识，每一名白衣传人都能传承并弘扬白求恩精神，践行"慎独敦行，仁爱奉献"的优秀品质。

为号召更多学生加入志愿服务行列，培养志愿者们的公益之心，我探索并开展不同类型的志愿者教育活动。如心语志愿者协会举办的志愿分享交流会，志愿者相互交流自己的志愿经历和心得来感染更多青年力量加入志愿服务的队伍中去。他们以绵薄之力，帮助弱势群体；他们心系夕阳，关爱鳏寡孤独；他们真诚以待，温暖特殊儿童；他们心手相伴，爱心洒满人间。一个从大一开始直至走上工作岗位仍然坚持做志愿服务的学生在谈到成为一名志愿者的感受时说："做志愿者最重要的是成为一个有心人，也许我们做不出惊天动地的事情，但却可以从身边做起，从力所能及的事情做起，用这种方式来培养自己的一颗爱心、一颗善心。"

尽管每位志愿者之于社会的，无异于沧海一粟，但正是这无数的沧海一粟，才构成了川流不息，构成了波澜壮阔。社会需要志愿者，人类的发展需要志愿者。同样，在吉大医学的发展历程中，以"无私奉献、精益求精、认真负责"的白求恩精神为导向的志愿服务承载着几代医学生与青年医务人员的青春理想与价值追求，医学生及青年医务工作者志愿服务在校内外遍地开花，为社会贡献积极的青年力量，营造崇德向善的良好风气。在未来的志愿服务活动中，我仍将继续带领、引导青年学生秉承奉献、友爱、平等、互助的志愿服务精神，发扬"毫不利己、专门利人"的白求恩精神，引领广大青年志愿者做青年表率，展现文明形象，践行志愿者精神，传播先进文化。将志愿者的响亮名片置于胸前，用热情活力和医学专长践行白求恩精神，为建设团结互助、平等友爱的美好社会奉献责任与力量。

践行白求恩精神，引领青年成长

魏宇航，女，1982年9月出生，中共党员，硕士研究生学历，2006年7月参加工作，现任吉林大学临床医学院学生工作办公室主任，职称：副教授。

组织参加"筑梦白医·寻根之旅"河北唐县牛眼沟村志愿服务；白求恩希望小学"一对一"帮扶；"红、蓝、白"马甲医院志愿服务；团支部社区"一对一"对接；扶残助残、特殊群体"爱心帮扶"志愿服务；白山、松原、大安暑期"三下乡"志愿服务；农村精准扶贫志愿服务等活动。

荣获吉林省第四届优秀志愿服务标兵、优秀志愿活动组织者、长春青年志愿者优秀个人等荣誉。

图7.7 魏宇航葛公村重走白求恩路照片

2011年起，我开始担任白求恩青年志愿者协会指导教师并负责学院志愿服务全面工作。在多年的工作中，我对大学生志愿服务投入了十分的热情，收获了百分的感动，更树立了万分的责任感。

大学生志愿者是志愿者行列中一个重要的群体，也是社会发展的重要力量之一。而对于医学专业的大学生而言，更需要用志愿者精神引领青年成长，用白求恩精神引领大学生志愿服务活动，弘扬正能量和民族精神文化，培养他们"毫不利己、专门利人"的奉献精神和"关爱他人、服务社会"的优秀品质。

几年来，我带领学院青年志愿者坚持开展具有医学专业特色和良好社会影响力的志愿服务活动。以河北唐县牛眼沟村为重要的德育教育基地，以"白求恩精神宣讲队"为主要载体，以50余处社会实践合作单位和各大中小学校为交流平台，以对特殊群体的关爱为重点，开展"白求恩精神"传承教育。"筑梦白医·寻根之旅"、"红、蓝、白马甲"志愿服务、团支部社区"一对一"、吉林省孤儿学校、春光康复医院、新智特殊儿童学校、长春市卓雅脑瘫儿童康复站"爱心帮扶"、农村精准扶贫等精品活动，让白求恩青年志愿者走进社会、走近更多需要帮助的人，他们学以致用，以爱助人，让"友爱"的阳光照亮每个人的心灵。白求恩青年志愿者也得到了社会的关注和好评，受到中央电视台《新闻联播》《共同关注》《朝闻天下》等多个栏目的报道。2016年，我还带领志愿者完成了吉林大学白求恩医学纪念馆唐县分馆的布展设计、制作、布展施工及参观讲解工作，截至目前，该馆共接待校内外参观300余人次，为白求恩精神的宣传与弘扬做出努力。

在志愿服务中，大学生志愿者在凭借自己的双手、头脑、知识、爱心开展各种志愿服务活动的同时，也不断地提升自己的专业素养，充实着自己的人生价值。我常常听到志愿者们讲述志愿服务中一个个真实感人的小故事，分享活动中的喜悦与收获，志愿服务让他们学会了奉献、学会了努力、学会了沟通、学会了认识世界、学会了认识自己。他们最常说的一句话就是"老师，我终于感受到什么是助人为乐！"

一位参加医院ICU志愿服务的志愿者讲述过这样一个故事，"我去的那天恰好有一个中年男人在病房，已不记得他的具体长相和姓名，只记得他是瘦骨嶙峋的，呼吸道不好，总是要吐痰。我便一次又一次帮他扔吐过痰的纸。在我最后离开病房的时候，他用他仅能活动的胳膊和双手作了个揖，我当时只有感动，认为这是我所能承受的最高礼节，也是那一刻我第一次体会到了助人为乐的实质。"这就是我们打造与组织大学生志愿服务的真正意义，不仅局限于理论与实践相结合的体验，而更多的是上升为一种人文关怀，这种感受只有通过人与人之间才能去传递去领悟，更在无形中培养出一位医生所必须要具备的"爱人""奉献"的品质。

志愿服务是吉林大学学子一张响亮的名片，志愿服务工作已经成为我人生中重要的组成部分，未来，我将继续精心组织、积极参与志愿服务活动，不断完善学院志愿服务体系，积极解决志愿服务活动中遇到的问题，同千千万万的志愿者一起传播守望相助的正能量，让白求恩精神薪火相传！

不忘初心，砥砺前行

秦雪，女，1987年8月出生，中共党员，硕士研究生学历，2010年8月参加工作，现任吉林大学临床医学院团委书记，职称：讲师。

自入职以来，一直心系志愿服务，利用各寒暑假期组织开展几十次志愿服务活动。多次带队赴河北唐县牛眼沟村白求恩希望小学开展寻根之旅之义务支教、送医送药等系列活动；赴长春边防检查站为战士进行健康知识普及和身体检查；赴长

图7.8 秦雪2012年唐县白求恩柯棣华纪念馆参观照片

春市绿园区合心镇为村民进行医疗服务，发放药品；赴临江市大栗子镇开展医疗调研，并为社会福利中心的老人进行义诊等活动。

高校以培养学生道德理念为当前思想政治工作的重要任务。志愿服务是一项全球性的、高尚的社会公益事业，是人类文明、社会进步的标志。近年来，越来越多的学生参加了志愿服务活动，在活动中学生了解国情、了解社会、增长才干、奉献社会、锻炼毅力、培养品格、增强了自身社会责任感和使命感，真正把社会的道德要求转化为自己的行为，实现知行统一，道德素质逐步提升。

作为一名高校教师、医学生的思想政治教育指引者，多年来我秉承白求恩同志"毫不利己、专门利人"的精神，坚持"学以致用，按需服务"的理念组织开展白求恩志愿服务活动。我们走进山村、走向街道，为老人们送去温暖和医药，为孩子们送去精神食粮和学习用品；我们走进医院、走进部队，尽自身力量去为患者提供帮助。河北唐县牛眼沟村社会实践活动，对于每一名白医传人来说，能够身临其境地去感受曾经硝烟弥漫的土地，身体力行地去践行白求恩精神，是每一个白医人肩负的光荣使命和神圣责任，即便走得再远，我们永远都不会忘记那片绽放着白求恩精神的热土。2013年7月我带领10名志愿者在牛眼沟村开展了为期七天的志愿服务活动，我们的到达给村里的孩子们带去了无限期盼。望着孩子们水晶般渴望知识的双眸，七天对于志愿者来说弥足珍贵。志愿者们在40℃高温天气中将早已精心准备的课程精彩地分享给村里的孩子，并给村里的每一个小朋友发放了礼物，为此我们的志愿者队长还被孩子称为"魔方哥哥"；村里的大部分老人的名字与健康情况，我们在出发前已经有所了解，志愿者放弃午休时间走进村民家中，为大家进行健康检查，并将所有药品按需分发给村民。在志愿服务过程中，我与志愿者参观了白求恩逝世地、白求恩学校旧址等满载革命光辉的圣地，在晋察冀烈士陵园，祭扫了革命先烈白求恩之墓。我们永远牢记着"健康所系、性命相托"，牢记着"热爱祖国，忠于人民，恪守医德，尊师守纪"，牢记着"刻苦钻研，孜孜不倦，精益求精，全面发展"。

"奉献、友爱、互助、进步"，这是当代青年志愿者精神的概括，也恰恰是白求恩精神的精髓之所在。白求恩精神无时无刻不在指引志愿者不忘初心，砥砺前行；白求恩精神是所有白医传人学习、工作的标尺，白求恩传人将继续传承白求恩精神，去感召更多的人，以此扩大影响力，营造志愿服务氛围，进而营造和谐温情的社会氛围；白求恩精神激励着一代又一代中华儿女尤其是医务工作者奋发图强。开展白求恩志愿服务活动，对于动员医疗卫生系统以实际行动学习白求恩，传承白求恩精神，进一步加强卫生行业精神文明建设和职业道德建设，推动医药卫生体制改革的顺利实施具有重要意义。

青春在志愿中开花

刘晓贺，中共党员，吉林大学临床医学院团委副书记。多年来坚持将白求恩精神教育与社会实践志愿服务相结合，形成"以专业促精品、以精准促服务"多样化的社会实践服务网络。先后获得"白求恩优秀辅导员"称号、吉林大学优秀辅导员、吉林大学"三育人"先进个人、长春市优秀志愿者等荣誉。

图7.9　刘晓贺2014年唐县社会实践义诊照片

夫志愿者，以振兴中华为己任，以奉献人民为职责。秉持着培养"白求恩式医务工作者"的目标和服务医学生成长成才的育人理念，白求恩医科大学（现吉林大学白求恩医学部）于1994年成立白求恩青年志愿者协会，旨在引领和帮助青年医学生投身志愿服务。二十四载的不懈奋斗，我们愈臻完善；在组织开展志愿服务的过程中，我院充分突出了白求恩精神的引领作用，以河北唐县牛眼沟村为重要的德育教育基地，以争做"白求恩式的志愿者"为宗旨，以培养新一代的优秀"白求恩传人"为目标，打造包括医院、"三下乡"、学校、社区四个模块的完整志愿服务体系。我作为学院不可分割的一分子，在院领导的支持下，与学生共同探索和开拓志愿服务的内涵。

勿忘初心人为本，风雨兼程莫能移

以人为本，立足于患者的健康，是每一位志愿者的初心所在。通过"精准志愿·医疗服务"，包括门诊分诊、导诊、协助体检、自助挂号等诸多临床辅助活动，志愿者们在这一过程中坚持着自己的初心。自2011年起，我们开始进行吉林大学白求恩第一医院宁养院义工服务，志愿者需要通过临床技能和心理调适等专业培训，而后在医生的带领下为长春市及周边百公里范围内的贫困癌症晚期患者提供止痛、心理舒缓和灵性照顾等服务并建立《服务对象情况追踪记录》。此外，志愿者也为每一位患者记下属于他们自己的《生命旅行笔记》，达到"去者善终、留者善别"的最终目的。宁养院志愿者需要诚心、耐心、专心地与服务对象沟通，走入他们的心灵。一位参加志愿服务的同学曾说，每当自己感到不被服务对象理解，精神倦怠时，就会想起白求恩的故事。他说，白求恩在残酷的战争中，他丝毫不顾个人的安危，哪里最艰苦，哪里最需要他，他就到哪里去。作为一名新时代的医学生，我们没有不为患者服务、不为社会服务的理由。

学富五车终觉浅，觉知此事要躬行

志愿服务作为医学生的一门必修课，其对于志愿者兼备理论与实践能力的要求具有教育和服务两大功能。其服务功能不言而喻，而对于医学生而言，教育功能主要体现在志愿者在传递人文关怀中满足医学生渴望为社会、为医院、为患者多做奉献的强烈意愿，促使他们自觉地将自己的价值取向定位在服从社会需要、强化自我约束，主动为社会多做奉献、树立正确的职业精神上来。深入到患者群体之中将所学知识灵活应用，通过与病人交流来增强自身语言表达能力，拘泥于书本是无法适应国家与人民对于未来医疗工作者的要求。通过志愿服务，进一步完成自身理论到实践的升华。

愿得众生皆康健，润物无声白医魂

我与我的团队在进行志愿服务的过程中，在帮助受助者时，都会更深刻地了解他们内心的痛苦与哀伤；会感同身受地陪伴他们走完那一段心路历程，由此产生怜悯之心与人文情怀；正是这样的情怀，使医学生们能够具备严谨细致的工作态度；用平等、善良、真诚的心去对待每一位患者。与此同时，毫不利己、专门利人的白求恩精神是我们志愿服务工作的精神核心，深深地烙印在每一位白医人的灵魂深处，永不磨灭。这种特有的血脉相传的精神与医学生的志愿服务活动相得益彰，潜移默化地影响一批又一批志愿者，充分彰显社会主义核心价值观，弘扬中华民族传统美德，有效地促进了医学生职业精神的培养。

硕果累累不足夸，任重途远正当时

作为一名志愿服务的组织者，我和我的志愿者团队取得了一系列的成果，"筑梦白医·寻根之旅"，志愿者们将足迹遍布唐县，在白求恩曾经奋战的地方缅怀先烈；协助随队医生为村民义诊送药，做基本的体格检查；先后开展地方慢性病等专项调研；从2009年到2017年，我院志愿服务团队累计授课360学时，义诊3200余人次，捐赠文化用品1.5万余元，医疗队捐赠药品3万余元。社会实践团队荣获2017年团中央"知行天下"中国大学生农村支教项目铜奖、吉林省优秀志愿服务组织等累累硕果，是众多志愿者们汗水与爱心的结晶，志愿服务工作非一日之功，后来者更是任重而道远，肩挑前辈的成就与荣耀，怀揣自己的抱负与理想。

每位志愿者之于社会，无异于沧海一粟；但正是这无数的沧海一粟，才构成了波澜壮阔，才构成了川流不息；青春在志愿中开花，我们与年轻的志愿者们在未来的路上将会继续探索，开拓创新，将白求恩精神和志愿者精神继续传承发扬！

传承的不朽，光辉的序章

王彬，男，1990年6月出生，中共党员，硕士研究生学历，2016年9月参加工作，现任吉林大学临床医学院学生工作办公室辅导员，职称：助教。

连续两年参加学院"寻根之旅"唐县牛眼沟村志愿服务活动，并在日常工作中带领组织学生参加社区及医院志愿服务。不仅是志愿服务活动的组织者也是一名身体力行的践行者。

图7.10　王彬2017年唐县重走白求恩路照片

在确立这个主题时，我心中斗争了很久。因为这个主题似乎有些过于偏向志愿精神，但我认为，也正是这样，才会在万千志愿活动中升华出一种更为纯粹、更为炽热的白求恩志愿精神。

我将白求恩精神在志愿服务中的体现分为了三层境界。

第一层："纸上得来终觉浅，绝知此事要躬行。"第二层："华枝春满，天心月圆。"第三层："星星之火，足以燎原。"

在带队进行白求恩志愿服务的多项活动中，一方面，希望可以在活动中，让学生们更深一层地理解和体悟白求恩精神的内涵，另一方面，也希望这三层境界可以渗入学生日常生活中点滴，并在未来将这种精神继续传承下去。

"纸上得来终觉浅，绝知此事要躬行。"这一层，我定义为医学生精神塑造的基础。

"全心全意为人民服务"的白求恩精神是当今医疗卫生工作的根本宗旨。医务工作者也有三重境界。第一重叫治病救人，就是看好病人的疾病。第二重叫人文关怀，不仅看好病人的病，还有悲天悯人之心，对待病人要像对待亲人一样。第三重，那就是进入病人的灵魂，成为他们的精神支柱。

在志愿活动中，用知识去帮助他人，用良知来指导自己，最后，用爱与善尽全力温暖周围所有人。我想，这应该就是医学生们所需要的，一种志愿服务中的白求恩精神。

于一名医学生来讲，无论求学过程如何，最终都殊途同归：救治于人们，服务于社会。

每一名医学生，都是社会生态链的一环，是休戚相依的命运共同体。真正的

医疗需要发自内心的善意，也需要更真实的经验履历和心路历程。能够让医学生从实践体会精神，亲历每一次志愿后感动和真情，真正理解白求恩精神最深刻的精神内核：全心全意为人民服务，而不是凭借苍白的语言和枯燥的说教去传递白求恩精神，这也是志愿服务的意义所在。

这种实践经历以及所体悟的白求恩精神，不仅滋养着个体的健康幸福，也将涵育着中华民族的幸福之源。

"华枝春满，天心月圆。"这一层，我认为是志愿服务中的白求恩精神对医学生以及其未来的影响。

鲁迅先生说过："在人生的路上，将血一滴一滴地滴过去，以饲别人。虽自觉渐渐瘦弱，也以为快活。"人生如雪中鸿爪，可以清浅，可以深刻。于一名医学生来说，当我们选择去帮助别人，去践行白求恩精神，也不过是人生快哉一场。

有人说过，年轻人，漫长的人生路上一定要带着两样东西，理想和良心。在志愿活动中，看到自己的不足与差距，拥有对医学、对工作与技艺的执着追求；体悟社会中的人生百态，也拥有对他人困苦的悲悯和幸福的感动。这也是一种白求恩精神。

对于我们的医学生，社会寄予了极大期望。社会永远会为不懈执着于奋斗、热血于奉献的青年让路，或许未来前路坎坷，纵使一路凄风苦雨，医学生们也依旧会秉持白求恩精神去爱这片土地，因为他们相信阳光终将普照大地。

在志愿服务中，体会白求恩精神后，看到自己的精神变化，从而达到"华枝春满，天心月圆"的境界，也是志愿服务中白求恩精神的魅力与能量所在。

"星星之火，足以燎原。"这一层，我认为是医学生白求恩精神的传承以及其精神对整个社会的影响。

真正的医学，基石是全社会对爱的共识，是从内心深处生长发芽的真心和善意。是不能让畏惧，麻木，从众和随波逐流湮没的毫不利己、专门利人的使命感和责任感。这才是白求恩精神在志愿服务中最深刻的体现，也是我们的医学生在白求恩精神志愿活动中最宝贵的收获。

医学生们最终都会成为一名医务工作者，奋斗在救死扶伤的最前线。我希望医学生们，可以铭记那些无数个做志愿服务的日子，铭记白求恩精神并将它传承下去，积极乐观地对待这片充满希望的土地，继续保持对人民极端的热忱、对工作极端的负责任、对技术的精益求精，也继续怀有对人类苦难的悲悯，对社会的真情与爱。赋予白求恩精神以志愿情怀与时代生命，也赋予整个社会属于医务工作者的那份璀璨的光。

纵使力微，也要温暖足下方寸。

在这新的时代，我们依旧在亲历志愿服务，重申白求恩精神，只因它既凝聚于内在的德性，又延伸到无限的远方。志愿服务精神和白求恩精神在顽强地向外向上生长，激励医学生们秉持对人民的热忱，对工作的负责，对技术的精进，也让所有医学生，也就是未来的医务工作者们携手同行。

持烛光，以燎原，让吾国斯民，遥相守望。

大爱白医守望相助

杨晨，女，1989年7月出生，中共党员，学历：硕士研究生，2014年7月参加工作，现任吉林大学考古学院学生工作办公室主任，职称：讲师。

三年来，作为白求恩青年志愿者协会指导教师多次带领志愿者们参与社会实践与志愿服务活动，并在河北唐县、松原长岭、白山临江大栗子镇、吉林大学第一、第二医院都留下了我与白求恩青年志愿者们的足迹。活动中，我与志愿者们共同支

图7.11　杨晨带学生军训照片

医支教、走访调研、参与医疗志愿服务活动，在学习、传承白求恩精神的同时，传播了守望相助的正能量。

初次听到白求恩志愿者的名字是在中央电视台的新闻联播节目中。节目中记者采访了时任白求恩青年志愿者协会会长，她在其中分享了白求恩志愿者们坚持传承、践行白求恩精神的故事。当时的我还是一名在校研究生，毕业留校后因为对白求恩精神和志愿服务的向往，我来到了临床医学院担任一名思想政治教育辅导员。

记得第一次作为志愿者指导教师是带队前往医院开展门诊导诊志愿服务活动，活动前志愿者们努力熟悉医院科室分布与导诊流程，活动中志愿者们全心全意、不辞辛苦地服务患者，短短的半天时间他们累计接待问诊患者达600余人次。活动后，我召开例会与孩子们共同分享参与志愿服务活动的感受。期间让我印象最深刻的是会上孩子们纷纷拿出一份表格，上面记录了一年中自己参与的志愿服务次数和内容，页面密密麻麻如蝇头小楷，大家都嚷嚷着自己如何沿着白求恩的足迹又前进了一步。那时，我意识到了白求恩精神在这群白医传人心目中的重要性，对他们来说白求恩精神不仅仅是心中秉承的信念，更是医路中前行的动力。从那以后，只要有时间我就会带队参加社会实践与志愿服务活动。从医院到社区，从社区到小学，从小学到乡村，松原长岭、临江大栗子镇牛眼沟村都留下过我与他们的足迹。2015年，我与志愿者们来到他们心中的朝圣之地，白求恩精神的发源地——河北省唐

县。期间我们祭扫白求恩墓，参观白求恩纪念馆，支医支教，为当地的乡亲们带去了白求恩式的关怀。2016年、2017年，应吉林大学国际合作与交流处之托，我两次同志愿者们接待了来自台湾的医学营营员。几天的时间里，两岸医学生相互交流，学习临床技能，开展送诊导诊志愿服务活动。通过分享白求恩生平事迹、观看白求恩纪录片，同学们更是将传承白求恩精神的"春风"吹到了海峡对岸。

志愿者的经历让学生们用热情活力和医学专长力行白求恩精神，在支医支教中排忧济难，诠释了"毫不利己专门利人"的白求恩精神核心内涵。作为指导教师，我很幸运地看到了一个个未来医学界新星的成长之路，也更有幸地看到了志愿服务正在逐渐成为学生成长过程中的重要力量。信念引领脚步，希望在以后的工作中，我能继续带领志愿者以爱心和知识去帮助需要帮助的人，与志愿者们共同传播守望相助的正能量。

组织者是志愿服务工作的坚强后盾

刘丽，女，1980年11月出生，中共党员，硕士研究生，2003年7月参加工作，现任吉林大学公共卫生学院党委副书记兼副院长、纪委书记；职称：副教授。

爱，就像萧瑟寒冬中那一盆燃烧正旺的炭火，炎炎夏日里那一片葱茏树下的绿荫……爱是志愿者们用自己的光和热温暖着那些朴实、善良而又需要帮助的人。我们从不陌生于"志愿者"这个名字，他们"奉献、友爱、互助、进步"的志愿者精神使这个社会变得更加美好。

图7.12　刘丽唐县葛公村带队社会实践照片

作为一名志愿服务活动的组织者，在组织活动的过程中，如何让志愿者更好地理解"白求恩精神"、更好地传承"白求恩精神"，如何增强志愿服务的主动性、积极性和创造性，都是值得持续关注的问题。组织者是志愿者做好志愿服务工作的坚强后盾，组织者的思想引领和服务观念，将直接影响到志愿者在志愿服务活动中的表现。那么，如何将"白求恩精神"的实质内涵传播给活动参与者，引导他们在活动中传承和发扬"白求恩精神"、为"健康中国"助力，这便是我组织志愿服务活动的初衷。

很多志愿者对志愿服务活动怀着一颗真心，但是思想却只停留在浅层次的状态，认为志愿服务活动仅仅是服务和奉献，但怎样服务、如何奉献？志愿者们并不能很好地把握。那么这些内容就是值得活动组织者探索和指导的问题。只有不断加强对志愿者的培训、不断提高志愿者的志愿服务水平、不断强化志愿服务队伍和制度建设，吸引更多的白求恩志愿者产生一种关怀公共事务和促进社会公共利益的责任意识和行为态度，才能真正实现育人的作用，培养出"毫不利己，专门利人"的白求恩志愿者。

同时，志愿服务活动在唤醒和激活白求恩志愿者、医务人员的公共责任和公共精神方面也具有不容小觑的作用。在志愿服务的过程中，面对服务对象，白求恩志愿者和医务人员们的高度的社会责任感和传承"白求恩精神"的使命感被直接激发。从内心深处油然而生的爱心和良心，唤醒和激活了他们的职业意识。入学以来，这些未来的医务工作者就将"健康所系，性命相托"的医学生誓言谨记于心，在他们接受的教育中，"救死扶伤，大爱无疆""毫不利己，专门利人"的服务精神贯穿始终。那么作为一名医科学院的管理者、医学类志愿服务活动的组织者，要充分调动起他们的这种公共责任和公共精神，义诊服务、捐衣赠药、抗灾救灾、医疗咨询、导诊陪检、临终关怀……在这些以专业学科优势为前提的志愿服务活动中，积极引导志愿者们对病人及家属给予更多的尊重、对社会的公众伦理和规范予以更多的维护、对"健康中国"贡献出更多的青春力量。

刻骨铭心的经历，灵魂深处的洗礼，不同寻常的教育魅力

吴晓辉，女，1959年4月3日出生，中共党员，大学本科，1982年6月30日参加工作，现任吉林大学公共卫生学院2013级辅导员，职称：教授。入职30余年来，积极参与各类志愿服务活动，获得10余项相关荣誉，为志愿服务事业培养了大批的白求恩志愿者。

近几天接到医学部的工作任务，让辅导员们写一段社会实践的心语。勾起了我十七年前那段难忘的回忆。

图7.13 吴晓辉生活照片

刚刚改选上任的学生团总支书记刘江平，是一个朴实能干的山里孩子，当选了团总支书记后想一展才华，做出点成绩，由于找不到合适的工作切入点，找到我一起商量，决定利用暑期号召全年级同学就地就近开展一场社会实践活动（在当时，社会实践没有像现在这样被重视）。于是1999年暑

期，1～5年级的同学们开始了社会调查等实践活动。开学返校第一周，我们精心安排了一场实践成果报告会。会上，刘江平同学一份反映吕梁老区土地贫瘠，教育落后的调查报告及图像资料，震惊了在场所有的同学，许多孩子感动地流下了眼泪。这是一个不能、也不可错过的教育机会，于是我们当机立断，组建队伍。2000年暑期，我们由老校长钟文勤、公共卫生学院院长孙志伟、资产处副处长王子瑶和我四名老师及14名同学、吉大附中学生10人，组成了两只社会实践小分队，（自费）开赴了山西柳林县，这个被大山层层包围的山区，开始了为期11天的社会实践活动。

到了目的地，我们吉林大学一行人受到当地政府、村民的热烈欢迎。我们分别吃住在三个村子的老乡家里。白天到村民家走访，到中小学里报告、座谈、授课，用同学们捐赠的各类图书，帮助他们建立了图书阅览室。在村里开展义诊活动，诊治病人近百人，发放药品近万元。晚上与当地的村民共同举办晚会，好不热闹。尤其值得一提的是，在走访村民家时，我们发现：该地方不但教育观念落后，土地贫瘠，雨水缺乏，吃水困难，山里住的人基本靠积攒雨水代替饮用水。生活困难，平均一家一年能吃上二斤食用油。基本的经济来源是靠卖枣。由于交通不便，卖枣的成本相当高。学生的求学虽然只需两百到三百元，但由于家长们不支持，加上山路较远，路滑难行，危险较大，所以好多孩子放弃了学习。甘守清贫的日子不能自拔。见此情景，我们惊讶！学生们震撼、感慨，还有这么穷的地方，我们真是太幸福了。的确，正像习主席在十九大报告中讲的那样，由于发展不均衡，我们国家当时确实有个别地区经济拮据，教育滞后。此行，通过一系列的活动、走访、以及学生们的优秀表现，部分村民受到感染，落后的教育观念开始松动，换个活法、让孩子读书、走出大山成为他们的愿望。柳林县政府亲自率队来到吉林大学，面见校领导，共商联合办学之事。对于亲临现场和参与的学生们收获更是超出我们的想象，他们先是惊讶，然后落泪，最后奋起。学生们说："不比不知道，我们生活在蜜罐里，用不完的零花钱，享不尽的福，但从来不知道珍惜，不好好学习。现在我们知道了，我们再不能这样下去了，我们应该好好学习，节省零花钱来资助孩子们。"回到学校，学生们以个人、小组、团支部的名义与当地的学生开始了实质的交流，于是我的学生与当地学生一对一的帮扶从此拉开了帷幕。频频的书信往来，鼓励着大山里的孩子奋发学习，以少积多的资金支持传递着浓浓的爱。十几年后，我们看到了越来越多的山里孩子走出了大山，实现了自己的梦想。

这次吕梁老区之行，使所有参与者感到震撼，心灵受到了洗礼。参加这次实践活动的刘江平、张铁山、史金凤、雷翠萍等学生回校后更加刻苦学习，积极工作，成为学生中的骨干力量。这里还想特别一提的是，有一位北京籍的男同学，家庭生活十分富裕，整天吃吃喝喝、抽烟、打牌、学习不上心，不服管理，家长说不了，学校管不听。曾因旷课违纪被学校处分两次。但这一次，在同学们感召下，他也参加到这次活动中来，与当地一个小学5年级的同学结下了帮扶对子。他和同学说，那的人太困难了，三五百块钱就能让一个学生实现上学梦，我少喝两次酒，少抽两包烟，省点钱帮一个学生。说者似乎无心，只是因为用很少的钱就能做那么大的事，自己不费吹灰之力就能把事做了，所以做了这件事。然而通过与当地这个帮扶小对象书信沟通，我们发现他变了，首先是喝酒的次数减少了，也见不到他打牌了。生活中经常和同学们说，原来我真的不信有那么多的人还上不起学，有那么穷的地方，一年的花销那么可怜，咱们真幸福，真得好好学呀。打这以后，在同学中，我们再看不到过去那个无所事事的小公子哥了。他开始收敛自己，积极参加学校组织的活动，努力学习，最后顺利毕业。这就是这次社会实践内化了学生的心灵，也正是通过这个窗口，让学生真切地了解社会，感受到了自己的优越而幸福，改变了人生。

吕梁老区的社会实践活动持续了五年，参加的人数近六百人，后来由于路途遥远，费用太多和安全等问题没能继续。

传播守望相助的正能量，弘扬崇德向善的好风尚

苏国范，男，1981年11月出生，中共党员，硕士研究生学历，2011年6月参加工作，现任公共卫生学院学生工作办公室主任，职称：讲师。多次组织参加河北唐县重走白求恩路主题社会实践、红十宣誓、学习宣传白求恩精神主题团日等学习实践活动，曾获吉林大学"三下乡"优秀指导教师、长春市社会实践先进个人，吉林省优秀志愿者等荣誉。

图7.14　苏国范唐县葛公村支教照片

时光流转，在吉林大学白求恩医学部公共卫生学院工作近七载，担任学院多个年级辅导员并负责学院团委工作。在此期间，本人多次参与白求恩精神学习讲座及相关活动，三次到河北唐县葛公村开展重走白求恩路的主题实践和调研，组织开展了长春市中心血站志愿服务、残疾人康复中心助残、爱残主题实践等志愿服务和社会实践活。活动中，志愿者们始终秉持白求恩精神，传播守望相助的正能量，弘扬崇德向善的好风尚，得到了师生的一致好评。

在组织和参与志愿服务活动的过程中，能够深深地感受到白求恩精神、志愿服务精神在学生成长、发展的灵魂熏陶和人格塑造过程中发挥着不可替代的作用。在长春市中心血站志愿服务过程中，志愿者们能够利用空闲时间和假期在长春市的两个献血屋进行志愿服务，对献血者进行护理和提供必要的帮助，在此过程中，志愿

者能够感受到无偿献血者的高尚人格和社会爱心，对医学生的医德情怀进行潜移默化的熏陶和教育。在河北唐县葛公村重走白求恩路主题实践中，数十名志愿者不畏辛苦、不惧高温，主动参与当地学生的支教、支医等活动，在此过程中，志愿者们通过参观唐县白求恩纪念馆、祭扫军城镇白求恩墓、到访牛眼沟白求恩希望小学、参观葛公村白求恩学校等白求恩同志战斗工作的足迹，深深地为白求恩同志的高尚品格和无私精神所折服，使志愿者的灵魂和境界得到升华和提高，河北唐县也成为白求恩医学部学子寻根朝圣的圣殿，越来越多的学生希望参与到活动中来。在日常的学习活动中，以学习、弘扬白求恩精神为指导，通过主题团日、红烛宣誓、白求恩精神志愿服务周等活动形式，扩大白求恩精神活动影响力和学生参与度，让更多的学子参与到白求恩精神的学习和传承中来，提高学生对白求恩精神的认知，通过志愿服务等形式将白求恩精神逐步内化为个人的精神品质。

白求恩精神在战火淬炼洗礼中诞生，经过八十余年的凝练升华，"满腔热忱、精益求精"的高尚品格已经深深地刻在了白医人的心里，秉承白求恩精神，以志愿服务和社会实践为依托，将青春与热血挥洒在祖国医疗卫生事业上，将激情与汗水贡献在健康中国的伟业上，践行弘扬白求恩精神和志愿服务精神，我们一直在路上。

做白求恩式的青年志愿者

郭倩君，女，1989年8月出生，中共党员，硕士研究生学历，2012年7月参加工作，现任公共卫生学院辅导员，职称：讲师。

2016年吉林大学"志愿服务先进个人"荣誉称号。

志愿服务是实践育人的重要途径，实践育人的内涵在志愿服务中得以延伸和发展。为了能够帮助同学们搭建一个平台，让他们不仅仅只是用华丽的语言文字去表

图7.15　郭倩君生活照片

达对白求恩精神的领悟，而是在生活中真正地践行白求恩精神，我曾多次组织同学们开展白求恩志愿服务活动。希望同学们能够在志愿服务的过程中与白求恩同志形成思想上的共识，在以后的学习、生活和工作中成为一名合格的白求恩式青年志愿者。

白求恩精神是医疗行业的志愿者精神，是医务工作者志愿服务理念的灵魂。以

"奉献、友爱、互助、进步"为核心的志愿服务精神与白求恩精神是有极大的共通之处的。在多次的志愿服务活动过程中，我也从同学们的行动中看到了白求恩精神对他们的影响。

印象最深的是在乐山镇长兴小学的志愿活动中，我亲眼看见他们如同对待自己的弟弟妹妹一般，与山区的小学生们交流，试图走进他们那小小的世界，发现他们身上的闪光点；他们细心地照顾着那些农村里的孩子们，有时站在破旧的书桌旁弯下腰为他们耐心地辅导功课，有时认真地听着孩子们和他们分享身边有趣的故事，一起露出灿烂的笑容；还手把手地教他们基本的自我保护方法。在志愿活动中，志愿者们跨越贫富差距，不仅给农村的孩子们带去物质方面的援助，更让孩子们感受到来自亲人般的关怀，在心底里埋下了向善的种子。我也相信在他们的帮助下，这些孩子将来也会努力做一个高尚的、纯粹的、有道德的、脱离了低级趣味的、有益于人民的人，并且将这向上向善的正能量传递下去。当代的白求恩精神在志愿者们的无私奉献、对待小朋友的友爱平等、自身道德素养的提升中得以践行。

白求恩志愿者的经历对医学生的成长是极其重要的。作为一名肩负健康所系性命相托使命的医学生来说，医学专业知识必然重要，它关系到患者的生命健康，是成为一名合格的医务人员的基础，但拥有如同白求恩先生一般不利己专门利人、无私奉献的精神，发挥公共责任是成为一名优秀的医务人员的前提。而志愿服务活动使他们丰富生活体验，亲身体验社会的人和事，加深对社会的认识，更能切身地感受到自己肩上的责任与担当，有利于促进大学生核心价值观的形成，激发大学生强烈的社会责任感和使命感。

十九大报告中总书记提出的"人民健康是国家强盛和民族富强的重要指标"为当代医学生树立了新的目标。为了让学生们在践行的过程中体会白求恩精神的精髓，更好地成长、成才，我们应该更多地强调白求恩精神在志愿服务中的现代意义，应该将白求恩精神作为志愿服务活动的核心，为大学生们提供更多的实践机会。我相信青年志愿者们也一定能够努力践行白求恩精神，把个人梦融入伟大的中国梦，为国家的医疗事业、国民的身体健康不懈奋斗，以青春和理想谱写信仰之歌。

志愿，奉献，我们在路上

霍睿，女，1990年7月25日出生，中共党员，硕士研究生学历，2016年9月参加工作，现任吉林大学公共卫生学院2016级辅导员，职称：助教。入职以来，积极参与"关爱白血病儿童"等志愿服务活动，获得吉林大学七十周年校庆"志愿服务先进个人"、2017年吉林大学暑期"三下乡"社会实践"优秀指导教师"等荣誉。

作为一名初入职场的新人，我非常有幸成为一名白求恩志愿者，将爱心和温暖传递给更多需要帮助的人。我积极参与、组织各项志愿服务活动，身体力行，躬身实践，在"关爱白求恩儿童""发放红丝带""重走白求恩路"等志愿服务活动中，努力传播正能量、努力践行"白求恩精神"、努力呼吁更多的白求恩志愿者加入志愿服务活动，将光和热播撒到更多需要的地方，真诚地感动更多需要关怀的心灵。

图7.16　霍睿2017年唐县葛公村支教照片

还是学生的时候，我就把志愿服务活动作为大学生活的一项重要内容，并因此获得了多项"优秀志愿者"荣誉。在第七届"挑战杯"一汽大众中国大学生创业计划竞赛总决赛组委会担任志愿者，从接听电话到整理文件，志愿服务让我认识到了奉献的快乐；在第十届台湾学生"北国风情冬令营"中做志愿者，带领台湾大学、台湾新竹交通大学等台湾地区高校学子感受东北地区风土人情、介绍母校及大陆发展，志愿服务让我感受到了真诚的心灵；到敬老院陪老人们聊天、表演节目、给爷爷奶奶们包饺子；在吉林大学校庆七十周年之际，被抽调到校庆接待组做志愿者，圆满完成接待省属院校领导的任务……每一次的志愿服务，都让我体会到了"毫不利己、专门利人"的魅力和"奉献、友爱、互助、进步"的内涵。

2017年暑假，于我而言，是与众不同的一个夏天，太多感人至深的瞬间、太多沁人心脾的故事，在这里生根、发芽、结果、溯源，凝结成"白求恩精神"的不灭火种，薪火相传……吉林大学白求恩医学部组织的"贯彻落实全国思政会议精神，重走白求恩路"暑期"三下乡"社会实践活动，使我重新认识了志愿服务的意义，让我重新领悟了什么是"白求恩精神"。跟随着公共卫生学院社会实践小分队的脚步，我们来到了河北省唐县葛公村，开启了"重走白求恩路"的征程，将支教、义诊服务送到百姓心间。我们永远不会忘记，少数民族志愿者因饮食习惯不同，在他人用餐的时候，默默啃着面包、咬着咸菜，内心却依然坚定地想着奉献，从无抱怨；我们永远不会忘记，40℃高温的河北，每一名志愿者汗流浃背的时候，依然在操场上、在教室里为孩子们讲授着精心准备的支教课程，依然为葛公村希望小学60余名同学进行着青少年智力体质健康检测，从不偷懒；我们永远不会忘记，夜深人静的时候，志愿者们躺在搭建在课桌之上的硬床板上面，身上被蚊子咬上十几个大包，心中想的、嘴里念的，依然是如何点亮这些孩子们心中的灯塔、如何引领他们走出落后和闭塞的村庄、如何帮助他们在短暂的时间内更多地接触外面的世界；我们永远不会忘记，吉大一院医疗队的医护人员为葛公村当地100余位村民开展医疗咨询服务时，参观晋察冀军区烈士陵园、白求恩故居、白求恩学校旧址、白求恩柯棣华纪念馆等红色革命遗址时，志愿者们内心的向往与激动，他们看到了什么是"白求恩精神"，他们感受到了什么是"白求恩精神"，他们真正体会到了什么是"白求恩精神"。

书本上的知识再丰富，都不如亲身感受来得更加真实；奉献的意愿再强烈，都不如亲身参与志愿服务实践来得更加直接。志愿服务的过程中，志愿者们亲力亲为，唱出知识的和谐音符，绘出智慧的美丽彩虹，谱出奉献的动人诗篇，把专业之所长良好地运用到实践中，为"毫不利己、专门利人"的"白求恩精神"注入了永恒的新鲜血液，赋予了崭新的时代内涵。志愿，奉献，我们一直在路上，不忘初心，牢记使命，脚步不停，青春无悔……

在志愿服务中坚定成长，在坚守传承中砥砺前行

夏立峰，男，1982年5月出生，中共党员，本科学历，2003年7月参加工作，现任吉林大学药学院党委副书记兼副院长、纪委书记，职称：副教授。

2016年、2017年组织学生志愿服务队赴河北唐县参加了重走白求恩路志愿服务活动。活动地点在白求恩同志牺牲地唐县黄石口村，志愿服务队利用暑假时间义务为黄石口中心校的各年级学生义务授课，

图7.17 夏立峰带队长春空港新区社会实践照片

用捐赠文体用品、书刊等方式为山区学生传授知识；配合我校临床医院的医疗队为村民义诊送药，通过广播、传单等方式进行日常用药宣传，用实际行动践行白求恩精神。

组织、参加白求恩志愿服务活动多年，尤其是每次在河北唐县的志愿服务活动回来，都会被白求恩精神感动、触动。通过学生们的成长与变化，我也深刻地体会到志愿服务精神的力量和医学生的责任。正如当年的白求恩大夫，他用真诚的爱心与互助的精神，诠释了伟大的国际主义、共产主义精神；毫不利己、专门利人的无私奉献精神；对工作极端热忱、精益求精的精神。在当下物质繁荣、医患关系相对紧张的社会背景下，白求恩精神的深植与传承，需要经过社会建设长期的积累和每一个人真诚的自我教育，学校将实践育人与教学育人相结合，为学生们开拓用武之地，让大家用自己的所学服务别人的需求，在志愿服务过程中受教育、做贡献、长才干，实现了志愿服务活动的专业化、效能化，对白求恩精神和志愿服务精神有所感悟，有所担当，做当代白求恩精神的践行者。

用白求恩精神塑造白求恩传人，发挥志愿服务的育人作用。爱和责任是医学

生的灵魂，医护人员大爱、奉献、责任等职业道德要求，与弘扬"奉献、友爱、互助、进步"的志愿精神具有很强的一致性。医学生深入到志愿服务中，了解病患的痛苦，增强从事医学相关行业的使命感、责任感和价值感，奉献意识和大爱精神显著增强。通过志愿服务活动，能够为学生们心中点燃一盏明灯，帮助他们发掘心中的良善，集中能力于事业，找到自己的栖心之所，激发他们救死扶伤、服务社会、报效祖国的青春责任和内在动力，真正享受生活带来的快乐与幸福。

传承白求恩精神，用志愿服务对接应用型人才培养。应用型医学人才是指高度适应医疗卫生事业发展需要和自身发展需要，以高尚的职业道德、较高的实践技能、专业能力、综合素质服务地方的医疗卫生人才。药学相关专业学生教育应该从培养定位和专业特色出发，设计与专业紧密结合的志愿服务，引导专业志愿服务向"学习化"转变，倡导志愿者在服务中学习、服务中成长，培养终身学习意识和学习能力。促使大学生正确认知自我，科学管理时间和情绪，提高学习能力，促进"志愿服务—品格塑造—专业学习—医德教育"的多赢效应，有利于学生构建合理的专业知识结构，提高实践能力，培养钻研能力。

通过专业化的志愿服务活动弘扬和传承白求恩精神，坚持把立德树人作为中心环节，把思想政治工作贯穿教育教学全过程，努力培养中国特色社会主义事业合格建设者和可靠接班人，让学生健康成长、优质成才。我想，这应该是我们思政工作最根本的出发点和最重要的落脚点。

志愿服务是一种责任

李岩，女，1976年12月出生，中共党员，学历：本科，2000年7月参加工作，现任吉林大学药学院学生工作办公室学办主任，职称，讲师。

自从事辅导员工作以来，每年都参加学院的志愿活动，有亲自设计组织的，有与学校、学院联合组织的，有丰富的志愿服务经历。曾荣获吉林大学2013年度、2014年度优秀辅导员称号。

作为辅导员我参加过无数次志愿服务，有学生和老师共同参加的，有学生自己组织的，每一次都带着兴奋、期盼、自豪感前去做活动，每一次也都带着感动、留恋、怀念的心情回来。陌生人之间通过帮助、通过给予、通过交流，建立起信任的关

图7.18　李岩唐县白求恩纪念馆门前照片

系，又将这种关系延续下来，彼此珍视这种关系，并把这种关系传承下去。这是一种珍贵的情感，也是让社会更加和谐温暖的一种情感。所以，我一直认为，志愿服务者一定要从心里去接受、参与，而不能仅仅为了参加、获得分数去参与，不论是设计活动还是参加活动，不走心不如不做。

医学生的志愿服务，每次活动都离不开医药活动、送医送药活动，对于当今社会的医疗体制来讲，这的确是利民的好活动，特别是针对医药条件不完备的农村，很受欢迎。而且医学生通过这样的活动，也可以得到成长。虽说大多数医学生毕业后会想要留在大城市、大医院，这样不仅待遇有保证，自己也能得到很快成长。可真正急需人才的基层现在仍是基础设施差人才缺失的状况，没有这些志愿服务，学生们有时想不到这些方面，有时候不想去面对这些问题，也体会不到自己身上的责任。我经常对学生说这样的话："即使以后你不去这样的地方工作，但希望你有能力改变或者帮助这些地方人们的时候，你会记得当时的感受，尽自己能力去做一点事情。"

参加多了这样的活动，我自己有些感悟想借此交流一下。一是志愿活动的机构仍然不完善，如果在各个基层都有相对应的志愿服务对接单位，在做活动时会更加接地气、更加有针对性、更加有效果。现在在大的城市、单位、机构里，有专门的团委负责这项工作，对接起来很顺畅，但越是像农村、偏远一点的地方，越缺少这种机构，很多时候没经过事先详细的沟通、了解，活动开展起来效果不好，你服务的不是当地需要的，有脱节。二是志愿活动的内容有时流于表面，一些活动延续不下去，只一次性地走走过场，没有解决实际问题。比如医疗服务，这本是一项很好的服务，但由于其专业性过强，不是所有人都能参与，而且对于一个地区，它的人口结构状况、发病情况、原因分析，不经过长期的坚持和调研是没办法真正对这个地区的医疗卫生状况进行改善的，而往往大医院的医生分不出时间来细致地去做这些工作，所以效果往往只是一次的。三是志愿活动的参与者，他们是活动最主要的部分，他们的心理、行为，最终决定志愿服务的效果。如果志愿者设计、参加活动是抱着得过且过的想法去的，受助者是接收不到任何真诚的信息的，这样的活动毫无意义。其实志愿活动没有多么伟大，也许你为环卫工人送一杯温水，就能换来一句真诚的感谢，也许你帮助交警维持一下秩序，就能得到一个充满尊敬的回礼，也许你帮忙碌的医生叮嘱几句患者，就能换来充满感激的微笑，志愿服务不在多么轰轰烈烈，只在乎你是否用心发现别人的需要和期待。

志愿服务是一种精神，是一种责任，它不应该是你一时兴起的所为，而是你有时间、有精力时自发主动地去完成的一种习惯。我相信，当你形成这种习惯时，你会体会到开心、温暖、慰藉、感恩，而当所有人都形成这种习惯时，我相信我们的社会将更加和谐美好。

志愿者的星星之火

宋原蕾，女，1991年2月出生，中共党员，学历：本科，参加工作时间：2014 年 7月，现任吉林大学药学院辅导员，职称：助教。

主要志愿服务经历：3·15志愿打击假药宣传；聋儿学校志愿服务；九九重阳夕阳红敬老院志愿服务；松江河镇安全用药志愿宣传；资助山区贫困儿童。

组织志愿活动是传递爱心、传播文明、汇聚社会暖流的一项有意义的行为，

图7.19　宋原蕾净月颐康医养中心社会实践照片

有利于建立和谐社会，加强人与人之间的交流和关怀。我的初衷便是通过这些志愿活动，做些能够积极传递正能量的事，不仅让同学们深入社会，了解社会各类人群的生活困境，切实为受助者提供帮助，也让自己心灵得到洗礼，帮助更多需要帮助的人，进而为学院成立一支代表着博爱、善良、奉献、责任的队伍。因为一直没有做过志愿团队，所以都是在凭借自己基于曾经参加别的志愿团队的活动时的一些见闻以及相关知识的了解上去运作。主要体现在志愿者招募、管理；公益活动的思路、方向、深度等方面；与其他公益机构合作。通过一段时间的摸索，顺利组织了多项志愿活动，如"九九重阳夕阳红""聋儿学校"等。

最让我有感触的是资助了一名贫困地区儿童。无意间在网上发现的上学求助，一个上小学三年级的孩子，父亲早逝，母亲带着他和哥哥，在山区艰难地生活着。孩子在电话里，用稚嫩的声音对我说着谢谢。一个人的未来，因为我的资助，有了曙光。我深感肩上的责任更重了。在团队的活动中，我也深受感动。在九九重阳夕阳红活动中，我们看到了古稀之年坐轮椅的老人，看到了年过90的耄耋退休老医生，他们的眼中充满了对现状无力改变的无奈。我们借着重阳节，为老人们精心准备了很多节目，一首首红歌，仿佛回到了过去，无不动容落泪。

白求恩精神就是伟大的国际主义、共产主义精神；就是毫不利己、专门利人的无私奉献精神；就是对工作极端热忱、精益求精的精神。白求恩精神对一名医学生的成长有着非凡的意义。白求恩对自己工作的坚持不懈、认真负责的态度，在医学生成长学习过程中必不可少的，这种精神将在指引医学生成为医生的道路上起到无可比拟的作用。

医务人员作为医疗行业的重要参与者之一，应主动承担起医务人员的公共责任，包括职责责任、道德责任以及法律责任，切实保证病人个体的疾患和社会的公共卫生安全，与此同时医务人员应当具有公共精神，主动关怀公共事务，促进社会公共利益。只有当医务工作者承担起公共责任，发挥公共精神时，我们的医疗卫生环境才能逐步向好发展，医患关系才能向和谐的方向逐步改善。我们常说"医者仁心"不仅仅是体现在运用自己所学知识开展本身岗位的医疗工作，更要求我们拥有"大爱"情怀，我们组织志愿活动目的亦如此，希望能从小小的志愿活动为起点，让同学们感受到一份简单的爱对于社会有着怎样的作用，只有自己体验过爱的过程，才会明白爱的力量，希望通过活动能点燃他们心中对于爱的火光，培养他们学会去领悟作为一个医务者所应具备的公共精神，相信这将对他们以后的医务工作的开展意义重大。

不忘初心追寻足迹，牢记使命传承精神

葛宗梅，女，1977年12月出生，中共党员，硕士研究生，2005年10月参加工作，现任吉林大学护理学院党委副书记兼副院长、纪委书记、工会主席、妇委会主任，讲师。多年来注重发挥志愿服务的育人作用，提升大学生"立足校园、奉献社会"的服务意识和奉献精神。曾获得吉林大学"十佳辅导员"、"优秀共产党员"、"管理育人"先进个人、"优秀党务工作者"、长春市"优秀学生管理个人"等荣誉称号。

图7.20　葛宗梅2018年唐县葛公村重走白求恩路照片

中华民族有着五千多年的悠久历史和优秀传统文化，从"乐善好施""扶危济困"的传统美德，到"助人为乐"的雷锋精神，都传递出一种奉献、友爱、互助、进步的志愿精神。组织青年学生开展志愿服务活动，是培育和践行社会主义核心价值观的有力抓手，是培养有理想、有担当青年学子的有效途径，是深化群众性精神文明创建活动的生动实践。通过参与志愿服务，学生们能够用自己的知识和力量，传递爱心、帮助他人、服务社会，能够增强学生的社会责任意识、规则意识、奉献意识。同时，赠人玫瑰、手有余香，作为一名志愿者，在助人的同时，也是自身不断发展、不断提高、不断完善的过程，志愿者能够从中学会与人沟通，学会关爱他

人，在实践中增长才干、扩展视野、学会担当、明确方向。

因为工作调动，我是从2018年1月才来到护理学院工作，才开始接触医学生。这一年，我组织和带领学生志愿者走进长春市光机社区开展社区志愿服务活动，到长春市社会福利院慰问、关爱孤寡老人。当看到学生们身穿白衣、头戴燕尾帽，为居民和患病老人测量血压，细细叮嘱，看到老人握着他们的手表示感谢的时候，我为这群"白衣天使"感到骄傲和自豪。

2018年暑假，我第一次参加了医学部组织的"贯彻落实十九大精神，重走白求恩路"主题活动，和李亚琴、常方圆老师一起带领11名学生志愿者远赴河北保定顺平县神南镇向明村首汽燎原希望小学，开始了为期9天的寻根之旅和志愿服务活动。向明村附近是白求恩巡诊次数最多、居住时间最长的地方，著名的梯子沟突围遗址、白求恩学校学子遇难遗址，军区卫生部及所属后方医院遗址，冀中军区供给部所属兵工厂遗址都在此地。我们由此出发，沿着白求恩同志留下的历史足迹，参观白求恩学校旧址、白求恩墓、吉林大学白求恩医学纪念馆、白求恩柯棣华纪念馆、石家庄市华北烈士陵园等地，感受着白求恩同志的伟大精神，感受着吉林大学白求恩医学部的前世今生。"重走白求恩路"对于我和每一位白医学子来说，都是一次神圣、光荣的历程、难忘的追忆，我们有义务、有责任将白求恩精神代代相传，薪火不灭。

经历了白求恩精神的洗礼，带着这份初心和使命，在首汽燎原希望小学的支教过程中，志愿者们本着精益求精的精神，一次次执着地讨论教案，一次次不厌其烦地修改与调整，为的是每次授课质量的提高，为的是给孩子们带来最好的知识，为的是伟大白求恩精神的传承。在到向明村入户走访中，我们不顾酷暑炎热和雨后泥泞艰难的山路，向村民宣传讲解健康的生活习惯、疾病的预防及治疗知识，鼓励当地村民爱护身体，珍惜健康。在吉大中日联谊医院的医疗队来村里义诊时，志愿者们身着护士服，根据村民主诉症状，结合所学护理学知识，耐心细致地对村民进行分诊，协助医生做血压测量、B超检查、分发药品。村里孩子们对知识的渴求，村民对医护人员的强烈需求，都使志愿者深感责任重大。

传承——爱的接力

李亚琴，女，1963年4月出生，中共党员，学历：大学本科，1986年6月参加工作，现任吉林大学护理学院学生工作办公室主任，职称：教授。

参加志愿服务活动简况：1985年5月开始经常到长春市同光社区慰问孤寡老人；1999年5月开始，与长春市社会福利院建立关系，每年都带领学生慰问福利院的孤寡老人、孤儿，坚持服务至今；2006年5月学院成立"天使志愿者协会"，坚持带领志愿者开展志愿服务活动。本人连续三年带领志愿服务团队到河北省顺平县神南镇向明村支教、健康宣传，配合医疗队义诊等。

相关荣誉：曾获"优秀志愿活动组织者"荣誉称号；团队曾获"吉林省优秀志愿服务组织""长春市优秀志愿服务组织""长春市巾帼志愿服务组织"等荣誉称号。

图7.21　李亚琴2017年唐县重走白求恩路社会实践照片

我从事教育工作已经三十余载，志愿服务是我一直坚守的公益行为和育人形式。志愿，意味着奉献与付出，意味着仁爱与善良，意味着互助和进步。"毫不利己，专门利人""无私奉献，精益求精"，这些精神都因为志愿实践而变得鲜活可见。

慰问孤寡老人，关爱残障儿童，开展精准扶贫，进行支教义诊，每一次的志愿经历对于我和学生们而言，都是人生中最宝贵的经历，都会带给我不一样的感动。

从2016年暑期开始，我带领学院志愿服务队，在河北唐县开展"重走白求恩路"寻根之旅社会实践活动。烈日炎炎，顶着40℃的高温，没有空调，没有风扇，学生们汗流浃背，却没有任何人说辛苦。白银坨、葛公村、向明村、黄石口村学生们一路追寻着白求恩同志的足迹，深入体会白求恩精神的内涵。白求恩精神是中国乃至全世界医务工作者的宝贵财富，作为一名师者，看着学生们虔诚朝圣，传承医者之魂，这种震撼和触动是无以言表的。

在首汽燎原小学，志愿者们初为人师，和孩子们朝夕相处，为大山深处的孩子带来温暖和希望。站在院子里，听着他们朗朗的读书声，看着他们在不大的院子里奔跑玩耍，我真真切切感受到了传承的力量。我还记得有一个小男孩，是留守儿童，因为脑袋比较大，孩子们都叫他大头。起初的时候，"大头"很抗拒大家，性格较为孤僻，会对靠近他的人大打出手。看到这种情况，一名志愿者每天都陪在"大头"的身边，即使会被打，甚至被要求吃草，也没有放弃。只有短短几天，我看到"大头"竟然拿着纸板帮旁边的志愿者扇风，会跟不小心碰到的人说对不起。我惊讶于"大头"的改变，更为我的学生感到骄傲。他们受到白求恩精神的感召，不远千里走进大山深处，用他们的爱心和耐心，引导这里的孩子树立正确的三观，将社会的正能量灌注进这崇山峻岭。

向明村义诊，学生们协助医疗队，做好义诊工作。看着学生细心地为村民们讲解药物的使用方法，看着学生认真地为村民测量生命体征，看着学生们一个个都汗如雨下却热情高涨，干劲十足，那一刻，我感慨万千。我知道我的学生们做到了，他们做到了身为白求恩传人应尽的社会责任和义务。分别之际，所有人都依依不舍，站在半山腰上，好像还能看到孩子们站在路口等待志愿者们上课的身影，还能听到老人家夸赞这孩子多好的声音。

志愿服务，它的意义和影响是深远的。对于师者而言，我们更深刻地理解了捧着一颗心来，不带半根草去的内涵；对于学生志愿者而言，他们明白了春蚕到死丝方尽，蜡炬成灰泪始干的奉献，懂得了白求恩同志伟大的国际主义、共产主义的大爱；对于社会中被帮助的人而言，他们能感受到社会的温暖和温情，并且能将这份温情传递给更多的人；对于我们的社会而言，正能量，真善美传承传递，是为实现我们伟大复兴的中国梦助力。

身为白求恩精神的传承者，作为培养国家医疗卫生人才的师者，这么多年来，我一直坚持志愿服务的育人形式。通过志愿服务的实践活动，学生们将仁爱奉献的正能量传递到社会的每个角落。一个人的力量是有限的，中国亿万人的力量是无穷的。用我们的身体力行去影响和带动更多的人，将白求恩精神，将人道、博爱、奉献、友爱的精神传承接力。

志愿者之歌

武百春，男，1964年2月出生，中共党员。经济法学大学本科，1987年参加工作。现任吉林大学口腔医学院党委副书记、纪委书记、副院长、研究员。国家二级就业指导师，中级人力资源管理师，GCDF（全球职业规划师），吉林省健康管理学会顾问，吉林大学白求恩精神青年研究会顾问，吉林省生命关怀协会副会长。代表作有：吉林大学口腔医院院歌《精美赋爱》词作，吉林大学第二医院院歌词作，《白求恩之歌》词作，中国浦东干部管理学院之歌《星光无限育才有成》作者，吉林省健康管理学会会歌《健康的纽带和桥梁》词作，诗歌情景剧《医患之声圣洁礼赞》作者。

图7.22　武百春工作照片

乳燕衔泥，筑巢展振翅膀
嫩柳发芽，泛绿沐浴春光
你来啦，
英俊少年，血气方刚，

他来啦，

慈祥老者，青丝染霜

不分老少，不分男女哟

志愿者的名字写在灿烂的脸庞

热血澎湃，心愿托起梦想

笑容恬静，行动传递希望

一滴水，

穿石汇渠，折射光芒

一棵苗，

群木成林，绿荫拓荒

不为名利，不图回报哟

志愿者的实践塑铸着奉献的高尚

高声呐喊，责任迸发力量

紫气盈升，爱心彰显荣光

心连心，

帮困济难，编织善良

手拉手，

构建和谐，通衢小康

不论能力，不论方式哟

志愿者的精神传承着薪火的冀望

牛眼沟村的变迁

苑锐，男，汉族，1972年3月出生。学历：医学学士、文学硕士，职称：教授。现任吉林大学口腔医院行政副院长，曾任吉林大学白求恩医学院党委副书记兼副院长、吉林大学临床医学院党委副书记兼副院长。2009年重建白求恩青年志愿者协会，并组织唐县牛眼沟村社会实践活动；2010年倡导门诊义工活动，经中央电视台新闻联播报道后，被全面推广；2009年起先后组织学生赴台东县延平乡、东丰县杨木林镇、临江市大栗子镇、松原市大洼镇、长春市乐山镇及长春市市内的七个街道开展社会实践活动，有效地帮助医学生认识了社会，增长了才干。

2017年7月，又一批吉大医学生来到了牛眼沟村。42℃的高温已经不能奈何他们，因为可以躲进有空调的教室和小朋友们一起遨游知识的海洋。他们也不用再奢望"带冰碴的可乐"了，因为他们的到来激活了村里的唯一的小卖店，可乐不限量，"冰碴"不难事儿。他们可以肆意地在朋友圈发状态、点赞，而不用爬到山顶上去捕捉微弱的移动信号。更便捷的是高铁已经直通保定，不必再在北京站换乘挤成沙丁鱼罐头似的小面包车了。他们可以早八点在长春的新疆街得意地咬煎饼果子，晚八点到唐县的军城镇忘形地啃驴肉火烧……九年了，太行山中这座小村落见证白求恩的后人们寻根的足迹，更见证了一个时代的变迁。

图7.23　苑锐唐县社会实践照片

2009年，老白校成立70周年之际，我受命带学生到河北唐县军城镇白求恩墓祭扫。离"家"日久的孩子们对"家"是陌生的，但家里人是热情的。从牛眼沟村到葛公村一路走来，我们感到冥冥之中有一种情感在召唤！

牛眼沟村是横卧在太行山深处的小山村，因形如牛眼而得名。因伟大的国际主义战士白求恩在此参与创建了晋察冀军区卫生学校而永载中国革命的史册。牛眼沟村的大多数老房舍都住过当年卫生学校的学员，还保留着晋察冀军区卫生学校的旧址。白求恩牺牲后，晋察冀军区卫生学校更命名为白求恩学校，长期驻扎在葛公村。再后来，学校一路向北，发展壮大。但无论如何发展，牛眼沟村依旧是白校的根，依旧是可以让无数白校学子感动到落泪。2002年，白校的学子在此捐建了白求恩希望小学，这里也就成为了吉大医学生社会实践的大本营。

2010年，学院派出辅导员吴剑锋和专业教师张纪周带领十名学生奔赴牛眼沟村。首支"寻根之旅"小分队面临着交通不便、通信不灵、物质短缺、交流不畅（方言）等问题，"带冰碴的可乐"成为他们的最大奢望……活动结束后，张滨同学用"带冰碴的可乐"故事，感动许多人，包括加拿大宏利公司的代表（该公司后来设立了为期五年的唐县支教金）。从此之后，每年暑期都有"白求恩的孩子"回到自己"梦里老家"，他们在这里朝圣，洗涤心灵，见证村里孩子们的成长，见证村庄的变迁。

2011年夏，辅导员夏燕来与专业教师刘海岩带领学生再赴牛眼沟，并与唐县签订共建合作的协议。2012年，辅导员魏宇航带领学生采访了曾经被白求恩医过病的崔贵英老奶奶，这也是后来我们创作话剧《离开白求恩的日子》的原型之一。2013年，辅导员秦雪带队与村小的孩子们结对子。2014年，辅导员刘晓贺与专业教师祁宝昌带队，院党委书记屈英和亲自助阵，村小的第一个电脑教室在社会捐助中建成。2015年，实践小队由辅导员魏宇航、杨晨，专业教师刘伟、祝金明、刘亚东带队。校党委书记杨振斌等领导来到牛眼沟村，杨振斌书记指出，"让唐县这块英雄的土地，白求恩精神的摇篮，成为吉大学子的朝圣之地"。2016年，社会实践的队伍兵分两路，一路由辅导员魏宇航、王彬带领先期到村里建设"吉林大学白求恩医学纪念馆（唐县分馆）"；另一路由高成伟老师和辅导员张帆带领"离开白求恩的日子"剧组长途跋涉，一路巡演。最后双方在牛眼沟村白求恩希望小学会师。此时，由学校的四所附属医院捐资重修的白求恩希望小学正式落成，杨振斌等领导参加了落成仪式。这一年，更多的领导、学生来到保定重走白求恩路。"寻根之旅"的范围也扩大到老白校所在地葛公村、白求恩遇难地黄石口村、晋察冀军区司令部所在地和家庄村、白校学子遇难地向明村等具有红色传统的村落。这一年，学校的四所附属医院也派出了医疗队在各村巡诊。如此规模的社会实践活动，早已超出了我当初的希望与设想，然而每一名参与其中的教师、医生、学生都能够从中找寻到自己内心的震撼，这就是老白校的吸引力，这就是白求恩的魅力。2017年，这种魅力仍然在继续……

2016年，由我执笔创作的五幕话剧《离开白求恩的日子》，故事的灵感正是来源于多年在牛眼沟村白求恩希望小学社会实践的积淀。话剧讲述了来自牛眼沟村的甄纪念考入吉林大学临床医学院，与洪阳、魏传承等同学一起回忆白求恩，学习白求恩精神的故事，用两个年代时空穿插的形式展现了白求恩的伟大事迹。其实，甄纪念这个形象在创作之前就已经萦绕在我脑海之中，她诞生于牛眼沟村孩子们一双双渴望知识、渴望远行的眼睛之中。九年了，牛眼沟村的设施条件不断完善，与城市的差距不断缩小。可我们的甄纪念又在哪里呢？只有当甄纪念真正走入吉林大学这样的高校时，牛眼沟村才能真正完成它的变迁。

我坚信，这一天一定会到来！

在志愿服务中播下白求恩精神的种子

滕鲜红，男，1965年6月出生，中共党员，本科学历，1986年7月参加工作。现任吉林大学口腔医院后勤服务部主任，曾任吉林大学口腔医学院学生工作办公室主任，职称：教授。

担任辅导员26年来，坚持弘扬志愿精神，组织青年学生奉献社会，引导学生继承和发扬白求恩精神，始终与人民群众同呼吸、共命运、心连心，多次荣获吉林大

图7.24　滕鲜红2016年唐县和家庄小学社会实践照片

学优秀辅导员等荣誉称号。

二十余年的辅导员工作经验告诉我，引导医学生学习和弘扬白求恩精神，就是要帮助其增强无私奉献、爱岗敬业、全心全意为人民服务的意识，增强国际主义志愿者的信念，增强对学习、对学问、对工作的精益求精和极端负责的热爱，形成不尚空谈、埋头苦干、苦练内功、大胆创新的良好品质。医学生在志愿服务过程中，可以切身接触社会，了解群众的疾苦，感受到群众对科技、医疗、卫生保障等方面的需求，从而激发医学生的社会责任感，促使其自觉树立献身医疗卫生事业，服务社会，服务人民的思想。并且志愿服务实际上就是一个创新的过程，整个活动从组织到实施，大多依靠学生自身力量来完成。在筹划活动时，需要充分考虑诸多客观因素并制订相应对策及应急措施，同时还要发挥自己的创造力，才能消除来自各方面的不利因素，使活动丰富多彩，使自己接受更多的锻炼。具体实施时，要求学生不怕困难与挫折，勇于开拓创新，勇于实践，妥善解决各种问题，最终才能取得成功。

白求恩同志以其科学的态度，通过救死扶伤的伟大实践，不断探索革命的真理，充分体现一个共产主义者对人类解放应尽的责任，追求共产主义真理并为共产主义真理而献身。他团结我党同志，不断钻研医疗技术，彰显着追求共产主义真理的执着精神。参加志愿服务的医学生都是为了实现锻炼自己、服务社会的共同目标而走到一起来的，彼此之间容易产生认同感，团体内部也容易产生强烈的凝聚力。一方面，在志愿服务过程中，由于要应对的事务比较繁杂，常常需要共同商讨对策，从维护集体利益的角度出发，尊重他人意见、个人利益服从整体利益便成为一种自觉和必要的行为。另一方面，志愿服务活动是一项复杂的工程，需要参与者相互合作才能成功。因此，在开展工作时除了要充分发挥自己特长，自我接受锻炼以外，还要充分考虑整体运作，考虑到其他参与者开展工作。否则，只要团队工作中有某个环节没有处理好，整个活动的开展就很容易陷入困境，而自己也会因此丧失锻炼的机会。总之，志愿服务活动可以让学生感觉到自己是这个团体的一部分，使相互交流和团结协作成为一种自觉的行为。另外，医学生尤其是低年级学生在校学习的多是医学基础理论知识，很少有机会能将所学知识运用于实践，解决实际问题。而志愿服务活动恰恰为医学生将理论知识与实际情况相结合提供了一个平台，学生可以通过开展医疗保健活动的形式接触到较多存在健康问题的群众，从采集病史、观察病人基本状况，到利用简单有限的条件为病人进行基本的、有一定针对性的检查以及最后对其健康状况做出正确的评估，为其提供正确的医疗保健建议等，都需要做到用所学知识指导实践，用实践检验知识。

在志愿服务中播下白求恩精神的种子，引导学生弘扬白求恩精神，实现服务学生成长成才与服务经济社会发展有机结合，对培养政治坚定、理想远大、道德高尚、业务精湛、甘于奉献、善于创新、具有高度的社会责任感和使命感的社会主义建设者和接班人具有重要意义。

汇聚青春力量，实现青春梦想

伊凡，女，1987年1月出生，中共党员，硕士研究生学历，2010年11月参加工作，现任口腔医学院学生工作办公室主任，研究实习员。

连续7年组织学院各类大型志愿服务活动，城市晚报、长春晚报、长春交通之声电台等多家校外媒体连续多年对我院志愿服务活动进行了跟踪报道，个人多次荣获校团委志愿服务优秀指导教师等荣誉称号。

图7.25　伊凡2017年唐县重走白求恩路社会实践照片

2011年参加学生工作至今，在学院领导老师的关心和帮助下，我在工作中不断探索构建以白求恩精神培育为重点、以志愿服务育人项目为支撑、以成长成才服务为基础，具备口腔医学专业特色的志愿服务育人工作新模式，汇聚口腔学子青春力量，培养白求恩式口腔医学人才。

一、理想领航——理想铸魂，内化于心

1. 坚定信念，铸魂系扣。注重发挥主题教育和仪式教育的熏陶作用，抓住重大活动契机如五四医学生誓言宣誓等开展医德塑造教育；成立白求恩精神学习小组，帮助学生骨干发挥带头作用，使学生在理论学习中坚定信念，将白求恩精神内化于心，系好理想信念教育的第一扣。

2. 分段培养，引领成才。根据在校生不同年级、不同成长阶段的特点，细化学生教育培养的层次目标，不断创新白求恩精神育人的形式和方法。组织学生参加学部以"传承白求恩精神"为主题的新生入学教育大会，引导新生志存高远、潜心学业、奋发向上，为更好地成长发展奠定了坚实的基础；加强管理，做好实习学生入科及生产实习纪律教育，配合学院从医德医风等方面对学生进行培训，引导学生树立职业责任感。

二、志愿助航——学以致用，外践于行

1.整合课程，虚实结合。通过课程整合，与专业教师定期沟通，迎合学生兴趣聚集的时间点和关键事，邀请知名专家教授、杰出校友举行医学人文讲座，加深学生

对专业学习的思考、对党的路线方针的坚持、对当今医疗改革的领悟等，在生活和学习中弘扬白求恩精神。

2.志愿服务，深化教育。我院以"9·20爱牙日"为契机，依托白求恩口腔青年志愿者协会，开展大型志愿服务活动，广泛宣传口腔疾病防治知识，促进广大群众对口腔疾病认识，推动全社会关注口腔健康；打造提升医学生人文素质的平台，在志愿服务活动中弘扬白求恩精神，学以致用，回报社会，担负起新时期社会赋予的历史重任。深入吉大附小、南岭小学等学校，采用多种现代化的教学手段和工具，举办儿童口腔保健知识讲座及义诊活动；积极响应校团委关于开展"阳光社区"志愿服务的号召，走进重庆街道新华社区、朝阳区邮电小区等，对成人群体普及口腔保健知识；开展义诊活动，为群众免费义诊，发放口腔保健宣传资料。城市晚报、长春晚报、长春交通之声电台等多家校外媒体连续多年对我院爱牙日大型公益活动进行了跟踪报道。爱牙日大型志愿服务活动使青年学生了解了口腔医生职业的崇高性，激发了学习热情、敬业精神和强烈的社会责任感。

进一步开展活动阵地建设，与长春市农安县永安乡政府、梅河口市杏岭镇政府等签订了志愿服务基地共建协议书；完善志愿者管理机制，实施分级培训和骨干集中培训的方式保证志愿服务质量水平；建立活动效果评估制度，定期考核，规范奖惩机制，使广大志愿者同学受到了教育，增长了才干，做出了贡献，争做精医术、重责任、有爱心的口腔医学人才。

三、爱心护航——春风化雨，润物无声

1.双师联动，言传身教。发挥全员育人功能，学院领导担任学生的名师班主任，在青年教师中选拔政治立场坚定、品德好、素质高的教师担任班主任，近距离与学生分享成长经历，把日常医疗工作中践行白求恩精神融入班会，引导学生正确认识学医路。

2.特殊帮扶，倾心关怀。关心在学业、人际关系等方面存在困难的学生群体，以白求恩精神学习小组联系同学、朋辈教育等优势，帮助他们适应和融入集体生活，设立学院党员助学金，不让一名学生因家庭经济困难影响学业，给予学生充分的人文关怀。

第八章　以白求恩精神引领白求恩志愿服务活动

白求恩精神作为医疗公共服务体系中精神文明建设的重要组成部分，其内含的理想信念、精神品质和道德理念与志愿精神存在高度契合性。毛泽东在《纪念白求恩》一文中曾谈到白求恩毫不利己专门利人的无私奉献精神，并盛赞他拥有高尚的国际主义精神和共产主义精神。[①]在志愿活动中以白求恩精神作为核心理念，既是对白求恩精神的践行，更是对志愿精神的提升。在白求恩精神的引领下，志愿服务活动将以更强的向心力和高质量的团队协作性成为新时期社会公共性建设的主流方向，白求恩志愿者将在时代发展中逐渐成为志愿服务的主力军。

第一节　白求恩志愿精神与志愿服务精神的共生互促关系

白求恩精神是一种抽象概括而出的精神品质，以《纪念白求恩》一文为依据，学者们普遍将这种精神概括为伟大的国际主义、共产主义精神，毫不利己、专门利人的无私奉献精神以及对工作极端热忱、精益求精的精神。但是，结合白求恩同志的事迹并深层次分析白求恩精神，我们不难从中剖析出另外一种内涵——志愿精神。无论是他自愿以手术刀为武器，不远万里支援正义之战的义举，还是他以生命为代价，无私奉献铸就精神之歌的壮举，无不证明这位国际共产主义战士的另一重身份——志愿者。白求恩精神凭借自身永不磨没的道德勋章，在时间的发酵中，在民众的传颂中，在党和政府的倡导中，在新时期志愿精神的呼唤感召中寻找着自己的定位，逐渐与志愿精神共生互促，二者相得益彰。

一、于公共性中寻找共生性

党的十九大精神中，民生问题持续成为国家重点关注内容，为人民谋福祉成为人大代表和政府领导者的热点议题，精准脱贫、义务教育、社会保障、城乡发展、生态文明等都攸关社会大众的利益，攸关社会公共服务是否能满足民众需求，攸关人民美好生活愿景能否真正实现。公共空间的建设、公共服务体系的完备以及公共

[①]　孙永波. 对当代白求恩精神的再认识[J].卫生职业教育，2013,1(5):17-18.

性在公民意识和生活领域的扎根，关系到能否改善当前社会民生问题带来的压力，也是社会进步现实效应给予的未来动力。在现实和未来两个维度的双重作用力叠加下，通过多重因素促进公共性萌发，进而发展社会公共服务体系势在必行，而白求恩精神和志愿精神凭借这股东风，在扎根公共性土壤的基础上重新开始焕发生机。

1.志愿精神的公共性

我国志愿服务官方组织在结合现实情况基础上，将我国的志愿精神概括为"奉献、友爱、互助、进步"①，志愿者在完全自愿的前提下从"个人的空间"中走出去，为个体、群体甚至社会提供救助。从个人层面而言，这是一种个体道德层面的升华和精神层面的满足，但从社会层面而言，更是一种个体力量辐射为群体动力后在社会公共领域形成的向心力，是志愿服务活动中公共性的体现，是公共性的社会需求在志愿服务活动领域的彰显。

2.白求恩精神的公共性

医疗卫生服务作为最基础且专业性较强的一项服务，其存续和维持需要不菲的成本投入，这也使其受制于市场机制和经济利益。但是社会主义市场经济中的医疗服务对社会效益的追求更应该远远大于对经济效益的追逐，这才是使医疗公共服务能惠及大众并逐渐减轻甚至祛除行业弊病的价值导向。不过，追求医疗公共性并不代表要完全摒除行业中的市场因素，这并不符合医疗从业者的个体需求，更不符合社会发展大趋势。我们要做的是寻找公共服务体系和市场经济体制的切合点，在以社会效益为首的基础上，促进医疗卫生服务社会效益和经济效益的双向提升。其中白求恩精神以灵魂支柱和价值核心的地位，成为明确医疗公共服务责任主体和公共服务精神导向的载体。

从市场机制角度而言，弘扬白求恩精神能有效抑制因为供求关系和价值规律等经济因素形成的极端经济利益驱动力，最大程度地发挥社会主义市场经济的优势，以最优质最专业的医疗水准服务大众。从提升医务人员职业素养来谈，弘扬白求恩精神能丰富医务工作者的精神内涵，并通过其公共性内涵成为衡量医务人员职业道德的刻度尺。从改善医患关系角度出发，弘扬白求恩精神成为医患双方关系回暖的一剂良方。由此推之，白求恩精神无论对于医疗行业内部公共服务体系的建设还是社会公共事业的发展，都有发挥作用的空间。

社会公共性是白求恩精神与志愿精神产生交集的吸引力所在。志愿精神的社会公共性已然成为它不可分割的重要部分，也成为社会衡量志愿服务质量的标准之一，而白求恩精神的公共性更是镌刻于其内涵深处，二者的结合是历史推动和时代印证下的应有之义。在社会转型的特殊历史时期，公共性的回归对改善和解决转型中出现的问题和矛盾有其独到之处。在公共性阙如，呼唤公共性回归的当今社会，白求恩精神与志愿精神的契合，将会为未来社会公共事业的发展增添新的活力。

---

① 曾琰.公共精神培育的逻辑路径和现实基点——志愿精神价值内涵及反思[J].当代青年研究，2012,(8):76.

二、于互促中共同成长

1.志愿精神助推白求恩精神：环境可达性和程度影响性

社会大众对白求恩以及白求恩精神的印象更多限制于"医"的范畴，白求恩以一名医术精湛的医生身份，为我们展现、树立了一位伟大而高尚的医者形象，使他的品格具备跨越时间和历史的维度在当今社会医学领域得到弘扬和传承的能力，成为新时代医德医风建设的核心思想，这是白求恩精神生命不息的表现之一。但是这一医学背景在推动医疗事业的同时也为白求恩精神的推广带来一些先天的限制。白求恩精神在医护人员职业道德塑造及医院和谐环境的建设中意义重大，但在非医学背景的普通民众和日常公共生活中，白求恩精神只闻其"名"而不见其"魂"，难以将其视为个体价值观和社会意识架构的主要成分。因此，如果想发挥白求恩精神在思想和教育等方面的导向作用，扩大其环境可达程度和影响力势在必行，也就是说，不再将白求恩精神作为医务领域专用精神内容，而是尝试将其在社会不同层面推广并逐渐深化其影响力。

这一点从《纪念白求恩》的形成和推广可以得到印证。延安时期，为了扭转党内存在的诸如不负责任、轻视技术、偷奸耍滑等不正之风，毛泽东发表了一系列文章和讲话，概括出了"为人民服务"的思想观念，在这一背景下白求恩事迹得到宣扬，白求恩精神得到概括和升华。风行草丛，领导人的高度肯定使白求恩在特定的历史时期成为道德典范，白求恩成为全党全国人民心中的榜样，并将这种良好的示范效应通过白求恩精神作用于思想教育层面。闻一知十，在社会急需公共性回归的现实需求下，发挥白求恩精神的普适性，将它的影响力从"医"的环境扩大到整个社会层面，是促进公共性稳步提升，公共服务体系稳步建构更为具体翔实的手段之一。

同时，鉴于很多民众对白求恩精神知其然不知其所以然的状况，白求恩精神能否快速而稳步地融入普通民众的生活仍需借助社会中已经具备一定群众基础的力量——志愿者。志愿者们呈现的志愿精神在推广白求恩精神并扩大其影响力方面具有重要作用。

在许许多多的重大事件中，社会已经真切地感受到志愿者的力量——地震中的志愿服务，北京奥运会中的出彩表现，使我们见识到了志愿者的力量；在日常生活中，人们也或多或少都接触甚至接受过志愿服务——也许是人行横道处帮助交警疏导交通的那些身影，也许是社会宣传活动现场内精神饱满的一声声呼吁，也许是福利院敬老院中经常响起的欢声笑语，也许是医院诊室或大厅内一直保持微笑的面庞和面对患者询问时仿佛永远不会疲惫的礼貌手势……志愿服务活动正在以实际行动展示着志愿精神，表现着对社会强烈的公共责任心，志愿精神逐渐走入公众视线并渗透到不同的社会环境中，散发着志愿正能量，夯实着群众基础，加深着社会认同度。

经过多年的实践与进步，志愿精神更加贴近群众生活，服务范围涉及不同群

体，社会认知度得到较大程度的提升。以志愿服务作为白求恩精神的社会融入介质，纵向可以深化白求恩精神在个体、群体和社会不同层面的影响程度，横向则可以将白求恩精神从医学范畴扩大到社会各个领域，实现白求恩精神的立体化发展。

2. 白求恩精神助力志愿精神：态度端正和技术专业

伴随着现代化进程的脚步，中国的社会结构正随着改革的步伐迅速发生变迁，社会文化和国民公共意识也随之发生转变，政府和市场承担的职能有部分开始以社会为责任主体，公共服务领域的空间逐步扩大，公民"社会人"的身份特征显性化，而志愿精神和志愿行为的出现也印证着这一系列变化。在志愿力量的发展过程中，我们必须肯定其内涵的巨大潜力，但也要承认其仍旧存在一定程度的发展空间。其中，端正的服务态度是形成志愿服务长效机制的动力，而优化志愿服务质量并提升服务提供过程中的技术专业程度是促进志愿服务在新时期创造新气象的关键因素。这些因素反映到意识层面则需要志愿精神对志愿服务活动有明确的导向。因此，讨论端正的志愿态度和志愿精神在专业性和精细化方面的侧重对志愿服务甚至对公共服务和社会结构转型都有现实意义和未来指向。

众所周知，"满腔热忱、精益求精"是白求恩精神中重要的组成部分。白求恩同志以医生和共产党员的责任感和使命感，用自己精湛的医术和崇高的情怀，在简陋的手术室内，在战火纷飞的前线战场，让战士们增添了几分冲锋陷阵的勇气，减轻残疾和死亡的阴霾带来的沮丧。只要是力所能及，只要还有一丝救治的希望，他就一定会去做，而且会竭尽全力做到最好。凭借医生的专业优势，凭借手中小小的手术刀，他从死亡手中抢救生命；凭借出色的工作能力和创新性的思维，他培养了大批医德医术同出一脉的优秀医护人员；凭借多年深入前线的实际经验，他完成了符合根据地环境的《外科教材》《游击战争中师野战医院的组织与技术》等教材[①]，极大地改善了战地的医疗状况。正是技术的专业性给予了白求恩自己和战友们战胜残缺和死亡的信心以及克服医疗困难并做出成绩的勇气。

白求恩让人称颂的不仅是高超的医术水平，还有他的责任心带给大家的安全感。责任与医术，构成了白求恩精神"满腔热忱、精益求精"这一内涵的核心。白求恩同志踏上中国这片土地，不是短时性的一时冲动，而是承担着将毕生所学，将全部革命热情甚至将自己的生命投入到所热爱的事业中的责任与理想；他在工作中一丝不苟，尽其所能追求极致，将战友们的生命视为自己的责任；他在担负着救治工作的同时，克服着现实环境造成的困难，用精益求精的态度在有限的医疗环境中创造着无限的生命奇迹。

这就是白求恩同志，一位有医术又有责任的医生。也许白求恩自己都并没有想过，他的事迹会凝练为精神，影响着一代代的后来者，他行为的动力是因为——那是他爱着的事业，是他愿意为之付出生命的神圣使命和责任。这种精神自身拥有着

---

① 李微铭，刘晓刚. 白求恩精神研究文献综述[J]. 吉林医药学院学报，2011,32(6):349.

生命力，承载着厚重的责任感，让他在不同的时代、不同的个体中都能找到存续的土壤和水源。

这与志愿精神的弘扬和传承有异曲同工之妙。志愿精神的传承和延续对责任感有基础性的要求，对专业性的要求更是志愿服务提升的高层次需求。志愿者群体在自愿奉献社会的同时，也承担着对社会的一份责任。继承和传承志愿精神，不仅是要怀揣着甘于奉献的一腔热血，更要通过认真的志愿态度和趋于专业化的服务水平，为志愿精神的源远流长存续新鲜的血液。仅凭短时性的激情很难维持一颗志愿之心的有利跳动，服务难以做到善始善终，而被服务群体也很有可能因为"粗制滥造"的服务效果对志愿服务形成负面印象，继而影响志愿精神认同度的提升。所以，增加志愿精神的责任感内容，是白求恩精神对志愿精神的有效促进，也是建立志愿精神长效机制的意识要素。这种责任感不仅体现在积极参与公共事业的行动中，而且体现于参与过程中负责任的行动态度，体现于更加专业的服务水平和更有针对性的服务内容。追求志愿精神在责任意识和技术专业化方面的提升，是白求恩精神对志愿精神的促进，也是新时代志愿精神公共责任感和服务质量提升的内在需求。

第二节　白求恩精神与志愿服务活动呈现"双向"促进关系

志愿服务在社会发展进步的潮流中是一股充满生命的力量，中国的志愿服务力量更是伴随着时代发展的脉络呈现着独特的韵味，成为国家精神文明建设和公共性发展的生力军。白求恩精神与志愿服务活动的双向促进，是白求恩精神与志愿精神之间的相呼相应，也是志愿服务群体和受众对志愿服务新思维、新内容、新方向的需求。因此将白求恩精神融入志愿服务活动中，用白求恩精神指引志愿服务活动，能借助白求恩精神的内涵使志愿服务活动呈现新气象。同时，借助志愿服务平台，白求恩精神将在社会的不同角落奏响不同韵律的白求恩之歌。

一、将白求恩精神践行于志愿服务活动中

将白求恩精神践行于志愿服务活动中，用白求恩精神指引志愿服务活动，是志愿精神内涵的需求，也是志愿服务在新的社会发展进程中的自我完善。无论是白求恩这位同志，还是源于他并不断丰富的白求恩精神，都饱含着志愿的含义，都表现着志愿者的实践行动，体现着志愿服务活动的韵味。因此，白求恩精神无疑是志愿服务活动的道德标准之一。在志愿服务活动中表现白求恩精神，是志愿服务活动发现自身局限性，创新志愿服务新模式的新途径。借助白求恩精神"医学""专业""精细"的特质，志愿服务活动可以逐渐优化服务内容、完善服务过程、提升服务质量、扩大服务影响，在常态化的志愿服务过程中，实现白求恩精神和志愿服

务的共赢互促。

其实在中国，与志愿服务活动联系更为密切的是雷锋精神，可以说雷锋是中国志愿服务的模范先锋，白求恩精神较之雷锋精神更像是一个"后来者"，即使因为公共性存在着共生关系，但是要想真正将白求恩精神融入志愿精神和志愿服务活动中，仍然需要将其精神内化，将白求恩精神内化为志愿服务活动的指导思想，将其中适用于志愿服务的部分提炼升华，并在实践活动中多次磨合，形成更形象具体的白求恩式的志愿服务活动。

白求恩精神与志愿服务活动的融合，不仅要做到精神层面的内化，更要做到精神地位的提升，要将白求恩精神的地位提升到志愿活动的精神指导层面，将白求恩精神上升为志愿服务活动的灵魂支撑，使白求恩精神与志愿精神携手成为志愿服务活动的灵魂支撑。这种精神指导地位的转变既需要志愿组织上层建筑的积极倡导和推动，也需要基层志愿活动过程中的积极响应和实践。只有明确白求恩精神在志愿服务活动中的精神指导地位，才能使白求恩精神的影响力逐渐渗透到活动中，渗透到活动组织者的思想中，渗透到活动参与者的意识里。在有力的上层倡导和夯实的基层实践双重作用下，白求恩精神才能与志愿精神顺畅融合，以灵魂支撑的力量提升志愿者的道德境界，培养欣欣向荣的白求恩志愿者团队，创新志愿服务活动理念。

二、志愿服务活动成为弘扬白求恩精神的有效载体

通过志愿服务活动弘扬白求恩精神是基于现阶段社会现实做出的考量。精神层面的影响需要经历日濡月染才会产生质的飞跃，白求恩精神的作用力需要经历长期有规划的宣传、示范和强化才能形成主动式的社会路径，这一过程单靠理论式的宣讲难以取得理想的效果。志愿服务活动可以帮助白求恩精神实现跨越式的发展，站在志愿服务现有的基础上，白求恩精神依托初具规模的志愿机制，可以扩大宣传广度和深度；借助志愿活动，探索自身实践发展模式；借鉴志愿制度，架构活动激励机制。新时期的志愿服务活动已经成为弘扬白求恩精神的有效载体。

在志愿服务活动中弘扬白求恩精神不是理论层面的简单融合，而是实践层面的探索创新。在志愿服务中发扬白求恩精神，需要从实际出发，从精神的继承者出发，从服务的受众需求出发，将难以把握的理论通过志愿服务转化为可观可感可评的实际行动，才能收获尽如人意的社会效应。这种实践性体现在具体的服务内容中，需要以白求恩精神促进志愿服务质量的优化和长效机制的建立。

很多志愿服务活动在发展过程中普遍存在服务内容简单和可持续性较低的问题。甚至出现"重大节日志愿者成群，日常生活难窥其影"的突击式形式主义[①]现象，这种仿若面子工程的志愿服务缺乏充足的技术含量，难以持久地开展下去，也

① 张仲国，聂鑫，刘淑艳. 雷锋精神与志愿者行动[M]. 北京：中国财政经济出版社，2013.233.

缺乏足够的深入。学者许云杰1996年就在《青年志愿者行动的伦理道德思考》对志愿服务的界定中提到志愿者具有"特定技术技能"这一要素，但志愿服务发展至今，其专业性并没有得到广泛认可，而技术支撑的缺乏也使服务的连续性难以得到保证。

在白求恩精神的指导下，志愿服务中开始增添"专业"这一新元素，志愿服务内容的专业性和服务的长效性得到提升。具体的实施路径可以包括设计日常的工作目标，而不是临时的突击安排；在周密的讨论后做好预期的服务方案，而不是走一步看一步；做好日常的培训工作，在增强志愿队伍能力素养的同时开展有重点有特色有技术含量的服务；做好服务的短长期规划，并根据服务现状及时调整，使服务内容具备连续性，服务效果具备长效性，最终实现志愿服务的生活化、大众化和常态化。

第三节　白求恩志愿服务活动的精神引领

白求恩精神倡导并遵循奉献利他的助人理念，在志愿服务活动中以白求恩精神作为核心理念，既是对志愿精神的践行，也是对志愿精神的凝聚。在白求恩精神的引领下，志愿服务精神将以崭新的面貌推动志愿服务活动以更强的向心力和更高质量的团队协作性成为新时期和谐社会建设的风向标。

一、白求恩志愿者成为新时期志愿服务的特殊主体

白求恩志愿者与普通志愿者有着相同属性与特征，遵循着"奉献、友爱、互助、进步"的志愿精神。同时白求恩志愿者区别于一般志愿者的是其精神核心中的白求恩精神。白求恩精神作为白求恩志愿者群体的灵魂和导向，能使志愿服务在志愿精神的基础上，吸收优秀的思想精华，优化志愿服务形式，以更优质的服务内容成就新时期志愿服务的新突破。

结合发展的时代背景和内涵特征，较之于志愿精神，白求恩精神拥有"医学"和"精细"的特殊属性，这也使白求恩志愿者在志愿服务主体构成中拥有着特殊的地位。

1.白求恩志愿者拥有医学专业优势

白求恩不远万里到中国支援反法西斯战争，他是一名医生，是共产党员，也是一名志愿者。因此，将白求恩精神定义为医疗领域的志愿精神毫无违和之处，而白求恩志愿者中医务人员的比例和医学成分的凸显使其在志愿服务过程中拥有深厚的医学背景和专业优势。

第一，这种内生的"医"的特征，使志愿服务在医院这一专业性很强的领域的开展得以推广，这种吸纳内部人才从而由内向外打破高大的"技术性围墙"的志

愿服务发展方式，实现了医疗行业志愿服务事业的进步，丰富了白求恩志愿者队伍的成员类型，也拓宽了志愿者队伍的发展空间。第二，内外互动拓展白求恩志愿者的服务范围。所谓内与外指的就是医疗卫生领域因为过强的专业性和排外性形成的一堵"无形的围墙"，这使外部普通的志愿力量在医院开展志愿服务活动很难获得高程度的认可度。白求恩志愿者队伍是志愿服务力量深入医疗领域的契机。一方面它能帮助医院逐渐开展志愿服务，另一方面，白求恩志愿者作为志愿服务的"通行证"，在与其他志愿群体互相学习的前提下，能逐渐在医院引入多元的志愿力量，丰富医疗志愿服务内容。除此以外，白求恩志愿者的服务范围也不仅局限于医疗领域，以志愿服务活动为平台，具备"医"属性的白求恩式志愿服务将逐渐从医学的范畴走出来，深入到社会不同的服务范围中。这种"内外兼修"的志愿服务发展形势，不仅促进了医疗卫生事业内部志愿服务的发展，更使白求恩志愿者的服务范围实现医疗公共服务的立体覆盖。

2.白求恩志愿者是志愿服务的品牌和标杆

白求恩志愿者的特殊性因为"精益求精"的白求恩精神内涵而具备了"精"的特点。也就是说，志愿者的志愿服务活动要体现专业化和精细化的服务优势。目前社会存在很多志愿服务力量，他们在社会不同领域、不同群体中开展着各式各样的志愿服务活动，在扩大志愿力量影响力的同时，也在向社会展示自己的志愿特色。但是形形色色的志愿服务活动更多展示的是志愿的形式，如果不能使志愿精髓在服务过程中渗透而出，志愿服务于受众而言将成为偶尔提及的"一时热闹"。

对于白求恩志愿者而言，"精"这一特征将是志愿力量影响力递增、志愿服务质量快速提升的重要介质。通过专业化、精细化的志愿服务，志愿服务对象很容易从中感受到志愿的魅力，从而对志愿服务产生较高的评价和认可度。可见，拥有专业化和精细化的服务特征的白求恩志愿者足以成为志愿服务活动的品牌和标杆，在白求恩志愿者品牌优势的激励下，志愿者队伍的整体素质可以大幅提升，志愿服务也将走向精品化道路。

二、用白求恩精神指引志愿服务活动

白求恩精神是无数白求恩志愿者行动中的猎猎战旗，指引着方向，凝聚着力量。用白求恩精神指引志愿服务活动，将白求恩精神有效地内化于志愿服务活动当中，将极大地提高志愿服务活动成效，收到更好的志愿服务育人效果和社会效益。

1.以"毫不利己、专门利人"的奉献精神为志愿服务的核心价值理念

白求恩精神的精髓就是"毫不利己、专门利人"的奉献精神。他在生命的最后时刻，写信给聂荣臻说："请转告加拿大美国共产党，我在这里非常愉快，我唯一的希望是能多有贡献！"这种无私的奉献精神也正是志愿服务的本质，鼓励广大青年在志愿服务活动中积极奉献，不仅可以激发广大青年贡献个人的力量，也可以让

广大青年从服务中体验到个人和集体发展的关系，从而形成积极向上的价值观。

2.以"服务社会、关爱他人"的友爱精神为志愿服务的根本宗旨

志愿服务提倡志愿者欣赏他人、与人为善、有爱无碍、平等尊重。白求恩对同志对人民极端的热忱，正是这种"友爱"精神的写照，"晋察冀边区的军民，凡亲身受过白求恩医生的治疗和亲眼看过白求恩医生的工作的，无不为之感动"。这是一种跨越了国界、职业和贫富差距，跨越了文化、民族和地位高低的高尚情怀。

3.以"互相帮助、助人自助"的互助精神为志愿服务的主要形式

志愿服务提倡"互相帮助、助人自助"，而作为志愿者在凭借自己的双手、头脑、知识、爱心开展各种志愿服务活动的同时，也不断地提升自己的专业素养。特别是医学专业的青年学生，只有把自己的专业知识运用到志愿服务中，才能为"技术精益求精"打下坚实的基础。志愿者在帮助别人的同时，自身得到提高、完善和发展，精神心灵得到满足，真正做到了"助人与自助"相结合。

4.以"发展进步、合作共赢"为志愿服务的最终目标

白求恩在参加晋察冀边区党代会时说："我们来中国不仅是为了你们，也是为了我们……我决心和中国同志并肩战斗，直到抗战最后胜利。我们努力奋斗的共产主义事业，是不分民族，没有国界的。"由此可见，"发展进步、合作共赢"正是志愿服务活动的最终目标。

当前我国的志愿服务活动，可以通过社会各方面的有效参与，解决社会问题、满足社会需求，有效弥补政府服务和市场的不足，从而在全社会形成团结互助、平等友爱、共同进步的社会氛围和人际关系，对建设社会主义和谐社会具有积极的促进作用。可以说，没有一种精神比白求恩精神更能契合志愿服务精神。以白求恩精神引领志愿服务活动，能引起志愿者的共鸣，可以使志愿者在白求恩精神的感召下，充分理解"奉献、友爱、互助、进步"的志愿服务精神，积极践行社会主义核心价值观，坚定理想和信念，培养高尚品格。

以白求恩精神促进志愿服务的进步，以志愿服务承载白求恩精神的实践路径。白求恩，跨越了历史的屏障，在新的时代依旧承担起新的社会责任；白求恩精神，融合志愿的精华，在新时期的舞台与志愿服务共谱新的篇章。

附录一　吉林大学白求恩志愿服务组织获得荣誉情况统计表

序号	获奖年份	获奖对象	所获奖项	授奖单位	级别
1	2002—2003	吉林大学学生红十字会	十佳标兵社团	共青团吉林大学委员会 吉林大学学生社团联合会	校级
2	2003—2004	吉林大学学生红十字会	十佳标兵社团	共青团吉林大学委员会 吉林大学学生社团联合会	校级
3	2004—2005	吉林大学学生红十字会	十佳标兵社团	共青团吉林大学委员会 吉林大学学生社团联合会	校级
4	2006—2007	吉林大学学生红十字会	优秀艾滋病宣传组织	吉林省红十字会	省级
5	2006—2007	吉林大学学生红十字会	十佳标兵社团	共青团吉林大学委员会 吉林大学学生社团联合会	校级
6	2007—2008	吉林大学学生红十字会	十佳标兵社团	共青团吉林大学委员会 吉林大学学生社团联合会	校级
7	2007—2008	吉林大学学生红十字会	吉林大学十佳志愿服务团体	吉林大学社团联合会	校级
8	2008—2009	吉林大学学生红十字会	吉林大学十佳志愿服务团体	吉林大学社团联合会	校级
9	2009—2010	吉林大学学生红十字会	十佳标兵社团	共青团吉林大学委员会 吉林大学学生社团联合会	校级

序号	获奖年份	获奖对象	所获奖项	授奖单位	级别
10	2010	吉林大学临床医学院"筑梦白医·寻根之旅"社会实践团队	吉林省大中专学生暑期"三下乡"社会实践活动校村服务计划优秀团队	中共吉林省委宣传部 吉林省文明办 吉林省教育厅 共青团吉林省委 吉林省学生联合会	省级
11	2010	吉林大学临床医学院暑期文化科技卫生"三下乡"社会实践活动	社会实践优秀组织工作奖	共青团吉林大学委员会	校级
12	2010—2011	吉林大学学生红十字会	十佳标兵社团	共青团吉林大学委员会 吉林大学学生社团联合会	校级
13	2011	吉林大学临床医学院"三下乡"社会实践活动	优秀团队	共青团吉林大学委员会	校级
14	2011	天使志愿者协会	精品社团	共青团吉林大学委员会 吉林大学学生社团联合会	校级
15	2011—2012	吉林大学学生红十字会	十佳标兵社团	共青团吉林大学委员会 吉林大学学生社团联合会	校级
16	2012	吉林大学白求恩志愿者协会	吉林省优秀志愿服务组织	吉林省文明办 吉林省志愿者协会	省级
17	2012	吉林大学临床医学院	2012年吉林大学暑期文化科技卫生"三下乡"社会实践活动暨"百基干队服务万村行动""先进基层组织单位"	共青团吉林大学委员会	校级
18	2012	吉林大学公共卫生学院	2012年吉林大学暑期文化科技卫生"三下乡"社会实践活动暨"百基干队服务万村行动""先进基层组织单位"	共青团吉林大学委员会	校级

续表

序号	获奖年份	获奖对象	所获奖项	授奖单位	级别
19	2012	吉林大学护理学院	2012年吉林大学暑期文化科技卫生"三下乡"社会实践活动暨"百基干队服务万村行动""先进基层组织单位"	共青团吉林大学委员会	校级
20	2012	吉林大学白求恩第三医院（中日联谊医院）	2012年吉林大学暑期文化科技卫生"三下乡"社会实践活动暨"百基干队服务万村行动""先进基层组织单位"	共青团吉林大学委员会	校级
21	2012	吉林大学药学院	2012年吉林大学暑期文化科技卫生"三下乡"社会实践活动暨"百基干队服务万村行动""先进基层组织单位"	共青团吉林大学委员会	校级
22	2012	吉林大学护理学院	2012年吉林大学暑期文化科技卫生"三下乡"社会实践活动暨"百基干队服务万村行动""先进个人"	共青团吉林大学委员会	校级
23	2012	吉林大学白求恩医学院	2012年吉林大学暑期文化科技卫生"三下乡"社会实践活动暨"百基干队服务万村行动""先进个人"	共青团吉林大学委员会	校级
24	2012	吉林大学临床医学院医疗志愿服务团队	2012年吉林大学暑期文化科技卫生"三下乡"社会实践活动"社会实践优秀团队"	共青团吉林大学委员会	校级
25	2012	吉林大学公共卫生学院"乐山"长兴小学支教团	2012年吉林大学暑期文化科技卫生"三下乡"社会实践活动"社会实践优秀团队"	共青团吉林大学委员会	校级
26	2012	吉林大学白求恩第三医院（中日联谊医院）浦东路社区医疗志愿服务队	2012年吉林大学暑期文化科技卫生"三下乡"社会实践活动"社会实践优秀团队"	共青团吉林大学委员会	校级
27	2012	吉林大学药学院"医药下乡"服务队	2012年吉林大学暑期文化科技卫生"三下乡"社会实践活动"社会实践优秀团队"	共青团吉林大学委员会	校级
28	2012	吉林大学白求恩医学院"台东实践服务铁血青年团"	2012年吉林大学暑期文化科技卫生"三下乡"社会实践活动"社会实践优秀团队"	共青团吉林大学委员会	校级
29	2012	吉林大学公共卫生学院"农民"慢性病筛查与防治暑期实践团	2012年吉林大学暑期文化科技卫生"三下乡"社会实践活动"社会实践优秀团队"	共青团吉林大学委员会	校级

序号	获奖年份	获奖对象	所获奖项	授奖单位	级别
30	2012	吉林大学白求恩医学院河北唐县支教分队	2012年吉林大学暑期文化科技卫生"三下乡"社会实践活动暨"百基千队服务万村行动""村校五员计划优秀团队"	共青团吉林大学委员会	校级
31	2012	吉林大学公共卫生学院"农民""慢性病筛查与防治暑期实践团"	2012年吉林大学暑期文化科技卫生"三下乡"社会实践活动暨"百基千队服务万村行动""村校五员计划优秀团队"	共青团吉林大学委员会	校级
32	2012	吉林大学第三医院暑期"三下乡"医疗志愿服务团队	2012年吉林大学暑期文化科技卫生"三下乡"社会实践活动暨"百基千队服务万村行动""村校五员计划优秀团队"	共青团吉林大学委员会	校级
33	2012	吉林大学白求恩志愿者协会	吉林省优秀志愿服务组织	吉林省文明办 吉林省志愿者协会	省级
34	2012	白求恩青年志愿者协会"吉林大学白求恩第一医院门诊志愿服务"活动	第三届"吉林大学学生社团精品活动立项"竞赛一等奖	共青团吉林大学委员会 吉林大学学生社团联合会	校级
35	2012—2013	吉林大学护理学院	吉林大学2012—2013年度社会实践活动"优秀组织单位"	共青团吉林大学委员会	校级
36	2012—2013	吉林大学公共卫生学部	吉林大学2012—2013年度社会实践活动"优秀组织单位"	共青团吉林大学委员会	校级
37	2012—2013	白求恩第三医院（中日联谊医院）	吉林大学2012—2013年度社会实践活动"优秀组织单位"	共青团吉林大学委员会	校级
38	2012—2013	吉林大学护理学院	吉林大学2012—2013年度社会实践活动"优秀团队一等奖"	共青团吉林大学委员会	校级
39	2012—2013	吉林大学公共卫生学院	吉林大学2012—2013年度社会实践活动"优秀团队二等奖"	共青团吉林大学委员会	校级
40	2012—2013	吉林大学临床医学院	吉林大学2012—2013年度社会实践活动"优秀团队二等奖"	共青团吉林大学委员会	校级
41	2012—2013	吉林大学公共卫生学部	吉林大学2012—2013年度社会实践活动"优秀团队三等奖"	共青团吉林大学委员会	校级
42	2012—2013	吉林大学白求恩口腔医院	吉林大学2012—2013年度社会实践活动"优秀团队三等奖"	共青团吉林大学委员会	校级
43	2012—2013	吉林大学白求恩第三医院	吉林大学2012—2013年度社会实践活动"优秀团队三等奖"	共青团吉林大学委员会	校级

续表

序号	获奖年份	获奖对象	所获奖项	授奖单位	级别
44	2012—2013	吉林大学公共卫生学院	吉林大学2012—2013年度社会实践活动"优秀指导教师"	共青团吉林大学委员会	校级
45	2012—2013	吉林大学临床医学院	吉林大学2012—2013年度社会实践活动"优秀指导教师"	共青团吉林大学委员会	校级
46	2012—2013	吉林大学白求恩第三医院	吉林大学2012—2013年度社会实践活动"优秀指导教师"	共青团吉林大学委员会	校级
47	2012—2013	吉林大学白求恩口腔医院	吉林大学2012—2013年度社会实践活动"优秀指导教师"	共青团吉林大学委员会	校级
48	2012—2013	吉林大学护理学院	吉林大学2012—2013年度社会实践活动"优秀指导教师"	共青团吉林大学委员会	校级
49	2012—2013	吉林大学药学院	吉林大学2012—2013年度社会实践活动"优秀指导教师"	共青团吉林大学委员会	校级
50	2012—2013	吉林大学护理学院	吉林大学2012—2013年度社会实践活动"优秀宣传报道奖"	共青团吉林大学委员会	校级
51	2012—2013	天使志愿者协会	优秀社团	共青团吉林大学学生社团联合会	校级
52	2013	吉林大学白求恩第一医院	2013年中国医院协会医院社会工作研讨会论文"优秀组织奖"	中国医院协会医院社会工作暨志愿者服务工作委员会	国家级
53	2013	吉林大学白求恩第一医院"宁养理念人校园"	2013年度全国优秀宁养义工服务项目"优秀创新奖"	李嘉诚基金会【人间有情】全国宁养医疗服务计划办公室	国家级
54	2013	吉林大学白求恩第一医院宁养院"心&心计划"	2013年度全国优秀宁养义工服务项目"鼓励奖"	李嘉诚基金会【人间有情】全国宁养医疗服务计划办公室	国家级
55	2013	吉林大学白求恩第一医院公益活动部	第二届吉林省优秀志愿服务组织	吉林省文明办 吉林省志愿者协会	省级
56	2013	吉林大学临床医学院	全省高校校园文化建设优秀成果评选二等奖	吉林省文明办 吉林省志愿者协会	省级
57	2013	临床医学院"蓝马甲志愿服务行动"	2013年度"弘扬雷锋精神——吉大志愿者在行动"志愿服务精品立项一等奖	共青团吉林大学委员会	校级

序号	获奖年份	获奖对象	所获奖项	授奖单位	级别
58	2013	吉林大学护理学院"真情永相伴，你我心相连——走进长春福利院"	2013年度 "弘扬雷锋精神——吉大志愿者在行动" 志愿服务精品立项一等奖	共青团吉林大学委员会	校级
59	2013	吉林大学公共卫生学院"春风送暖情相伴，圆梦空巢爱相随" 志愿活动	2013年度 "弘扬雷锋精神——吉大志愿者在行动" 志愿服务精品立项二等奖	共青团吉林大学委员会	校级
60	2013	吉林大学口腔医学院"中国梦，环保梦" 生态文明志愿服务活动	2013年度 "弘扬雷锋精神——吉大志愿者在行动" 志愿服务精品立项三等奖	共青团吉林大学委员会	校级
61	2013—2014	白求恩青年志愿者协会	优秀社团	共青团吉林大学委员会吉林大学学生社团联合会	校级
62	2014	吉林大学白求恩志愿者	中国 "最美志愿者"	中共中央宣传部中央文明办中国志愿服务联合会	国家级
63	2014	吉林大学白求恩志愿者协会	第十届中国青年志愿者优秀组织奖	共青团中央中国青年志愿者协会	国家级
64	2014	吉林大学白求恩第一医院	2014年中国医院社会工作志愿者服务工作研讨会论文 "优秀组织奖"	中国医院协会医院社会工作暨志愿者服务工作委员会	国家级
65	2014	吉林大学临床医学院白求恩青年志愿者协会	第三届吉林省优秀志愿者服务组织	共青团吉林省委员会	省级
66	2014	吉林大学护理学院 "爱满人间传万家，天使圆梦中国行" 团队	2014年暑期社会实践活动 "吉林省优秀团队"	共青团吉林省委员会	省级

续表

序号	获奖年份	获奖对象	所获奖项	授奖单位	级别
67	2014	吉林大学公共卫生学院"吉林省残疾人康复中心暑期社会实践团"	2014年暑期社会实践活动"长春市优秀团队"	共青团长春市委员会	市级
68	2014	吉林大学临床医学院"三下乡"医疗志愿服务团	2014年暑期社会实践活动"长春市优秀团队"	共青团长春市委员会	市级
69	2014	吉林大学口腔医学院"青春风采行"团队	2014年暑期社会实践活动"吉林大学优秀团队"	共青团吉林大学委员会	校级
70	2014	吉林大学护理学院团委	2014年吉林大学暑期社会实践活动组织单位奖	共青团吉林大学委员会	校级
71	2014	吉林大学公共卫生学院团委	2014年吉林大学暑期社会实践活动组织单位奖	共青团吉林大学委员会	校级
72	2014	吉林大学临床医学院	2014年吉林大学暑期社会实践活动宣传奖	共青团吉林大学委员会	校级
73	2014	吉林大学护理学院	2014年吉林大学暑期社会实践活动宣传奖	共青团吉林大学委员会	校级
74	2014	吉林大学公共卫生学院	2014年吉林大学暑期社会实践活动宣传奖	共青团吉林大学委员会	校级
75	2014	吉林大学口腔医学院	2014年吉林大学暑期社会实践活动宣传奖	共青团吉林大学委员会	校级
76	2014	吉林大学护理学院"天使情怀"纪念512护士节"活动	吉林大学2014年"每团一品"一等奖	共青团吉林大学委员会	校级
77	2014	吉林大学药学院"放飞中国梦,品味药院情"活动	吉林大学2014年"每团一品"三等奖	共青团吉林大学委员会	校级
78	2014	吉林大学临床医学院"学习讲话助成长,青春筑梦实践行"暑期社会实践活动	吉林大学2014年"每团一品"三等奖	共青团吉林大学委员会	校级
79	2014	白求恩口腔青年志愿者协会"六一展笑容,共走成才路"活动	吉林大学2014年"每团一品"三等奖	共青团吉林大学委员会	校级

序号	获奖年份	获奖对象	所获奖项	授奖单位	级别
80	2014	吉林大学公共卫生学院"医事—法理"青年论坛	吉林大学2014年"每团一品"三等奖	共青团吉林大学委员会	校级
81	2014	吉林大学白求恩第二医院"弘扬白求恩精神 青年志愿者在行动"项目	2014年度"弘扬雷锋精神——吉大志愿者在行动"志愿服务精品立项一等奖	共青团吉林大学委员会	校级
82	2014	吉林大学白求恩第三医院"弘扬白求恩精神 青年志愿者讲师团"项目	2014年度"弘扬雷锋精神——吉大志愿者在行动"志愿服务精品立项二等奖	共青团吉林大学委员会	校级
83	2014	吉林大学护理学院"暖暖社区行,慢慢爱心凝"项目	2014年度"弘扬雷锋精神——吉大志愿者在行动"志愿服务精品立项二等奖	共青团吉林大学委员会	校级
84	2014	吉林大学临床医学院"爱满于家"项目	2014年度"弘扬雷锋精神——吉大志愿者在行动"志愿服务精品立项三等奖	共青团吉林大学委员会	校级
85	2014	吉林大学药学院"童年不孤单"项目	2014年度"弘扬雷锋精神——吉大志愿者在行动"志愿服务精品立项三等奖	共青团吉林大学委员会	校级
86	2014	吉林大学公共卫生学院"关爱老人—以情关爱老人,用爱描绘夕阳"项目	2014年度"弘扬雷锋精神——吉大志愿者在行动"志愿服务精品立项三等奖	共青团吉林大学委员会	校级
87	2014	吉林大学口腔医学院"口腔青年在行动"项目	2014年度"弘扬雷锋精神——吉大志愿者在行动"志愿服务精品立项三等奖	共青团吉林大学委员会	校级
88	2014	吉林大学临床医学院"深入学习李克强总理回信精神,传承发扬白求恩志愿者风尚"系列活动	吉林大学2014年"创新一品"活动评比三等奖	共青团吉林大学委员会	校级

志愿

白求恩

256

续表

序号	获奖年份	获奖对象	所获奖项	授奖单位	级别
89	2014	吉林大学口腔医学院"大手牵小手，同游牙世界"活动	吉林大学2014年"创新一品"活动评比三等奖	共青团吉林大学委员会	校级
90	2014—2015	吉林大学白求恩第一医院宁养院	长春"最美青年志愿者服务集体"	共青团长春市委长春市志愿者联合会	市级
91	2014—2015	吉林大学白求恩第一医院社会工作部	长春"青年志愿者优秀集体"	共青团长春市委长春市志愿者联合会	市级
92	2014—2015	吉林大学临床医学院	吉林大学标兵兵社团	共青团吉林大学委员会	校级
93	2015	吉林大学《传播守望相助正能量 形成崇德向善好风尚——吉林大学白求恩志愿者行动廿一载活动纪实》	第八届高校校园文化建设优秀成果"特等奖"	全国大学生思想政治教育发展研究中心	国家级
94	2015	吉林大学白求恩第一医院	2015年中国医院社会工作志愿者服务工作研讨会论文"优秀组织奖"	中国医院协会医院社会工作暨志愿者服务工作委员会	国家级
95	2015	吉林大学白求恩第一医院宁养院"绘生绘社"	2015年度全国优秀宁养义工服务项目"创新奖"	李嘉诚基金会【人间有情】全国宁养医疗服务计划办公室	国家级
96	2015	吉林大学白求恩第一医院宁养院	重视全人关护奖	李嘉诚基金会【人间有情】全国宁养医疗服务计划办公室	国家级
97	2015	吉林大学白求恩第一医院宁养院	第四届吉林省优秀志愿服务组织	吉林省志愿服务联合会吉林省志愿服务发展基金会	省级
98	2015	吉林大学白求恩第一医院社会工作部	第四届吉林省优秀志愿服务组织	吉林省志愿服务联合会吉林省志愿服务发展基金会	省级

序号	获奖年份	获奖对象	所获奖项	授奖单位	级别
99	2015	吉林大学白求恩第一医院社会工作部	第四届吉林省优秀志愿服务组织	吉林省志愿服务联合会 吉林省慈善服务发展基金会	省级
100	2015	吉林大学白求恩第一医院"蓝马甲"志愿者服务队	优秀志愿服务组织	吉林省生命关怀协会 医务社工与志愿服务专业委员会	省级
101	2015	吉林大学白求恩第一医院宁养院	优秀志愿服务组织	吉林省生命关怀协会 医务社工与志愿服务专业委员会	省级
102	2015	吉林大学公共卫生学院	2015年度团体献血优秀志愿者组织奖	长春市人民政府献血工作领导小组办公室	市级
103	2015	吉林大学护理学院"聆听星语星愿、爱拜蓝色海洋"关爱特殊儿童系列活动	2015年度"弘扬雷锋精神——吉大志愿者行动"志愿服务工作精品立项特等奖	共青团吉林大学委员会	校级
104	2015	吉林大学临床医学院"团支部、社区'一对一'对接"项目	2015年度"弘扬雷锋精神——吉大志愿者行动"志愿服务工作精品立项二等奖	共青团吉林大学委员会	校级
105	2015	吉林大学公共卫生学院"以医为桥、心手相牵"农民工子弟小学医学知识第二课堂活动	2015年度"弘扬雷锋精神——吉大志愿者行动"志愿服务工作精品立项二等奖	共青团吉林大学委员会	校级
106	2015	吉林大学口腔医学院"当代雷锋行,春风暖银鬓"敬老院志愿活动	2015年度"弘扬雷锋精神——吉大志愿者行动"志愿服务工作精品立项三等奖	共青团吉林大学委员会	校级
107	2015	吉林大学药学院"同在一片蓝天下"项目	2015年度"弘扬雷锋精神——吉大志愿者行动"志愿服务工作精品立项三等奖	共青团吉林大学委员会	校级

续表

序号	获奖年份	获奖对象	所获奖项	授奖单位	级别
108	2015	吉林大学第三医院（中日联谊医院）"白求恩博士讲师团健康巡讲"	吉林大学2015年"每团一品"活动一等奖	共青团吉林大学委员会	校级
109	2015	吉林大学护理学院"笔底生花撰'英'才、妙语连珠展'英'采"项目	吉林大学2015年"每团一品"活动一等奖	共青团吉林大学委员会	校级
110	2015	吉林大学公共卫生学院"梦想零距离"系列活动	吉林大学2015年"每团一品"活动二等奖	共青团吉林大学委员会	校级
111	2015	吉林大学口腔医学院"关爱小宝贝，六一送氟利"活动	吉林大学2015年"每团一品"活动三等奖	共青团吉林大学委员会	校级
112	2016	吉林大学白求恩第一医院社会工作部	第五届吉林省优秀志愿者服务组织	吉林省文明办 吉林省志愿服务联合会	省级
113	2016	吉林大学护理学院天使志愿者协会	长春"优秀巾帼志愿服务组织"	长春市妇女联合会	市级
114	2016	吉林大学临床医学院白求恩青年志愿者协会	吉林大学十佳志愿服务组织	共青团吉林大学委员会 吉林大学阳光志愿者协会	校级
115	2016	吉林大学护理学院天使志愿者协会	吉林大学十佳志愿服务组织	共青团吉林大学委员会 吉林大学阳光志愿者协会	校级
116	2016	吉林大学临床医学院"筑梦白医·寻根之旅"河北唐县牛眼沟村志愿服务活动	吉林大学十佳志愿服务项目	共青团吉林大学委员会 吉林大学阳光志愿者协会	校级
117	2016	吉林大学公共卫生学院志愿者服务团	吉林大学优秀志愿服务组织	共青团吉林大学委员会 吉林大学阳光志愿者协会	校级

序号	获奖年份	获奖对象	所获奖项	授奖单位	级别
118	2016	吉林大学新民心语志愿者协会	吉林大学优秀志愿服务组织	共青团吉林大学委员会 吉林大学阳光志愿者协会	校级
119	2016	吉林大学公共卫生学院"温情献血屋·血浓情更浓"血站志愿服务活动	吉林大学优秀志愿服务项目	共青团吉林大学委员会 吉林大学阳光志愿者协会	校级
120	2016	吉林大学护理学院"有你关爱,我不孤单"走进星光特殊儿童教育	吉林大学优秀志愿服务项目	共青团吉林大学委员会 吉林大学阳光志愿者协会	校级
121	2016	新民心语志愿者协会青少部"班助一"活动	吉林大学优秀志愿服务项目	共青团吉林大学委员会 吉林大学阳光志愿者协会	校级
122	2016	新民阳光志愿者协会"关爱星星的孩子"	吉林大学优秀志愿服务项目	共青团吉林大学委员会 吉林大学阳光志愿者协会	校级
123	2017	吉林大学白求恩第一医院宁养院	全国优质服务示范科室	国家卫生计生委办公厅(现改为国家卫生健康委员会)	国家级
124	2017	吉林大学白求恩第一医院宁养院	第二届"敬老文明号"	全国老龄工作委员会	国家级
125	2017	吉林大学临床医学院2017年唐县社会实践小分队	"2017年立邦'为爱上色'中国大学生农村支教奖"全国铜奖	共青团中央	国家级
126	2017	吉林省白求恩第一医院"蓝马甲"志愿者服务队	第六届吉林省优秀志愿服务组织	吉林省文明办 吉林省志愿服务联合会	省级
127	2017	吉林大学白求恩第一医院"童之梦""智学园义教活动	第六届吉林省优秀志愿服务项目	吉林省文明办 吉林省志愿服务联合会	省级
128	2017	吉林大学第一医院南丁格尔护理服务队	优秀志愿活动组织标兵	吉林省生命关怀协会	省级

续表

序号	获奖年份	获奖对象	所获奖项	授奖单位	级别
129	2017	吉林大学护理学院天使志愿者协会	优秀志愿活动组织标兵	吉林省生命关怀协会	省级
130	2017	吉林大学临床医学院白求恩青年志愿者协会	2016—2017年度优秀志愿服务组织	吉林省生命关怀协会	省级
131	2017	吉林省生命关怀协会	2016年度"长春市优秀志愿服务集体"	共青团长春市委员会长春市青年志愿服务联合会	市级
132	2017	吉林大学第一医院社会工作部	2016年度"长春优秀志愿服务集体"	共青团长春市委长春市青年志愿服务联合会	市级
133	2017	吉林大学第一医院宁养院	2016年度"长春优秀青年志愿服务集体"	共青团长春市委长春市青年志愿服务联合会	市级
134	2017	吉林大学护理学院天使志愿者协会	长春"优秀巾帼志愿服务组织"	长春市妇女联合会	市级
135	2017	吉林大学临床医学院白求恩青年志愿者协会	长春市优秀志愿服务组织	共青团长春市委长春市青年志愿服务联合会	市级
136	2017	吉林大学临床医学院团委	吉林大学"喜迎十九大，青春建新功"大学生志愿暑期文化科技卫生"三下乡"社会实践活动优秀组织单位	共青团吉林大学委员会吉林大学研究生工作部	校级
137	2017	临床医学院河北唐县葛公村"筑梦白医·寻根之旅"河北唐县牛眼沟村社会实践团队	吉林大学"喜迎十九大，青春建新功"大学生志愿暑期文化科技卫生"三下乡"社会实践活动优秀团队一等奖	共青团吉林大学委员会吉林大学研究生工作部	校级
138	2017	吉林大学公共卫生学院团委	吉林大学"喜迎十九大，青春建新功"大学生志愿暑期文化科技卫生"三下乡"社会实践活动优秀组织单位	共青团吉林大学委员会吉林大学研究生工作部	校级
139	2017	公共卫生学院河北唐县葛公村"重走白医路，共筑白医魂"教育关爱服务团	吉林大学"喜迎十九大，青春建新功"大学生志愿暑期文化科技卫生"三下乡"社会实践活动优秀团队一等奖	共青团吉林大学委员会吉林大学研究生工作部	校级

序号	获奖年份	获奖对象	所获奖项	授奖单位	级别
140	2017	吉林大学公共卫生学院—吉林省康复中心"关爱医疗工作，助力康复医学"爱心医疗服务团	吉林大学"喜迎十九大，青春建新功"大学生志愿暑期文化科技卫生"三下乡"社会实践活动优秀团队二等奖	共青团吉林大学委员会 吉林大学研究生工作部	校级
141	2017	吉林大学公共卫生学院河北唐县葛公村"重走白医路，共筑白医魂"教育关爱服务团	吉林大学"喜迎十九大，青春建新功"大学生志愿暑期文化科技卫生"三下乡"社会实践活动优秀宣传报道	共青团吉林大学委员会 吉林大学研究生工作部	校级
142	2017	吉林大学公共卫生学院—吉林省康复中心"爱心医务工作，助力康复医学"爱心医疗服务团	吉林大学"喜迎十九大，青春建新功"大学生志愿暑期文化科技卫生"三下乡"社会实践活动优秀宣传报道	共青团吉林大学委员会 吉林大学研究生工作部	校级
143	2017	吉林大学公共卫生学院"情系红丝带，无艾更有爱"禁毒防艾宣讲团	吉林大学"喜迎十九大，青春建新功"大学生志愿暑期文化科技卫生"三下乡"社会实践活动优秀宣传报道	共青团吉林大学委员会 吉林大学研究生工作部	校级
144	2017	吉林大学公共卫生学院团委	吉林大学"喜迎十九大，青春建新功"大学生志愿暑期文化科技卫生"三下乡"社会实践活动优秀指导教师	共青团吉林大学委员会 吉林大学研究生工作部	校级
145	2017	吉林大学护理学院团委	吉林大学"喜迎十九大，青春建新功"大学生志愿暑期文化科技卫生"三下乡"社会实践活动优秀组织单位	共青团吉林大学委员会 吉林大学研究生工作部	校级
146	2017	吉林大学护理学院"重走白医路，传承白衣魂"志愿服务队	吉林大学"喜迎十九大，青春建新功"大学生志愿暑期文化科技卫生"三下乡"社会实践活动优秀团队二等奖	共青团吉林大学委员会 吉林大学研究生工作部	校级
147	2017	吉林大学护理学院天使爱志愿服务队	吉林大学"喜迎十九大，青春建新功"大学生志愿暑期文化科技卫生"三下乡"社会实践活动优秀团队三等奖	共青团吉林大学委员会 吉林大学研究生工作部	校级
148	2017	吉林大学护理学院"重走白医路，传承白衣魂"志愿服务队	吉林大学"喜迎十九大，青春建新功"大学生志愿暑期文化科技卫生"三下乡"社会实践活动优秀宣传报道	共青团吉林大学委员会 吉林大学研究生工作部	校级

志愿
白求恩

续表

序号	获奖年份	获奖对象	所获奖项	授奖单位	级别
149	2017	吉林大学护理学院	吉林大学"喜迎十九大，青春建新功""三下乡"社会实践活动优秀指导教师	共青团吉林大学委员会 吉林大学研究生工作部	校级
150	2017	吉林大学药学院	吉林大学"喜迎十九大，青春建新功""三下乡"社会实践活动优秀指导教师	共青团吉林大学委员会 吉林大学研究生工作部	校级
151	2017	吉林大学白求恩第二医院	吉林大学"喜迎十九大，青春建新功""三下乡"社会实践活动优秀指导教师	共青团吉林大学委员会 吉林大学研究生工作部	校级
152	2017	吉林大学中日联谊医院白求恩志愿者协会	2017吉林大学十佳志愿服务组织	共青团吉林大学委员会	校级
153	2017	吉林大学临床医学院白求恩青年志愿者协会	2017年吉林大学十佳志愿服务组织	共青团吉林大学委员会	校级
154	2017	吉林大学公共卫生学院志愿者服务团	2017年吉林大学十佳志愿服务组织	共青团吉林大学委员会	校级
155	2017	吉林大学药学院团委组织部	2017年吉林大学十佳志愿服务组织	共青团吉林大学委员会	校级
156	2017	吉林大学临床医学院"筑梦白衣·寻根之旅"河北唐县暑期社会实践	2017年吉林大学十佳志愿服务项目	共青团吉林大学委员会	校级
157	2017	吉林大学中日联谊医院通榆县什花道乡光辉村帮扶项目	2017年吉林大学十佳志愿服务项目	共青团吉林大学委员会	校级
158	2017	吉林大学公共卫生学院"小梦筑大爱、滴血暖人心"血站志愿服务活动	2017年吉林大学优秀志愿服务项目	共青团吉林大学委员会	校级
159	2017	向日葵志愿者协会新民分会	优秀社团	吉林大学新民校区 学生社团联合会	学部级

序号	获奖年份	获奖对象	所获奖项	授奖单位	级别
160	2017	吉林大学护理学院天使志愿者协会	优秀社团	吉林大学新民校区学生社团联合会	学部级
161	2017	新民心语志愿者协会	优秀社团	吉林大学新民校区学生社团联合会	学部级
162	2018	吉林大学第一医院宁养院	"加强人文关怀"示范科室	国家卫生计生委办公厅	国家级
163	2018	吉林大学第一医院社会工作部	吉林省优秀志愿服务组织	吉林省文明办 吉林省志愿服务联合会	省级
164	2018	吉林大学公共卫生学院志愿者服务团	吉林省优秀志愿服务组织	吉林省文明办 吉林省志愿服务联合会	省级
165	2018	吉林大学口腔医学院青年志愿者协会	2018年寒假社会实践优秀团队二等奖	共青团吉林大学委员会	校级
166	2018	吉林大学中日联谊医院白衣恩医疗志愿服务队	2018年寒假社会实践优秀团队一等奖	共青团吉林大学委员会	校级
167	2018	"医路相伴，温暖相依"寒假精准医疗志愿服务团队	2018年寒假社会实践优秀团队二等奖	共青团吉林大学委员会	校级
168	2018	吉林大学学生红十字会	五星社团	共青团吉林大学委员会 吉林大学学生社团联合会	校级
169	2018	吉林大学白求恩青年志愿者协会	五星社团	共青团吉林大学委员会 吉林大学学生社团联合会	校级
170	2018	吉林大学学生红十字会	五星社团	共青团吉林大学委员会 吉林大学学生社团联合会	校级
171	2018	吉林大学护理学院天使志愿者协会	五星社团	共青团吉林大学委员会 吉林大学学生社团联合会	校级

续表

序号	获奖年份	获奖对象	所获奖项	授奖单位	级别
172	2018	吉林大学公共卫生学院"心系通榆、健康乡村"医疗扶贫项目	吉林大学2018年"不忘初心 牢记使命"暑期社会实践优秀团队一等奖	共青团吉林大学委员会 吉林大学研究生工作部	校级
173	2018	吉林大学临床医学院"筑梦白医·寻根之旅"河北唐县社会实践团队	吉林大学2018年"不忘初心 牢记使命"暑期社会实践优秀团队一等奖	共青团吉林大学委员会 吉林大学研究生工作部	校级
174	2018	吉林大学口腔医学院"关爱口腔健康,加强口腔保护"志愿服务团队	吉林大学2018年"不忘初心 牢记使命"暑期社会实践优秀团队一等奖	共青团吉林大学委员会 吉林大学研究生工作部	校级
175	2018	吉林大学第二医院白求恩志愿者研究生服务队	吉林大学2018年"不忘初心 牢记使命"暑期社会实践优秀团队二等奖	共青团吉林大学委员会 吉林大学研究生工作部	校级
176	2018	吉林大学护理学院"儒冠请长缨,感受国防情"走进军营社会实践队	吉林大学2018年"不忘初心 牢记使命"暑期社会实践优秀团队二等奖	共青团吉林大学委员会 吉林大学研究生工作部	校级
177	2018	"精准扶贫,志愿医疗"临床医学院通榆县社会实践队	吉林大学2018年"不忘初心 牢记使命"暑期社会实践优秀团队三等奖	共青团吉林大学委员会 吉林大学研究生工作部	校级
178	2018	"创新谨车、精准扶贫"口腔医学院社会服务团队	吉林大学2018年"不忘初心 牢记使命"暑期社会实践优秀团队三等奖	共青团吉林大学委员会 吉林大学研究生工作部	校级
179	2018	吉林大学公共卫生学院"贯彻落实十九大精神,重走白求恩之路"实践团队	吉林大学2018年"不忘初心 牢记使命"暑期社会实践优秀团队三等奖	共青团吉林大学委员会 吉林大学研究生工作部	校级
180	2018	吉林大学白求恩医学部	2018年吉林大学"不忘初心 牢记使命"暑期社会实践优秀组织单位	共青团吉林大学委员会 吉林大学研究生工作部	校级

序号	获奖年份	获奖对象	所获奖项	授奖单位	级别
181	2018	吉林大学公共卫生学院团委	2018年吉林大学"不忘初心 牢记使命"暑期社会实践优秀组织单位	共青团吉林大学委员会 吉林大学研究生工作部	校级
182	2018	吉林大学护理学院团委	2018年吉林大学"不忘初心 牢记使命"暑期社会实践优秀组织单位	共青团吉林大学委员会 吉林大学研究生工作部	校级
183	2018	吉林大学临床医学院团委	2018年吉林大学"不忘初心 牢记使命"暑期社会实践优秀组织单位	共青团吉林大学委员会	校级
184	2019	吉林大学白求恩志愿者协会	2018年学雷锋志愿服务"四个100"先进典型"最佳志愿服务组织"	中央宣传部、中央文明办等	国家级

附录二 吉林大学白求恩志愿服务活动媒体报道情况统计表

序号	报道时间	报道对象	新闻标题	新闻媒体	网址
1	2010-04-27	蓝马甲志愿者服务队	弘扬志愿精神 汇聚爱心力量	搜狐新闻	https://changchun015349.3566t.com/
2	2010-12-05	白求恩志愿者协会	白求恩志愿者协会成立 服务千所医院万家社区	长春晚报	http://news.cntv.cn/20101205/101272.shtml
3	2010-12-06	白求恩志愿者协会	纪念国际志愿者日暨白求恩志愿者协会成立大会在吉林大学举行	吉林大学新闻网	http://news.jlu.edu.cn/info/1037/1119.htm
4	2011-03-05	吉林大学第一医院宁养院	宁养院成立3年 900名癌症患者获赠药	长春晚报	http://news.cntv.cn/20110305/100039.shtml
5	2011-04-05	吉林大学白求恩医学院 "携手成长,让我们每天都充满笑容"活动	我们一起来关怀留守儿童	长春晚报	http://news.cntv.cn/20110415/102155.shtml
6	2011-08-24	吉林大学口腔医学院 "微笑志愿者服务团"	"微笑志愿者"进社区	长春晚报	http://news.cntv.cn/20110824/107459.shtml
7	2011-11-13	吉林大学白求恩第一医院	纪念白求恩逝世72周年暨医疗志愿服务演讲会昨在长春举行	搜狐	roll.souhu.com/20111113/n32543065.shtml

续表

267

序号	报道时间	报道对象	新闻标题	新闻媒体	网址
8	2011-12-07	吉林大学第一医院宁养院	爱之花开放生命更美好	央视网	http://news.cntv.cn/20111207/123616.shtml
9	2012-04-06	吉林大学"蓝马甲"志愿者	[学雷锋 我志愿]"蓝马甲"：医患间的"润滑剂"	中央电视台《共同关注》	http://news.cntv.cn/china/20120406/119994.shtml
10	2012-04-06	吉林大学"蓝马甲"志愿者	温暖的"蓝马甲"	中央电视台《身边的感动》	http://tv.cctv.com/2012/04/06/VIDE7h0nVGDCFgRO0CvMxAgo120406.shtml
11	2012-04-07	吉林大学"蓝马甲"志愿者	[学雷锋 我志愿]长春：医院里的"蓝马甲"志愿者	中央电视台《新闻联播》	http://tv.cntv.cn/video/C10437/010b048203504d17a4d9e2ab9d879c20
12	2012-04-09	吉林大学"蓝马甲"志愿者	吉林大学白求恩第一医院"蓝马甲"志愿者开展志愿服务备受央视等媒体关注	吉林大学新闻中心	http://news.jlu.edu.cn/info/1066/36492.htm
13	2012-04-11	吉林大学护理学院	护理学院党委组织党员赴社会福利院慰问孤寡老人	吉林大学新闻中心	http://news.jlu.edu.cn/info/1037/10589.htm
14	2012-05-04	吉林大学第一医院志愿者	青年志愿者走进机场为旅客普及现场急救知识	新华网	http://news.cntv.cn/20120505/100022.shtml
15	2012-07-15	吉林大学白求恩医学院	白求恩医学院暑期社会实践走进河北唐县	吉林大学新闻中心	http://news.jlu.edu.cn/info/1037/9956.htm
16	2012-07-27	吉林大学第三医院	白求恩第三医院赴长春市双阳区东营村义诊	吉林大学新闻中心	http://news.jlu.edu.cn/info/1037/10335.htm
17	2012-11-21	李培轩	李培轩：癌症晚期病人的守护者	中国青年报	http://news.cntv.cn/society/20121121/101219.shtml
18	2013-04-02	刘菲琳	白求恩医学院刘菲琳荣获"吉林省优秀志愿者"称号	吉林大学新闻中心	http://news.jlu.edu.cn/info/1037/9956.htm

续表

序号	报道时间	报道对象	新闻标题	新闻媒体	网址
19	2013-04-14	李培轩	吉林大学学生、"90后"宁养义工李培轩自述	光明日报	http://cpc.people.com.cn/n/2013/0414/c64387-21127202.html
20	2013-04-15	李培轩	光明日报头版头条关注"90后"吉大学子宁养院义工李培轩	吉林大学新闻中心	http://news.jlu.edu.cn/info/1126/25326.htm
21	2013-04-25	吉林大学公共卫生学院	公共卫生学院开展志愿清扫公交车活动	吉林大学新闻中心	http://news.jlu.edu.cn/info/1037/9846.htm
22	2013-04-24	吉林大学"蓝马甲志愿者"	省市多家社会媒体集中采访吉林大学蓝马甲志愿服务队	吉林大学新闻中心	http://news.jlu.edu.cn/info/1126/25648.htm
23	2013-05-13	宁养义工	宁养义工：守护生命尽头	吉林大学新闻中心	http://news.jlu.edu.cn/info/1043/41101.htm
24	2013-10-29	吉林大学公共卫生学院志愿者	8旬贫困老人住院吉林大学学生志愿者悉心照顾	新文化网	http://news.jlu.edu.cn/info/1066/36819.htm
25	2012-04-06	吉林大学"蓝马甲"志愿者	[学雷锋 我志愿]"蓝马甲"：医患间的"润滑剂"	中央电视台《共同关注》	http://www.cntv.cn/china/20120406/119994.shtml
26	2012-04-06	吉林大学"蓝马甲"志愿者	温暖的"蓝马甲"	中央电视台《身边的感动》	http://tv.cctv.com/2012/04/06/VIDE7h0nVGDCFgRO0CvMxAgo120406.shtm
27	2012-04-07	吉林大学"蓝马甲"志愿者	[学雷锋 我志愿]长春：医院里的"蓝马甲"志愿者	中央电视台《新闻联播》	http://tv.cntv.com/video/C10437/010b048203504d17a4d9e2ab9d879c20
28	2012-04-09	吉林大学"蓝马甲"志愿者	吉林大学白求恩第一医院"蓝马甲"志愿者开展志愿服务备受央视等媒体关注	吉林大学新闻中心	http://news.jlu.edu.cn/info/1066/36492.htm
29	2012-04-11	吉林大学护理学院	护理学院党委组织党员赴社会福利院慰问孤寡老人	吉林大学新闻中心	http://news.jlu.edu.cn/info/1037/10589.htm

续表

序号	报道时间	报道对象	新闻标题	新闻媒体	网址
30	2012-05-04	吉林大学第一医院志愿者	青年志愿者走进机场为旅客普及现场急救知识	新华网	http://news.cntv.cn/20120505/100022.shtml
31	2012-07-15	吉林大学白求恩医学院	白求恩医学院暑期社会实践走进河北唐县	吉林大学新闻中心	http://news.jlu.edu.cn/info/1037/9956.htm
32	2012-07-27	吉林大学第三医院	白求恩第三医院赴长春市双阳区东营村义诊	吉林大学新闻中心	http://news.jlu.edu.cn/info/1037/10335.htm
33	2012-11-21	李培轩	李培轩：癌症晚期病人的守护者	中国青年报	http://news.cntv.cn/society/20121121/101219.shtml
34	2013-04-02	刘菲琳	白求恩医学院刘菲琳荣获"吉林省优秀志愿者"称号	吉林大学新闻中心	http://news.jlu.edu.cn/info/1037/9956.htm
35	2013-04-14	李培轩	吉林大学学生、"90后"宁养院义工李培轩自述	光明日报	http://cpc.people.com.cn/n/2013/0414/c64387-21127202.html
36	2013-04-15	李培轩	光明日报头版头条关注"90后"吉大学子宁养院义工李培轩	吉林大学新闻中心	http://news.jlu.edu.cn/info/1126/25326.htm
37	2013-04-25	吉林大学公共卫生学院	公共卫生学院开展志愿清扫公交车活动	吉林大学新闻中心	http://news.jlu.edu.cn/info/1037/9846.htm
38	2013-04-24	吉林大学"蓝马甲"志愿者	省市多家社会媒体集中采访吉林大学蓝马甲志愿服务队	吉林大学新闻中心	http://news.jlu.edu.cn/info/1126/25648.htm
39	2013-05-13	宁养义工	宁养义工：守护生命尽头	吉林大学新闻中心	http://news.jlu.edu.cn/info/1043/41101.htm
40	2013-10-29	吉林大学公共卫生学院志愿者	八旬贫困老人住院 吉林大学学生志愿者悉心照顾	新文化网	http://news.jlu.edu.cn/info/1066/36819.htm

续表

序号	报道时间	报道对象	新闻标题	新闻媒体	网址
41	2012-04-07	吉林大学"蓝马甲"志愿者	【学雷锋 我志愿】长春：医院里的"蓝马甲"志愿者	中央电视台《新闻联播》	http://tv.cntv.cn/video/C10437/010b04820350 4d17a4d9e2ab9d879c20
42	2012-04-09	吉林大学"蓝马甲"志愿者	吉林大学白求恩第一医院"蓝马甲"志愿者开展志愿服务备受央视等媒体关注	吉林大学新闻中心	http://news.jlu.edu.cn/info/1066/36492.htm
43	2012-04-11	吉林大学护理学院	护理学院党委组织党员赴社会福利院慰问孤寡老人	吉林大学新闻中心	http://news.jlu.edu.cn/info/1037/10589.htm
44	2012-05-04	吉林大学第一医院志愿者	青年志愿者走进机场为旅客普及现场急救知识	新华网	http://news.cntv.cn/20120505/100022.shtml
45	2012-07-15	吉林大学白求恩医学院	白求恩医学院暑期社会实践走进河北唐县	吉林大学新闻中心	http://news.jlu.edu.cn/info/1037/9956.htm
46	2012-07-27	吉林大学第三医院	白求恩第三医院赴长春市双阳区东营村义诊	吉林大学新闻中心	http://news.jlu.edu.cn/info/1037/10335.htm
47	2012-11-21	李培轩	李培轩：癌症晚期病人的守护者	中国青年报	http://news.cntv.cn/society/20121121/101219.shtml
48	2013-04-02	刘菲琳	白求恩医学院刘菲琳荣获"吉林省优秀志愿者"称号	吉林大学新闻中心	http://news.jlu.edu.cn/info/1037/9956.htm
49	2013-04-14	李培轩	吉林大学大学生、"90后"宁养院义工李培轩自述	光明日报	http://cpc.people.com.cn/n/2013/0414/c64387-21127202.html
50	2013-04-15	李培轩	光明日报头版头条关注"90后"吉大学子宁养院义工李培轩	吉林大学新闻中心	http://news.jlu.edu.cn/info/1126/25326.htm
51	2013-04-25	吉林大学公共卫生学院	公共卫生学院开展志愿清扫公交车活动	吉林大学新闻中心	http://news.jlu.edu.cn/info/1037/9846.htm

续表

序号	报道时间	报道对象	新闻标题	新闻媒体	网址
52	2014-07-17	吉林大学公共卫生学院	吉林大学公共卫生志愿者为市民提供献血服务	吉林大学新闻中心	http://news.jlu.edu.cn/info/1211/40533.htm
53	2014-10-07	白求恩志愿者协会	李克强总理给白求恩志愿者协会师生的回信	吉林电视台	http://tv.cntv.cn/video/C11484/
54	2014-10-07	白求恩志愿者协会	吉林大学白求恩志愿者协会：青春在奉献中闪光	吉林日报	http://www.jyb.cn/high/gdjyxw/201410/t20141007_600185.html
55	2014-10-11	吉林大学白求恩志愿者	纯洁的火焰：吉林大学白求恩志愿者的坚守	吉林大学新闻中心	http://news.jlu.edu.cn/info/1126/24873.htm
56	2014-10-14	白求恩志愿者协会	白求恩志愿者协会：守望相助 崇德向善的正能量薪火相传	中国青年网	http://www.qhnews.com/newscenter/system/2014/10/14/011528688.shtml
57	2014-12-06	白求恩志愿者协会	"最美志愿者"白求恩志愿者协会	新浪新闻	http://news.sina.com.cn/c/2014-12-06/012031252333.shtml
58	2014-12-09	吉大白求恩志愿者	吉大白求恩志愿者：将白求恩志愿服务精神代代相传	光明日报	http://epaper.gmw.cn/gmrb/html/2014-12/09/nw.D110000gmrb_20141209_2-04.htm?div=-1
59	2014-12-22	白求恩志愿者协会	吉大"白求恩志愿者协会"传递温暖世界的正能量	新浪新闻	http://blog.sina.com.cn/s/blog_c580910c0102vdvp.html
60	2014-10-10	白求恩志愿者协会	吉大两代志愿者热议总理回信：崇德再出发	中国新闻网	http://edu.people.com.cn/2014/101710/c1053-25807064.htm
61	2014-10-10	吉林大学白求恩志愿者	吉林大学：让志愿服务成为每个吉大人的生活方式	吉林大学新闻网	http://news.jlu.edu.cn/info/1126/23992.htm
62	2014-11-20	吉林大学临床医学院志愿者	吉林大学临床医学院志愿者送医疗服务到患者身边	吉林日报	http://news.jlu.edu.cn/info/1211/40127.htm

志愿
白求恩

续表

序号	报道时间	报道对象	新闻标题	新闻媒体	网址
63	2014-12-05	吉林大学白求恩志愿者协会	"白求恩其实一直在您身边" ——吉林大学"中国最美志愿者"成长记	新华社	http://news.jlu.edu.cn/info/1211/40113.htm
64	2014-12-05	吉林大学白求恩志愿者协会	传递温暖世界的正能量	中国吉林网	http://news.163.com/14/1205/22/ACOOGIAC00014SEH.html
65	2014-12-06	吉林大学临床医学院	吉大"白求恩志愿者协会"获评"最美志愿者"	新文化报	http://news.sina.com.cn/c/2014-12-06/012031252335.shtml
66	2014-12-18	吉林大学白求恩志愿者协会	"白求恩志愿者协会"获第十届中国青年志愿者优秀组织奖	吉林大学新闻中心	http://news.jlu.edu.cn/info/1037/10185.htm
67	2014-12-20	吉林大学临床医学院	吉林大学临床医学院志愿者送医疗服务到患者身边	吉林大学新闻中心	http://news.jlu.edu.cn/info/1211/40127.htm
68	2015-01-21	吉林大学临床医学院	吉林大学：志愿服务精神融入学子生活	光明日报	http://news.ifeng.com/a/20150121/42977999_0.shtml
69	2015-01-23	吉林大学白求恩志愿者	核心价值观百家经验 吉林长春：志愿精神薪火相传	中央电视台《朝闻天下》	http://news.cntv.cn/2015/01/23/VIDE1421974915710338.shtml
70	2015-01-23	吉林大学白求恩志愿者	朝闻天下：吉大白求恩精神薪火相传	吉林大学新闻中心	http://news.jlu.edu.cn/info/1211/40084.htm
71	2015-01-29	吉林大学白求恩志愿者协会	身边发现——吉林好人	吉林电视台《身边发现》	http://tv.cntv.cn/video/C38841/af21125867ec3ddfc99c61b90a4e5c44
72	2015-05-14	白求恩志愿者协会	以实际行动践行志愿者精神传播守望相助的正能量	网易新闻	http://news.163.com/15/0514/01/APHQPL1K00014AED.html
73	2015-05-14	吉林大学临床医学院	白求恩青年志愿者协会：践行志愿精神引领青年成长	吉林日报	http://henan.china.com.cn/latest/2015/0514/355865.shtml

序号	报道时间	报道对象	新闻标题	新闻媒体	网址
74	2015-10-13	吉林大学临床医学院	白医精神，永垂不朽——记临床医学院开展导诊活动	吉林大学新闻中心	http://news.jlu.edu.cn/info/1037/9614.htm
75	2014-7-17	吉林大学公共卫生学院	吉林大学公共卫生与志愿者为市民献血提供服务	吉林大学新闻中心	http://news.jlu.edu.cn/info/1211/40533.htm
76	2014-10-07	白求恩志愿者协会	李克强总理给白求恩志愿者协会师生的回信	吉林电视台	http://tv.cntv.cn/video/C11484/
77	2014-10-07	白求恩志愿者协会	吉林大学白求恩志愿者协会：青春在奉献中闪光	吉林日报	http://www.jyb.cn/high/gdjyxw/201410/t20141007_600185.html
78	2014-10-11	吉林大学白求恩志愿者	纯洁的火焰：吉林大学白求恩志愿者的坚守	吉林大学新闻中心	http://news.jlu.edu.cn/info/1126/24873.htm
79	2014-10-14	白求恩志愿者协会	白求恩志愿者协会：守望相助　崇德向善的正能量薪火相传	中国青年网	http://www.qhnews.com/newscenter/system/2014/10/14/011528688.shtml
80	2014-12-06	白求恩志愿者协会	"最美志愿者"白求恩志愿者协会	新浪新闻	http://news.sina.com.cn/c/2014-12-06/012031252333.shtml
81	2014-12-09	吉大白求恩志愿者	吉大白求恩志愿者：将白求恩志愿服务精神代代相传	光明日报	http://epaper.gmw.cn/gmrb/html/2014-12/09/nw.D110000gmrb_20141209_2-04.htm?div=1
82	2014-12-22	白求恩志愿者协会	吉大"白求恩志愿者"传递温暖世界的正能量	新浪新闻	http://blog.sina.com.cn/s/blog_c580910c0102vdvp.html
83	2014-10-10	白求恩志愿者协会	吉大两代志愿者热议总理回信：崇德再出发	中国新闻网	http://edu.people.com.cn/n/2014/101710/c1053-25807064.htm

273

续表

序号	报道时间	报道对象	新闻标题	新闻媒体	网址
84	2014-10-10	吉林大学白求恩志愿者	吉林大学：让志愿服务成为每个吉大人的生活方式	吉林大学新闻网	http://news.jlu.edu.cn/info/851126/23992.htm
85	2014-11-20	吉林大学临床医学院志愿者	吉林大学临床医学院志愿者送医疗服务到患者身边	吉林日报	http://news.jlu.edu.cn/info/1211/40127.htm
86	2014-12-05	吉林大学白求恩志愿者协会	"白求恩其实一直在您身边"——吉林大学"中国最美志愿者"成长记	新华社	http://news.jlu.edu.cn/info/1211/40113.htm
87	2014-12-05	吉林大学白求恩志愿者协会	传递温暖世界的正能量	中国吉林网	http://news.163.com/14/1205/22/ACO0GIAC00014SEH.html
88	2014-12-06	吉林大学临床医学院	吉大"白求恩志愿者协会"获评"最美志愿者"	新文化报	http://news.sina.com.cn/c/2014-12-06/012031252335.shtml
89	2014-12-18	吉林大学白求恩志愿者协会	"白求恩志愿者协会"获第十届中国青年志愿者优秀组织奖	吉林大学新闻中心	http://news.jlu.edu.cn/info/1037/10185.htm
90	2014-12-20	吉林大学临床医学院	吉林大学临床医学院志愿者送医疗服务到患者身边	吉林大学新闻中心	http://news.jlu.edu.cn/info/1211/40127.htm
91	2015-01-21	吉林大学临床医学院	吉林大学：志愿服务神融入学子生活	光明日报	http://news.ifeng.com/a/20150121/42977999_0.shtml
92	2015-01-23	吉林大学白求恩志愿者	核心价值观百家经验 吉林长春：志愿精神薪火相传	中央电视台《朝闻天下》	http://news.cntv.cn/2015/01/23/VIDE1421974915710338.shtml
93	2015-01-23	吉林大学白求恩志愿者	朝闻天下：吉大白求恩精神薪火相传	吉林大学新闻中心	http://news.jlu.edu.cn/info/1211/40084.htm
94	2015-01-29	吉林大学白求恩志愿者协会	身边发现——吉林好人	吉林电视台《身边发现》	http://tv.cntv.cn/video/C38841/af21125867ec3ddfc99c61b90a4e5c44

序号	报道时间	报道对象	新闻标题	新闻媒体	网址
95	2015-05-14	白求恩志愿者协会	以实际行动践行志愿者精神传播守望相助的正能量	网易新闻	http://news.163.com/15/0514/01/APHQPL1K00014AED.html
96	2015-05-14	吉林大学临床医学院	白求恩青年志愿者协会：践行志愿精神引领青年成长	吉林日报	http://henan.china.com.cn/latest/2015/0514/355865.shtml
97	2015-10-13	吉林大学临床医学院	白医精神，永垂不朽——记临床医学院开展导诊活动	吉林大学新闻中心	http://news.jlu.edu.cn/info/1037/9614.htm
98	2016-01-14	吉林大学白马甲医疗队	吉林大学"白马甲"医疗志愿服务队赴吉县学校定点帮扶贫困村义诊	吉林大学新闻网	http://news.jlu.edu.cn/info/1021/42135.htm
99	2016-01-28	吉大第二医院	吉大第二医院被评为长春市敬老文明好单位	吉林大学新闻网	http://news.jlu.edu.cn/info/1021/42175.htm
100	2016-07-05	白求恩第一医院医疗队	白求恩第一医院医疗队赴吉县开展扶贫巡回医疗活动	吉林大学新闻网	http://news.jlu.edu.cn/info/1021/42971.htm
101	2016-01-29	吉林大学医学院志愿者	长春建238所"儿童之家"关爱留守儿童	新华社	http://news.cntv.cn/2016/01/29/ARTI5ZbUzidfyQNJ0WzzU8Zl160129.shtml
102	2016-03-10	吉林大学白求恩志愿者协会	吉林大学白求恩志愿者协会：传播守望相助的正能量	央视网	http://news.cntv.cn/special/zgmsjz/201603/67/index.shtml
103	2016-11-25	吉林大学白求恩晚晴临终关怀志愿者协会	临终关怀：让青春呵护这一程——吉林大学志愿者接力帮助临终病患，其中1900余人已平静离世	人民日报	http://news.jlu.edu.cn/info/1211/43753.htm
104	2017-03-28	刘芳	刘芳和她热爱的事业：社工传希望 妙手暖人心	吉林大学新闻网	http://news.jlu.edu.cn/info/1042/44219.htm

序号	报道时间	报道对象	新闻标题	新闻媒体	网址
105	2017-07-24	吉林大学白求恩志愿者	白求恩"弟子"重走"宗师"路 为百姓义诊支教	新华社	http://www.jl.xinhuanet.com/2013jizhe/2017-07/24/c_112136916.htm
106	2017-08-20	吉林大学在继承和弘扬白求恩精神方面取得的成绩	尊医重卫 培养白求恩式的好医生	北京电视台《我要当医生》	http://item.btime.com/86h5qkgt7n4gr2o34areilfj412&from=singlemessage&isappinstalled=0
107	2017-11-15	李凡	白求恩精神的践行者——记白求恩医学部学部长、基础医学院教授、博士生导师李凡	吉林大学新闻网	http://news.jlu.edu.cn/info/1042/45542.htm
108	2018-01-10	吉林大学白求恩晚晴临终关怀志愿者协会	吉林大学晚晴志愿者：临终关怀的爱心接力	中国青年报	http://zqb.cyol.com/html/2018-01/10/nw.D110000zgqnb_20180110_3-07.htm
109	2018-04-28	吉林大学临床医学院	培养白求恩式医学卓越人才	新华网《新华访谈》栏目	www.jl.xinhuanet.com/xinhuafangtan/jdyxblf/index.htm
110	2018-04.30	吉林大学临床医学院	奋斗是什么	中央电视台《朝闻天下》栏目	http://app.cctv.com/special/cbox/detail/index.html?guid=7120e014647d4097a9fd570bac5b9244&mid=7120e014647d4097a9fd570bac5b9244&from=timeline#0
111	2018-09-12	吉林大学白求恩晚晴临终关怀志愿者协会	吉林大学志愿者帮助临终病患1900余人平静离世	中新网	http://app.myzaker.com/news/article.php?f=xiongzhang&pk=58379b491bc8e00d43000001